Basiswissen Vergaberecht

Basiswissen Vergaberecht

Ein Leitfaden für Ausbildung und Praxis

herausgegeben und
bearbeitet von

Stephan Rechten,
Rechtsanwalt, Berlin

Dr. Marc Röbke,
Rechtsanwalt, Berlin

PRAXISRATGEBER
VERGABERECHT

3. aktualisierte Auflage

Reguvis

Kooperationspartner des
Bundesanzeiger Verlages

Bibliografische Information der Deutschen Nationalbibliothek
Die Deutsche Nationalbibliothek verzeichnet diese Publikation in der Deutschen Nationalbibliografie; detaillierte bibliografische Daten sind im Internet über http://dnb.d-nb.de abrufbar.

Reguvis Fachmedien GmbH
Amsterdamer Straße 192
50735 Köln
Internet: www.reguvis.de

Reguvis ist Kooperationspartner der Bundesanzeiger Verlag GmbH

Beratung und Bestellung:
Tel.: +49 (0) 221 97668-240
Fax: +49 (0) 221 97668-271
E-Mail: vergabe@reguvis.de

ISBN (Print): 978-3-8462-1043-7

ISBN (E-Book): 978-3-8462-1044-4

Herstellung: Günter Fabritius
Produktmanagement: Lea Rasche
Satz: Cicero Computer GmbH, Bonn
Druck und buchbinderische Verarbeitung: Appel & Klinger Druck und Medien GmbH, Schneckenlohe

Printed in Germany

Vorwort

Vier Jahre nach Erscheinen der zweiten Auflage liegt nunmehr die dritte Auflage von „Basiswissen Vergaberecht" vor. Die Ereignisse in diesem Zeitraum geben genügend Anlass für eine Aktualisierung und (maßvolle) Erweiterung des Werks.

Das Vergaberecht oberhalb der EU-Schwellenwerte wurde in den letzten Jahren nur punktuell geändert. Hier war es im Nachgang zur letzten „großen" Reform des vierten Teils des GWB und des untergesetzlichen Vergaberechts im Jahr 2016 die Aufgabe der Rechtsprechung, in vielen Streitfragen Klarheit zu schaffen. Insbesondere der BGH hat durch einige Entscheidungen zur Vereinheitlichung und zu mehr Sicherheit in der Rechtspraxis beigetragen.

Im Unterschwellenbereich hat sich das deutsche Vergaberecht in den letzten vier Jahren dagegen deutlich weiterentwickelt. Die zum Zeitpunkt der Drucklegung der Vorauflage gerade veröffentlichte Unterschwellenvergabeordnung für die Vergabe von Liefer- und Dienstleistungsaufträgen ist vom Bund und einer Vielzahl der Bundesländer eingeführt worden und wird in der täglichen Beschaffungspraxis angewendet. Das wesentliche Verdienst der Reform des Unterschwellenvergaberechts aus Sicht der Praxis ist eine weitgehende Angleichung an die Bestimmungen des Vergaberechts für Liefer- und Dienstleistungsaufträge oberhalb der EU-Schwellenwerte. Das Unterschwellenvergaberecht ist jedoch nach wie vor zersplittert. Einige Bundesländer haben noch nicht auf die UVgO umgestellt und wenden stattdessen bei der Vergabe unterschwelliger Liefer- und Dienstleistungsaufträge weiterhin den Abschnitt 1 der VOL/A an. Andere Bundesländer machen von ihrer Kompetenz im Haushaltsrecht Gebrauch und sehen zum Teil großzügige Ausnahmen und Abweichungen von der UVgO vor. Anders sieht es bei der VOB/A aus: hier ist die 2019 vom DVA verabschiedete Fassung flächendeckend eingeführt; inhaltlich führt sie durch zahlreiche Änderungen im Vergleich zur Vorfassung im Abschnitt 1 dazu, dass sich das Vergaberecht für unterschwellige Bauaufträge mehr und mehr an die Regelungen der UVgO – und damit auch an das oberschwellige Vergaberecht – angleicht.

„Basiswissen Vergaberecht" will der Leserin, dem Leser trotz des geringfügig erweiterten Umfangs weiterhin als Einstieg in das Vergaberecht oder zur Verfestigung bereits vorhandenen Grundwissens die Grundzüge und Grundstrukturen des EU-weiten und nationalen Vergaberechts aufzeigen, ohne sich im normativen Dickicht der einzelnen Regelwerke zu verlieren. Dies ist mit Blick darauf, dass das Buch weiterhin einen schnellen Einstieg in das Vergaberecht ermöglichen soll, nicht immer einfach und verlangt an der einen oder anderen Stelle Kompromisse. Wir sind allerdings überzeugt, dass uns dies gelungen ist und freuen uns, wenn wir öffentlichen Auftraggebern und Bietern auch mit der Neuauflage eine Hilfestellung für die tägliche Praxis bieten und damit an den Erfolg der Vorauflagen anknüpfen können. Frau Marta Paul hat uns bei der Bearbeitung wertvolle Unterstützung geleistet, für die wir ihr an dieser Stelle herzlich danken.

Für Fragen, Anmerkungen und Anregungen sind wir gerne erreichbar.

Berlin im Februar 2021

Stephan Rechten und Dr. Marc Röbke

Stephan.Rechten@bblaw.com / roebke@lutzabel.com

Inhaltsverzeichnis

Abkürzungsverzeichnis

A

a.A.	anderer Ansicht
a.a.O.	am angegebenen Ort
abl.	ablehnend
ABl.	Amtsblatt
Abs.	Absatz
a.E.	am Ende
AEUV	Vertrag über die Arbeitsweise der Europäischen Union
a.F.	alte Fassung
AGB	Allgemeine Geschäftsbedingungen
AktG	Aktiengesetz
allg.	allgemein
Alt.	Alternative
a.M.	anderer Meinung
Anh.	Anhang
Anm.	Anmerkung
Art.	Artikel
Aufl.	Auflage
Az.	Aktenzeichen

B

BAAINBw	Bundesamt für Ausrüstung, Informationstechnik und Nutzung der Bundeswehr
BAnz.	Bundesanzeiger
Bbg	Brandenburg
Bd.	Band
Begr.	Begründung
Beschl.	Beschluss
bestr.	bestritten
BGB	Bürgerliches Gesetzbuch
BGBl.	Bundesgesetzblatt Teile I, II, III
BGH	Bundesgerichtshof
BHO	Bundeshaushaltsordnung
Bl.	Blatt
BMF	Bundesministerium der Finanzen
BMJ	Bundesministerium der Justiz
BMUB	Bundesministerium für Umwelt, Naturschutz, Bau und Reaktorsicherheit
BMVg	Bundesministerium der Verteidigung
BMVI	Bundesministerium für Verkehr und digitale Infrastruktur
BMWi	Bundesministerium für Wirtschaft und Technologie
BR	Bundesrat
BR-Drucks.	Bundesrats-Drucksache
BReg	Bundesregierung
bspw.	beispielsweise
BT	Bundestag
BT-Drucks.	Drucksache des Deutschen Bundestages

Buchst.	Buchstabe
BVerfG	Bundesverfassungsgericht
BVerfGE	Entscheidungen des Bundesverfassungsgerichts
BVerwG	Bundesverwaltungsgericht
BVerwGE	Entscheidungen des Bundesverwaltungsgerichts
BW	Bundeswehr
bzgl.	bezüglich
bzw.	beziehungsweise

C

c.i.c.	culpa in contrahendo
ca.	circa
CPV	Common Procurement Vocabulary

D

d.h.	das heißt
DIN	Deutsche Industrienorm
DÖV	Die öffentliche Verwaltung (Zeitschrift)
DVA	Deutscher Vergabe- und Vertragsausschuss für Bauleistungen
DVAL	Deutscher Vergabe- und Vertragsausschuss für Lieferungen und Dienstleistungen
DVBl.	Deutsches Verwaltungsblatt

E

E	Entwurf
EG	Europäische Gemeinschaft; Einführungsgesetz
EGBGB	Einführungsgesetz zum BGB
Einl.	Einleitung
etc.	et cetera
EU	Europäische Union
EuGH	Europäischer Gerichtshof
EuGHE	Sammlung der Rechtsprechung des Gerichtshofs der Europäischen Gemeinschaften
EUV	Vertrag über die Europäische Union
e.V.	eingetragener Verein
evtl.	eventuell
EWG	Europäische Wirtschaftsgemeinschaft
EWR	Europäischer Wirtschaftsraum

F

f./ff.	folgende/fortfolgende
Fn.	Fußnote

G

GA	Generalanwalt
gem.	gemäß
GesR	Gesellschaftsrecht
GG	Grundgesetz

ggf.	gegebenenfalls
GKG	Gerichtskostengesetz
GmbH	Gesellschaft mit beschränkter Haftung
GO	Gemeindeordnung
GPA	Government Procurement Agreement
grds.	grundsätzlich
GVBl.	Gesetz- und Verordnungsblatt
GWB	Gesetz gegen Wettbewerbsbeschränkungen

H

HGB	Handelsgesetzbuch
h.L.	herrschende Lehre
h.M.	herrschende Meinung
hrsg.	herausgegeben
Hs.	Halbsatz

I

i.d.F.	in der Fassung
i.d.R.	in der Regel
IKT	Informations- und Kommunikationstechnologie
ILO	International Labour Organization
insb.	insbesondere
InsO	Insolvenzordnung
i.S.d.	im Sinne des/der
IT	Informationstechnologie
IT-AmtBw	Bundesamt für Informationsmanagement und Informationstechnik der Bundeswehr
i.Ü.	im Übrigen
i.V.m.	in Verbindung mit

K

Kap.	Kapitel
KG	Kammergericht, Kommanditgesellschaft
krit.	kritisch

L

LG	Landgericht
LHO	Landeshaushaltsordnung
lit.	litera (Buchstabe)
LT-Drucks.	Landtags-Drucksache
LuftSiG	Luftsicherheitsgesetz

M

m.w.N.	mit weiteren Nachweisen

N

n.F.	neue Fassung oder Folge
NJW	Neue Juristische Wochenschrift
Nr.	Nummer(n)
NRW	Nordrhein-Westfalen
NVwZ	Neue Zeitschrift für Verwaltungsrecht

NZBau	Neue Zeitschrift für Baurecht und Vergaberecht

O

o.g.	oben genannte
OHG	Offene Handelsgesellschaft
OLG	Oberlandesgericht
OLGZ	Entscheidungssammlung der Oberlandesgerichte
OVG	Oberverwaltungsgericht

P

PM	Pressemitteilung
PPP	Public Private Partnership

R

Rn.	Randnummer
RegE	Regierungsentwurf
RL	Richtlinie
RL-VS	Richtlinie 2009/81/EG
Rs.	Rechtssache
Rspr.	Rechtsprechung
RVG	Rechtsanwaltsvergütungsgesetz

S

s.	siehe
S.	Satz, Seite
sog.	sogenannte(r)
SektVO	Sektorenverordnung
SKR	Sektorenkoordinierungsrichtlinie 2004/17/EG
Slg.	Sammlung der Rechtsprechung des Europäischen Gerichtshofs
StGB	Strafgesetzbuch
st. Rspr.	ständige Rechtsprechung
s.u.	siehe unten, siehe unter

U

u.a.	unter anderem; und andere
UAbs.	Unterabsatz
u.s.w.	und so weiter
u.U.	unter Umständen
UVgO	Unterschwellenvergabeordnung
UWG	Gesetz gegen den unlauteren Wettbewerb

V

Var.	Variante
VergabeR	Zeitschrift für das gesamte Vergaberecht
VG	Verwaltungsgericht
VGH	Verwaltungsgerichtshof
vgl.	vergleiche
VgRÄG	Gesetz zur Änderung der Rechtsgrundlagen für die Vergabe öffentlicher Aufträge (Vergaberechtsänderungsgesetz)
VergStatVO	Vergabestatistikverordnung
VgV	Verordnung über die Vergabe öffentlicher Aufträge (Vergabeverordnung)

VK	Vergabekammer
VKR	Vergabekoordinierungsrichtlinie 2004/18/EG
VO	Verordnung
VOB	Vergabe und Vertragsordnung für Bauleistungen
VOF	Vergabeordnung für freiberufliche Dienstleistungen
VOL	Vergabe- und Vertragsordnung für Leistungen
Vorbem.	Vorbemerkung
VS	Verschlusssachen
VSVgV	Vergabeverordnung Verteidigung und Sicherheit
VwGO	Verwaltungsgerichtsordnung
VwVfG	Verwaltungsverfahrensgesetz
VwVG	Verwaltungsvollstreckungsgesetz

W

WTO	World Trade Organization

Z

z.B.	zum Beispiel
ZfBR	Zeitschrift für deutsches und internationales Bau- und Vergaberecht
Ziff.	Ziffer
ZIP	Zeitschrift für Wirtschaftsrecht und Insolvenzrecht
ZPO	Zivilprozessordnung
z.T.	zum Teil
zust.	zustimmend
ZuStVO	Zuständigkeitsverordnung Nachprüfungsverfahren

1. Grundlagen des Vergaberechts

„Die Vergabe öffentlicher Aufträge" oder „die Beschaffung von Leistungen" sind im allgemeinen Sprachgebrauch eher ungewöhnliche Bezeichnungen für einen ganz alltäglichen Vorgang: den **Einkauf der öffentlichen Hand**.

Als Vergaberecht bezeichnet man die **Gesamtheit der zahlreichen Vorschriften und Regelwerke**, die die öffentliche Hand – also **Bund, Länder und Kommunen sowie weitere Akteure** – beim Einkauf von Produkten und Dienstleistungen am Markt beachten muss. Durch die immer stärkere Verrechtlichung dieser Beschaffungsvorgänge ist die ursprüngliche Bezeichnung als „öffentliches Auftragswesen" mehr und mehr in den Hintergrund gerückt.

Staat und Verwaltung haben eine Vielzahl von Aufgaben und Pflichten, die sie gegenüber ihren Bürgern wahrnehmen und erledigen müssen. Dies sind insbesondere Aufgaben der **Daseinsvorsorge** – Bildung, Gesundheit, Soziales, Infrastruktur, um nur einige zu nennen – oder der **Bereich der inneren und äußeren Sicherheit**.

Diese Tätigkeiten üben die zuständigen Behörden überwiegend selbst aus und benötigen hierzu entsprechende Ausstattung oder Unterstützung. So braucht die Feuerwehr einer Kommune ein funktionales Gebäude einschließlich entsprechender Ausstattung sowie Einsatzfahrzeuge und weitere Ausrüstungsgegenstände.

In anderen Bereichen entscheidet sich die öffentliche Hand mitunter dafür, die Leistung für ihre Bürger nicht mehr selbst zu erbringen, sondern **private Anbieter** damit zu beauftragen. Beispiele sind die Müllentsorgung oder die Erbringung von Leistungen im öffentlichen Personennahverkehr (ÖPNV). Schließlich haben öffentliche Stellen die Möglichkeit, sich mit einem privaten Partner zusammenzutun, um Leistungen gemeinsam zu erbringen. Im Rahmen solcher **öffentlich-privater Partnerschaften** (ÖPP; geläufig ist auch die aus dem englischen Begriff der „Public Private Partnership" stammende Abkürzung PPP) soll eine langfristige Kooperation zu besseren Leistungen und niedrigeren Kosten führen.

Wenngleich die Rahmenbedingungen und Grenzen dieser drei Formen der Leistungserbringung durch Private sehr unterschiedlich sind, ist ihnen jedenfalls gemeinsam, dass die Auswahl und Beauftragung des Privaten grundsätzlich im Wettbewerb und in vielen Fällen unter Beachtung des Vergaberechts erfolgen muss.

Ziel ist es stets, den Wettbewerb unter mehreren Anbietern – soweit dieser vorhanden ist – zu nutzen, um hierdurch bestmögliche Leistung und Qualität zu den günstigsten Preisen zu erhalten – und damit die öffentlichen Mittel, also die **Steuergelder der Bürger**, effektiv und effizient einzusetzen.

Dass überhaupt ein **staatlich vorgegebenes Verfahren** zur Ausgestaltung des Einkaufs der öffentlichen Hand erforderlich ist, liegt vor allem daran, dass sich diese in der Regel nicht wie ein üblicher Marktteilnehmer verhält: Anders als Unternehmen, die in Konkurrenz zueinander stehen und daher bereits aus Gründen der Wettbewerbsfähigkeit möglichst effizient handeln müssen, ist die Verwaltung einer solchen Situation nicht ausgesetzt. Darüber hinaus verwenden öffentliche Stellen für Beschaffungen nicht das eigene Geld, sondern – wie bereits ausgeführt – das Geld der Bürgerinnen und Bürger. Anders als eine private Person, die ihre Ersparnisse z.B. beim Kauf eines neuen PKWs so effizient wie möglich einsetzen möchte, besteht dieser Anreiz bei der öffentlichen Hand nicht ohne Weiteres.

Aus diesen Gründen – Einsatz öffentlicher Gelder und / oder fehlende Marktanreize – sind neben den öffentlichen Institutionen teilweise auch private Unternehmen in bestimmten Versorgungsbereichen (Energie, Wasser, Verkehr) und sogar Privatpersonen, die öffentliche Gelder (z.B. in Form von Zuwendungen) erhalten und einsetzen können, vom Anwendungsbereich des Vergaberechts erfasst.

Auf die rechtlichen Rahmenbedingungen des Vergaberechts in Deutschland wird nach einer historischen Einleitung und einigen Ausführungen zur wirtschaftlichen Bedeutung des Vergaberechts eingegangen.

1.1 Historische Grundlagen und Entwicklungen

Die Vergabe öffentlicher Aufträge und deren Regelung hat in Deutschland lange Tradition. Erste Vorschriften finden sich ab dem 16. Jahrhundert, etwa mit der „Instruktion über die Festung Ingolstadt" von 1542, der „Bauhofsordnung für Hamburg" von 1617, den „Submissionsplakaten von Mannheim" von 1699 oder dem „Preußischen Baureglement" von 1724. Die ersten umfassenden Vergaberichtlinien ergingen seit den 30er Jahren des 19. Jahrhunderts, so etwa 1833/64 für öffentliche Bauten in Bayern, 1836 für Württemberg und 1885 für Preußen.

In dieser Zeit hat sich auch das Verfahren der Auftragsvergabe deutlich geändert: Im 18. Jahrhundert wurde überwiegend das Verfahren der **Lizitation** eingesetzt. Diese zeichnete sich durch eine Anwesenheit sämtlicher Bieter in einem zeitlich begrenzten Verhandlungstermin aus, in dem diese sich ausgehend von dem Voranschlag der ausschreibenden Behörde gegenseitig unterboten. Den Zuschlag erhielt der Bieter mit dem höchsten Abschlag; ein Anspruch auf den Zuschlag bestand nicht. Dieses Verfahren wurde im Verlauf des 19. Jahrhunderts weitgehend durch das **Submissionsverfahren** ersetzt, bei dem die Angebote in schriftlicher Form eingereicht wurden. Der Zuschlag wurde grundsätzlich an den Mindestfordernden erteilt.

Der erste Entwurf für ein einheitliches Reichsverdingungsgesetz wurde 1913/14 durch eine Kommission des Deutschen Reichstags beraten. Wesentliche Neuerungen gegenüber dem bisherigen System lagen in einer Pflicht zur Prüfung der Eignung der Bieter sowie in einer Berücksichtigung der Angemessenheit der angebotenen Preise. Hierdurch sollte dem bis dahin oftmals ruinösen Preiswettbewerb begegnet werden. Durch den Beginn des 1. Weltkriegs wurde das Gesetzgebungsvorhaben jedoch nicht weiter verfolgt.

Auch ein nach dem Krieg initiiertes Reichsrahmengesetz über die Vergabe öffentlicher Aufträge wurde vom Reichstag nicht angenommen. Stattdessen wurde die Materie auch mit Blick auf ihre hohe **Praxisrelevanz** an einen von den Vertretern der an der Auftragsvergabe beteiligten Kreise gebildeten Ausschuss verwiesen. Dieser konstituierte sich 1921 als **Reichsverdingungsausschuss** (RVA). Er erarbeitete bis 1926 die Verdingungsordnung für Bauleistungen (**VOB**, Teile A und B) und im Anschluss hieran bis 1936 die Verdingungsordnung für Leistungen (**VOL**, Teile A und B).[1]

Beide Regelwerke konnten ihre Position auch nach dem 2. Weltkrieg verstetigen. Insbesondere in den ersten Nachkriegsjahren bildeten diese Vergabeordnungen die Grundlage für den Wiederaufbau Deutschlands. Die VOB wird seither durch den Deutschen Verdingungsausschuss (heute Vergabe- und Vertragsausschuss) für Bauleistungen (DVA), die VOL durch den Deutschen Verdingungsausschuss (heute Vergabe- und Vertragsausschuss) für Leistungen (DVAL) fortgeschrieben. VOB und VOL sowie die 1997 eingeführte Vergabeordnung für freiberufliche Leistungen (**VOF**) als Regelwerk für die Vergabe von freiberuflichen (Dienst-)Leistungen bildeten lange Zeit in weiten Bereichen die rechtliche Grundlage für die Vergabe öffentlicher Aufträge. Seit der am 18. April 2016 in Kraft getretenen Vergaberechtsmodernisierung haben sich deutliche Veränderungen ergeben.[2]

Europarechtliche Einflüsse auf das bis dahin rein haushaltsrechtlich geprägte Vergabewesen kamen erst Anfang der 1970er Jahre auf. Die ersten europäischen Vergaberichtlinien – 1971 für den Baubereich und 1976 für den Lieferbereich – wurden zwar in das nationale Vergaberecht umgesetzt, führten jedoch in keiner Weise zu der beabsichtigten Förderung der grenzüberschreitenden Auftragsvergabe und der damit angestrebten Liberalisierung des Binnenmarktes im Bereich des öffentlichen Einkaufs. Erst die Revision dieser Richtlinien unter dem neuen Impuls einer Koordinierung der Rechtssysteme der Mitgliedsstaaten, die seit 1992 erstmals auch eine Richtlinie zur Vergabe von Dienstleistungsaufträgen umfasste, und insbesondere die Rechtsmittelrichtlinie von 1989 setzten wesentliche Impulse für eine Öffnung der nationalen Beschaffungsmärkte. In dieser Zeit wurde erstmals auch ein Sondervergaberecht für die Bereiche Energie, Wasser und Verkehr etabliert, das sogenannte Sektorenvergaberecht.

In das deutsche Vergaberecht wurden diese europäischen Tendenzen nach einer ersten haushaltsrechtlich geprägten Umsetzung („Haushaltsrechtliche Lösung") im Jahr 1999 durch das Vergaberechtsänderungsgesetz in einem **neuen Rechtssystem** abgebildet, welches aber nur ab dem Erreichen von bestimmten Auftragswerten (EU-Schwellenwerte) gilt.

Dieses System besteht aus dem 4. Teil des Gesetzes gegen Wettbewerbsbeschränkungen (**GWB**), der Vergabeverordnung (**VgV**) und den **Vergabe- und Vertragsordnungen** sowie weiteren Regelwerken. Die seit dieser Zeit existierende **Zweiteilung des deutschen Vergaberechts** in das haushaltsrechtlich verankerte Vergaberecht unterhalb der Schwel-

1 Grau, Historische Entwicklung und Perspektiven des Rechts der öffentlichen Aufträge.
2 S. dazu am Ende dieses Kapitels sowie in Kap. 1.3.

lenwerte und das wettbewerbsrechtlich determinierte Vergaberecht ab den Schwellenwerten besteht bis heute fort.

Praxistipp

Die für die Praxis und das anzuwendende Recht ganz entscheidende Differenzierung zwischen Aufträgen, die den einschlägigen EU-Schwellenwert nicht erreichen, und solchen, die ihn erreichen oder überschreiten, zeigt sich auch im Sprachgebrauch:

- *Wir sprechen bei Aufträgen, die den Schwellenwert nicht erreichen, von Unterschwellenaufträgen, Unterschwellenvergaben bzw. unterschwelligen Vergaben und insgesamt vom* ***Unterschwellenbereich****.*
- *Bei Aufträgen, deren Wert den einschlägigen Schwellenwert genau trifft oder überschreitet, sprechen wir von Oberschwellenaufträgen, Oberschwellenvergaben bzw. oberschwelligen Vergaben und insgesamt vom* ***Oberschwellenbereich****.*

Wesentliche Änderungen des Vergaberechts in den letzten Jahren waren überwiegend durch EU-rechtliche Änderungen angestoßen und verursacht wie die umfassende Revision der Vergaberichtlinien (2004)[3], die Revision der Rechtsmittelrichtlinie[4], die Einführung einer Richtlinie für die Vergabe von verteidigungs- und sicherheitsrelevanten Gütern, die Überarbeitung der Verordnung über öffentliche Personenverkehrsdienste auf Schiene und Straße (ÖPNV-Verordnung)[5] oder die Verabschiedung zahlreicher Richtlinien zum Umweltschutz, aus denen sich auch Regelungen zur Beschaffung nachhaltiger und umweltfreundlicher Produkte ergeben.

Die 2011 von der EU-Kommission vorgeschlagene **erneute Novellierung der EU-Vergaberichtlinien** wurde im April 2014 verabschiedet. Neben einer Überarbeitung der klassischen Vergaberichtlinie und der Sektorenrichtlinie wurde mit der EU-Konzessionsrichtlinie erstmals ein eigenes Regelwerk für die Vergabe von Dienstleistungs- und Baukonzessionen geschaffen. Die Frist für die Mitgliedsstaaten zur Umsetzung dieser Richtlinien in nationales Recht lief am 18. April 2016 ab.

Nationale Impulse beschränkten sich in den letzten Jahren meist auf die Umsetzung von Erfahrungen aus der Praxis oder Tendenzen aus der vergaberechtlichen Rechtsprechung. Gesetzgeberische Aktionen in Bezug (auch) auf das nationale Vergaberecht gab es 2005 mit dem ÖPP-Beschleunigungsgesetz, 2009 mit der **Modernisierung** des Vergaberechts und 2012 mit der Etablierung eines Vergaberechtsregimes für öffentliche Aufträge in den Bereichen Verteidigung und Sicherheit.

3 Legislativpaket, das auch eine Zusammenlegung der bisher separat existierenden Richtlinien für die Vergabe von Bau-, Liefer- und Dienstleistungsaufträgen umfasste.

4 Richtlinie 2007/66/EG.

5 Verordnung (EG) Nr. 1370/2007.

Die umfassende Vergaberechtsreform, die am 18. April 2016 in Kraft getreten ist, hat neben dem Vergaberechtsmodernisierungsgesetz und der Vergaberechtsmodernisierungsverordnung auch Änderungen der VOB/A für Bauvergaben mit sich gebracht. Seit einigen Jahren existieren zudem in nahezu allen Bundesländern eigene **Landesvergabegesetze**. Diese enthalten ergänzende Vorschriften für die Vergabe öffentlicher Aufträge, die das „Bundesrecht" nicht regelt.

Das deutsche **Ausschussmodell (Regelsetzung durch die Vergabe- und Vertragsausschüsse DVA und DVAL)** ist in den vergangenen Jahren immer weiter eingeschränkt worden, etwa durch die Verabschiedung der Sektorenverordnung oder die Vergabeverordnung für den Bereich Verteidigung und Sicherheit. Für die Vergabe von Liefer- und Dienstleistungsaufträgen im Oberschwellenbereich sind seit dem 18. April 2016 die bis dahin geltenden Vorschriften des 2. Abschnitts der VOL/A und die Regelungen der VOF aufgehoben worden. Für EU-weite Vergabeverfahren in diesen Bereichen enthalten seitdem der 4. Teil des GWB sowie die neue Vergabeverordnung die einzuhaltenden Vorschriften. Bei Bauvergaben gilt nach wie vor die VOB/A, die durch den DVA fortgeschrieben wird. Für Liefer- und Dienstleistungsaufträge im Unterschwellenbereich wurde der 1. Abschnitt der VOL/A ab 2017 sukzessive durch die Unterschwellenvergabeordnung (UVgO) abgelöst, die das BMWi in Abstimmung mit den Bundesländern und weiteren Akteuren erarbeitet hat.[6]

Auf europäischer Ebene befasst sich die EU-Kommission vor dem Hintergrund der aktuellen Diskussionen um die vermehrte Beteiligung von chinesischen Unternehmen an Aufträgen im Bereich der kritischen IT-Infrastruktur verstärkt mit ihrem zuletzt 2016 überarbeiteten Entwurf einer Verordnung über den Zugang von Unternehmen aus Drittländern zu Vergabeverfahren innerhalb der EU[7]. Daneben gibt es eine Vielzahl von Initiativen aus anderen Bereichen (z.B. Green deal der EU-Kommission), die auch Regelungen für den Bereich des Vergaberechts enthalten. Eine weitere originäre Reform des EU-Vergaberechts steht derzeit in Brüssel nicht auf der Agenda.

Und auch im nationalen Bereich gibt es keine umfassenden Änderungen des Vergaberechts. Aktuell beschlossen wurde durch Bundestag und Bundesrat eine punktuelle Änderung von GWB und VSVgV zur Erleichterung der Möglichkeiten einer Direktbeauftragung bei einsatzbedingten Sonderbedarfen im Bereich Verteidigung und Sicherheit. Zugleich wurde die Vergabestatistikverordnung angepasst.[8]

---

6 S. hierzu näher in Kap. 1.3.6.

7 Geänderter Vorschlag für eine Verordnung des Europäischen Parlaments und des Rates über den Zugang von Waren und Dienstleistungen aus Drittländern zum EU-Binnenmarkt für öffentliche Aufträge und über die Verfahren zur Unterstützung von Verhandlungen über den Zugang von Waren und Dienstleistungen aus der Union zu den Märkten für öffentliche Aufträge von Drittländern (COM(2016) 34 final); die Diskussion wird nunmehr unter dem Stichwort „International Procurement Instrument (IPI) geführt. S. hierzu auch die Mitteilung der Kommission „Leitlinien zur Teilnahme von Bietern und Waren aus Drittländern am EU-Beschaffungsmarkt" (2019/C 271/02). Zur derzeitigen Möglichkeit von Unternehmen aus Drittländern, sich an Ausschreibungen innerhalb der EU zu beteiligen sowie den Nachprüfungsrechtsschutz in Anspruch zu nehmen s. OLG Düsseldorf, Beschl. v. 31.05.2017, VII-Verg 36/16.

8 Gesetz zur beschleunigten Beschaffung im Bereich der Verteidigung und Sicherheit und zur Optimierung der Vergabestatistik vom 25.03.2020, BGBl. I S. 674.

1.2 Wirtschaftliche Bedeutung

Das Vergaberecht hat in der zweiten Hälfte des 20. Jahrhunderts zunehmend an Bedeutung gewonnen. Diese zeigt sich allein schon darin, dass der Wert der öffentlichen Aufträge in den Mitgliedstaaten der Europäischen Union heute **bis zu 20 % des Bruttoinlandsprodukts** beträgt. Aktuell schätzt die EU-Kommission das Volumen aller in der EU beschafften Bau-, Liefer- und Dienstleistungen auf ca. 1,9 Billionen Euro. Deutschland liegt hierbei mit rund 480 Mrd. Euro vor Großbritannien, Frankreich und Italien deutlich an erster Stelle.

Festzustellen ist allerdings auch, dass die Beschaffung öffentlicher Aufträge nach wie vor ein stark auf die nationalen Märkte beschränktes Geschäft darstellt. Nach aktuelleren Erhebungen der EU, die auf einer Auswertung der EU-Bekanntmachungsdatenbank *Tenders Electronic Daily (TED)* beruhen, beträgt das Volumen derjenigen Aufträge, die den jeweils einschlägigen Schwellenwert erreichen oder überschreiten und daher EU-weit ausgeschrieben werden müssen, nur rund 20 % des Gesamtvolumens. Da es sich hierbei oftmals um sehr großvolumige Aufträge handelt – man denke nur an die Entwicklung und Errichtung des LKW-Mautsystems in Deutschland oder große Bauinfrastrukturprojekte wie etwa die Elbphilharmonie –, ist es nicht verwunderlich, dass die Anzahl der Vergabeverfahren, die EU-weit erfolgen, nur rund 2 bis 5 % aller Vergabeverfahren ausmacht. Berücksichtigt man dann noch, dass in diesen wenigen EU-weiten Vergabeverfahren nur bei rund 15 % aller Aufträge ein Bieter aus einem anderen Mitgliedsstaat zum Zuge kommt, stellen viele (zu Recht) die Frage, ob es den EU-Binnenmarkt für öffentliche Aufträge überhaupt gibt und warum die EU so enorme Anstrengungen unternimmt, um ihn zu fördern. Viele Beschaffer beklagen in Ansehung einer oftmals rein nationalen Bieterstruktur die hohen Anforderungen und Belastungen, die EU-weite Vergabeverfahren mit sich bringen.

Die Wirtschaft profitiert hingegen sehr stark von öffentlichen Aufträgen. Zwar ist der Aufwand auch für Unternehmen, sich an Ausschreibungen von Bund, Ländern und Kommunen zu beteiligen, mitunter beträchtlich und das Verfahren beschwerlich. Der Bedarf der öffentlichen Hand ist jedoch in der Menge wie auch in der Vielfalt sehr hoch und erfasst unzählige Leistungen – vom einfachen Büromaterial bis hin zu komplexen IT-Netzwerken, Rüstungsprojekten oder Mega-Bauvorhaben.

Der Bedarf des Staates ist zudem (weitgehend) **konjunkturunabhängig** und gewährleistet auch in wirtschaftlich schlechten Zeiten stets entsprechende Nachfrage. Dabei sind die öffentlichen Auftraggeber durch den Einsatz von öffentlichen Mitteln stets solvent und gesetzlich zu einer zügigen Bezahlung verpflichtet. In Bereichen, in denen kein echter Markt existiert, wie z.B. bei der Beschaffung von Rüstungsgütern oder sonstigen Spezialprodukten, schützt das Preisrecht[9] den Auftraggeber vor zu hohen und die Bieter vor zu niedrigen und unauskömmlichen Preisen. Und in Bereichen, wo es außerhalb der Nachfrage der öffentlichen Hand keine oder nur wenige Abnehmer gibt (z.B. im Straßenbau oder bei Uniformen), verhindert das Kartellrecht eine zu große Auftragsbündelung und eine marktmächtige Stellung der Auftraggeber. Schließlich stellen das Vergaberecht und

9 Verordnung PR Nr. 30/53 über die Preise bei öffentlichen Aufträgen.

– für die Durchführung der öffentlichen Aufträge – die Vertragsbedingungen der öffentlichen Hand durch zahlreiche Pflichten ein Wettbewerbsumfeld sicher, in dem sich auch kleine und mittelständische Unternehmen mit denselben Chancen wie Großkonzerne an Beschaffungsverfahren beteiligen können.

Andererseits zeigt sich aber in Zeiten wirtschaftlichen Wachstums mittlerweile auch immer stärker ein reduziertes Interesse von Unternehmen, sich an der Vergabe öffentlicher Aufträge zu beteiligen. In vielen Ausschreibungen gehen heute nur noch ein bis zwei Angebote ein, mitunter müssen Ausschreibungen aufgehoben werden, da überhaupt kein Angebot vorliegt. Als maßgebliche Ursache werden die umständlichen und aufwändigen Prozesse angesehen sowie eine nach wie vor zu starke Orientierung am Preis als Zuschlagskriterium, womit öffentliche Aufträge in vielen Bereichen für Unternehmen zunehmend unwirtschaftlich werden. Durch die flächendeckende Einführung der e-Vergabe[10] konnte zumindest der Aufwand bei der Einreichung von Teilnahmeanträgen und Angeboten reduziert werden.

1.3 Rechtliche Grundlagen und Rahmenbedingungen

Das deutsche Vergaberecht ist nach wie vor stark zersplittert. Die Gründe hierfür liegen zum Teil in der historischen Entwicklung, zum Teil sind sie der föderalen Staatsstruktur geschuldet. Die nachfolgende Grafik gibt einen Überblick über den Aufbau des deutschen Vergaberechts und seine Rechtsquellen:

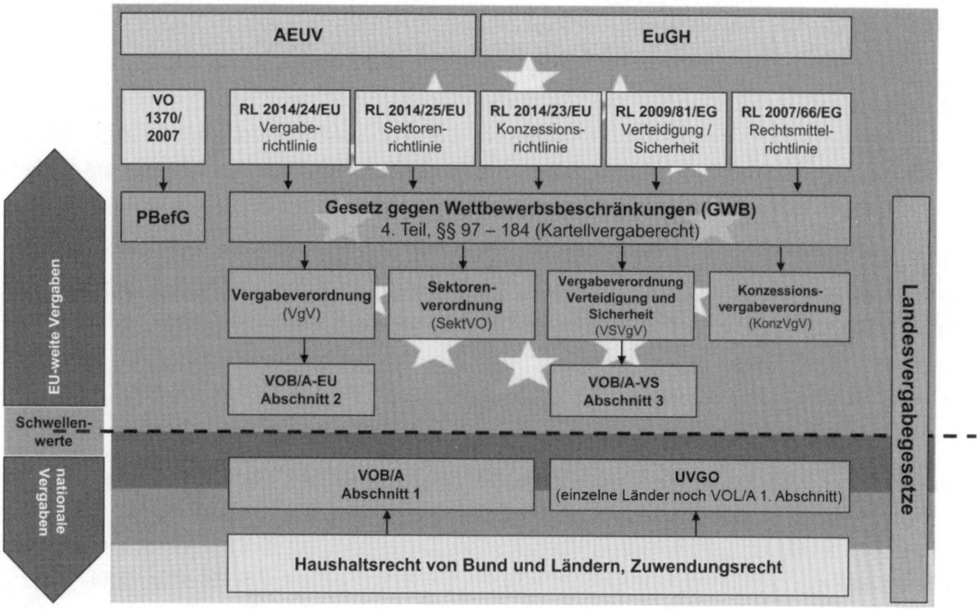

Abb. 1: Struktur des Vergaberechts

10 S. Kap. 2.3

1.3.1 Aufbau des deutschen Vergaberechts

Im Zentrum des deutschen Vergaberechts stehen Rechtsvorschriften auf drei verschiedenen Ebenen:

1. Auf **gesetzlicher Ebene** der vierte Teil des Gesetzes gegen Wettbewerbsbeschränkungen (§§ 97 ff. GWB), das Haushaltsgrundsätzegesetz (§ 30 HGrG), Bundes- und Landeshaushaltsordnungen (§§ 55 BHO, LHO) sowie in fast allen Bundesländern separate Landesvergabegesetze.[11]
2. Auf **Verordnungsebene**
   a) die Verordnung über die Vergabe öffentlicher Aufträge (Vergabeverordnung – VgV),
   b) die Verordnung über die Vergabe von Aufträgen im Bereich des Verkehrs, der Trinkwasserversorgung und der Energieversorgung (Sektorenverordnung – SektVO),
   c) die Vergabeverordnung für die Bereiche Verteidigung und Sicherheit (Vergabeverordnung Verteidigung und Sicherheit – VSVgV),
   d) die Verordnung über die Vergabe von Konzessionen (Konzessionsvergabeverordnung – KonzVgV) und
   e) die Verordnung zur Statistik über die Vergabe öffentlicher Aufträge und Konzessionen (Vergabestatistikverordnung – VergStatVO).
3. Auf **„untergesetzlicher" Ebene**
   a) die Vergabe- und Vertragsordnung für Bauleistungen, Teil A – Allgemeine Bestimmungen für die Vergabe von Bauleistungen (VOB/A) und
   b) die Verfahrensordnung für die Vergabe öffentlicher Liefer- und Dienstleistungsaufträge unterhalb der EU-Schwellenwerte (Unterschwellenvergabeordnung – UVgO) bzw. die Vergabe- und Vertragsordnung für Leistungen, Teil A – Allgemeine Bestimmungen für die Vergabe von Leistungen (VOL/A).

Wann welche Ebene in welchem Zusammenspiel gilt, entscheidet sich im deutschen Vergaberecht maßgeblich danach, ob der voraussichtliche Wert des auszuschreibenden Auftrags den einschlägigen EU-Schwellenwert erreicht bzw. überschreitet oder darunter bleibt.[12]

1.3.2 Vergaberecht im Unterschwellenbereich

Maßgebliche Rechtsquelle für die Vergabe von öffentlichen Aufträgen, deren voraussichtlicher Wert den jeweils einschlägigen **Schwellenwert nicht erreicht**, ist das **Haushaltsrecht** von Bund, Ländern und Kommunen. Dieses enthält einheitlich den Grundsatz der Sparsamkeit und Wirtschaftlichkeit, etwa in § 6 HGrG oder § 7 BHO bzw. LHO. Wie bei der Vergabe öffentlicher Aufträge vorzugehen ist, wird jedoch unterschiedlich geregelt.

---

11 S. hierzu Kap. 1.3.4.
12 Die Schwellenwerte sind in Kap. 5 dargestellt.

- **Bundes- und Landeshaushaltsordnungen** normieren in § 55 lediglich, dass dem Abschluss von Verträgen über Lieferungen und Leistungen eine Öffentliche Ausschreibung oder eine Beschränkte Ausschreibung mit Teilnahmewettbewerb vorangehen muss, sofern nicht die Natur des Geschäfts oder besondere Umstände eine Ausnahme rechtfertigen. Zudem wird vorgegeben, dass beim Abschluss von Verträgen nach einheitlichen Richtlinien zu verfahren ist. Dies sind in der Regel die Verwaltungsvorschriften (VV) bzw. Ausführungsvorschriften (AV) zu § 55 BHO bzw. LHO.
- **Auf kommunaler Ebene** sehen die einschlägigen Regelwerke – zumeist Gemeindeordnungen oder Gemeindehaushaltsverordnungen – teilweise ebenfalls nur diese rudimentären Grundsätze vor. Teilweise verpflichten sie zugleich zur Anwendung der VOB/A (Abschnitt 1) für Bauvergaben und der UVgO bzw. der VOL/A (Abschnitt 1) für Beschaffung von Waren und Dienstleistungen; teilweise werden die Vergabeordnungen auch eingeschränkt oder modifiziert.

Dort, wo die einschlägigen haushaltsrechtlichen Regelwerke selbst keine weiteren Regelungen über die Vergabe öffentlicher Aufträge enthalten oder diese auf VOB/A und UVgO bzw. VOL/A verweisen, geschieht dies überwiegend durch sogenannte **Einführungserlasse**. Mit diesen werden die jeweils angesprochenen öffentlichen Stellen verpflichtet, den ersten Abschnitt der VOB/A (sogenannte Basisparagrafen) bzw. die UVgO[13] in der jeweils aktuellen Fassung zu beachten und anzuwenden. Dort, wo ein solcher Einführungserlass nicht existiert oder die Anwendung der Regelwerke nur empfohlen wird, können die Auftraggeber auch eigene (einheitliche) Richtlinien entwickeln und diese bei der Auftragsvergabe anwenden. Nicht zuletzt vor dem Hintergrund, dass jedenfalls die VOB/A noch vom DVA und damit von einem Gremium erarbeitet und fortgeschrieben wird, das aus Vertretern der Auftraggeberseite (Bund, Länder, Kommunen) und der Bieterseite (Unternehmensverbände, Kammern) zusammengesetzt ist, ist dieses Regelwerk aber weitgehend akzeptiert. Es findet daher überwiegend auch dort Anwendung, wo Auftraggeber nicht dazu verpflichtet sind.

Da die „Anwendungsbefehle" zur Beachtung von VOB/A und UVgO bzw. VOL/A also oftmals nur auf behördeninternen Erlassen beruhen und ansonsten ihre Grundlage im Haushaltsrecht haben, das seinerseits reines Innenrecht der Verwaltung ist, hat dieses Unterschwellenvergaberecht oder „Haushaltsvergaberecht" prinzipiell **keine Außenwirkung**. Das heißt, dass Bieter Verstöße des Auftraggebers gegen Vergabevorschriften nicht in dem Maße überprüfen lassen können wie im Oberschwellenbereich. Allein über den Gleichheitssatz des Art. 3 GG, der (auch) zu einem gleichmäßigen Verwaltungshandeln verpflichtet, können hier Fehler in einem Vergabeverfahren gerichtlich geltend gemacht werden.[14]

Sonderregeln für die Versorgungssektoren, für Aufträge im Bereich Verteidigung und Sicherheit oder für die Vergabe von Dienstleistungskonzessionen, wie dies im Oberschwellenbereich vorgesehen ist, kennt das Haushaltsvergaberecht nicht. Soweit hier die vorhan-

---

13 In einigen Bundesländern ist die UVgO nach wie vor nicht eingeführt. Hier nehmen die Einführungserlasse dann weiterhin die VOL/A Abschnitt 1 in Bezug.

14 Vgl. hierzu Kap. 10.5.

denen Vorschriften nicht greifen, verbleibt nur der generelle Grundsatz der Sparsamkeit sowie bei binnenmarktrelevanten Aufträgen die Beachtung der EU-Grundprinzipien.[15]

Zu berücksichtigen ist im Bereich der Unterschwellenvergaben schließlich auch noch die Vielzahl von Erlassen und Durchführungsregelungen, die – teilweise auftraggeberspezifisch – weitere Besonderheiten bei der Vergabe öffentlicher Aufträge enthalten. Zu nennen ist hier beispielsweise das nach wie vor geltende Rundschreiben des BMWi zur Anwendung einer Schutzklausel auf Bundesebene bei öffentlichen Aufträgen über Beratungs- und Schulungsleistungen zur Abwehr von Einflüssen der Scientology-Organisation und deren Unternehmen auf öffentliche Bedienstete vom 26. Januar 2001.

Auf die auch im Unterschwellenbereich geltenden Landesvergabegesetze wird in Kapitel 1.3.4 eingegangen.

1.3.3 Vergaberecht im Oberschwellenbereich

Deutlich komplizierter und komplexer gestaltet sich das Vergaberecht bei öffentlichen Aufträgen, deren voraussichtlicher Wert den jeweils einschlägigen **Schwellenwert erreicht oder überschreitet**. Auch hier werden die beschafften Leistungen mit Steuergeldern und Haushaltsmitteln bezahlt, so dass zunächst ebenfalls das Haushaltsrecht mit seiner Pflicht zur Sparsamkeit und Wirtschaftlichkeit Anwendung findet. Allerdings wird es dort **durch das EU-Vergaberecht verdrängt, das dann ausschließlich gilt**. Dieses fordert zwar ebenfalls zur Wirtschaftlichkeit auf, etwa durch die Pflicht, den Zuschlag auf das wirtschaftlichste Angebot zu erteilen. Im Mittelpunkt steht allerdings der Wettbewerb unter den Bietern, über den das vorgenannte Ziel realisiert werden soll. Um dies möglichst effektiv zu gewährleisten, sieht das EU-Vergaberecht in den derzeit geltenden Vergaberichtlinien 2014/23/EU, 2014/24/EU, 2014/25/EU sowie 2009/81/EG zum einen zahlreiche Pflichten des Auftraggebers vor. Zum anderen verlangen die EU-Rechtsmittelrichtlinien 89/665/EWG und 92/50/EWG in der Fassung der Richtlinie 2007/66/EG von den Mitgliedsstaaten die Gewährleistung eines effektiven Rechtsschutzes gegen Vergaberechtsverstöße.

In Deutschland umgesetzt sind die EU-Vergaberichtlinien zunächst im **Gesetz gegen Wettbewerbsbeschränkungen (GWB)**. Dessen Teil 4 regelt ab § 97 die Vergabe von öffentlichen Aufträgen und Konzessionen. Neben zentralen Vergabegrundsätzen, Definitionen des Auftraggeber- und des Auftragsbegriffs und der Verfahrensarten sowie den Ausnahmen vom Anwendungsbereich normiert das GWB in seiner seit dem 18. April 2016 geltenden Fassung zentrale Verfahrensvorschriften (z.B. zur Leistungsbeschreibung, zur Eignung der Bieter und zu den Ausschlussgründen oder zum Zuschlag). Daneben sind hier auch Besonderheiten zur Vergabe von öffentlichen Aufträgen im Sektorenbereich, im Bereich Verteidigung und Sicherheit sowie zur Vergabe von Konzessionen geregelt. Schließlich enthalten die §§155 ff. GWB die Regelungen zum Nachprüfungsverfahren.

15 Vgl. hierzu Kap. 5.4.

Die detaillierten Vorschriften für die Durchführung der Vergabeverfahren sind auf Grundlage der Ermächtigung in § 113 GWB enthalten in

- der **Vergabeverordnung (VgV)** für die Vergabe von Liefer- und Dienstleistungsaufträgen durch klassische öffentliche Auftraggeber im Oberschwellenbereich (einschließlich Sondervorschriften für die Vergabe von sozialen und besonderen Dienstleistungen, die Durchführung von Planungswettbewerben sowie die Vergabe von Architekten- und Ingenieurleistungen),
- der **Sektorenverordnung (SektVO)** für die Vergabe öffentlicher Bau-, Liefer- und Dienstleistungsaufträge im Oberschwellenbereich durch Sektorenauftraggeber zum Zwecke von Sektorentätigkeiten (Trinkwasserversorgung, Verkehr, Energieversorgung),
- der **Vergabeverordnung Verteidigung und Sicherheit (VSVgV)** für die Vergabe öffentlicher Liefer- und Dienstleistungsaufträge oberhalb der Schwellenwerte im Bereich Verteidigung und Sicherheit sowie
- der **Konzessionsvergabeverordnung (KonzVgV)** für die Vergabe von Bau- und Dienstleistungskonzessionen im Oberschwellenbereich.

Nur im Baubereich werden die Vorschriften über den Ablauf von Vergabeverfahren auch für EU-weite Ausschreibungen weiterhin in der VOB/A umgesetzt. Sie besitzt – wie gleich noch zu zeigen sein wird[16]– **keine Rechtsnormqualität** für die Durchsetzung subjektiver Bieterrechte. Da § 97 Abs. 6 GWB in Umsetzung des EU-Vergaberechts aber auch für Bauvergaben fordert

„Unternehmen haben Anspruch darauf, dass die Bestimmungen über das Vergabeverfahren eingehalten werden",

enthält § 2 VgV für Bauvergaben den Befehl zur Anwendung des 2. Abschnitts der VOB/A („VOB/A-EU"). Für Bauvergaben im Bereich Verteidigung und Sicherheit sieht § 2 Abs. 2 VSVgV Gleiches für den 3. Abschnitt der VOB/A („VOB/A-VS") vor. Mit dieser **Kaskade** aus Gesetz, Verordnung und Vergabeordnungen erhält die VOB/A bei Oberschwellenvergaben also Rechtsnormqualität. Bei Verstößen gegen Vorschriften aus den Abschnitten 2 und 3 der VOB/A können Bieter damit ebenfalls über den in §§ 155 ff. GWB vorgesehenen Rechtsschutz ein Nachprüfungsverfahren vor der zuständigen Vergabekammer einleiten.

Dieses im Baubereich weiterhin geltende historisch bedingte System der Regelung von Vergabeverfahrensvorschriften (einschließlich der Umsetzung von materiellen Vorschriften des EU-Vergaberechts) in einer untergesetzlichen Vergabeordnung wird vielfach als gelungene schlanke Regelsetzung unter aktiver Beteiligung der betroffenen Kreise hervorgehoben. Allerdings birgt diese Struktur aus Gesetz, Verordnung und Vergabeordnung auch strukturelle **Nachteile**:

- So müssen VgV und VSVgV aus verfassungsrechtlichen Gründen immer auf eine konkrete Ausgabe der VOB/A verweisen (sogenannte **„statische Verweisung"**). Wird die VOB/A geändert, so muss auch die entsprechende Verweisung in der VgV bzw. der

16 Vgl. unter 1.3.6.4.

VSVgV angepasst werden. Da eine **Verordnungsänderung über Bundesregierung und Bundesrat** mitunter dauert, entstehen zum Teil irritierende Situationen. So ist die jeweilige Neufassung der VOB/A regelmäßig bereits im Bundesanzeiger veröffentlicht, darf jedoch noch nicht angewendet werden, da VgV bzw. VSVgV noch nicht geändert sind und noch auf die Vorausgabe verweisen.

- Problematisch ist auch, wenn der Gesetzgeber das Vergaberecht ändern möchte oder muss, obwohl der Ausschuss, der für die VOB/A zuständig ist, derzeit keine Neufassung vorsieht. Hier hat sich der Gesetzgeber in der Vergangenheit immer wieder mit sogenannten „**Maßgaberegelungen**" beholfen. Dabei wurden Anforderungen an das Vergabeverfahren in die VgV aufgenommen, die ja eigentlich nur den Befehl enthält, die VOB/A anzuwenden. Die Anwendung der VOB/A geschieht also dann mit der Maßgabe, die zusätzlichen in der VgV enthaltenen Regelungen zu berücksichtigen. Gesetzgebungstechnisch ist das zwar möglich. Der Praktiker, der davon ausgeht, in der VOB/A „seine" Vorschriften für die Vergabe öffentlicher Aufträge komplett zu haben, übersieht aber mitunter die versteckten Maßgaberegelungen in der VgV und führt das **Vergabeverfahren dann möglicherweise fehlerhaft durch.**

Diese Nachteile, die auch bezüglich der VOL/A bestanden, als deren 2. Abschnitt vor dem 18. April 2016 noch die Vergabe von öffentlichen Liefer- und Dienstleistungsaufträgen im Oberschwellenbereich regelte, waren jedenfalls auch mitursächlich dafür, dass im Rahmen der Vergaberechtsmodernisierung dieser 2. Abschnitt der VOL/A sowie die für die Vergabe von freiberuflichen Dienstleistungen geltende VOF abgeschafft und durch entsprechende Regelungen in der VgV ersetzt wurden. Damit setzt sich der Trend zur Regelung des Oberschwellenvergaberechts durch Gesetz und Verordnung nach SektVO und VSVgV weiter fort. Bei EU-weiten Vergabeverfahren verbleibt daher nur noch im Baubereich die Kaskade aus GWB, VgV und VOB/A-EU bzw. bei Bauaufträgen im Bereich Verteidigung und Sicherheit aus GWB, VSVgV und VOB/A-VS.

1.3.4 Landesvergaberecht

Eine **weitere Quelle** für vergaberechtliche Regelungen bilden die Landesvergabegesetze. Sie existieren mit Ausnahme von Bayern in allen Bundesländern und verpflichten im Kern zur **Berücksichtigung von sozialen und umweltbezogenen Aspekten** bei der Vergabe öffentlicher Aufträge. Der Kreis der verpflichteten Auftraggeber sowie der Anwendungsbereich unterscheiden sich in weiten Teilen von der Systematik des bundesweit geltenden Vergaberechts und verkomplizieren dieses. Anwendung finden die Landesvergabegesetze oberhalb von geringen Bagatellgrenzen, die von Bundesland zu Bundesland verschieden sind. Die EU-Schwellenwerte spielen hingegen für die Anwendung der Landesvergabegesetze in der Regel keine Rolle; die Gesetze gelten mit Ausnahme von Sachsen im Ober- und im Unterschwellenbereich.

Die Kompetenz zum Erlass solcher Landesgesetze ergibt sich aus Art. 72 Abs. 1 GG. Danach dürfen die Länder im Bereich der konkurrierenden Gesetzgebung, zu der das Vergaberecht als Recht der Wirtschaft (Art. 74 Nr. 11 GG) zählt, Regelungen treffen, solange und soweit der Bund von seiner Gesetzgebungszuständigkeit nicht durch Gesetz Gebrauch gemacht hat.

Kernpflicht vieler Landesvergabegesetze ist eine sog. **Tariftreueregelung**. In früheren Landesvergabegesetzen – man spricht auch von der ersten Generation solcher Regelwerke – enthielt diese Regelung die Verpflichtung des erfolgreichen Bieters, bei der Durchführung des Auftrags eine Entlohnung auf Basis eines repräsentativen Tarifvertrags vorzunehmen. Das galt unabhängig davon, ob der Auftragnehmer an diesen Tarifvertrag gebunden war oder nicht. Die hiergegen aufgeführten verfassungsrechtlichen Bedenken – Verstoß gegen das in Art. 9 Abs. 3 GG verbriefte Recht der negativen Koalitionsfreiheit – verwarf das Bundesverfassungsgericht im Rahmen der Überprüfung des Berliner Vergabegesetzes von 1999 mit Urteil vom 11. Juli 2006 (1 BvL 4/00). Der Europäische Gerichtshof sah eine ähnliche Regelung im Niedersächsischen Landesvergabegesetz allerdings als europarechtswidrig an.[17]

Die nunmehr zweite Generation der Landesvergabegesetze verpflichtet im Rahmen der überarbeiteten Tariftreueregelungen zunächst nur zur – rechtlich unbedenklichen – Beachtung von **gesetzlichen Mindestlöhnen**. Die zugleich aber in vielen Bundesländern eingeführte Pflicht des Auftragnehmers zur Bezahlung eines ausdrücklich festgelegten Mindestlohns für den Fall, dass kein anderweitiger gesetzlicher Mindestlohn existiert, sieht der Europäische Gerichtshof grundsätzlich als europarechtskonform an.[18] In bestimmten Sonderkonstellationen mit Auslandsbezug kann die Forderung nach einem Mindestlohn allerdings als verbotene Ausländerdiskriminierung wirken und einen Verstoß gegen Art. 56 AEUV darstellen.[19]

Die Landesvergabegesetze von Sachsen-Anhalt und Thüringen regeln zudem einen (vereinfachten) Primärrechtsschutz für Unterschwellenvergaben vor den Vergabekammern.[20]

Die Landesvergabegesetze sind immer wieder Gegenstand von Änderungen, zuletzt durch die Einführung der UVgO. Jüngst ist am 1. Januar 2020 das novellierte Niedersächsische Tariftreue- und Vergabegesetz und am 1. April 2020 das weitgehend überarbeitete Berliner Ausschreibungs- und Vergabegesetz (BerlAVG) in Kraft getreten.

1.3.5 Sondervergaberecht

Sonderregelungen außerhalb der vorstehend beschriebenen Systematik existieren zum einen für die Vergabe von Aufträgen im Bereich des öffentlichen Personennahverkehrs (**ÖPNV**) bzw. des schienengebundenen Personennahverkehrs (**SPNV**). Hier gilt die EU-Verordnung Nr. 1370/2007 **als EU-Primärrecht direkt in den Mitgliedsstaaten** und damit auch in Deutschland. Im nationalen Recht finden sich Vorschriften im Personenbeförderungsgesetz (PBefG) sowie – in Bezug auf Eisenbahnen – im Allgemeinen Eisenbahngesetz (AEG).

17 EuGH, Urt. v. 3.4.2008, C-346/06, Dirk Rüffert.
18 EuGH, Urt. v. 17.11.2015, C-115/14, RegioPost; vgl. auch OLG Koblenz, Beschl. v. 16.3.2016, 1 Verg 8/13.
19 EuGH, Urt. v. 18.9.2014, C-549/13, Bundesdruckerei.
20 Vgl. hierzu Kap. 10.5.2.

Sondervorschriften gibt es auch für die Vergabe von Leistungen im **Sozialbereich**, wie zum Beispiel Dienstleistungen und Produkte im Gesundheitsbereich nach SGB V, soziale Arbeitsmarktdienstleistungen gemäß SGB III (Maßnahmen der Berufsförderung oder der Eingliederungshilfe einschließlich der in Werkstätten für behinderte Menschen), Leistungen der Altenpflege, der Schuldnerberatung, die Beschaffung von Heil- und Hilfsmitteln und die Beauftragung von Rettungsdienstleistungen.

1.3.6 Vergabe- und Vertragsordnungen

Ein kurzer Blick soll an dieser Stelle auf die Vergabe- und Vertragsordnungen geworfen werden, da sie zum einen die **Kernvorschriften** für die Vergabe öffentlicher Aufträge enthalten, zum anderen einer besonderen Rechtssystematik unterfallen.

Nach der am 18. April 2016 in Kraft getretenen Vergaberechtsmodernisierung existieren noch zwei Vergabeordnungen:

- die Vergabe- und Vertragsordnung für Bauleistungen (VOB) – Ausgabe 2019 und
- die Vergabe- und Vertragsordnung für Leistungen (VOL) – Ausgabe 2009.

Seit Anfang 2017 wurde die VOL/A allerdings sukzessive durch die Unterschwellenvergabeordnung (UVgO) abgelöst und gilt derzeit nur noch ganz vereinzelt.

1.3.6.1 VOB

Die VOB besteht aus den Teilen A, B und C.

- **Teil A (VOB/A)** enthält die Allgemeinen **Bestimmungen für die Vergabe** von **Bauleistungen**. Er untergliedert sich in den Abschnitt 1 (VOB/A Basisparagrafen) für die Vergabe von Bauleistungen im Bereich unterhalb des EU-Schwellenwerts, den Abschnitt 2 (VOB/A-EU) für die Vergabe von Bauleistungen im Bereich ab dem EU-Schwellenwert und den Teil 3 (VOB/A-VS) für die Vergabe von verteidigungs- und sicherheitsrelevanten Bauleistungen im Bereich ab dem EU-Schwellenwert. Die VOB/A wird auch als DIN 1960 herausgegeben.
- **Teil B (VOB/B)** enthält die Allgemeinen **Vertragsbedingungen** für die **Ausführung von Bauleistungen**. Gemäß den §§ 8a Abs. 1, 8a EU Abs. 1, 8a VS Abs. 1 VOB/A ist in den Vergabeunterlagen vorzuschreiben, dass die VOB/B Vertragsbestandteil wird. Die VOB/B wird auch als DIN 1961 herausgegeben.
- **Teil C (VOB/C)** regelt die Allgemeinen **Technischen Vertragsbedingungen** für die Ausführung von Bauleistungen. Sie setzt sich aus insgesamt 60 Technischen Regelwerken (ATVen) zusammen, die ihrerseits als DIN-Normen vom Deutschen Institut für Normung erarbeitet und herausgegeben werden. Die ATV DIN 18 299 (Allgemeine Regelungen für Bauarbeiten jeder Art) legt die allgemeinen technischen Vertragsbedingungen fest, die für sämtliche Bauarbeiten bezüglich der Baustoffe, der Ausführung, der Haupt- und der Nebenleistungen sowie der Abrechnung gelten und gilt für alle Bauarbeiten. Die ATV DIN 18 300 bis ATV DIN 18 459 regeln technische Aspekte für beson-

dere Bauarbeiten wie z.B. Nassbaggerarbeiten, Rohrvortriebsarbeiten oder Landschaftsbauarbeiten. Gemäß der §§ 8a Abs. 1, 8a EU Abs. 1, 8a VS Abs. 1 VOB/A ist **in den Vergabeunterlagen vorzuschreiben, dass auch die VOB/C Vertragsbestandteil wird.**

VOB/A und VOB/B werden vom **Deutschen Vergabe- und Vertragsausschuss (DVA)** entwickelt, fortgeschrieben und herausgegeben. Dieser Verein ist paritätisch mit Vertretern der Auftraggeber und der anbietenden (Bau-)Wirtschaft besetzt. Vorsitz und Geschäftsführung liegen beim Bundesministerium des Innern, für Bau und Heimat (BMI).

1.3.6.2 VOL

Die VOL besteht aus den Teilen A und B:

- **Teil A (VOL/A)** enthält die Allgemeinen **Bestimmungen für die Vergabe** von **Leistungen**. Er untergliedert sich in der aktuellen Ausgabe von 2009 in den Abschnitt 1 (VOL/A Basisparagrafen) für die Vergabe von Liefer- und Dienstleistungen im Bereich unterhalb der EU-Schwellenwerte und den Abschnitt 2 (VOL/A-EG). Dieser 2. Abschnitt, der bisher für EU-weite Ausschreibungen von Liefer- und Dienstleistungen galt, ist seit dem 18. April 2016 allerdings nicht mehr anzuwenden. Die hierfür relevanten Vorschriften sind jetzt im 4. Teil des GWB und in der Vergabeverordnung (VgV) enthalten. Für die Vergabe von verteidigungs- und sicherheitsrelevanten Liefer- und Dienstleistungen enthält die VOL/A ebenfalls keinen eigenen Abschnitt. Die hierfür relevanten Vorschriften sind in der VSVgV geregelt.
- **Teil B (VOL/B)** enthält die Allgemeinen **Vertragsbedingungen** für die Ausführung von **Leistungen**. Die aktuelle Fassung stammt aus dem Jahr 2003. Gemäß § 9 Abs. 1 VOL/A und § 29 Abs. 2 VgV sowie § 21 Abs. 2 UVgO ist die VOL/B grundsätzlich zum Vertragsgegenstand zu machen.

VOL/A und VOL/B werden vom **Deutschen Vergabe- und Vertragsausschuss für Leistungen (DVAL)** entwickelt, fortgeschrieben und herausgegeben. Dieses Gremium ist paritätisch mit Vertretern der Auftraggeber und der anbietenden Wirtschaft besetzt. Vorsitz und Geschäftsführung liegen beim Bundesministerium für Wirtschaft und Energie (BMWi).

1.3.6.3 UVgO

Die VOL/A ist im Bund und den meisten Bundesländern mittlerweile durch die Verfahrensordnung für die Vergabe öffentlicher Liefer- und Dienstleistungsaufträge unterhalb der EU-Schwellenwerte (Unterschwellenverordnung – UVgO) abgelöst worden. Sie regelt die Vergabe von öffentlichen Liefer- und Dienstleistungsaufträgen, deren voraussichtlicher Wert den einschlägigen EU-Schwellenwert nicht erreicht. Die UVgO orientiert sich an den bisherigen Vorschriften der VOL/A, nimmt aber stärker als die VOL/A Anleihen an die Regelungen aus der VgV für die Vergaben im Oberschwellenbereich. So gibt es auch hier ausdrückliche Vorgaben für die Vermeidung von Interessenkonflikten[21], für den Umgang mit vorbe-

21 S. hierzu Kap. 2.2.3

fassten Unternehmen[22] sowie für die Eignungsleihe.[23] Neben einigen Anpassungen – dem Auftraggeber stehen auch im Unterschwellenbereich die Öffentliche Ausschreibung und die Beschränkte Ausschreibung mit Teilnahmewettbewerb nach Wahl zur Verfügung, die bisherige Freihändige Vergabe heißt zur Vermeidung von Missverständnissen nunmehr „Verhandlungsvergabe" und die Bagatellgrenze für die Direktvergabe von Aufträgen wurde von 500 Euro auf 1.000 Euro erhöht – wurden mit der UVgO auch für Liefer- und Dienstleistungsaufträge im Unterschwellenbereich die Pflichten und Möglichkeiten der e-Vergabe eingeführt.[24]

Die VOL/B bleibt auch im Anwendungsbereich der UVgO weiterhin gültig und ist gem. § 21 Abs. 2 UVgO in der Regel als Vertragsbedingungen für die Ausführung von Lieferungen und Dienstleistungen in die Vergabeunterlagen einzubeziehen.

Die UVgO wurde durch das Bundeswirtschaftsministerium in Zusammenarbeit mit den Ländern erarbeitet und ist am 2.2.2017 im Bundesanzeiger veröffentlicht worden.[25] Sie wird vom BMWi fortgeschrieben.

1.3.6.4 Rechtsnormqualität

Da die Vergabe- und Vertragsordnungen durch privatrechtliche Gremien und nicht durch den Gesetzgeber erarbeitet und dementsprechend nicht durch die Legislative legitimiert werden, kommt ihnen **keine Rechtsnormqualität** zu. Gleiches gilt für die vom Bundeswirtschaftsministerium herausgegebene UVgO.

VOB/A und VOL/A sowie die UVgO sind insofern mit Regelungen vergleichbar, wie sie aus dem technischen Recht bekannt sind, wie z.B. die TA Luft oder die TA Lärm. Um Geltung zu erlangen, müssen sie per Anwendungsbefehl eingeführt werden. Im Bereich unterhalb der Schwellenwerte geschieht dies durch entsprechende Erlasse bzw. Verwaltungsvorschriften; im Bereich ab den EU-Schwellenwerten werden die Abschnitte 2 und 3 der VOB/A durch eine statische Verweisung in § 2 VgV bzw. § 2 Abs. 2 VSVgV auf die jeweils aktuelle Fassung in Kraft gesetzt.

VOB/B und VOL/B stellen **Allgemeine Geschäftsbedingungen** dar, wobei der VOB/B gem. § 310 Abs. 1 Satz 3 BGB eine Privilegierung bzgl. der Inhaltskontrolle zukommt.

1.3.7 WTO-Beschaffungsübereinkommen

Neben nationalem und europäischem Vergaberecht existiert noch eine **dritte Ebene**, aus der sich Vorschriften für die öffentliche Beschaffung ergeben. Es handelt sich hierbei um das Government Procurement Agreement (GPA), das Übereinkommen der Welthandelsor-

---

22 S. hierzu Kap. 2.2.3.
23 S. hierzu Kap. 7.5.3.2 b).
24 Seit 1.1.2020 müssen Teilnahmeanträge und Angebote gem. § 38 Abs. 3 UVgO auch im Unterschwellenbereich elektronisch eingereicht werden. Ausnahmen bestehen nach § 38 Abs. 4 UVgO für Aufträge unter 25.000 Euro sowie bei Beschränkten Ausschreibungen ohne Teilnahmewettbewerb und Verhandlungsvergaben ohne Teilnahmewettbewerb. Einige Bundesländer haben in diesem Bereich bei der Einführung der UVgO weitergehende Ausnahmen zugelassen.
25 BAnz AT 7. Februar 2017 B 1, korrigiert im BAnz AT 8. Februar 2017 B 1.

ganisation (WTO) über das öffentliche Beschaffungswesen. Das GPA wurde im Rahmen der „Uruguay-Runde" der WTO 1994 verhandelt und trat am 1.1.1996 in Kraft. Es ist ein **plurilaterales Abkommen**, das für folgende Staaten gilt: USA, Kanada, die EU, Israel, Japan, Korea, Norwegen, Island, die Schweiz, Liechtenstein, Armenien, Hongkong, Aruba, Singapur und Taipeh. Zahlreiche weitere Staaten, darunter Russland, haben derzeit einen Beobachterstatus.[26] Ende 2011 wurde eine Neufassung des GPA beschlossen, der das Europäische Parlament am 19.11.2013 zugestimmt hat.[27]

Da die EU für ihre Mitgliedsstaaten das GPA ratifiziert und die Regelungen in den EU-Vergaberichtlinien umgesetzt hat, müssen Auftraggeber bei ihren Beschaffungen **das GPA nicht besonders berücksichtigen**. Zwei Auswirkungen auf die tägliche Beschaffungspraxis seien allerdings erwähnt:

- Die Schwellenwerte, die das GPA enthält und ab denen es gilt, sind die **Quelle für die EU-Schwellenwerte**. Da die GPA-Schwellenwerte allerdings in der vom IWF eingeführten hybriden Währungseinheit der „Sonderziehungsrechte" (SZR) ausgedrückt werden, muss die EU ihre in Euro ausgewiesenen Schwellenwerte alle zwei Jahre an den dann aktuellen Umrechnungskurs zwischen SZR und Euro anpassen. Dies ist die Ursache für die periodisch schwankenden Schwellenwerte für EU-weite Ausschreibungen.
- Das **GPA garantiert** für seine Mitglieder einen **Zugang** zu den jeweils anderen Beschaffungsmärkten. Daher müssen öffentliche Auftraggeber bei EU-weiten Vergabeverfahren auch Bieter aus den anderen GPA-Signatarstaaten (also z.B. USA, Kanada, Norwegen oder Japan) zulassen, wenn sie ein Angebot abgeben möchten.[28] In dem EU-Bekanntmachungsformular ist hierzu unter Ziffer IV.1.8) in den meisten Fällen die Frage „Auftrag fällt unter das Beschaffungsübereinkommen (GPA)" mit „ja" zu beantworten.[29]

1.3.8 Rechtsnatur des Vergabeverfahrens

Losgelöst von den Quellen des Vergaberechts ist schließlich noch die Frage zu betrachten, welche Rechtsnatur das Vergabeverfahren selbst, also der Beschaffungsvorgang, hat.

Hier war zwischenzeitlich von einigen Gerichten die Auffassung vertreten worden, dass jedenfalls das Verfahren zur Auswahl des Bestbieters öffentlich-rechtlich geprägt sei (während der Zuschlag auf das wirtschaftlich günstigste Angebot und damit der Abschluss des

26 Großbritannien wird nach dem Austritt aus der EU eigenständige Vertragspartei des GPA.

27 ABl. EU Nr. L 68 vom 7.3.2014.

28 Aber auch andere Unternehmen, die ihren Sitz nicht in der EU oder einem GPA-Mitgliedsstaat haben, können sich an Vergabeverfahren innerhalb der EU beteiligen und bei Verstößen gegen das Vergaberecht einen subjektiven Anspruch auf Einhaltung der Vorschriften des Vergaberecht vor den Nachprüfungsinstanzen geltend machen. Darauf hat das OLG Düsseldorf in seiner „Drohnen-Entscheidung" vom 31.5.2017 (VII-Verg 36/16) hingewiesen. Das Europäische Vergaberecht kennt (bisher) keine geographischen Einschränkungen für die Beteiligung an Vergabeverfahren, lediglich im Sektorenbereich findet sich mit § 55 SektVO eine auf diesen Bereich beschränkte Regelung. Solange die derzeitigen Diskussionen innerhalb der EU für eine Ausweitung dieser Beschränkung auch auf andere Bereiche des Vergaberechts (s. hierzu Fn. 7) noch nicht gesetzgeberisch umgesetzt und eingeführt sind, bleibt es aber dabei, dass jedes interessierte Unternehmen sich unabhängig etwaiger geographischer Einschränkungen an einem EU-Vergabeverfahren beteiligen kann.

29 Die wenigen Ausnahmen, in denen das GPA nicht gilt, hat das BMWi in einem Merkblatt zusammengefasst, das auf der Website des Ministeriums (www.bmwi.de) verfügbar ist.

Vertrags zivilrechtlich einzustufen sei; sog. „Zwei-Stufen-Theorie"). Das Bundesverwaltungsgericht hat allerdings schon 2007 klargestellt, dass die Vergabe öffentlicher Aufträge **als einheitlicher Vorgang insgesamt** dem **Privatrecht** zuzuordnen ist.[30]

Bei der Vergabe öffentlicher Aufträge wird der Staat als Nachfrager am Markt tätig, um einen Bedarf an bestimmten Gütern und Dienstleistungen zu decken. In dieser Rolle als Nachfrager unterscheidet er sich nicht grundlegend von anderen Marktteilnehmern. Die von der öffentlichen Hand abgeschlossenen Werk-, Liefer- und Dienstverträge gehören ausschließlich dem Privatrecht an. Das gleiche gilt für das dem Abschluss des Vertrages vorausgehende Vergabeverfahren, das der Auswahl der öffentlichen Hand zwischen mehreren Bietern dient. Mit der Einleitung des Vergabeverfahrens entsteht zwischen dem öffentlichen Auftraggeber und den Bietern ein privatrechtliches (vorvertragliches) Rechtsverhältnis, welches bis zur Auftragsvergabe an einen der Bieter andauert. Die öffentliche Hand trifft in diesem Vergabeverfahren eine Entscheidung über die Abgabe einer privatrechtlichen Willenserklärung, die die Rechtsnatur des beabsichtigten bürgerlich-rechtlichen Rechtsgeschäfts teilt.

Diese Einordnung des Vergabeverfahrens wirkt sich insbesondere dort aus, wo Bieter gegen Verfahrensfehler des Auftraggebers vorgehen wollen. Für Streitigkeiten bei **Unterschwellenvergaben**[31] ist damit der **Rechtsweg zu den ordentlichen Gerichten** gegeben. Die Verwaltungsgerichte sind hingegen unzuständig.[32] Zudem kann das durch die Einleitung und die Durchführung eines Vergabeverfahrens entstandene vorvertragliche Schuldverhältnis im Sinne der §§ 311 Abs. 2, 280 Abs. 1, 241 Abs. 2 BGB bei Pflichtverletzungen durch den Auftraggeber einen **Schadensersatzanspruch** des benachteiligten Bieters begründen.

---

30 BVerwG, Beschl. v. 2.5.2007, 6 B 10.07.

31 Für die Überprüfung von Vergabeverfahren im Oberschwellenbereich enthält § 156 Abs. 2 GWB eine Sonderzuweisung zu den Vergabekammern und Oberlandesgerichten. Vgl. hierzu Kap. 10.2.

32 Lediglich die Vergabe von öffentlich-rechtlichen Konzessionen, deren Auftragswerte unterhalb des einschlägigen Schwellenwerts liegen, werden durch die Verwaltungsgerichtsbarkeit überprüft, s. hierzu zuletzt OVG Niedersachsen, Beschl. v. 29.10.2018 – 10 ME 363/18.

2. Zweck und Grundprinzipien des Vergaberechts

Wie in Kapitel 1 dargestellt, geht es bei der Vergabe öffentlicher Aufträge um den Einkauf zur Bedarfsdeckung der öffentlichen Hand. Das Vergaberecht ist erforderlich, um die Defizite auszugleichen, die diesem Beschaffungsprozess immanent sind:

- Zum einen fehlt den staatlichen Einrichtungen das, was Unternehmen permanent dazu zwingt, sich jederzeit wirtschaftlich und ökonomisch vernünftig zu verhalten: Wettbewerb, Konkurrenz und das Risiko der Insolvenz.
- Zum anderen stammen die für den Einkauf eingesetzten Mittel aus den öffentlichen Haushalten von Bund, Ländern und Kommunen und sind weit überwiegend Steuergelder der Bürger. Wenngleich diese ein Anrecht darauf haben, dass „ihre Gelder" bestmöglich eingesetzt und nicht verschwendet werden, löst deren Einsatz beim Auftraggeber, für den es fremde Mittel sind, diesen Anreiz zumindest bedeutend geringer aus.

Bereits aus diesem kurzen Gedanken lässt sich der wesentliche **Zweck des Vergaberechts** ableiten: eine sparsame und effiziente Beschaffung bei gleichen Chancen für die Anbieter und möglichst großem Wettbewerb. Daneben bestehen weitere Zielsetzungen, die nachfolgend dargestellt und erläutert werden.

2.1 Zweck des Vergaberechts

Zielsetzungen und Zwecke des Vergaberechts lassen sich am besten in die Kategorien **Primärzwecke** und **Sekundärzwecke** einordnen.

- Dabei stellen die Primärzwecke diejenigen dar, die sich ohne Weiteres aus dem Beschaffungsvorgang selbst ableiten lassen, also insbesondere die Qualität der Leistung und der dafür zu zahlende Preis.
- Sekundärzwecke hingegen verkörpern Zielsetzungen, für deren Realisierung der öffentliche Einkauf das „Transportband" darstellt. Auch wenn sie – wie von der Rechtsprechung gefordert – stets in Verbindung mit dem Auftragsgegenstand stehen müssen, sind sie maßgeblich politisch oder gesellschaftlich motiviert. Plakativ werden sie daher auch als „vergabefremde" Aspekte bezeichnet.

2.1.1 Primärzweck I: Wirtschaftlichkeit

Oberstes Ziel des Beschaffungsvorgangs ist die **Wirtschaftlichkeit** des Einkaufs. Sie kann grundsätzlich in unterschiedlichen Ausprägungen realisiert werden:

- Als **reiner Preiswettbewerb**, bei dem der niedrigste Preis entscheidet und qualitative Elemente allenfalls als Mindeststandards vorgegeben werden;
- Als **reiner Leistungswettbewerb**, bei dem das Augenmerk alleine auf die bestmögliche Qualität und/oder Quantität gerichtet ist und der Preis nicht berücksichtigt wird (sog. Budgetausschreibungen);
- Als **Preis-Leistungs-Wettbewerb**, bei dem unter angemessener Berücksichtigung beider Faktoren das im Ergebnis wirtschaftlichste Angebot siegt.

Das Haushaltsrecht tendiert durch die Pflicht zur sparsamen und effizienten Mittelverwendung in Richtung eines Preiswettbewerbs. Auch das europäische Vergaberecht stellt es den Mitgliedsstaaten frei, dieses „Minimalprinzip" zur Grundlage der Vergabeentscheidung zu machen.[1]

Das deutsche Vergaberecht sieht hingegen im Grundsatz den Zuschlag auf das **wirtschaftlichste Angebot** vor, bei dem neben dem Preis auch qualitative Faktoren eine Rolle spielen. So heißt es in § 127 Abs. 1 GWB: *„Der Zuschlag wird auf das wirtschaftlichste Angebot erteilt. (...) Das wirtschaftlichste Angebot bestimmt sich nach dem besten Preis-Leistungs-Verhältnis."* Und § 16d Abs. 1 Nr. 3 VOB/A normierte bis zur Ausgabe 2016 sogar ausdrücklich: *„Der niedrigste Angebotspreis allein ist nicht entscheidend."*

Das Verbot der Zuschlagserteilung auf **unauskömmliche Angebote** sichert das Wirtschaftlichkeitsprinzip gegen Preisdumping und ruinösen Wettbewerb ab. Allerdings ist es dem Auftraggeber nicht untersagt, von Wettbewerbsvorteilen zu profitieren, die einzelne Bieter in ihren Angeboten weiterreichen. So können auch ungewöhnlich niedrige Angebote, die durch eine (ordnungsgemäß gewährte) staatliche Beihilfe oder andere individuelle Vorteile möglich sind (z.B. geringe Transportkosten, da sich das Unternehmen des Bieters in unmittelbarer Nähe der Baustelle befindet), jederzeit genutzt werden.

Das im Vergaberecht maßgebliche Wirtschaftlichkeitsprinzip ermöglicht es dem Auftraggeber dabei auch, die **Folgekosten** einer zu beschaffenden Leistung bei der Zuschlagserteilung zu berücksichtigen, wie z.B. die Wartungskosten für technische Anlagen oder den Stromverbrauch elektrischer Geräte; letztgenannte Verbrauchskosten sind bei EU-weiten Vergabeverfahren seit einiger Zeit sogar verpflichtend zu berücksichtigen. § 59 VgV regelt dies ausdrücklich.[2]

Letztlich lässt aber auch das Wettbewerbsprinzip des Vergaberechts genügend „Luft zum Atmen". So ist die Entscheidung des Auftraggebers, genau definierte Standardleistungen ausschließlich zum niedrigsten Preis zu beschaffen, ebenso regelkonform wie ein ausschließlicher Leistungswettbewerb in Fällen, in denen der Preis z.B. durch gesetzliche Vorschriften wie die Buchpreisbindung für alle Bieter einheitlich ist. Auch dies regelt das „mo-

1 Art. 67 Abs. 2 Richtlinie 2014/24/EU.
2 Vgl. hierzu näher in Kap. 7.1.1.2 b).

dernisierte Vergaberecht" in den §§ 58 VgV, 52 SektVO und 16d VOB/A-EU erfreulich eindeutig; gleiches gilt für den Unterschwellenbereich mit § 43 UVgO und § 16d VOB/A.

Das Wirtschaftlichkeitsprinzip geht schließlich noch über das einzelne Vergabeverfahren hinaus und fordert von der öffentlichen Hand auch eine **langfristige Wirtschaftlichkeit**. So sollen wirtschaftsfreundliche Rahmenbedingungen wie niedrige Anforderungen an Sicherheitsleistungen, begrenzte Vertragslaufzeiten und losweise Auftragsvergaben dazu beitragen, einen breiten und diversifizierten Anbietermarkt zu erhalten und so einen wirtschaftlichen Einkauf auch langfristig sicherzustellen.

2.1.2 Primärzweck II: Schaffung und Erhalt von Wettbewerb

Eine wirtschaftliche Beschaffung lässt sich nur realisieren, wenn im jeweiligen Vergabeverfahren auch für **Wettbewerb** gesorgt wird. Je weiter, umfassender und intensiver dieser angelegt ist, desto höher ist die Wahrscheinlichkeit, dass der Auftraggeber auch bestmögliche Qualität zu günstigen Preisen angeboten bekommt.

Der Wettbewerbsgedanke wurde maßgeblich durch das EU-Vergaberecht in die Beschaffungsvorgänge eingeführt und ist dort durch einen effektiven Primärrechtsschutz durch die Nachprüfungsinstanzen „scharfgeschaltet".[3] Aber auch in den Vorschriften des Haushaltsvergaberechts finden sich klare Bekenntnisse zum Wettbewerb. So fordern § 2 Abs. 1 Nr. 2 VOB/A und § 2 Abs. 1 UVgO, dass der Wettbewerb die Regel sein soll.[4]

Praktisch umgesetzt wird die Absicht, Wettbewerb zu schaffen und sicherzustellen, durch eine Vielzahl von Vorschriften, die sich durch den gesamten Verlauf des Beschaffungsvorgangs ziehen. Die wichtigsten sind nachfolgend zusammengefasst. Sie werden aber auch in den weiteren Kapiteln dieses Buchs im jeweiligen Kontext noch ausführlich beleuchtet.

- **Wahl der Verfahrensart**: Die Öffentliche Ausschreibung bzw. das offene Verfahren ermöglicht einem unbegrenzten Kreis von interessierten Unternehmen, sich an dem Vergabeverfahren zu beteiligen. Ihnen wird damit ein freier Zugang zu den Beschaffungsmärkten der öffentlichen Hand gewährt. Freihändige Vergaben (in der VOB/A und der VOL/A) bzw. Verhandlungsvergaben (in der UVgO) sowie Verhandlungsverfahren (im Oberschwellenbereich), insbesondere solche ohne vorgeschalteten Teilnahmewettbewerb, sind hingegen nur in wenigen, abschließend geregelten Fällen möglich.[5] Und auch dort ist dann noch so viel Wettbewerb wie möglich herzustellen.

---

3 So verpflichtet § 97 Abs. 1 GWB an prominenter Stelle zur Auftragsvergabe im Wettbewerb, während § 97 Abs. 6 GWB den Bietern einen subjektiven Anspruch gewährt, dass der Auftraggeber die Bestimmungen über das Vergabeverfahren einhält. Vgl. hierzu auch Kap. 10.2.1.

4 S. auch § 2 Abs. 1 VOL/A.

5 Nach § 119 Abs. 2 GWB kann der öffentliche Auftraggeber bei EU-weiten Vergabeverfahren frei zwischen dem offenen Verfahren und dem nicht offenen Verfahren wählen. Da Letzteres auch stets einen vorgeschalteten, uneingeschränkten Teilnahmewettbewerb verlangt, wird der freie Zugang zur Teilnahme auch bei nicht offenen Verfahren nicht eingeschränkt. Im Sektorenbereich kann der Auftraggeber zwischen offenem Verfahren, nicht offenem Verfahren, Verhandlungsverfahren mit Teilnahmewettbewerb und wettbewerblichem Dialog frei wählen. In der VSVgV wird wegen regelmäßig sensibler Inhalte der Vergabeunterlagen auf das offene Verfahren verzichtet. Und im Unterschwellenbereich hat der öffentliche Auftraggeber seit der Einführung der UVgO und seit der Ausgabe 2019 der VOB/A die freie Wahl zwischen der Öffentlichen Ausschreibung und der Beschränkten Ausschreibung mit Teilnahmewettbewerb.

- **Überprüfbarkeit von Direktvergaben**: Obwohl ein einmal erteilter Zuschlag nicht mehr aufgehoben werden kann, gewährt § 135 GWB Unternehmen die Möglichkeit, Direktbeauftragungen im Oberschwellenbereich nachträglich durch die Vergabekammer überprüfen zu lassen. Soweit sich hierbei die Rechtswidrigkeit der Vorgehensweise herausstellt, kann die Vergabekammer den erfolgten Vertragsschluss für unwirksam erklären.
- **Ausreichende Verfahrensfristen**: Der Auftraggeber muss die Zeiträume für die Erstellung von Angeboten oder Teilnahmeanträgen stets ausreichend lang bemessen. Bei komplexen Aufträgen kann es dabei auch erforderlich sein, die bei Oberschwellenvergaben zwingend einzuhaltenden Mindestfristen deutlich zu überschreiten.
- **Losaufteilung und Auftragsbegrenzungen**: Gerade bei der Vergabe von Großaufträgen ist es kleineren Unternehmen aus Kapazitätsgründen oftmals nicht möglich, sich alleine zu beteiligen. Das Vergaberecht kompensiert dies durch die Pflicht zur losweisen Aufteilung von Aufträgen[6] sowie zumindest bei Rahmenvereinbarungen durch die Limitierung ihrer Laufzeit auf regelmäßig vier Jahre. Flankierend hierzu unterbindet das Kartellrecht übermächtige öffentliche Einkaufsgemeinschaften. Dass diese Maßnahmen in der Regel zu Lasten der Wirtschaftlichkeit gehen, nimmt der Gesetzgeber dabei bewusst in Kauf.[7]
- **Adäquate Mindestanforderungen**: Anforderungen, die der Auftraggeber an die Unternehmen oder deren Angebote stellt, müssen immer durch den Auftragsgegenstand gerechtfertigt sein und jedenfalls mit diesem in Verbindung stehen sowie verhältnismäßig sein. Dies gilt insbesondere bei Mindestanforderungen. Zudem ist es dem Auftraggeber auch möglich, unvollständige Angebote nicht sofort auszuschließen, sondern den Unternehmen die Gelegenheit zu geben, fehlende Nachweise und Erklärungen nachzureichen, unvollständige Nachweise zu vervollständigen und fehlerhafte unternehmensbezogene Nachweise zu korrigieren.
- **Produktneutralität**: Der Grundsatz der produktneutralen Ausschreibung, wie er beispielsweise in § 31 Abs. 6 VgV verankert ist, soll soweit wie möglich vermeiden, dass der Auftraggeber mit Festlegung auf ein Produkt den Wettbewerb einschränkt. Und selbst wenn im Ausnahmefall eine produktspezifische Leistungsbeschreibung erforderlich ist, soll der Markt grundsätzlich die Möglichkeit erhalten, gleichwertige Produkte anbieten zu können.
- **Geheimhaltung**: Der Auftraggeber ist in jeder Phase des Vergabeverfahrens verpflichtet, die Identität der Verfahrensteilnehmer und deren Angebote geheim zu halten. Dieser durchgängige Geheimwettbewerb vermeidet Preisabsprachen und Wettbewerbsbeschränkungen. Nur in wenigen Ausnahmefällen wird er durch das Transparenzgebot durchbrochen, etwa bei der Möglichkeit der Bieter, bei Bauvergaben das Submissionsprotokoll zu erhalten, bei der Vorinformation der nicht berücksichtigten Bieter über den Namen des für den Zuschlag vorgesehenen Unternehmens (§ 134 GWB) sowie bei der Bekanntmachung über den erteilten Auftrag (§ 39 VgV, § 18 EU Abs. 3 VOB/A). Im Übri-

---

6 §§ 97 Abs. 4 GWB, 30 VgV, 27 SektVO, 5 VOB/A, 22 UVgO bzw. 2 Abs. 2 VOL/A.
7 OLG Düsseldorf, Beschl. v. 11.7.2007, VII-Verg 10/07.

gen hat der Auftraggeber die wesentlichen Vergabeunterlagen auch nach Abschluss des Verfahrens weiterhin vertraulich zu behandeln (§ 5 VgV).

- **Verbot von Wettbewerbsbeschränkungen**: Die VOB/A verlangt in § 2 Abs. 1 vom Auftraggeber ausdrücklich, wettbewerbsbeschränkende und unlautere Verhaltensweisen zu bekämpfen. In diesem Kontext sind nicht nur bei Bauvergaben Angebote von Bietern auszuschließen, die in Bezug auf die Vergabe unzulässige wettbewerbsbeschränkende Abreden getroffen haben. Eine solche Wettbewerbsbeschränkung kann nach Ansicht der Rechtsprechung unter Umständen schon dann vorliegen, wenn sich ein Unternehmen mehrfach an einem Vergabeverfahren beteiligt (etwa als Einzelbieter und zugleich als Mitglied einer Bietergemeinschaft). Der Grundsatz der Verhältnismäßigkeit verlangt hier allerdings, dass vor einem Ausschluss der Bieter angehört werden muss und seine Einlassungen in die Entscheidungsfindung einfließen.
- **Elektronische Vergabe:** Durch die mit der Vergaberechtsreform eingeführte Pflicht zur umfassenden elektronischen Vergabe Vergabeverfahren zwingend elektronisch bekannt zu machen, die Vergabeunterlagen müssen ab Einleitung des Verfahrens direkt, uneingeschränkt, vollständig und unentgeltlich im Internet zum Abruf zur Verfügung stehen und die Angebote sind in elektronischer Form einzureichen. Dies trägt maßgeblich zur vereinfachten und erleichterten Teilnahme an Vergabeverfahren bei und fördert damit auch den Wettbewerb.[8]

2.1.3 Primärzweck III: Binnenmarktvollendung

Aus Sicht der Europäischen Union muss der Wettbewerb um öffentliche Aufträge auch **grenzüberschreitend** ermöglicht werden. Zu der beabsichtigten Binnenmarktvollendung, also dem Erreichen eines uneingeschränkten EU-weiten Wirtschaftsraums, soll auch der öffentliche Einkauf seinen Beitrag leisten. Unternehmen aus anderen EU-Mitgliedsstaaten müssen sich damit also unter denselben Bedingungen und mit denselben Chancen an Vergabeverfahren beteiligen können wie inländische Unternehmen. Bei Aufträgen ab den EU-Schwellenwerten[9] wird dies in Umsetzung der europäischen Vergaberichtlinien maßgeblich durch die Pflicht zur EU-weiten Bekanntmachung auf der EU-Plattform TED, durch ausreichend lange Bewerbungs- und Angebotsfristen sowie durch die Anerkennung ausländischer Urkunden, Zeugnisse und Nachweise sichergestellt. Aber auch im Unterschwellenbereich, wo die EU-Vergaberichtlinien nicht gelten, kann ein genügend großer Auftrag auch ein **grenzüberschreitendes Interesse** auslösen – womit dann über die EU-Grundprinzipien entsprechend höhere Anforderungen bestehen, auch ausländischen Unternehmen die Teilnahme zu ermöglichen.[10]

Die Gewährleistung dieses binnenmarktweiten Wettbewerbs führt im Einzelfall zu komplexen Vergabeverfahren und hohen Verfahrenskosten. Und ob sich die Zielsetzung damit tatsächlich erreichen lässt, ist auch knapp fünfzig Jahre nach den ersten EU-Vergaberichtlinien noch durchaus fraglich. So geht selbst die EU-Kommission davon aus, dass EU-weit ausge-

8 Vgl. hierzu Kap. 2.3.
9 Vgl. hierzu Kap. 5.
10 Vgl. hierzu Kap. 5.4.

schriebene Aufträge nur in etwa 10 % grenzüberschreitend vergeben werden. Dabei spielen Mentalitäts- und Sprachbarrieren weiterhin eine entscheidende Rolle – und diese lassen sich nicht durch Regelungen und Verordnungen überbrücken.

2.1.4 Sekundärzwecke

Neben den vorgenannten Primärzwecken ist das Vergaberecht seit jeher auch Adressat für die Realisierung **politischer Zielsetzungen**. Wenngleich diese ganz verschiedene Inhalte haben, ist ihre Motivation stets dieselbe: Öffentliche Auftraggeber haben eine **Vorbildfunktion**, die sie auch bei der Beschaffung von Lieferungen und Leistungen einnehmen und umsetzen sollen. Dabei erweist sich die Nachfragemacht des Staates als wirksames **Steuerungsinstrument**. Unternehmen, die einen öffentlichen Auftrag erhalten wollen, müssen sich verpflichten, Bestimmtes zu tun und anderes zu unterlassen.

Die Realisierung solcher Zielsetzungen lässt sich in den wenigsten Fällen mit den vorgenannten Primärzielen in Einklang bringen. So erhöht die Pflicht zur Bezahlung von (tariflichen) Mindestlöhnen oder zum nachhaltigen Einkauf den Preis für die zu beschaffende Leistung mitunter deutlich. Andere Zielsetzungen erhöhen zumindest die Komplexität des Beschaffungsvorgangs, erfordern zusätzliche oder vermehrte Kontrollen und verteuern damit letztlich das Verfahren. Zu konstatieren ist allerdings, dass sowohl auf europäischer als auch auf nationaler Ebene solche umwelt-, sozial- und wirtschaftspolitischen Zielsetzungen mittlerweile „hoffähig" geworden sind und unter der Überschrift der „**strategischen Beschaffung**" gleichberechtigt neben dem Wirtschaftlichkeitsprinzip angesiedelt werden. So erlaubt das Kartellvergaberecht in § 97 Abs. 3 GWB, dass bei der Vergabe soziale und umweltbezogene Aspekte berücksichtigt werden; gleiches gilt nach § 2 Abs. 3 UVgO auch für den Unterschwellenbereich und auch die Landesvergabegesetze enthalten vielfach solche Anforderungen.

Aus **rechtlicher Sicht** ist die Thematik mittlerweile weitgehend entschärft. So ist in der vergaberechtlichen Rechtsprechung seit langem anerkannt, dass solche zusätzlichen, dem Wirtschaftlichkeitsprinzip grundsätzlich entgegenstehenden Anforderungen jedenfalls dann vergaberechtskonform sind, wenn sie einen unmittelbaren Auftragsbezug haben und den Bietern frühzeitig und einheitlich mitgeteilt worden sind.[11]

Mit den neuen EU-Vergaberichtlinien und umgesetzt auch im deutschen Recht ist der erforderliche Auftragsbezug weiter aufgeweicht worden. Es genügt mittlerweile, dass die Kriterien **mit dem Auftragsgegenstand in Verbindung stehen**. Bei den Zuschlagskriterien ist diese Verbindung bereits dann gegeben, wenn sich die Anforderung auf Prozesse im Zusammenhang mit der Herstellung, Bereitstellung oder Entsorgung der Leistung oder den Handel mit der Leistung bezieht. Allenfalls die Grenze zu Anforderungen, die sich auch oder ausschließlich auf die anbietenden Unternehmen beziehen, ist oftmals fließend und schwer abgrenzbar.

---

11 EuGH, Urt. v. 17.9.2002, C-513/99, Helsinki Busse, v. 4.12.2003, C-448/01, Wienstrom und v. 10.5.2012, C-368/10, Max Havelaar.

Forderungen nach einem vergabespezifischen Mindestlohn oder nach Einhaltung der ILO-Kernarbeitsnormen sieht die vergaberechtliche Rechtsprechung bei richtigem Einsatz als rechtskonform an.[12]

Allen Sekundärzwecken ist allerdings immanent, dass ihre Umsetzung bzw. Einhaltung wegen der zusätzlichen Belastungen und ihrer Gegenläufigkeit zum Wirtschaftlichkeitsprinzip durch die öffentlichen Auftraggeber **überwacht und kontrolliert** werden müssen. Dies geschieht bisher jedoch nicht flächendeckend.

2.1.4.1 Ökologische Aspekte

Weitgehend unproblematisch lassen sich **ökologische Aspekte** bei der Vergabe öffentlicher Aufträge berücksichtigen. Die einschlägigen Regelwerke sehen bereits seit Langem die Möglichkeit vor, Umwelteigenschaften als Leistungsanforderungen sowie als Zuschlagskriterien zu berücksichtigen.[13] Beispiele sind der Bezug von Strom aus regenerativen Quellen oder Holzprodukte aus nachhaltiger Waldbewirtschaftung. Zudem können Unterhaltungs- und Verbrauchskosten von Produkten als Folge- oder Lebenszykluskosten im Rahmen der Zuschlagsentscheidung berücksichtigt werden, was die §§ 58 und 59 VgV sowie § 16d EU Abs. 2 VOB/A ausdrücklich regeln.

In Umsetzung der EU-Energieeffizienzrichtlinie[14] verlangen § 67 VgV und § 58 SektVO bei der Beschaffung von energieverbrauchsrelevanten Liefer- und Dienstleistungen zwingend die angemessene Berücksichtigung der Energieeffizienz der angebotenen oder eingesetzten Geräte bei der Zuschlagserteilung. Und will der öffentliche Auftraggeber Straßenfahrzeuge einkaufen, so sollen nach § 68 VgV und § 59 SektVO bei entsprechenden Lieferaufträgen der Kraftstoffverbrauch sowie die Schadstoffemissionen in die Zuschlagsentscheidung einfließen.

2.1.4.2 Sozialpolitische Aspekte

Weder in der Ermächtigungsgrundlage zur Berücksichtigung entsprechender Zielsetzungen in §§ 97 Abs. 3, 127 Abs. 1 und 128 Abs. 2 GWB noch in den anderen bundesweit geltenden Regelwerken finden sich eigene sozialpolitische Anforderungen an die Vergabe öffentlicher Aufträge.[15] Hier schlägt die Stunde der **Landesvergabegesetze**, die bis auf Bayern in allen Bundesländern bestehen. Sie fordern bei der Vergabe öffentlicher Aufträge ab bestimmten Wertgrenzen mehr oder weniger einheitlich

---

12 EuGH, Urt. v. 17.11.2015, C-115/14, RegioPost, OLG Düsseldorf, Beschl. v. 25.6.2014, VII-Verg 39/13.

13 §§ 127, 128, 152 GWB; §§ 31 Abs. 3, 58 Abs. 2 Nr. 1 VgV; §§ 7a Abs. 5, 16d Abs. 1 Nr. 3, 7a EU Abs. 6, 16d EU Abs. 2 Nr. 2 lit. a) VOB/A; § 43 Abs. 2 UVgO; § 16 Abs. 8 VOL/A; §§ 28 Abs. 3, 52 Abs. 2 SektVO; §§ 15 Abs. 6, 34 Abs. 2 VSVgV.

14 2010/30/EU.

15 § 128 Abs. 1 GWB regelt lediglich, dass Unternehmen bei der Ausführung des öffentlichen Auftrags bestimmte Anforderungen des Mindestlohngesetzes (MiLoG), des Arbeitnehmer-Entsendegesetzes (AEntG) sowie des Arbeitnehmerüberlassungsgesetzes (AÜG) einzuhalten haben. Und nach § 118 GWB können bestimmte Vergabeverfahren der Teilnahme von Behindertenwerkstätten oder Unternehmen vorbehalten werden, deren Hauptzweck die soziale oder berufliche Integration von Menschen mit Behinderungen oder von benachteiligten Personen ist.

- die Berücksichtigung von branchenspezifischen **Mindestlöhnen** sowie – als Auffangtatbestand – die Bezahlung eines ausdrücklichen landesvergaberechtlichen Mindestlohns, der nicht unterschritten werden darf;
- die Beachtung der **Mindeststandards der Kernarbeitsnormen** der Internationalen Arbeitsorganisation (ILO) – hierbei geht es im Wesentlichen um die Bekämpfung von ausbeuterischer Kinderarbeit.

In einigen Landesvergabegesetzen finden sich darüber hinaus

- die Verknüpfung der Auftragsvergabe mit Maßnahmen zur **Frauenförderung** bzw. zur Förderung der **Vereinbarkeit von Beruf und Familie** und
- die bevorzugte Auftragsvergabe an Unternehmen, die **Ausbildungsplätze** bereitstellen bzw. ihre Pflicht zur Beschäftigung **schwerbehinderter Menschen** erfüllen.

Wenngleich diese Zielsetzungen, für sich betrachtet, allesamt anerkennenswert sind, führt ihre Berücksichtigung bei der Vergabe öffentlicher Aufträge in der Regel zu höheren Kosten und zu mehr Verwaltungs- und Kontrollaufwand. Wie verschiedene Evaluierungsberichte zwischenzeitlich zeigen, wird die Einhaltung der Gesetze in der Praxis jedoch oftmals gar nicht kontrolliert. Und das hat nicht immer nur etwas mit zu wenig Personal zu tun. Denn mitunter ist die Beachtung und Einhaltung der gestellten Anforderungen schlichtweg nicht kontrollierbar. Gerade bei der Beschaffung von Produkten, die aus Kinderarbeit stammen können, wie z.B. Pflastersteine, ist es dem Auftraggeber oftmals nicht möglich, die angebotenen Produkte bis in den Steinbruch zurückzuverfolgen, aus dem sie ggf. stammen. Zwar ist der Bieter hier gehalten, dies mittels entsprechender Zertifikate nachzuweisen. Ist ihm dieser Nachweis allerdings auch nicht möglich, so kann er z.B. bei Aufträgen des Landes Berlin in der entsprechenden Eigenerklärung ankreuzen: *„Ich erkläre, dass die Vorlage eines Nachweises darüber, dass die vertraglich vereinbarte Lieferung der Ware [...] nicht unter Missachtung der in den ILO-Kernarbeitsnormen festgelegten Mindeststandards gewonnen oder hergestellt worden sind, nicht möglich ist. Trotz intensiven Bemühens konnten diesbezügliche Zertifikate nicht ermittelt werden."*

2.1.4.3 Wirtschaftspolitische Aspekte

Schließlich werden mit dem öffentlichen Einkauf auch bestimmte wirtschaftspolitische Zielsetzungen verfolgt. Sie richten sich insbesondere auf den **Erhalt** oder die gezielte **Förderung** bestimmter **Unternehmen** und/oder **Branchen**. Damit soll auch und insbesondere der Wettbewerb gestärkt und die Abhängigkeit von wenigen oder nur noch einem Anbieter vermieden werden. Insofern ist dieser „Sekundärzweck" noch am engsten mit dem Beschaffungsvorgang selbst und damit mit den Primärzwecken des Vergaberechts verknüpft. Allerdings sind auch hier einige konkrete Ziele rechtlich problematisch oder zumindest bedenklich.

Eindeutig im Vordergrund steht hierbei die **Förderung des Mittelstands**. § 97 Abs. 4 GWB fordert an prominenter Stelle, dass mittelständische Interessen bei der Vergabe öffentlicher Aufträge vornehmlich zu berücksichtigen sind. Gleiches normieren die **Mittelstandsförderungsgesetze**, die es in zahlreichen Bundesländern gibt. Wenngleich eine einheitliche Definition davon, was „der Mittelstand" ist, fehlt[16], gilt als sicher, dass die ganz überwiegende Zahl aller deutschen und europäischen Unternehmen hierunter fällt. Sie bilden das Rückgrat der Wirtschaft und sichern durch ihre Existenz Innovation, Vielseitigkeit und damit letztlich auch den Wettbewerb.

Die Pflicht des öffentlichen Auftraggebers, den Mittelstand bei der Auftragsvergabe **vornehmlich zu berücksichtigen**, stellt allerdings keine unzulässige Bevorzugung dar.[17] Vielmehr soll ein „level playing field" geschaffen werden, das es dem Mittelstand ermöglicht, sich unter gleichen Bedingungen an Ausschreibungen zu beteiligen. Es sollen also hierdurch nur strukturelle Defizite gegenüber Großunternehmen ausgeglichen werden.

Als maßgebliches Instrument hierfür sieht das Vergaberecht die Pflicht zur Aufteilung von öffentlichen Aufträgen in **Fach- und Teillose** vor. Ausnahmen hiervon können nur in engen Grenzen gemacht werden, wenn technische oder wirtschaftliche Gründe dies erfordern. Dass losweise Ausschreibungen *per se* zeit- und kostenaufwändiger sind, hat der Gesetzgeber gesehen und hingenommen; diese „normalen Widrigkeiten" rechtfertigen daher noch keine Gesamtvergabe.[18] Weitere mittelstandsfreundliche Regelungen, die die vergaberechtlichen Regelwerke an unterschiedlichen Stellen vorsehen, sind

- die Möglichkeit der Beteiligung als **Bewerber- bzw. Bietergemeinschaft**,
- die Forderung an den Auftraggeber, Nachweise in der Regel in Gestalt von **Eigenerklärungen** oder der **Einheitlichen Europäischen Eigenerklärung (EEE)** zu akzeptieren,
- die Möglichkeit des Nachweises auftragsunabhängiger Eignungsanforderungen durch eine **Präqualifikation** (z.B. PQ VOB),
- die Forderung an den Auftraggeber, auf **Sicherheitsleistungen** soweit wie möglich zu verzichten.

Eine Diskriminierung von Großunternehmen liegt hierdurch bereits deswegen nicht vor, da auch diese Unternehmen von den Erleichterungen profitieren können.

Wirtschaftspolitische Erwägungen können im Bereich des öffentlichen Einkaufs allerdings auch **branchenspezifisch** entstehen. So besteht eine erklärte Absicht der Politik darin, die wehrtechnische Industrie zu erhalten und zu stärken.[19] Die EU erkennt solche Zielsetzungen zwar prinzipiell an, verlangt aber auch in diesem Bereich einen – wenngleich einschränkbaren – europaweiten Wettbewerb.[20]

Die Beschränkung des Wettbewerbs auf bestimmte **Regionen** mit dem Ziel einer regionalpolitischen Förderung untersagt das Vergaberecht hingegen klar. So verbietet § 6 Abs. 1 VOB/A ausdrücklich, den Wettbewerb auf Unternehmen zu beschränken, die in bestimmten Regionen oder Orten ansässig sind. Bestimmte Ursprungsorte und Bezugsquellen dür-

16 Nach Festlegung der Europäischen Union sind kleine und mittlere Unternehmen (KMU) solche, die weniger als 250 Mitarbeiter beschäftigen, deren Umsatz unter 50 Mio. Euro oder deren Bilanzsumme unter 43 Mio. Euro liegt.
17 Vgl. OLG Düsseldorf, Beschl. v. 8.9.2004, VII-Verg 38/04.
18 OLG Düsseldorf, Beschl. v. 11.7.2007, VII-Verg 10/07.
19 So aktuell z.B. im Strategiepapier der Bundesregierung zur Stärkung der Sicherheits- und Verteidigungsindustrie vom 12.2.2020, abrufbar über die Homepage des BMWi.
20 Richtlinie 2009/81/EG, umgesetzt in Deutschland in der VSVgV sowie dem Abschnitt 3 der VOB/A (VOB/A-VS).

fen im Rahmen der Leistungsbeschreibung nur dann ausdrücklich vorgeschrieben werden, wenn dies durch die Art der zu vergebenden Leistung gerechtfertigt ist.

2.2 Grundprinzipien

Vor dem Hintergrund der oben genannten Zwecke des Vergaberechts und unter Berücksichtigung, dass es sich bei den Mitteln, mit denen eingekauft wird, um anvertraute Gelder der Bürger handelt, ergeben sich die Grundprinzipien, nach denen sich das Vergaberecht ausrichtet und an denen es sich orientiert, fast schon von selbst: Auftraggeber haben Verfahrensteilnehmer, interessierte Unternehmen und bis zu einem gewissen Grad auch die Öffentlichkeit über Beschaffungsmaßnahmen und einzelne Schritte **transparent** zu informieren. Sie haben Verfahrensteilnehmer **gleich zu behandeln** und dürfen sie **nicht diskriminieren**.

Im haushaltsrechtlich geprägten Unterschwellenvergaberecht leitet sich insbesondere der Grundsatz der Gleichbehandlung aus dem allgemeinen Gleichheitssatz des Art. 3 GG ab. Die Grundprinzipien sind allerdings auch ausdrücklich in VOB/A und UVgO verankert (jeweils in § 2).

Im Oberschwellenbereich leiten sich die Grundprinzipien aus dem **EU-Recht** ab. Ausgangspunkt sind die Grundfreiheiten des EU-Vertrags,[21] also die Warenverkehrsfreiheit mit dem Verbot mengenmäßiger Ein- und Ausfuhrbeschränkungen (Art. 34, 35 AEUV), die Niederlassungsfreiheit (Art. 49 AEUV) sowie die Dienstleistungsfreiheit (Art. 56 AEUV). Ihre Realisierung erfolgt über die im EU-Vertrag nicht ausdrücklich niedergeschriebenen Grundprinzipien des **Wettbewerbs**, der **Transparenz**, der **Gleichbehandlung**, der **Nichtdiskriminierung** sowie der **Verhältnismäßigkeit**. Sie finden sich allerdings an prominenter Stelle der EU-Vergaberichtlinien sowie im deutschen Kartellvergaberecht. So normiert Art. 18 der Richtlinie 2014/24/EU:

„Die öffentlichen Auftraggeber behandeln alle Wirtschaftsteilnehmer in gleicher und nichtdiskriminierender Weise und handeln transparent und verhältnismäßig."

Und § 97 Abs. 1 und 2 GWB verlangt:

„Öffentliche Aufträge und Konzessionen werden im Wettbewerb und im Wege transparenter Verfahren vergeben. Dabei werden die Grundsätze der Wirtschaftlichkeit und der Verhältnismäßigkeit gewahrt. Die Teilnehmer an einem Vergabeverfahren sind gleich zu behandeln, es sei denn, eine Benachteiligung ist auf Grund dieses Gesetzes ausdrücklich geboten oder gestattet."

Allerdings lassen sich die Grundprinzipien nicht immer im vollen Umfang verwirklichen. In einigen Bereichen treffen sie sogar aufeinander und blockieren sich gegenseitig. In diesen Fällen hat der Auftraggeber über den **Grundsatz der Verhältnismäßigkeit** einen Ausgleich zu schaffen.

---

21 Vertrag über die Arbeitsweise der Europäischen Union – AEUV.

Die jeweiligen Anforderungen der einzelnen Grundprinzipien sowie die maßgeblichen Vorschriften, die sie für das Vergabeverfahren umsetzen, werden nachfolgend im Einzelnen dargestellt.[22]

Praxistipp

Insbesondere die Grundprinzipien der Transparenz, der Gleichbehandlung und der Nichtdiskriminierung sind so etwas wie der „Kompass" des Vergaberechts. Sie geben auch in unübersichtlichen Situationen stets eine gute Orientierung. Daher sollte der Auftraggeber seine Entscheidungen, die er während der Vorbereitung und der Durchführung des Vergabeverfahrens trifft, stets auch an diesen Grundprinzipien spiegeln. Hält er diese in der jeweiligen Situation so weit wie möglich ein, kann die konkrete Entscheidung nicht grundlegend falsch sein.

2.2.1 Wettbewerb

Mit der Pflicht zur Vergabe im Wettbewerb wird der oben beschriebene Primärzweck der **Schaffung** und des **Erhalts von Wettbewerb** umgesetzt. Der Auftraggeber hat daher sein Vergabeverfahren so zu konzipieren und durchzuführen, dass dem Wettbewerb so viel Raum wie möglich gegeben wird. Einschränkungen oder sogar der Ausschluss des Wettbewerbs sind nur in engen Ausnahmefällen möglich, die dann sorgfältig zu dokumentieren sind. Wettbewerbsbeschränkungen oder ein Wettbewerbsausschluss seitens der Bewerber und Bieter muss der Auftraggeber unterbinden bzw. ihnen aktiv entgegenwirken.

Die einzelnen Maßnahmen, die das Vergaberecht im Zusammenhang mit Schaffung und Erhalt des Wettbewerbs vorsieht und dem Auftraggeber als Pflichten an die Hand gibt, haben wir bereits in Kapitel 2.1.2 kennengelernt. Hierauf kann an dieser Stelle verwiesen werden.

2.2.2 Transparenz

Das Transparenzgebot verlangt vom Auftraggeber eine möglichst **umfangreiche Information der Bieter** und eine **nachvollziehbare Gestaltung des Vergabeverfahrens**. Es steht in unmittelbarer Wechselwirkung mit dem Wettbewerbsgebot und sichert zugleich die Grundsätze der Gleichbehandlung und der Nichtdiskriminierung ab. Ausprägungen des Transparenzgebots sind

- die **Publikationspflicht**: Der Auftraggeber ist verpflichtet, seine Absicht zur Vergabe von Aufträgen in geeigneten Medien zu veröffentlichen und bekannt zu machen; bei EU-weiten Vergabeverfahren muss die Veröffentlichung im EU-Amtsblatt (TED) erfolgen. Verzichten darf er auf eine Bekanntmachung nur in engen Ausnahmefällen. Daneben soll der Auftraggeber EU-weite Ausschreibungen bereits so früh wie möglich an-

22 Dort, wo das Vergaberecht nicht gilt, also z.B. bei der Vergabe von Dienstleistungskonzessionen im Unterschwellenbereich, leitet sich das Vorgehen im Verfahren für den Auftraggeber allein und unmittelbar aus den Grundprinzipien ab; vgl. grundlegend EuGH, Urt. v. 13.10.2005, C-458/03, Parking Brixen.

kündigen. Tut er dies in einem bestimmten Zeitfenster vor der geplanten Ausschreibung, so kann er die Fristen des dann folgenden Vergabeverfahrens verkürzen. Die Bekanntmachungspflicht gilt auch für vergebene Aufträge. Hier hat der Auftraggeber EU-weite Vergaben wieder in TED zu veröffentlichen, einschließlich des Namens des erfolgreichen Bieters. Eine solche Ex-post-Bekanntmachung muss auch nach größeren Beschränkten Ausschreibungen und Freihändigen Vergaben bzw. Verhandlungsvergaben im Unterschwellenbereich geschehen;

- die Pflicht, den Bietern die **Zuschlagskriterien** und deren **Gewichtung** mitzuteilen;[23]
- die Pflicht, **Bewerber- und Bieterfragen** zu beantworten;
- die Zulassung von Bietern im Submissionstermin bei Bauvergaben im Unterschwellenbereich;[24]
- die Durchführung der **Prüfung und Wertung der Angebote** nach den hierfür festgelegten Verfahrensschritten;
- die zeitnahe **Unterrichtung** ausgeschiedener Bewerber und Bieter;
- die **Dokumentationspflicht**: Der Auftraggeber hat zeitnah sämtliche verfahrensrelevanten Schritte hinreichend ausführlich und nachvollziehbar im Vergabevermerk niederzulegen.

Wie bereits angedeutet, lässt sich das Transparenzgebot nicht in allen Situationen eines Vergabeverfahrens in gleicher Weise realisieren. Stehen ihm gewichtige Gründe entgegen, so sind sie gegeneinander abzuwägen und das Ergebnis zu dokumentieren. Mit Blick auf das Gebot der Verhältnismäßigkeit sind die Einschränkungen des Transparenzgebots allerdings stets so gering wie möglich zu halten.

Praxisbeispiel

Der grundsätzlichen Pflicht des Auftraggebers, nach Beendigung eines EU-weiten Vergabeverfahrens über den vergebenen Auftrag und den Auftragnehmer per Ex-post-Bekanntmachung zu informieren, können öffentliche Interessen, Geheimhaltungspflichten oder Geschäfts- und Betriebsgeheimnisse des Auftragnehmers entgegenstehen. § 39 Abs. 6 VgV erlaubt in diesem Fall, solche Angaben nicht mitzuteilen. Die grundsätzliche Pflicht zur Veröffentlichung einer Bekanntmachung bleibt aber bestehen. Der Auftraggeber kann also auch in solchen Fällen nicht ganz von einer Vergabebekanntmachung absehen.

23 Bei EU-weiten Vergabeverfahren verlangt die Rechtsprechung auf Grundlage von § 122 GWB, dass die Eignungsanforderungen und hierbei insbesondere die Mindestanforderungen zwingend in der EU-Auftragsbekanntmachung veröffentlicht werden. Ein abstrakter Verweis auf die Vergabeunterlagen ist hier nicht ausreichend, auch wenn diese gleichzeitig elektronisch zur Verfügung gestellt werden; s. hierzu Kap. 7.2.7.

24 Die Berechtigung beschränkt sich nur noch auf Ausschreibungen, in denen schriftliche Angebote zugelassen sind, § 14a Abs. 1 VOB/A. Bei EU-weiten Bauvergaben sowie bei Bauvergaben im Unterschwellenbereich, in denen der Auftraggeber nur noch elektronische Angebote zulässt, dürfen Bieter hingegen nicht am Submissionstermin teilnehmen. Sie bekommen aber umgehend das Submissionsprotokoll übermittelt, §§ 14 Abs. 6, 14 EU Abs. 6 VOB/A.

Gleiches gilt im Falle eines Nachprüfungsverfahrens. Hier kann der Antragsteller Akteneinsicht beantragen (§ 165 GWB). Um zu vermeiden, dass er hierüber wettbewerbsrelevante Informationen über seine Wettbewerber erfährt (z.B. den Inhalt ihrer Angebote oder deren Preise), werden entsprechende Passagen in der Vergabeakte geschwärzt oder herausgenommen. Der grundsätzliche Anspruch auf Akteneinsicht besteht aber gleichwohl.

An einigen wenigen Stellen sieht das Vergaberecht allerdings auch einen absoluten Vorrang anderweitiger Interessen vor dem Transparenzgebot vor. So dürfen bei Vergabeverfahren im Liefer- und Dienstleistungsbereich Bieter anders als im Baubereich in keinem Fall an der Angebotsöffnung teilnehmen und bekommen auch nicht das Submissionsprotokoll. Die damit verbundene Intransparenz des (behördeninternen) Öffnungstermins wird damit gerechtfertigt, dass die Bieter in Liefer- und Dienstleistungsvergaben gerade nicht ihre Konkurrenz und deren Angebotspreise erfahren sollen, da dies insbesondere bei standardisierten Beschaffungsgegenständen ohne großen Aufwand auf die Kalkulation der Wettbewerber schließen lassen könnte. Sichergestellt wird die Einhaltung der Verfahrensvorschriften und der Grundprinzipien hier durch die Pflicht, dass an dem Öffnungstermin in der Regel mindestens zwei Vertreter des Auftraggebers teilnehmen und dieser entsprechend dokumentiert wird (§ 58 Abs. 5 VgV).

2.2.3 Gleichbehandlung und Nichtdiskriminierung

Schließlich hat der Auftraggeber auch stets darauf zu achten, dass die Verfahrensteilnehmer grundsätzlich **gleichbehandelt** werden und **niemand diskriminiert** wird. Diese beiden Grundprinzipien sind eng miteinander verknüpft und bedingen einander weitestgehend. Allerdings haben sie ihre Bedeutung auch unabhängig voneinander.

So kann ein Auftraggeber zwar alle Bieter eines Vergabeverfahrens durch eine einheitlich kurze Frist oder einheitlich hohe Anforderungen an Eignung und/oder Leistung gleich behandeln, zugleich aber einzelne Unternehmen, die in dieser kurzen Frist nicht anbieten können oder die hohen Anforderungen nicht erfüllen können, diskriminieren. Ein solches Vorgehen wäre allenfalls dann gerechtfertigt, wenn sachliche Gründe bestehen würden, die die kurze Frist oder die hohen Anforderungen rechtfertigen. Dies hat der Auftraggeber dann wieder zu dokumentieren.

Die Pflicht zur Gleichbehandlung und zur Nichtdiskriminierung ist entgegen dem Wortlaut des § 97 Abs. 2 GWB nicht nur auf das Vergabeverfahren selbst beschränkt. Vielmehr muss der Auftraggeber diese Grundprinzipien bereits bei der **Vorbereitung** des Vergabeverfahrens und den in diesem Rahmen zu treffenden Entscheidungen beachten. Gleiches gilt für den Fall einer **Direktvergabe**.[25]

Einzelausprägungen des Gleichbehandlungsgebots und des Diskriminierungsverbots im Vergaberecht sind

- das **Verbot der Doppelbeteiligung**: Wer sich an einem Vergabeverfahren beteiligt, darf nicht zugleich auch auf Auftraggeberseite agieren. § 6 VgV bzw. § 4 UVgO regeln

25 OLG Düsseldorf, Beschl. v. 1.8.2012, VII-Verg 10/12; EuGH, Urt. v. 11.1.2005, C-26/03, Stadt Halle.

diesen klaren Fall einer Ungleichbehandlung, nehmen dabei aber auch subtilere Formen der Doppelmandatierung in den Fokus, etwa den Consultant, der zugleich ein Unternehmen berät und für den Auftraggeber tätig wird. Im Sinne der Gleichbehandlung verbietet die Norm die Mitwirkung solcher als voreingenommen geltender Personen an Entscheidungen im Vergabeverfahren;

- der **Ausgleich von Informations- und Wissensvorsprüngen**: Ein potenzieller Wettbewerbsvorteil kann sich dort ergeben, wo sich Unternehmen an einem Vergabeverfahren beteiligen, die zuvor den Auftraggeber bei der Vorbereitung dieses Verfahrens beraten oder begleitet haben (z.B. bei der Erstellung der Leistungsbeschreibung oder einer Vorstudie). Nach § 7 VgV und § 2 EU Abs. 5 VOB/A bzw. § 5 UVgO hat der Auftraggeber in einem solchen Fall sicherzustellen, dass der Wettbewerb hierdurch nicht verfälscht wird. Dazu kann der Auftraggeber z.B. den Informations- und Wissensvorsprung des sog. **Projektanten** gegenüber den anderen Wettbewerbsteilnehmern dadurch ausgleichen, dass er das Exklusivwissen an alle Verfahrensbeteiligten gibt. Sollte dies nicht möglich sein, kann als ultimative Konsequenz auch der **Ausschluss** des Projektanten von der weiteren Verfahrensteilnahme erforderlich sein;[26]
- die Pflicht der **eindeutigen und erschöpfenden Leistungsbeschreibung**, die alle Bewerber im gleichen Sinne verstehen können;
- das grundsätzliche **Verbot der Änderung von Bedingungen** und Anforderungen während des Vergabeverfahrens;
- die Pflicht zur Gewährung **einheitlicher**, ausreichend lang bemessener **Fristen** für die Bearbeitung und Einreichung der Teilnahmeanträge und Angebote sowie für die Bindung der Unternehmen hieran (z.B. § 10 Abs. 1 und 4 VOB/A);
- die Pflicht zur **Beantwortung von** individuellen **Bieterfragen** gegenüber allen Bietern, wie § 12a EU Abs. 3 VOB/A dies ausdrücklich vorsieht;
- die Pflicht zur grundsätzlich **produktneutralen Ausschreibung**, wie u.a. in § 7 Abs. 4 VOL/A vorgesehen;
- die Pflicht, **unvollständige** oder aufgrund Bieterverschuldens **verspätet eingegangene Angebote** auszuschließen;
- die Pflicht zur **gleichmäßigen Prüfung und Wertung**, bei der jedes Angebot mit derselben Intensität und nur in Ansehung der zugrunde gelegten und bekannt gemachten Bedingungen und Kriterien behandelt wird.

Auch hier kann es in Einzelfällen Durchbrechungen der vorgenannten Grundsätze geben. So kann der Auftraggeber fehlende Erklärungen und Nachweise nachfordern und damit den „vergesslichen" Bieter bevorzugen; gleiches gilt für die u.a. in § 57 Abs. 1 Nr. 5 VgV vorgesehene Berücksichtigung von Angeboten, bei denen unwesentliche Preispositionen fehlen. Durch das hiermit beabsichtigte Ziel, solche Wettbewerbsbeiträge nicht wegen for-

26 EuGH, Urt. v. 3.3.2005, C-21 und 34/03, Fabricom SA; jetzt normiert in § 124 Abs. 1 Nr. 6 GWB, der über § 31 Abs. 1 UVgO auch im Unterschwellenbereich gilt.

maler Mängel ausschließen zu müssen, wird der Wettbewerbsgrundsatz in diesem Fall über den Gleichbehandlungsgrundsatz gestellt.[27]

2.3 Elektronische Vergabe

Unabhängig von den Änderungen der vergaberechtlichen Vorschriften hat sich in den letzten Jahren eine der weitreichendsten Umwälzungen im Beschaffungswesen an der Schnittstelle zur Technik vollzogen. Die langjährigen Bemühungen, die Abläufe des Vergabeverfahrens elektronisch abzubilden und damit die bisherige „Papierform" abzulösen (**e-Vergabe**), konnten mit der letzten Vergaberechtsreform vom April 2016 erfolgreich abgeschlossen werden. Im Ergebnis wurde – zunächst nur bei EU-weiten Vergabeverfahren – die grundsätzliche Pflicht zur **vollständigen elektronischen Kommunikation** zwischen den öffentlichen Auftraggebern und den Bewerbern bzw. Bietern eingeführt. Sie wurde – quasi als weiteres Grundprinzip – prominent als Absatz 5 in § 97 GWB etabliert:

„Für das Senden, Empfangen, Weiterleiten und Speichern von Daten in einem Vergabeverfahren verwenden Auftraggeber und Unternehmen grundsätzlich elektronische Mittel (...)".

Was diese elektronischen Mittel konkret umfassen, welche Ausnahmen es hiervon gibt und wie die weitere Entwicklung – auch im Unterschwellenbereich – bei der e-Vergabe aussieht, wird in diesem Kapitel zusammenfassend dargestellt. Die einzelnen Anforderungen der e-Vergabe an den Beschaffungsablauf und ihre Auswirkungen auf das Vergabeverfahren werden im Übrigen an den jeweiligen Stellen dieses Buchs, insbesondere in Kapitel 7, erläutert.

2.3.1 Hintergrund und Ziele

Die vielfältigen Ambitionen auf nationaler und europäischer Ebene zur Umstellung auf elektronische Beschaffungsvorgänge reichen zurück bis an den Anfang der 1990er Jahre. Maßnahmen, die seinerzeit in die deutschen Vergabevorschriften (VOB/A, VOL/A, VOF) zur Nutzung elektronischer Vorgänge im Vergabeverfahren aufgenommen wurden, waren jedoch stets freiwillig und zugleich an hohe technische und administrative Anforderungen geknüpft. In der Praxis wurde die Möglichkeit der e-Vergabe allenfalls ansatzweise genutzt.

Ein Durchbruch begann erst mit dem Vorschlag der EU-Kommission für eine Reform der EU-Vergaberichtlinien Ende 2011, flankiert von einer Strategie für die e-Vergabe.[28] In dieser Strategie verfolgt die Kommission das Ziel, sukzessive alle Phasen des Beschaffungsvorhabens von der Vorbereitung des Vergabeverfahrens bis hin zur Bezahlung der im vergebenen Auftrag erbrachten Leistungen auf elektronische Prozesse umzustellen.

---

27 Bestätigt durch EuGH, Urt. v. 10.10.2013, C-336/12, Manova S/A.

28 Mitteilung der Kommission an das Europäische Parlament, den Rat, den europäischen Wirtschafts- und Sozialausschuss und den Ausschuss der Regionen vom 20.4.2012, KOM(2012) 179 endg.

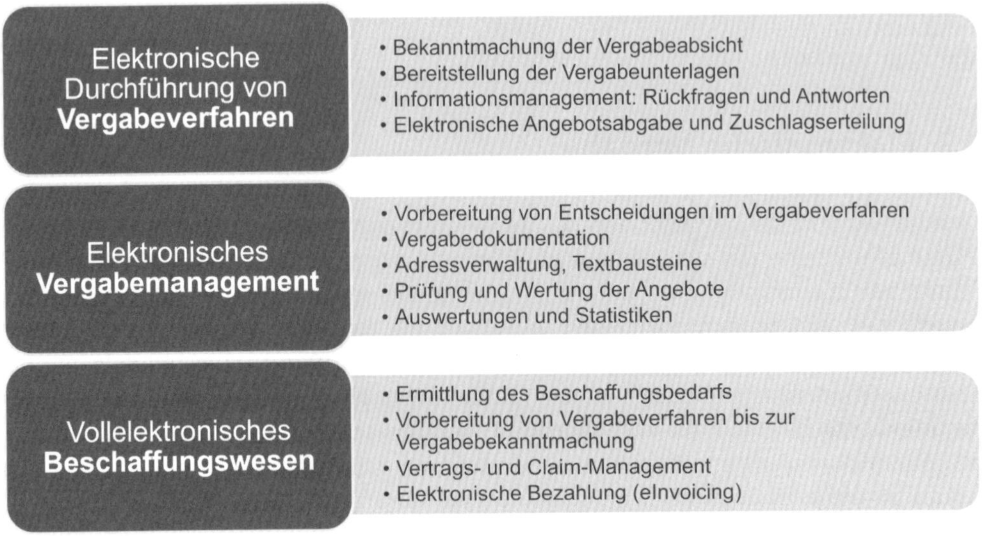

Abb. 2: Umfang der e-Vergabe

Die elektronische Vergabe verfolgt im Wesentlichen drei Ziele, nämlich

- Kosten- und Zeitersparnis,
- Fehlervermeidung und
- Umweltschutz.

Durch die Implementierung automatisierter Prozesse sowie die Stärkung der elektronischen Vergabe wurde aufgrund der damit einhergehenden **Fehlervermeidung** im Vergabeverfahren bereits im Jahr 2007 ein **Einsparpotenzial** in Höhe von ca. 2,1 Mrd. Euro lokalisiert.[29] Neben rein wirtschaftlichen Aspekten versprechen die elektronische Vergabe sowie der dadurch reduzierte Materialaufwand auch unter **ökologischen Gesichtspunkten** Vorteile und leisten damit zugleich einen Beitrag zum **Umweltschutz**. Schließlich wird durch die e-Vergabe auch die Transparenz von internen und externen Prozessen erhöht und Manipulationsmöglichkeiten verringert. Damit trägt die elektronische Vergabe auch zu einer Verbesserung der **Compliance** bei.

29 S. Endbericht der Studie zur „Kostenmessung der Prozesse öffentlicher Liefer-, Dienstleistungs- und Bauaufträge aus Sicht der Wirtschaft und der öffentlichen Auftraggeber", BMWi, 2008.

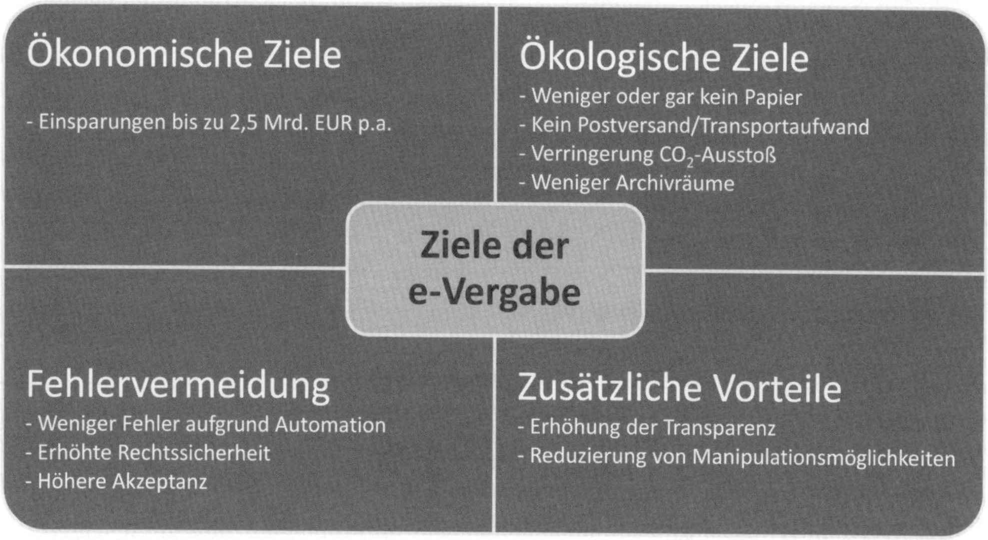

Abb. 3: Ziele der e-Vergabe

Für die Durchführung von EU-weiten Vergabeverfahren sind die Pflichten im Zusammenhang mit der e-Vergabe in den EU-Vergaberichtlinien 2014/23/EU, 2014/24/EU und 2014/25/EU enthalten, die im Rahmen der Vergaberechtsmodernisierung in deutsches Recht umgesetzt worden sind und seit April 2016 einheitlich für Bau-, Liefer- und Dienstleistungsvergaben gelten.[30]

Für Vergabeverfahren unterhalb des EU-Schwellenwertes ist die Anwendung der e-Vergabe differenzierter: im Liefer- und Dienstleistungsbereich verlangt die UVgO ebenfalls zwingend eine durchgängig elektronische Kommunikation zwischen dem Auftraggeber und den Bietern bzw. Bewerbern.[31] Bei unterschwelligen Bauvergaben gilt dies nach der VOB/A 2019 grundsätzlich auch[32], hier kann der Auftraggeber aber weiterhin auch die Abgabe schriftlicher Angebote verlangen.[33] In Bundesländern, in denen mangels Einführung der UVgO die Basisparagrafen der VOL/A gelten, besteht bislang noch keine Pflicht zur elektronischen Kommunikation; es existieren nur die freiwilligen Möglichkeiten zum Einsatz von elektronischer Kommunikation.[34]

Für Vergaben im Bereich Verteidigung und Sicherheit besteht aufgrund der Sensibilität der zu beschaffenden Leistungen keine Pflicht zur elektronischen Kommunikation. Eine Änderung der zugrunde liegenden EU-Richtlinie 2009/81/EG ist derzeit nicht geplant. Selbes gilt für den Bereich der Rechtsmittel: auch hier ist bislang keine elektronische Unterstützung des Nachprüfungsverfahrens vorgesehen. Daher bleibt es an dieser Stelle bei dem „harten Bruch", wenn es in einem vollelektronischen Vergabeverfahren zu einem Nachprüfungs-

30 Vgl. hierzu Kap. 1.3.3.
31 § 7 Abs. 1 UVgO.
32 § 11 VOB/A.
33 § 13 Abs. 1 VOB/A.
34 Z.B. Möglichkeit der elektronischen Kommunikation (§ 11 Abs. 1 VOL/A), Möglichkeit der Veröffentlichung der Bekanntmachung in Internetportalen (§ 12 Abs. 1 VOL/A), Möglichkeit zur elektronischen Übermittlung von Angeboten (§ 13 Abs. 1 VOL/A).

verfahren kommt. Zahlreiche Vergabekammern lassen sich dann auf Grundlage der bestehenden Rechtslage die (im Verfahren elektronisch geführte) Vergabedokumentation in Papierform übermitteln; ohne hierzu verpflichtet zu sein, unterstützt eine immer größer werdende Anzahl von Spruchkörpern allerdings mittlerweile auch das Anliegen, einen Medienbruch im Nachprüfungsverfahren zu vermeiden, und lässt eine elektronische Fassung der Vergabedokumentation oder einen Zugriff auf die im gegenständlichen Verfahren verwendete e-Vergabe-Plattform ausreichen.

2.3.2 Besonderheiten im Ablauf

Die wichtigsten Aspekte der e-Vergabe in GWB, VgV, VOB/A und VOB/A-EU betreffen insbesondere

- die Erstellung der Vergabeunterlagen,
- den Zugang zu e-Vergabeverfahren,
- das Informationsmanagement während des Vergabeverfahrens,
- die Abgabe von elektronischen Angeboten und Teilnahmeanträgen und
- die Öffnung der Angebote.

2.3.2.1 Erstellung der Vergabeunterlagen

Die Vergabeunterlagen bestehen regelmäßig aus dem Anschreiben, das die Aufforderung zur Abgabe eines Angebots oder zur Aufnahme von Verhandlungen enthält, den Bewerbungsbedingungen, die etwa die Regeln für die Durchführung des Vergabeverfahrens einschließlich der Eignungs- und Zuschlagskriterien festlegen und in der Regel durch korrespondierende Formblätter flankiert werden, sowie den Vertragsunterlagen aus Leistungsbeschreibung und Vertragsbedingungen.

Die Vergabeunterlagen hat der Auftraggeber im Ober- wie im Unterschwellenbereich grundsätzlich in elektronischer Form zu erstellen, um einerseits dem Grundsatz der elektronischen Kommunikation genügen zu können und sie andererseits entsprechend § 41 VgV[35] über eine Internetadresse unentgeltlich, uneingeschränkt, vollständig und direkt zum Abruf bereitstellen zu können.

Die Bieter bzw. Bewerber sind verpflichtet, auf Anforderung des Auftraggebers Einzeldokumente zum Nachweis ihrer Eignung und dem Nichtvorliegen von vergaberechtlichen Ausschlussgründen vorzulegen. Hierzu können sie sich der Einheitlichen Europäischen Eignungserklärung (EEE) bedienen, die als standardisiertes Formular EU-weit als vorläufiger Nachweis genügt. Die EEE wird ausschließlich in elektronischer Form ausgestellt; bis zum Ablauf der Übergangsfrist am 18. April 2018 konnte sie auch als papierbasierte Version verwendet werden.[36]

35 Vgl. auch §§ 41 SektVO, 17 KonzVgV, 12a VOB/A-EU sowie § 29 Abs. 1 UVgO und § 11 Abs. 3 VOB/A.
36 Art. 59 Abs. 2, Art. 90 Abs. 3 der Richtlinie 2014/24/EU.

2.3.2.2 Zugang zu e-Vergabeverfahren

Der Auftraggeber ist verpflichtet, Methoden der elektronischen Beschaffung einzusetzen und dabei die Grundsätze der Gleichbehandlung, der Nichtdiskriminierung und der Transparenz zu wahren.[37] Dazu muss der Zugang zu den Vergabeunterlagen oder zur Aufforderung zur Interessenbestätigung unentgeltlich, uneingeschränkt, vollständig und direkt sein.[38]

Aus dem Grundsatz der Nichtdiskriminierung folgt dabei ein grundsätzliches Verbot der direkten oder indirekten Schlechterstellung von Bietern bzw. Bewerbern. Im e-Vergabeverfahren bedeutet dies insbesondere, dass die für die elektronische Informationsübermittlung (einschließlich der elektronischen Angebotsabgabe) zu verwendenden Programme und ihre technischen Merkmale allgemein zugänglich und kompatibel mit allgemein verbreiteten Erzeugnissen der Informations- und Kommunikationstechnologie sein müssen. Die elektronischen Mittel müssen überdies die Unversehrtheit, Vertraulichkeit und Echtheit der elektronischen Kommunikation gewährleisten.

2.3.2.3 Elektronisches Informationsmanagement während des Vergabeverfahrens

Das Informationsmanagement in einem elektronischen Vergabeverfahren beginnt mit der EU-weiten oder einer nationalen Bekanntmachung der Vergabeabsicht. EU-weite Bekanntmachungen sind nur noch elektronisch beim Amt für Veröffentlichungen der Europäischen Union einzureichen, die im *Supplement des Amtsblattes der Europäischen Union* (Tenders Electronic Daily – TED) veröffentlicht werden.[39] Sie müssen eine Internetadresse aufführen, unter der sämtliche Vergabeunterlagen unentgeltlich, uneingeschränkt, direkt und vollständig mithilfe von Informations- und Kommunikationstechnik abgerufen werden können. Hiervon ausgenommen sind nur noch diejenigen Teile der Vergabeunterlagen, die nicht mit allgemein verfügbaren elektronischen Mitteln abgebildet werden können oder aufgrund ihrer Sensibilität Sicherheitsbedenken ausgesetzt sind und damit besonderer Schutzmaßnahmen zur Gewährleistung ihrer Vertraulichkeit bedürfen. Ein bloßer Verweis in der EU-Bekanntmachung auf die Vergabeunterlagen ist nicht ausreichend, wohl aber ein direkter Link zu den elektronischen Vergabeunterlagen.[40]

Ebenfalls elektronisch abzuwickeln ist – jedenfalls im Oberschwellenbereich – bereits ab jetzt die gesamte Kommunikation mit den Verfahrensteilnehmern, z.B. in Bezug auf Bieterfragen oder die Änderung an den Vergabeunterlagen. Verhandlungen sind hingegen weiterhin auch mündlich möglich.[41]

---

37 §§ 9 VgV, 11 VOB/A-EU, 9 SektVO, 7 KonzVgV sowie § 7 UVgO.

38 Hierzu ausführlich Kap. 7.2.8.

39 Hierzu ausführlich Kap. 7.2.1 und 7.2.4. Für den Unterschwellenbereich sieht § 28 Abs. 1 UVgO ebenfalls eine zwingende Bekanntmachung auf Internetportalen oder Internetseiten des Auftraggebers vor. In der VOB/A besteht hierzu noch keine Pflicht, vgl. § 12 Abs. 1 Nr. 1 VOB/A.

40 OLG Düsseldorf, Beschl. v. 16.11.2011, Verg 60/11; OLG Frankfurt a. M., Beschl. v. 16.2.2015, 11 Verg 11/14; VK Bund, Beschl. v. 22.2.2016, VK2-135/15. Zu den Anforderungen an die Bekanntmachung der Eignungsanforderungen und insb. der Mindestanforderungen in der EU-Bekanntmachung s. Kap. (xx).

41 § 9 Abs. 2 VgV; die Dokumentation der Verhandlungen hat dann allerdings wieder elektronisch zu erfolgen. Vgl. hierzu auch § 7 UVgO.

2.3.2.4 Elektronische Angebote und Teilnahmeanträge

Nach wie vor unterschiedlich geregelt ist auch die Entgegennahme elektronischer Angebote und Teilnahmeanträge, was letztlich die größte Verfahrenserleichterung für Bieter und Bewerber darstellt. Im Oberschwellenbereich dürfen nach Ablauf der letzten Frist eines gestaffelten Übergangszeitraums seit dem 18. Oktober 2018 öffentliche Auftraggeber nur noch elektronische Wettbewerbsbeiträge zulassen. Angebote und Teilnahmeanträge in Papierform sind nicht mehr erlaubt. Im Unterschwellenbereich unterscheiden sich erneut Liefer- und Dienstleistungsvergaben nach der UVgO und Bauvergaben nach dem 1. Abschnitt der VOB/A: während im Anwendungsbereich der UVgO seit dem 1. Januar 2020 nur noch elektronische Angebote und Teilnahmeanträge zugelassen sind[42], besteht in der VOB/A auch in der Ausgabe 2019 für unterschwellige Bauvergaben gem. § 13 Abs. 1 Nr. 1 VOB/A weiterhin die Wahlfreiheit des Auftraggebers. Er kann hier also bis auf weiteres auch nach wie vor – auch ausschließlich – schriftliche Angebote verlangen.

Elektronische Angebote, Teilnahmeanträge sowie Interessensbekundungen und Interessensbestätigungen werden grundsätzlich in Textform nach § 126b BGB eingereicht. Hierbei reicht es aus, dass der Name des Erklärenden (in der Regel eine natürliche Person; dies gilt auch für den Fall, dass der Bieter ein Unternehmen ist) genannt wird. Eine Unterschrift ist nicht erforderlich, auch keine eingescannte. Eine **fortgeschrittene** bzw. **qualifizierte elektronische Signatur** oder ein entsprechendes Siegel darf der Auftraggeber nur in Ausnahmefällen verlangen, wenn erhöhte Anforderungen an die Sicherheit bestehen.[43]

Dem Auftraggeber steht es daneben frei, für das jeweilige Vergabeverfahren das erforderliche Sicherheitsniveau für die elektronischen Mittel festzulegen.[44]

2.3.2.5 Öffnung

Die Unversehrtheit von elektronischen Angeboten, Teilnahmeanträgen und Interessensbestätigungen ist durch organisatorische und technische Lösungen nach den Anforderungen des Auftraggebers und die Vertraulichkeit durch Verschlüsselung herzustellen. Eine (mögliche) elektronische Signatur ist hierfür nur nachrangig von Bedeutung, da sie lediglich jeweils mittelbar die Datenintegrität gewährleistet. Zusätzlich ist eine Verschlüsselung erforderlich. Im „Öffnungstermin" werden die elektronischen Angebote dann zentral entschlüsselt. Bei der Prüfung der elektronischen Signatur kann es für den Fall, dass es zu Schwierigkeiten mit der Signatur kommt, angesichts der strengen Sanktion eines Ange-

42 § 38 Abs. 3 UVgO. In Bundesländern, die die UVgO erst jetzt einführen (wie z.B. Berlin zum 1. April 2020), gilt die Pflicht dementsprechend erst ab dann. Hinzu kommt, dass nach § 38 Abs. 3 UVgO eine Rückausnahme (und damit keine Pflicht zur Entgegennahme elektronischer Angebote und Teilnahmeanträge) besteht, wenn der geschätzte Auftragswert 25.000 Euro nicht überschreitet oder eine Beschränkte Ausschreibung ohne Teilnahmewettbewerb oder eine Verhandlungsvergabe ohne Teilnahmewettbewerb durchgeführt wird. Darüber hinaus haben einige Bundesländer im Rahmen der Einführung der UVgO weitere Ausnahmen etabliert. So verzichtet beispielsweise Brandenburg gem. § 30 Abs. 3 Satz 1 Nr. 1 KomHKV auf die Verpflichtung zur e-Vergabe.

43 §§ 53 VgV, 13 VOB/A-EU, 43 SektVO, 28 KonzVgV; im (noch verbliebenden) Anwendungsbereich der VOL/A gelten noch die strengeren Anforderungen, wonach elektronische Angebote stets mit fortgeschrittener oder qualifizierter elektronischer Signatur nach dem SigG zu versehen sind.

44 § 10 Abs. 1 VgV, auf den auch § 7 Abs. 4 UVgO verweist.

botsausschlusses geboten sein, die Ergebnisse der Prüfsoftware des Auftraggebers nicht schematisch zu übernehmen, sondern eigene Nachforschungen anzustellen.[45]

2.3.3 Ausblick

Durch die Pflicht zur elektronischen Vergabe wurden die Jahrzehnte andauernden Überlegungen zu einer Einführung erfreulicherweise rasch und konsequent zu einem guten Ergebnis geführt. Eine überschaubare Anzahl weitestgehend stabil operierender und einfach zu bedienender e-Vergabe-Plattformen, die für die Bieter spürbaren Vereinfachungen und Zeitgewinne sowie insbesondere die unkomplizierte rechtliche Verbindlichkeit elektronischer Angebote durch die Nutzung der Textform gem. § 126b BGB haben die schnelle flächendeckende Akzeptanz der e-Vergabe flankiert. Wenngleich sich zu einzelnen Aspekten, insbesondere im Zusammenhang mit der Einreichung der elektronischen Teilnahmeanträge und Angebote, neue (auch rechtliche) Probleme ergeben haben, die bei oberschwelligen Verfahren nun sukzessive durch die Nachprüfungsinstanzen geklärt werden[46], scheint dies dem „Siegeszug" der e-Vergabe nicht abträglich zu sein. Im Gegenteil: Verfahren, die – soweit zulässig – noch in Papierform durchgeführt werden, erscheinen bereits knapp eineinhalb Jahre nach der flächendeckenden Einführung der e-Vergabe im Oberschwellenbereich seltsam antiquiert; Auftraggeber tendieren mehr und mehr auch in Bereichen, in denen sie (noch) nicht zur e-Vergabe verpflichtet sind, zur Nutzung der elektronischen Verfahren.

Die im Zusammenhang mit der Einführung der e-Vergabe noch intensiv diskutierte Frage der Standardisierung von e-Vergabe-Lösungen und die Etablierung der XVergabe-Schnittstelle als nationaler Standard[47] scheinen heute keine Relevanz mehr zu haben bzw. gelöst zu sein. Im nächsten Schritt hin zum vollständig durchgängigen elektronischen Workflow bei öffentlichen Aufträgen steht nunmehr die elektronische Rechnungsstellung vor der Türe. Die hierzu von der Bundesregierung auf Grundlage von § 4a des E-Government-Gesetzes erlassene E-Rechnungsverordnung[48] sieht eine stufenweise verpflichtende Einführung der elektronischen Rechnung vor. Seit dem 27. November 2020 müssen öffentliche Auftraggeber von ihren Auftragnehmern die Erstellung und Übersendung von elektronischen Rechnungen verlangen (§ 3 Abs. 1 ERechV). Schon heute müssen sie den Empfang und die Verarbeitung von elektronischen Rechnungen ermöglichen, wenn ihre Auftragnehmer solche Rechnungen übersenden.

45 VK Südbayern, Beschl. v. 17.4.2013, Z3-3-3194-1-07-03/13.
46 S. hierzu die einzelnen Ausführungen und Hinweise in Kap. 7.
47 S. hierzu in der 2. Auflage in Kap. 2.3.3.
48 ERechV vom 13.10.2017, BGBl. I S. 3555.

3. Subjektiver Anwendungsbereich: Auftraggeber

Dieses Kapitel befasst sich mit der Frage, wer zur Anwendung des Vergaberechts verpflichtet ist. Man spricht insoweit vom persönlichen oder vom subjektiven Anwendungsbereich des Vergaberechts.

Während private Auftraggeber bei ihren Beschaffungsvorhaben grundsätzlich keinen vergaberechtlichen Verpflichtungen unterliegen, sind staatliche Stellen beim Einkauf von Waren, Bau- und Dienstleistungen verpflichtet, das Vergaberecht anzuwenden. Vergaberecht richtet sich daher vorrangig **an den Staat und seine Untergliederungen, die als öffentliche Auftraggeber bezeichnet werden**. Daneben gilt Vergaberecht auch in den Bereichen Wasser, Elektrizität, Gas und Wärme, Verkehrsleistungen, Häfen und Flughäfen sowie fossile Brennstoffe für öffentliche und unter bestimmten Voraussetzungen auch für private Auftraggeber (Sektorenauftraggeber) sowie bei der Vergabe von Konzessionen (Konzessionsgeber). Konzessionsgeber sind nach der gesetzlichen Definition öffentliche Auftraggeber oder Sektorenauftraggeber, die Konzessionen vergeben. Öffentliche Auftraggeber, Sektorenauftraggeber und Konzessionsgeber werden in § 98 GWB zusammengefasst als Auftraggeber bezeichnet. Sie sind beim Einkauf von Waren, Bau- und Dienstleistungen verpflichtet, das EU-Vergaberecht anzuwenden.

Abb. 4: Subjektiver Anwendungsbereich des EU-Vergaberechts: Wer ist zur Anwendung des Vergaberechts verpflichtet?

Bei der Prüfung, ob im Einzelfall der subjektive Anwendungsbereichs des EU-Vergaberechts eröffnet ist, ist eine funktionale Betrachtung geboten. Hintergrund ist der durch die Rechtsprechung des EuGH entwickelte Grundsatz der praktischen Wirksamkeit („Effet utile").

Der wesentliche Zweck des Vergaberechts besteht heute in der Öffnung der nationalen Beschaffungsmärkte für den europäischen Binnenmarkt. Vor diesem Hintergrund sind bestimmte Merkmale, die nach dem Recht der Mitgliedstaaten die Stellung als vergaberechtlich gebundener **Auftraggeber** begründen oder ausschließen, für den subjektiven Anwendungsbereich des EU-Vergaberechts ohne Bedeutung.[1]

Das nationale, haushaltsrechtlich begründete Vergaberecht unterhalb der EU-Schwellenwerte richtet sich dagegen vorwiegend an institutionelle öffentliche Auftraggeber, also unmittelbar an den Staat und seine öffentlich-rechtlichen Untergliederungen. Nur ausnahmsweise sind auch Privatpersonen zur Anwendung des nationalen Vergaberechts verpflichtet, wenn sie als Institution oder zur Finanzierung von Projekten öffentliche Fördermittel erhalten und aufgrund eines Zuwendungsbescheides oder Zuwendungsvertrages verpflichtet werden, bei der Beschaffung von Bau-, Liefer- und Dienstleistungen Vergaberecht anzuwenden.

3.1 Öffentliche Auftraggeber (§ 99 GWB)

Öffentliche Auftraggeber im Sinne des EU-Vergaberechts sind der Staat und seine Untergliederungen, die sogenannten funktionalen Auftraggeber sowie bestimmte Zuwendungsempfänger.

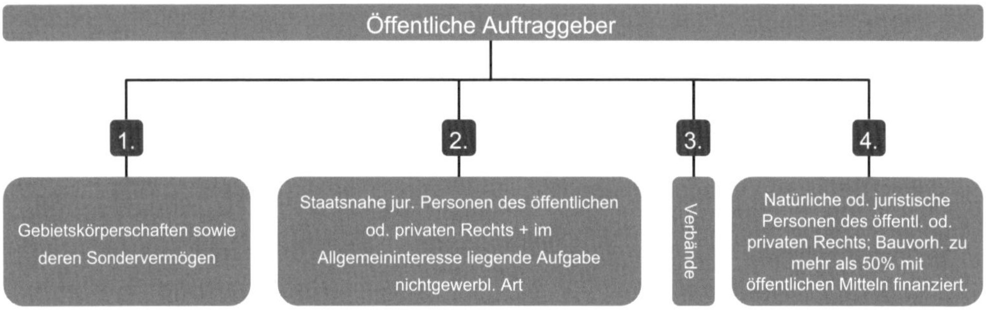

Abb. 5: Öffentliche Auftraggeber

3.1.1 Gebietskörperschaften und deren Sondervermögen (§ 99 Nr. 1 GWB)

§ 99 Nr. 1 GWB ist der **Grundtatbestand** für den subjektiven Anwendungsbereich des EU-Vergaberechts, der in der Praxis regelmäßig keine Probleme bereitet. **Öffentliche Auftraggeber** sind danach **Gebietskörperschaften sowie deren Sondervermögen**.

Der Begriff der Gebietskörperschaft umfasst juristische Personen des öffentlichen Rechts, deren Zuständigkeit und Mitgliedschaft territorial bestimmt sind und deren Einrichtung und Betrauung mit öffentlichen Aufgaben auf Gesetzen beruhen. Gemeint sind der Bund, die Länder sowie Städte und Gemeinden, ferner Landkreise und Regierungsbezirke oder Landesdirektionen.

Sondervermögen sind unselbstständige, auf gesetzlicher oder untergesetzlicher Grundlage gegründete besondere Vermögensmassen, die zur Erfüllung bestimmter, genau abge-

1 EuGH, Urt. v. 13.1.2005, Rs. C-84/03, Kommission ./. Spanien, Rn. 27 f.

grenzter Aufgaben gebildet werden. Sondervermögen sind regelmäßig durch Aufstellung eigener Haushalts- und Wirtschaftspläne wirtschaftlich, nicht jedoch rechtlich selbstständig. Das klassische und in der Praxis relevanteste Beispiel von Sondervermögen sind Eigenbetriebe von Gebietskörperschaften.

Praxistipps

- *Obwohl nicht ausdrücklich geregelt, sind auch Sondervermögen von Verbänden öffentlicher Auftraggeber selbst zur Anwendung des Vergaberechts verpflichtet.*
- *Bieterrechtsschutz im Wege des Nachprüfungsverfahrens kann bei der zuständigen Vergabekammer direkt gegen ein Sondervermögen beantragt werden, wenn aus dem der Errichtung zugrunde liegenden Gesetz zumindest eine Teilrechtsfähigkeit des Sondervermögens folgt. Anderenfalls ist ein Nachprüfungsantrag immer gegen die hinter dem Sondervermögen stehende Körperschaft zu richten.*

3.1.2 Funktionaler Auftraggeber (§ 99 Nr. 2 GWB)

§ 99 Nr. 2 GWB ist die in der Praxis **bedeutsamste Rechtsgrundlage** zur Bestimmung des subjektiven Anwendungsbereichs des EU-Vergaberechts. Unter folgenden Voraussetzungen sind juristische Personen des öffentlichen Rechts, sofern sie nicht bereits aufgrund § 99 Nr. 1 oder Nr. 3 GWB als öffentliche Auftraggeber zu qualifizieren sind, zur Anwendung des EU-Vergaberechts verpflichtet:

- Die juristische Person muss zu dem besonderen Zweck gegründet worden sein, im Allgemeininteresse liegende Aufgaben nichtgewerblicher Art zu erfüllen, und
- sie muss besondere Staatsnähe aufweisen, indem sie durch einen oder mehrere öffentliche Auftraggeber im Sinne von § 99 Nr. 1 oder Nr. 3 GWB überwiegend finanziert wird oder indem ihre Geschäftsführung oder ihre zur Aufsicht berufenen Organe durch öffentliche Auftraggeber im Sinne von § 99 Nr. 1 oder Nr. 3 GWB einzelne oder gemeinsame beherrscht werden.

Dieselben Voraussetzungen gelten für juristische Personen des Privatrechts.

Die so definierten öffentlichen Auftraggeber werden auch als funktionale Auftraggeber bezeichnet.

Praxistipps

- *Die Voraussetzungen eines funktionalen öffentlichen Auftraggebers im Sinne von § 99 Nr. 2 GWB müssen zu jedem Zeitpunkt des Vergabeverfahrens kumulativ vorliegen. Sobald eine Voraussetzung entfällt, sind Nachprüfungsanträge gegen Entscheidungen eines früheren öffentlichen Auftraggebers unzulässig.*

- *Auch Tochter- und Enkelunternehmen von öffentlichen Auftraggebern können gemäß § 99 Nr. 2 Satz 2 GWB funktionale öffentliche Auftraggeber sein, wenn sie die Voraussetzungen von § 99 Nr. 2 Satz 1 GWB erfüllen.*

3.1.2.1 Juristische Personen des öffentlichen und des privaten Rechts

Dieses Tatbestandsmerkmal ist grundsätzlich selbsterklärend. Entscheidend ist vor dem Hintergrund der Vorgaben des europäischen Vergaberechts, dass die Einrichtung **Rechtspersönlichkeit** besitzt (vgl. Art. 2 Abs. 1 Nr. 4 lit. b) der Richtlinie 2014/24/EU).

Nicht unter § 99 Nr. 2 GWB fallen daher Eigenbetriebe von Gebietskörperschaften. Unter Zugrundelegung des funktionalen Auftraggeberbegriffs können allerdings auch Vorgesellschaften und Personengesellschaften öffentliche Auftraggeber sein.

3.1.2.2 Gründung zu dem besonderen Zweck der Erfüllung von im Allgemeininteresse liegenden Aufgaben nichtgewerblicher Art

Die juristische Person des öffentlichen oder des privaten Rechts muss zu dem besonderen Zweck gegründet worden sein, im Allgemeininteresse liegende Aufgaben nichtgewerblicher Art zu erfüllen. Dabei handelt es sich um Aufgaben, welche hoheitliche Befugnisse, die Wahrnehmung der Belange des Staates und damit letztlich Aufgaben betreffen, die der Staat selbst erfüllen oder bei denen er einen entscheidenden Einfluss behalten möchte.[2] Indiz hierfür, aber nicht allein entscheidend ist der satzungsmäßige Zweck der juristischen Person. Der Annahme der Eigenschaft als öffentlicher Auftraggeber steht es dabei nicht entgegen, wenn die betreffende juristische Person nicht ausschließlich im öffentlichen Interesse liegende Aufgaben verfolgt, vielmehr genügt es, wenn neben anderen Tätigkeiten jedenfalls auch diese Aufgaben wahrgenommen werden, deren Erfüllung wegen der öffentlichen Zwecksetzung eine besondere Pflicht des Unternehmens ist.[3]

Praxisbeispiel

*In der Rechtsprechung sind beispielsweise folgende als **im Allgemeininteresse** liegende Aufgaben anerkannt:*

- *die Aufgaben der gesetzlichen Krankenkassen,*[4]
- *der Betrieb von Hallen- und Freizeitbädern,*[5]
- *die Veranstaltung von Kongressen, Ausstellungen und Messen,*[6]
- *die Tätigkeiten der Sparkassen,*[7]

2 EuGH, Urt. v. 10.4.2008, Rs. C-393/06, Fernwärme Wien, Rn. 40 m.w.N.; OLG Düsseldorf, Beschl. v. 19.6.2013, VII-Verg 55/12.
3 OLG Hamburg, Beschl. v. 11.2.2019, 1 Verg 3/15; VK Thüringen, Beschl. v. 7.2.2019, 250-4003-262/2019-E-001-EIC.
4 EuGH, Urt. v. 11.6.2009, Rs. C-300/07, Oymanns, Rn. 49.
5 VK Düsseldorf, Beschl. v. 11.2.2004, VK-43/2003-L.
6 OLG Hamburg, Beschl. v. 25.1.2007, 1 Verg 5/06; einschränkend für die Messe Düsseldorf GmbH VK Düsseldorf, Beschl. v. 21.3.2013, VK-33/2012.
7 OLG Rostock, Beschl. v. 15.6.2005, 17 Verg 3/05.

- *die öffentlich-rechtlichen Rundfunkanstalten,*[8]
- *der Betrieb von Krankenhäusern,*[9]
- *der Betrieb einer Wohnungsbaugenossenschaft, deren satzungsmäßiger Zweck es ist, vorrangig eine sichere und sozial verantwortliche Wohnungsversorgung für breite Schichten der Bevölkerung zu angemessenen Preisen,*[10]
- *die Aufgaben der deutschen Berufsgenossenschaften*[11] *und*
- *die Sicherstellung eines ausreichenden Glückspielangebots durch Veranstaltung von staatlichen Klassenlotterien und ähnlichen Spielangeboten (Glücksspielen).*[12]

Zur Beantwortung der Frage, ob eine im Allgemeininteresse liegende Aufgabe auch nichtgewerblicher Art ist, sind im Einzelfall alle rechtlichen und tatsächlichen Sachverhalte zu würdigen, u.a. die Umstände, die zur Gründung der betreffenden Einrichtung geführt haben sowie die Voraussetzungen, unter denen sie ihre Tätigkeit ausübt. Dabei sind insbesondere das Fehlen von Wettbewerb auf dem Markt, auf dem die Einrichtung sich bewegt, das Fehlen einer grundsätzlichen Gewinnerzielungsabsicht, das Fehlen der Übernahme der mit der Tätigkeit verbundenen Risiken und schließlich die etwaige Finanzierung der Tätigkeit aus öffentlichen Mitteln zu berücksichtigen.[13]

Praxistipp

Die Prüfung, ob eine juristische Person als öffentlicher Auftraggeber zu qualifizieren ist, darf nicht schematisch erfolgen. Allein die Ausübung einer im Allgemeininteresse liegenden Aufgabe genügt nicht. Das Merkmal der Nichtgewerblichkeit ist jeweils gesondert zu prüfen und liegt nicht automatisch vor, wenn eine Aufgabe im Allgemeininteresse liegt. Es sind für die Prüfung der Nichtgewerblichkeit alle Umstände des jeweiligen Einzelfalls zu würdigen. Das kann beispielsweise dazu führen, dass eine Wohnungsbaugesellschaft als öffentliche Auftraggeberin zu qualifizieren ist[14] *und eine andere Wohnungsbaugesellschaft dagegen nicht.*[15]

3.1.2.3 Staatsgebundenheit durch Finanzierung

Die von § 99 Nr. 2 GWB vorausgesetzte besondere **Staatsgebundenheit** kann aufgrund überwiegender staatlicher Finanzierung gegeben sein.

Unproblematisch sind die Fälle unmittelbarer Finanzierung in Form von Geldzahlungen, über Aktien oder sonstige Wertpapiere sowie durch Gewährung sonstiger geldwerter Vor-

8 OLG Düsseldorf, Beschl. v. 21.7.2006, VII-Verg 13/06, IBR 2007, 1052.
9 OLG München, Beschl. v. 26.6.2007, Verg 6/07; VK Thüringen, Beschl. v. 7.2.2019, 250-4003-262/2019-E-001-EIC.
10 OLG Hamburg, Beschl. v. 11.2.2019, 1 Verg 3/15.
11 VK Südbayern, Beschl. v. 7.3.2014, Z3-3-3194-1-02-01/14.
12 OLG Hamburg, Beschl. v. 31.3.2014, 1 Verg 4/13.
13 OLG Hamburg, Beschl. v. 11.2.2019, 1 Verg 3/15; EuGH, Urt. v. 16.10.2003, Rs. C-283/00, SIEPSA, Rn. 81, Urt. v. 22.5.2003, Rs. C-18/01, Korhonen, Rn. 51.
14 OLG Brandenburg, Beschl. v. 6.12.2016, 6 Verg 4/16.
15 OLG Hamburg, Beschl. v. 11.2.2019, 1 Verg 3/15.

teile, wie beispielsweise der Zurverfügungstellung von Personal oder Liegenschaften. Der Finanzierung darf keine spezifische Gegenleistung gegenüberstehen.[16] Außer Betracht bleibt daher die Gewährung finanzieller Mittel im Rahmen von Leistungsverträgen.[17] Erforderlich ist vielmehr die überwiegende Finanzierung der Einrichtung selbst und nicht lediglich die Finanzierung einer ihrer Tätigkeiten.

Staatliche Finanzierung liegt auch vor, wenn sie auf gesetzlicher Grundlage eingeführt worden ist, durch den Staat auch der Höhe nach garantiert und mittels hoheitlicher Befugnisse erhoben und eingezogen wird.[18] Ob der Staat eine Gebühr zunächst selbst einzieht und sie anschließend an die Einrichtung weiterleitet oder ob der Staat der Einrichtung gestattet, die Finanzmittel selbst einzuziehen,[19] ist grundsätzlich ohne Bedeutung.

Staatsnähe durch Finanzierung kann fehlen, wenn die Einrichtung auf der Grundlage eines umfassenden Beurteilungsspielraums weitgehend selbst bestimmen kann, mit welchem Aufwand sie ihre Aufgaben betreibt und in welcher Höhe eine dem Grunde nach vorgesehene gesetzliche Finanzierung durch Beiträge tatsächlich umgesetzt wird.[20] Staatsnähe durch Finanzierung fehlt auch im Falle der öffentlich-rechtlich organisierten Kirchen oder Religionsgemeinschaften, weil die Finanzierung in diesem Fall nicht auf einer gesetzlichen Zwangsmitgliedschaft vergleichbar der gesetzlichen Sozialversicherung beruht. Der Staat leitet die Mittel lediglich durch.[21]

3.1.2.4 Staatsgebundenheit durch Kontrolle

Die Staatsgebundenheit kann zum anderen aufgrund staatlicher Kontrolle der juristischen Person gegeben sein. Staat in diesem Sinne sind die in § 99 Nr. 1 und 3 GWB genannten öffentlichen Auftraggeber, also Gebietskörperschaften oder deren Sondervermögen oder Verbände öffentlicher Auftraggeber. Gebietskörperschaften sind dabei nicht zwingend nur solche innerhalb Deutschlands. Es kann sich auch um Gebietskörperschaften eines anderen EU-Mitgliedstaats handeln.[22]

Kontrolle setzt entweder eine **staatliche Aufsicht** über die Leitung voraus (§ 99 Nr. 2 lit. b) GWB) oder die Bestimmung von mehr als der Hälfte der Mitglieder eines zur Geschäftsführung oder Aufsicht berufenen Organs durch den Staat (§ 99 Nr. 2 lit. c) GWB). Aufsicht bedeutet in der Gesamtschau aller Rahmenbedingungen die rechtliche Möglichkeit der Einflussnahme auf Entscheidungen bei der Vergabe öffentlicher Aufträge.[23] Eine Unterscheidung zwischen einer Kontrolle durch Rechts- oder Fachaufsicht ist in diesem Zusammenhang ohne Bedeutung. Eine ausschließlich nachprüfende Kontrolle erfüllt den Tatbestand der Aufsicht jedenfalls nicht.[24] Ein Näheverhältnis zwischen juristischer Person und öffentlicher Hand besteht nach § 99 Nr. 2 lit. c) GWB schon dann, wenn die öffentliche

16 EuGH, Urt. v. 3.10.2000, Rs. C-380/98, University of Cambridge, Rn. 21.
17 OLG Düsseldorf, Beschl. v. 30.4.2003, VII-Verg 67/02, vgl. auch VK Lüneburg, Beschl. v. 25.4.2018, VgK-07/2018.
18 EuGH, Urt. v. 13.12.2007, Rs. C-337/06, Rundfunkstaatsvertrag, Rn. 48.
19 EuGH, Urt. v. 13.12.2007, Rs. C-337/06, Rundfunkstaatsvertrag, Rn. 47.
20 EuGH, Urt. v. 12.9.2013, Rs. C-526/11, Ärztekammer Westfalen-Lippe, Rn. 27 ff., 31; für die Handwerkskammern: VK Bund, Beschl. v. 16.11.2018, VK 1-99/18, Beschl. v. 22.8.2018, VK1-77/18.
21 OLG Celle, Beschl. v. 25.8.2011, 13 Verg 5/11; VK Lüneburg, Beschl. v. 25.4.2018, VgK-07/2018.
22 VK Lüneburg, Beschl. v. 27.9.2019, VgK-34/2019.
23 EuGH, Urt. v. 1.2.2001, Rs. C-237/99, Kommission ./. Frankreich, Rn. 59.
24 EuGH, Urt. v. 27.2.2003, Rs. C-373/00, Adolf Truley, Rn. 70.

Hand über die Besetzung der Aufsichts- oder Leitungsorgane der juristischen Person auch nur mittelbaren Einfluss nehmen kann.

3.1.3 Verbände (§ 99 Nr. 3 GWB)

Verbände im Sinne von § 99 Nr. 3 GWB sind Zusammenschlüsse öffentlicher Auftraggeber nach § 99 Nr. 1 oder Nr. 2 GWB, ungeachtet der jeweiligen Rechtsform. Damit umfasst die Regelung in erster Linie Organisationsformen wie die **klassischen Zweckverbände** nach Landesrecht in den Bereichen Wasser-, Abwasser- und Abfallwirtschaft oder auch **Verkehrszweckverbände** im ÖPNV[25] sowie als Gesellschaft bürgerlichen Rechts einzuordnende **Beschaffungsgemeinschaften** mehrerer öffentlicher Auftraggeber nach § 99 Nr. 1 oder Nr. 2 GWB.[26]

3.1.4 Zuwendungsempfänger (§ 99 Nr. 4 GWB)

Öffentliche Auftraggeber sind gemäß § 99 Nr. 4 GWB auch natürliche oder juristische Personen des Privatrechts sowie juristische Personen des öffentlichen Rechts, soweit sie nicht schon unter § 99 Nr. 2 GWB fallen, wenn sie für Tiefbaumaßnahmen, für die Errichtung von Krankenhäusern, Sport-, Erholungs- oder Freizeiteinrichtungen, Schul-, Hochschul- oder Verwaltungsgebäuden oder für damit in Verbindung stehende Dienstleistungen und Wettbewerbe von Stellen, die unter § 99 Nr. 1 bis Nr. 3 GWB fallen, Mittel erhalten, mit denen diese Vorhaben zu mehr als 50 % finanziert werden.

§ 99 Nr. 4 GWB unterwirft damit auch die Vorhaben der Pflicht zur Durchführung EU-weiter Vergabeverfahren, die der Staat und seine Untergliederungen nicht unmittelbar selbst beauftragen, die aber über die Finanzierung mittelbar auf den Staat zurückzuführen sind.

Während die unter die Regelung fallenden Hochbauprojekte abschließend in § 99 Nr. 4 GWB genannt sind, besteht **für Tiefbaumaßnahmen keine Einschränkung**. Hochbaumaßnahmen umfassen nicht nur die Errichtung der genannten Bauwerke, sondern auch deren Sanierung oder Renovierung.

Im Zusammenhang mit einer Baumaßnahme steht eine Dienstleistung oder eine Planungsleistung dann, wenn sie im Rahmen eines einheitlichen Projektes beauftragt wird. Finanzierung im Sinne von § 99 Nr. 4 GWB bedeutet, dass die öffentliche Hand das jeweilige Vorhaben zu mehr als 50 % zu marktunüblichen Konditionen, d.h. etwa durch Zuschüsse oder durch zinsvergünstigte Darlehen, finanzieren muss.[27] Dabei kommt es im Falle einer Losaufteilung nicht auf eine Betrachtung des Gesamtvorhabens an, sondern nur auf die vom jeweiligen Einzellos umfassten Positionen.[28]

---

25 VK Düsseldorf, Beschl. v. 18.4.2002, VK–5/2002; VK Sachsen, Beschl. v. 9.2.2009, 1/SVK/071-08.

26 OLG Düsseldorf, Beschl. v. 6.7.2005, VII-Verg 22/05; OLG Brandenburg, Beschl. v. 3.8.1999, 6 Verg 1/99.

27 BayObLG, Beschl. v. 29.10.2004, Verg 22/04.

28 OLG München, Beschl. v. 10.11.2010, Verg 19/10; VK Bund, Beschl. v. 16.11.2018, VK 1-99/18.

Praxistipps

- *Die Gewährung staatlicher Fördermittel kann dazu führen, dass auch rein private Auftraggeber zur Anwendung des Vergaberechts verpflichtet sind, die sonst keinen Bezug zum „staatlichen Vergaberecht" haben.*
- *Maßgeblicher Zeitpunkt für die Beurteilung der Auftraggebereigenschaft nach § 99 Nr. 4 GWB ist der Zeitpunkt der Gesamtkalkulation des Vorhabens unabhängig von dem Erlass etwaiger Fördermittelbescheide oder von der Auszahlung der Mittel.*
- *Bei Verstößen gegen das Vergaberecht drohen nicht nur Rechtsmittel der betroffenen Bieter. Oftmals gravierender ist für private Zuwendungsempfänger die mögliche Rückforderung der erhaltenen Fördermittel.*

3.2 Sektorenauftraggeber (§§ 100, 102 GWB)

Auch sogenannte **Sektorenauftraggeber** sind in den subjektiven Anwendungsbereich des EU-Vergaberechts einbezogen. Sektorenauftraggeber müssen – in Abgrenzung zu anderen juristischen Personen des Privatrechts im Sinne des § 99 Nr. 2 GWB – **nicht** zwingend staatlich beherrscht sein. Vielmehr sind **auch rein private Auftraggeber** erfasst, wenn diese ihre Tätigkeiten auf der Grundlage von ausschließlichen oder besonderen Rechten ausüben, die ihnen von staatlicher Seite gewährt wurden.

Die näheren Bestimmungen über das einzuhaltende Verfahren zur Vergabe von Aufträgen sowie zur Ausrichtung von vergaberechtlichen Wettbewerben für Sektorentätigkeiten durch Sektorenauftraggeber enthalten die Sektorenverordnung (SektVO) für die Vergabe öffentlicher Aufträge und die Konzessionsvergabeverordnung (KonzVgV) für die Konzessionsvergabe.

3.2.1 Definition der Versorgungssektoren

Sektorenauftraggeber sind natürliche oder juristische Personen des privaten Rechts, die in den sogenannten Versorgungssektoren tätig sind. Die Versorgungssektoren sind mit Ausnahme des in Deutschland derzeit nicht relevanten Postsektors in § 102 Abs. 1 bis 6 GWB abschließend aufgezählt:

- Trinkwasserversorgung (§ 102 Abs. 1 GWB),
- Elektrizität (§ 102 Abs. 2 GWB),
- Gas und Wärme (§ 102 Abs. 3 GWB),
- Verkehrsleistungen (§ 102 Abs. 4 GWB),
- Häfen und Flughäfen (§ 102 Abs. 5 GWB),
- fossile Brennstoffe (§ 102 Abs. 6 GWB).

Allen Tätigkeiten in den Versorgungssektoren ist gemein, dass der Auftraggeber Netze oder Einrichtungen zur Versorgung der Allgemeinheit in dem jeweiligen Bereich errichtet oder betreibt.

Da sich die Netzinfrastruktur im Bereich der Verkehrsleistungen mit dem öffentlichen Straßenraum weitgehend überschneidet, sind insoweit gemäß § 102 Abs. 4 GWB auch Netze aufgrund behördlicher Festlegungen umfasst. Sektorentätigkeit im Bereich Verkehr ist daher nicht nur die Unterhaltung der Infrastruktur, sondern auch die Erbringung der jeweiligen Verkehrsleistung aufgrund behördlicher Festlegungen. Verkehrsunternehmen betreiben das jeweilige Netz, indem sie die Verkehrsleistung selbst erbringen. Die bloße Organisation durch Festlegung von Strecken, Transportkapazitäten und Fahrplänen genügt jedoch nicht. Die nach Landesrecht zuständigen Aufgabenträger für den ÖPNV sind daher keine Sektorenauftraggeber.[29] Fahrradverleihsysteme sind als Teil des Individualverkehrs von vornherein nicht an ein bestimmtes Netz gebunden. Ihr Betrieb ist daher keine Sektorentätigkeit im Bereich Verkehr.[30]

Auftraggeber, die in den Versorgungssektoren tätig sind, können ganz oder teilweise von der Pflicht zur Anwendung des Sektorenvergaberechts befreit werden. Hintergrund ist die Überlegung, dass die durch das Sektorenvergaberecht zu verhindernde staatliche Abschottung der Märkte in den monopolistisch geprägten Versorgungssektoren nicht zu befürchten ist, wenn die Sektorentätigkeit auf Märkten mit freiem Zugang unmittelbar dem Wettbewerb ausgesetzt ist.

So gelten z.B. Tätigkeiten im Bereich fossiler Brennstoffe aufgrund einer Entscheidung der EU-Kommission vom 15.1.2004 in Deutschland ausdrücklich nicht mehr als Sektorentätigkeit. Die in diesem Bereich tätigen Auftraggeber müssen gemäß § 143 GWB bei der Auftragsvergabe lediglich die Grundsätze der Nichtdiskriminierung und der wettbewerbsorientierten Auftragsvergabe beachten.

3.2.2 Staatsnähe / besondere oder ausschließliche Rechte

Die zweite wesentliche Voraussetzung für die Eröffnung des subjektiven Anwendungsbereichs des Sektorenvergaberechts ist für juristische Personen des Privatrechts, dass sie ihre Tätigkeit **auf der Grundlage von staatlich verliehenen besonderen oder ausschließlichen Rechten** ausüben. Für staatlich beherrschte Auftraggeber folgt die besondere Staatsnähe bereits aus der staatlichen Beherrschung selbst, ohne dass es zusätzlich besonderer oder ausschließlicher Rechte bedarf.

Besondere oder ausschließliche Rechte sind nach der Definition des § 100 Abs. 2 Satz 1 GWB solche, die dazu führen, dass die Ausübung der (Sektoren-)Tätigkeit einem oder mehreren Unternehmen vorbehalten wird und zugleich andere Unternehmen nur unter erheblichen Beeinträchtigungen dieselben Tätigkeiten ausüben können – sie vermitteln insoweit dem Inhaber eine exklusive bzw. eine Vorzugsstellung auf dem jeweiligen Markt, so dass ein freier Wettbewerb insoweit nicht stattfindet oder erheblich eingeschränkt ist.

29 VK Südbayern, Beschl. v. 23.11.2016, Z3-3-3194-1-20-03/15; a.A. nunmehr aber OLG Celle, Beschl. v. 8.5.2019, 13 Verg 10/18.
30 VK Nordbayern, Beschl. v. 26.7.2018, RMF-SG21-3194-3-19.

Aus allgemeinen Tätigkeitsgenehmigungen können regelmäßig keine besonderen oder ausschließlichen Rechte abgeleitet werden, wenn grundsätzlich jedermann, der bestimmte sachliche und personelle Voraussetzungen erfüllt, Anspruch auf Erteilung der Genehmigung hat. Insbesondere die Betreiber der Höchstspannungsnetze in Deutschland (sog. Übertragungsnetzbetreiber) werden daher nicht aufgrund besonderer oder ausschließlicher Rechte tätig.[31]

Keine besonderen oder ausschließlichen Rechte sind zudem solche Rechte, deren Verleihung auf einem Verfahren nach den Vorschriften des GWB oder einem sonstigen Verfahren erfolgt, das angemessen bekannt gemacht wurde und auf objektiven Kriterien beruht (§ 100 Abs. 2 Satz 2 GWB). Es fehlt nämlich bereits an einer besonderen Rechtsposition mit ausschließlichem Charakter, wenn und soweit Bieter bzw. Bewerber diese in einem transparenten und objektivierten Verfahren erwerben können.

Wenn aber einem oder einzelnen Unternehmen durch behördliche Entscheidung in einem bestimmten geografischen Gebiet vorbehalten wurde, eine nur begrenzt nutzbare Ressource zu verwenden, hierauf entsprechende Investitionen getätigt wurden und damit für eine Region das Potenzial der Nutzung weitgehend erschöpft ist, sodass ein freier Wettbewerb insoweit nicht stattfindet oder erheblich eingeschränkt ist, liegt es nahe, das Vorliegen besonderer oder ausschließlicher Rechte anzunehmen. Beispiele hierfür sind

- die Nutzung von Wasserkraft auf österreichisch-bayerischen Grenzflüssen aufgrund eines Staatsvertrages, der gleichzeitig die Erteilung von wasserrechtlichen Erlaubnissen an Dritte ausschließt,[32]
- der Betrieb von Verkehrsflughäfen aufgrund von § 38 Abs. 2 Nr. 1 LuftVZO,[33] weil Flughäfen auf bestimmte geografische Bereiche in Deutschland beschränkt sind, oder
- Linienverkehrsgenehmigungen nach § 13 PBefG aufgrund der mit der Genehmigung einhergehenden, andere Verkehrsunternehmen ausschließenden Wirkung.

3.3 Konzessionsgeber (§ 101 GWB)

Gemäß § 101 GWB sind öffentliche Auftraggeber und Sektorenauftraggeber auch bei der Vergabe von Konzessionen verpflichtet, Vergaberecht anzuwenden. In diesem Fall werden sie als Konzessionsgeber bezeichnet.

Konzessionen unterscheiden sich von öffentlichen Aufträgen nur dadurch, dass die Gegenleistung nicht in der (ausschließlichen) Zahlung einer Vergütung besteht, sondern entweder allein in dem Recht zur Nutzung des Bauwerks oder zur Verwertung der Dienstleistung oder in diesem Recht zuzüglich einer Zahlung (vgl. § 105 GWB).

Der durch die §§ 101, 105, 128, 148 ff. GWB und die Konzessionsvergabeverordnung etablierte Rechtsrahmen für Konzessionsgeber ordnet die Anwendung vergaberechtlicher

31 OLG München, Beschl. v. 28.8.2019, Verg 15/19.
32 OLG München, Beschl. v. 12.5.2011, Verg 26/10.
33 OLG Düsseldorf, Beschl. v. 24.3.2010, VII-Verg 58/09.

Grundsätze für das Konzessionsvergabeverfahren an und räumt den Konzessionsgebern zugleich einen weiten Gestaltungsspielraum ein.[34]

3.4 Subjektiver Anwendungsbereich im Unterschwellenbereich

Nationales Vergaberecht ist Haushaltsrecht. Unterhalb der für die Anwendung des EU-Vergaberechts maßgeblichen Schwellenwerte sind daher im Grundsatz nur solche juristischen Personen zur Anwendung des Vergaberechts verpflichtet, die entsprechend über die jeweiligen Regelungen des Bundes- oder Landeshaushaltsrechts gebunden sind. **Im Unterschwellenbereich** gilt insoweit nicht der funktionale, sondern ein institutioneller Auftraggeberbegriff, der **allein den Staat und seine Untergliederungen** umfasst (vgl. § 48 Abs. 1 HGrG).

Ausgehend von den §§ 99, 100 GWB folgt daraus für alle juristischen Personen des Privatrechts, dass sie Leistungen grundsätzlich ohne Bindung an das unterschwellige Vergaberecht beauftragen dürfen. Nur ausnahmsweise müssen auch juristische Personen des Privatrechts aufgrund besonderer landesrechtlicher Anordnung oder aufgrund eines Zuwendungsbescheides das Vergaberecht befolgen.

34 Kap. 4, Abschnitt 4.1.2.

4. Objektiver Anwendungsbereich: Öffentlicher Auftrag, Konzessionen, Ausnahmen

Nachdem in Kapitel 3 der Frage nachgegangen wurde, wer zur Anwendung des Vergaberechts verpflichtet ist, geht es in diesem Kapitel darum, welche Beschaffungsvorgänge unter Anwendung des Vergaberechts durchgeführt werden müssen und unter welchen Voraussetzungen ausnahmsweise Vergaberecht nicht gilt. Es geht um den **objektiven Anwendungsbereich des Vergaberechts**. Beschaffungen werden rechtlich betrachtet in aller Regel über Verträge abgewickelt. Das Vergaberecht verwendet insoweit den Begriff des öffentlichen Auftrags, der im Zentrum des objektiven Anwendungsbereichs des Vergaberechts steht.

Öffentliche Aufträge sind nach § 103 Abs. 1 GWB **entgeltliche Verträge** zwischen öffentlichen Auftraggebern oder Sektorenauftraggebern und Unternehmen **über die Beschaffung von Leistungen, die die Lieferung von Waren, die Ausführung von Bauleistungen oder die Erbringung von Dienstleistungen** zum Gegenstand haben. Obwohl entsprechende ausdrückliche Regelungen in der VOB/A oder in der UVgO fehlen, gilt diese Definition im Unterschwellenvergaberecht entsprechend.

Abzugrenzen sind öffentliche Aufträge von **Konzessionen**. Dabei handelt es sich gemäß § 105 Abs. 1 GWB um entgeltliche Verträge über die Erbringung von Bauleistungen oder die Erbringung und Verwaltung von Dienstleistungen, bei denen die Gegenleistung in dem Recht zur Nutzung des Bauwerks oder zur Verwertung der Dienstleistungen oder in diesem Recht zuzüglich jeweils einer Zahlung besteht. Konzessionen fallen zwar auch in den objektiven Anwendungsbereich des Vergaberechts, für sie gelten jedoch erleichterte Verfahrensregelungen gegenüber der Vergabe öffentlicher Aufträge.

Vom Anwendungsbereich des Vergaberechts ausgenommen sind die folgenden in den §§ 107-109, 116 f., 137–140, 145, 149 f. GWB genannten öffentlichen Aufträge und Konzessionen:

- Allgemeine Ausnahmen (§ 107 GWB),
- Ausnahmen bei öffentlich-öffentlicher Zusammenarbeit (§ 108 GWB),
- Ausnahmen für Vergaben auf der Grundlage internationaler Verfahrensregeln (§ 109 GWB),
- Besondere Ausnahmen (§ 116 GWB),
- Besondere Ausnahmen für Vergaben, die Verteidigungs- oder Sicherheitsaspekte umfassen (§ 117 GWB),

- Aufträge, die Werkstätten für Menschen mit Behinderung vorbehalten sind (§ 118 GWB),
- Besondere Ausnahmen für Sektorenauftraggeber (§ 137 GWB),
- Besondere Ausnahme für die Vergabe an verbundene Unternehmen durch Sektorenauftraggeber (§ 138 GWB),
- Besondere Ausnahme für die Vergabe durch oder an ein Gemeinschaftsunternehmen im Sektorenbereich (§ 139 GWB),
- Besondere Ausnahme für unmittelbar dem Wettbewerb ausgesetzte Tätigkeiten im Sektorenbereich (§ 140 GWB),
- Besondere Ausnahmen für die Vergabe von verteidigungs- oder sicherheitsspezifischen öffentlichen Aufträgen (§ 145 GWB),
- Besondere Ausnahmen für Konzessionsgeber (§ 149 GWB),
- Besondere Ausnahmen für die Vergabe von Konzessionen in den Bereichen Verteidigung und Sicherheit (§ 150 GWB).

Die Ausnahmen nach §§ 107, 108, 109,116, 117 und 145 GWB gelten bei der Vergabe von Liefer- und Dienstleistungen unterhalb der Schwellenwerte gemäß § 1 Abs. 2 UVgO entsprechend.

4.1 Entgeltliche Verträge

4.1.1 Vertrag

Der Begriff des entgeltlichen Vertrags ist ein Begriff des europäischen Vergaberechts. Er ist zur Vermeidung von Umgehungen („keine Flucht ins öffentliche Recht") entsprechend weit auszulegen, so dass die Unterscheidung zwischen privat- und öffentlich-rechtlichen Verträgen ohne Bedeutung ist. Demnach können Verträge, die auf öffentlich-rechtlichen Rechtsgrundlagen abgeschlossen werden, ebenfalls öffentliche Aufträge im Sinne von § 103 Abs. 1 GWB sein.[1]

Leistungen können von der öffentlichen Hand anstatt auf vertraglicher Grundlage auch per Verwaltungsakt auf Dritte übertragen werden. Unklar ist, ob darin ein vergaberechtlich relevanter Beschaffungsvorgang zu sehen ist.[2] Die unionsrechtlich gebotene weite Auslegung des Begriffs des öffentlichen Auftrags spricht dabei für eine Anwendung des Vergaberechts jedenfalls in den Fällen, in denen nicht nur dem Leistungserbringer einseitig Pflichten auferlegt werden, sondern Konditionen festgelegt werden, die nach dem Willen

1 Z.B. Verträge über die Erbringung von Rettungsdienstleistungen, die auf der Grundlage der Rettungsdienstgesetze der Länder geschlossen werden, vgl. BGH, Beschl. 1.12.2008, X ZB 31/08.

2 Vgl. für die Übertragung von Leistungen der Integrationsfachdienste auf der Grundlage von § 109 ff. SGB IX VK Sachsen, Beschl. v. 8.4.2011, 1/SVK/002-11; ablehnend für die Erteilung einer Genehmigung nach § 11 Abs. 1 RettDG LSA auch bei Durchführung des durch § 11 Abs. 1 Nr. 3 RettDG LSA vorgeschriebenen wettbewerblichen Auswahlverfahrens und dabei auf ein Wahlrecht des Rettungsdienstträgers abstellend OVG Sachsen-Anhalt, Beschl. v. 2.2.2009, 3 M 555/08 und Beschl. v. 3.12.2009, 3 M 307/09.

der Beteiligten alternativ auch formal in einem Vertrag hätten vereinbart werden können.[3] In diesen Fällen wird hinter dem Verwaltungsakt in aller Regel auch die für das Vorliegen eines Vertrags in materieller Hinsicht vorausgesetzte Einigung zweier Personen über die Erbringung von Leistungen[4] stehen.[5]

Praxistipp

▶ *Die Übertragung von Leistungen per Verwaltungsakt ohne Durchführung eines formellen Vergabeverfahrens ist auch bei Vorliegen einer entsprechenden Rechtsgrundlage rechtlich riskant, wenn parallel zum formellen Verwaltungsakt regelmäßig schlüssig auch ein Vertrag über die Erbringung von Leistungen zu bestimmten Konditionen zustande kommt.*

Keine öffentlichen Aufträge sind dagegen solche Verträge zur Beschaffung von Leistungen, die während ihrer gesamten Laufzeit jedem Unternehmen offenstehen, das sich verpflichtet, die betreffenden Leistungen zu vorab festgelegten Bedingungen zu erbringen. Diese Gestaltung ist im Bereich der Arzneimittel- und der Hilfsmittelversorgung in der gesetzlichen Krankenversicherung verbreitet. Da grundsätzlich jedes interessierte Unternehmen zur Leistungserbringung zugelassen wird, geht es in diesen Konstellationen nicht darum, das wirtschaftlichste Angebote auszuwählen und zu beauftragen. Die Rechtsprechung geht daher davon aus, dass das Vergaberecht, das gerade darauf ausgerichtet ist, eine Auswahl treffen zu müssen, hier nicht angewendet werden muss.[6] Auftraggeber, die sich für ein solches sogenanntes **Zulassungsverfahren** (oder Open-House-Modell) entscheiden, bleiben den Grundprinzipien der Transparenz und der Nichtdiskriminierung verpflichtet.[7]

Praxistipp

▶ *Obwohl formelles Vergaberecht auf das Open-House-Modell nicht angewendet werden muss, sind Auftraggeber bei der Durchführung von Zulassungsverfahren verpflichtet, die allgemeinen vergaberechtlichen Prinzipien der Transparenz und der Nichtdiskriminierung zu beachten. Es ist daher aus rechtlicher Sicht möglich und sinnvoll, sich an den Regelungen des formellen Vergabeverfahrensrechts zu orientieren. Hierbei bietet sich beispielsweise das vereinfachte Verfahrensrecht für Konzessionsvergaben an.*

4.1.2 Entgeltbegriff und Abgrenzung zur Konzession

Ein öffentlicher Auftrag hat immer einen entgeltlichen Vertrag zum Gegenstand. Damit fallen im Ausgangspunkt nur Schenkungsverträge aus dem Anwendungsbereich des Vergaberechts heraus.

---

3 Vgl. EuGH, Urt. v. 18.12.2007, Rs. C-220/06, AP, Rn. 54, 85.
4 Vgl. OLG Düsseldorf, Beschl. v. 4.3.2009, VII-Verg 67/08.
5 Vgl. OLG Düsseldorf, Beschl. v. 11.7.2018, VII-Verg 1/18.
6 OLG Düsseldorf, Beschl. v. 31.10.2018, Verg 37/18.
7 EuGH, Urt. v. 2.6.2016, Rs. C-410/14, Falk Pharma, Rn. 42.

Im Übrigen ist auch der vergaberechtliche Entgeltbegriff in einem weiten Sinne zu verstehen. Entgelt bedeutet nicht nur finanzielle Vergütung, sondern **jede Art von geldwertem Vorteil**. Dabei ist weder eine Gewinnerzielung oder eine vollständige Kostendeckung erforderlich[8] noch muss der öffentliche Auftraggeber diesen geldwerten Vorteil gewähren.

Die Fälle, in denen das Entgelt von dritter Seite gezahlt wird, sind jedoch **abzugrenzen von Konzessionen**. Ein Konzessionär erhält mit dem Recht zur Nutzung des Bauwerks oder mit dem Recht zur Verwertung der Dienstleistung zwar auch einen geldwerten Vorteil. Anders als der Auftragnehmer im Rahmen eines öffentlichen Auftrags trägt er aber das Betriebsrisiko für die Nutzung des Bauwerks oder für die Verwertung der Dienstleistung, d.h. er ist den „Unwägbarkeiten des Marktes" ausgesetzt. Das Betriebsrisiko umfasst das Risiko, die Investitionen oder die Betriebskosten mangels Nachfrage nicht wieder erwirtschaften zu können.[9] Ob und inwieweit der Konzessionär bei der Verwertung der ihm übertragenen Leistung den Risiken des Marktes ausgesetzt ist und er das Betriebsrisiko ganz oder zumindest zu einem wesentlichen Teil übernimmt, hängt von den Umständen des Einzelfalls ab.[10] Trägt der Leistungserbringer lediglich die jedem Vertrag üblicherweise immanenten Risiken einer mangelhaften Betriebsführung oder einer mangelhaften Beurteilung der wirtschaftlichen Grundlagen, sprechen bessere Gründe für die Annahme eines öffentlichen Auftrags und gegen eine Konzession.[11] Überwiegende Gründe sprechen auch für einen öffentlichen Auftrag und gegen eine Konzession, wenn Zuschüsse in nennenswertem Umfang gewährt werden und wenn das Recht zur Leistungserbringung exklusiv eingeräumt wird, wie im Öffentlichen Personennahverkehr.[12]

Kann eine sichere Aussage über die wirtschaftliche Risikoverteilung zum Zeitpunkt der Ausschreibung nicht getroffen werden und besteht deshalb die Möglichkeit, dass das wirtschaftliche Risiko in nennenswertem Umfang beim Auftraggeber verbleibt, ist von einem Dienstleistungsauftrag und nicht einer Dienstleistungskonzession auszugehen.[13] Ist ein insoweit trennbarer Vertrag teilweise als öffentlicher Auftrag und teilweise als Konzession zu qualifizieren, ist das strengere Verfahrensrecht für die Vergabe öffentlicher Aufträge anzuwenden, wenn der Auftraggeber beide Vertragsteile zusammen in einem einheitlichen Vergabeverfahren vergeben will (vgl. § 111 Abs. 3 Nr. 4 GWB).

8 Vgl. EuGH, Urt. v. 18.10.2018, Rs. C-606/17, IBA, Rn. 29 ff.
9 Vgl. bereits EuGH, Urt. v. 10.11.2011, Rs. C-348/10, Norma-A, Rn. 48; VK Mecklenburg-Vorpommern, Beschl. v. 13.12.2018, 3 VK 9/18.
10 BGH, Beschl. v. 8.2.2011, X ZB 4/10.
11 OLG Koblenz, Beschl. v. 10.7.2018, Verg 1/18.
12 OLG Düsseldorf, Beschl. v. 4.3.2020, Verg 11/18.
13 OLG München, Beschl. v. 21.05.2008, Verg 5/08.

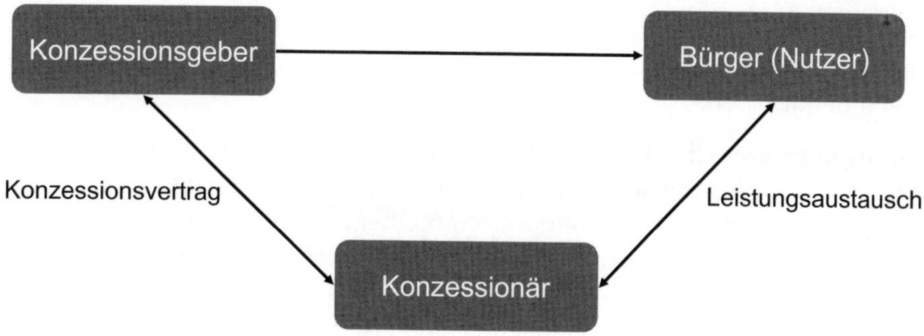

Abb. 6: Konzessionen

Praxistipp

Grundsätzlich sind öffentliche Auftraggeber frei, darüber zu entscheiden, ob sie ihren Bedarf an Bau- oder Dienstleistungen zur Erfüllung ihrer Aufgaben über einen öffentlichen Auftrag oder eine Konzession befriedigen. Vorab ist jedoch genau zu prüfen, ob diese Wahlfreiheit ggf. durch die einschlägigen öffentlich-rechtlichen Vorschriften eingeschränkt ist. Das Vergaberecht schränkt die Gestaltungsmöglichkeiten öffentlicher Auftraggeber dadurch ein, dass für die Beschaffung von Waren keine Lieferkonzession vorgesehen ist.

Für die Vergabe von Konzessionen gelten die erleichterten Verfahrensregeln der §§ 148 ff. GWB und der Konzessionsvergabeverordnung (KonzVgV). Insbesondere kann der Konzessionsgeber das Vergabeverfahren weitgehend frei gestalten. Er ist nicht an die für öffentliche Aufträge geltenden Verfahrensarten gebunden, kann sich aber gemäß § 12 Abs. 1 S. 2 KonzVgV an dem Verhandlungsverfahren mit Teilnahmewettbewerb orientieren. Ausnahmen von der grundsätzlichen Pflicht zur EU-weiten Bekanntmachung sieht § 20 KonzVgV vor, wenn ein EU-weiter Vergabewettbewerb ähnlich wie bei der Vergabe öffentlicher Aufträge aus objektiven Gründen nachweislich nicht entstehen kann.

4.1.3 Beschaffungselement

Öffentliche Aufträge haben gemäß § 103 Abs. 1 GWB die Lieferung von Waren, die Ausführung von Bauleistungen oder die Erbringung von Dienstleistungen zum Gegenstand. Konzessionen sind entgeltliche Verträge, mit denen der Konzessionsgeber Unternehmen mit der Erbringung von Bauleistungen oder mit der Erbringung oder Verwaltung von Dienstleistungen betraut.

Dem Vergaberecht unterfallen daher nur solche Vorhaben, mit denen **öffentliche Auftraggeber oder Konzessionsgeber als Nachfrager von Leistungen am Markt** auftreten.

Der Beschaffungszweck ist dabei ohne Bedeutung, solange der Auftraggeber ein unmittelbar wirtschaftliches Interesse an der Leistung hat. Der öffentliche Auftraggeber muss die Leistung nicht persönlich entgegennehmen, nutzen oder für sich selbst verbrauchen. Ausreichend ist vielmehr, wenn der Auftragnehmer sie aufgrund des mit dem öffentlichen Auftraggeber geschlossenen Vertrags einem bestimmten oder bestimmbaren Nutzerkreis gegenüber erbringt.

Ein **unmittelbar wirtschaftliches Interesse** des öffentlichen Auftraggebers wird **ausdrücklich nur für öffentliche Bauaufträge** vorausgesetzt (§ 103 Abs. 3 S. 2 GWB).[14] Die Voraussetzung gilt jedoch für die Vergabe öffentlicher Dienstleistungs- und Lieferaufträge entsprechend. Ein solches Interesse kann durch die rechtliche Sicherstellung der Verfügbarkeit der Leistung für öffentliche Zwecke zum Ausdruck kommen oder sich in einer finanziellen Beteiligung oder Risikoübernahme durch den Auftraggeber manifestieren.[15] Für die Annahme einer Beschaffung ist zwar nicht zwingend erforderlich, dass Leistungen zur Erfüllung einer hoheitlichen Aufgabe beauftragt werden.[16] Allerdings wird das vorausgesetzte unmittelbar wirtschaftliche Interesse in aller Regel dann vorliegen, wenn ein Auftragnehmer gegen Entgelt zur Erfüllung einer Aufgabe der öffentlichen Daseinsvorsorge mit der Erbringung der vertragsgegenständlichen Leistungen verpflichtet wird[17] und wenn der Auftraggeber einen einklagbaren Anspruch auf Erfüllung der vertraglichen Leistungspflicht hat.[18]

Vereinbarungen, mit denen ein öffentlicher Auftraggeber Unternehmen ein Recht zur privat- oder öffentlich-rechtlichen Nutzung öffentlicher Bereiche oder Ressourcen gegen Zahlung eines Entgelts einräumt, sind keine vergaberechtlich relevanten Beschaffungsvorgänge. Dies betrifft insbesondere Pachtverträge über öffentliche Liegenschaften oder Land wie beispielsweise der Betrieb einer öffentlichen Veranstaltungsstätte[19] oder die Belieferung von Festwirten auf einer von einer Gemeinde veranstalteten Festwoche mit Bier.[20] Hierbei handelt es sich nicht um öffentliche Aufgaben, zu deren Erfüllung der Auftrag- bzw. Konzessionsgeber gegenüber der Bevölkerung verpflichtet ist. Es reicht demnach nicht aus, wenn die Leistung in irgendeiner Weise im öffentlichen Interesse liegt. Auch das jeweils zu zahlende Nutzungsentgelt, z.B. in Gestalt eines Pachtzinses kann selbst dann nicht zum Beschaffungsgegenstand umgedeutet werden, wenn es umsatzbezogen ist.[21] Einnahmen in Form von Geldzahlungen sind keine Güter. Sie fallen nicht unter das Vergaberecht.[22]

Im Rahmen von Zuwendungsrechtsverhältnissen besteht kein einklagbarer Anspruch auf eine bestimmte Leistung des Zuwendungsempfängers. Durch die Gewährung von Zuwendungen wird daher kein vergaberechtlich relevanter Beschaffungsvorgang begründet. Staatliche Zuwendungen sind keine Gegenleistungen im Rahmen eines Austauschverhältnisses. Der Zuwendungsgeber gewährt lediglich eine freiwillige Leistung zur Förderung eines bestimmten Zwecks. Zuwendungsrechtsverhältnisse, die vertraglich oder per Zuwendungsbescheid begründet werden, sind daher keine öffentlichen Aufträge.[23]

---

14 Vgl. EuGH, Urt. v. 25.3.2010, Rs. C-451/08, Helmut Müller.
15 OLG Koblenz, Beschl. v. 10.7.2018, Verg 1/18.
16 Vgl. EuGH, Urt. v. 18.11.2004, Rs. C-126/03, Heizkraftwerk München Nord, Rn. 18.
17 Vgl. OLG München, Beschl. v. 25.3.2011, Verg 4/11, u. Beschl. v. 22.1.2012, Verg 17/11.
18 OLG Düsseldorf, Beschl. v. 11.7.2018, Verg 1/18.
19 KG Berlin, Urt. v. 22.1.2015, 2 U 14/14 Kart.
20 OLG München, Beschl. v. 19.1.2012, Verg 17/11.
21 KG Berlin, Urt. v. 22.1.2015, 2 U 14/14 Kart; BayObLG, Beschl. v. 4.2.2002, Verg 1/02.
22 BayObLG, Beschl. v. 4.2.2002, Verg 1/02.
23 OLG Düsseldorf, Beschl. v. 11.7.2018, Verg 1/18.

Praxistipp

Grundsätzlich besteht keine Pflicht, Leistungen im Wege eines öffentlichen Auftrags zu beschaffen. Öffentliche Auftraggeber können sich daher aufgrund ihrer Vertragsfreiheit grundsätzlich frei entscheiden, ob sie Leistungen aufgrund eines entgeltlichen Vertrages beschaffen oder wollen oder stattdessen zweckgebunden eine fremde Tätigkeit im Wege eines Zuwendungsrechtsverhältnisses fördern wollen.

Wenn öffentliche Auftraggeber Leistungen und Güter am Markt **anbieten**, wird dadurch **grundsätzlich kein vergabeverfahrenspflichtiger Sachverhalt** begründet.[24]

Ausnahmsweise kann eine Veräußerung mit einer Beschaffung von Leistungen verbunden sein (sog. Kopplungsgeschäft). Erforderlich und ausreichend zur Eröffnung des objektiven Anwendungsbereichs des Vergaberechts ist in diesem Fall, dass die Beschaffungskomponente eines Veräußerungsgeschäfts von nicht völlig untergeordneter Bedeutung ist.[25] Sofern Veräußerung und Beschaffung nicht in einem einheitlichen Vertrag umgesetzt werden, ist dies für die Begründung einer Vergabeverfahrenspflicht unschädlich, sofern beide Vorgänge im Rahmen einer Gesamtbetrachtung in einem engen sachlich-zeitlichen Zusammenhang zueinander stehen.[26]

Praxistipp

Selbst wenn eine Veräußerung von Vermögenswerten der öffentlichen Hand nicht dem formellen Vergaberecht unterfällt, ist zu prüfen, ob im Einzelfall aus beihilferechtlichen Gründen die Durchführung eines Bieterverfahrens geboten ist.

4.1.4 Vertragsänderungen

Änderungen bestehender Verträge können ebenfalls eine Vergabepflicht begründen. Voraussetzung ist, dass der Ursprungsvertrag **wesentlich geändert** wird.[27] Wesentliche Vertragsänderungen sind gemäß § 132 Abs. 1 S. 2 GWB solche, die dazu führen, dass sich der öffentliche Auftrag erheblich von dem ursprünglich vergebenen öffentlichen Auftrag unterscheidet. Das ist der Fall, wenn der geänderte Vertrag den Willen der Parteien zur Neuverhandlung wesentlicher Bestimmungen des ursprünglich geschlossenen Vertrags erkennen lässt. Die vergaberechtlichen Regelungen über wesentliche Vertragsänderungen sind im EU-Vergaberecht und im Unterschwellenbereich für Liefer- und Dienstleistungsvergaben weitgehend deckungsgleich. § 47 UVgO verweist auf § 132 GWB und sieht nur für geringfügige Auftragserweiterungen eine leicht abweichende Regelung vor. Für Bauauftragsvergaben unterhalb der Schwellenwerte gilt bei Vertragsänderungen dagegen § 132 GWB nicht.

24 OLG Koblenz, Beschl. v. 10.7.2018, Verg 1/18.
25 BGH, Beschl. v. 1.2.2005, X ZB 27/04.
26 EuGH, Urt. v. 10.11.2005, Rs. C-29/04, Mödling, Rn. 38 ff.
27 EuGH, Urt. v. 19.6.2008, Rs. C-454/06, pressetext, Rn. 34 ff.; OLG Düsseldorf, Beschl. v. 28.7.2011, VII-Verg 20/11.

Wesentliche Vertragsbestimmungen sind jedenfalls Leistung und Gegenleistung, die Zuweisung der Rechte des geistigen Eigentums[28] sowie die Vertragsparteien selbst. Anknüpfend an die Rechtsprechung des EuGH[29] liegt gemäß § 132 Abs. 1 S. 3 GWB insbesondere in folgenden Fallgruppen eine wesentliche Vertragsänderung vor:

- Es werden Bedingungen eingeführt, die die Zulassung anderer als der ursprünglich zugelassenen Bieter, die Annahme eines anderen als des ursprünglich angenommenen Angebots erlaubt oder das Interesse weiterer Teilnehmer am Vergabeverfahren geweckt hätten, wenn sie für das ursprüngliche Vergabeverfahren gegolten hätten.[30]
- Das wirtschaftliche Gleichgewicht des öffentlichen Auftrags wird zugunsten des Auftragnehmers in einer Weise verschoben, die im ursprünglichen Auftrag nicht vorgesehen war.[31]
- Der Umfang des öffentlichen Auftrags wird erheblich ausgeweitet.[32]
- Ein neuer ersetzt den ursprünglichen Auftragnehmer.

Die Anwendung von **Überprüfungsklauseln** oder **Optionen**, die im Ausgangsvertrag klar, genau und eindeutig formuliert sind und Angaben zur Art, Umfang und Voraussetzungen möglicher Auftragsänderungen enthalten, erfordert gemäß § 132 Abs. 2 S. 1 Nr. 1 GWB selbst dann kein neues Vergabeverfahren, wenn ein Regelbeispiel nach § 132 Abs. 1 S. 3 GWB vorliegt und daher eigentlich von einer ausschreibungspflichtigen wesentlichen Vertragsänderung auszugehen ist. Voraussetzung hierfür ist aber, dass der Gesamtcharakter des Auftrags gewahrt bleibt.[33]

Praxisbeispiel[34]

Ein öffentlicher Dienstleistungsauftrag über die Erbringung von Wachdienstleistungen in einem Museum wurde EU-weit in einem offenen Verfahren vergeben. Der Auftragnehmer hatte in seinem Angebot den Einsatz eines der führenden Sicherheitsdienstleister für den Kulturbereich für den überwiegenden Teil der Leistungen als Unterauftragnehmer vorgesehen. Der Vertrag enthielt eine Regelung, nach der der erstmalige Einsatz oder der Austausch von Unterauftragnehmern mit Zustimmung des Auftraggebers möglich ist.

Nach einem Jahr Vertragslaufzeit bittet der Auftragnehmer den Auftraggeber um Zustimmung zum Austausch des bei Vertragsschluss vorgesehenen Unterauftragnehmers. Der Auftraggeber erteilt die Zustimmung. Ein Wettbewerber hält den Austausch des Unterauftragnehmers für unzulässig, weil sie den Gesamtcharakter des Ursprungsvertrags verändere.

Grundsätzlich ist der Austausch von Unterauftragnehmern eine durch § 132 Abs. 2 Nr. 1 GWB gedeckte Vertragsänderung, wenn der Ursprungsvertrag hierfür eine

28 BT-Drs. 18/6281, S. 119.
29 EuGH, Urt. v. 19.8.2008, Rs. C-454/06, pressetext, Rn. 35 ff.
30 Vgl. EuGH, Urt. v. 13.4.2010, Rs. C-91/08, Wall AG, Rn. 39.
31 EuGH, Urt. v. 19.8.2008, Rs. C-454/06, pressetext, Rn. 37.
32 EuGH, Urt. v. 29.4.2010, Rs. C-160/08, Kommission/Deutschland, Rettungsdienstleistungen, Rn. 99 f.
33 Vgl. BT-Drs. 18/6281, S. 119.
34 Vgl. OLG Frankfurt, Urt. v. 29.1.2013, 11 U 33/12; VK Bund, Beschl. v. 26.6.2019, VK 2-34/19.

klare, genaue und eindeutig formulierte Regelung vorsieht. Der Austausch von Unterauftragnehmern kann aber trotzdem eine nach § 132 Abs. 1 S. 1 GWB auszuschreibende wesentliche Änderung darstellen, wenn der ursprünglich im Vertrag vorgesehene Unterauftragnehmereinsatz ein ausschlaggebendes Element für den Abschluss des Vertrages war, das den Gesamtvertrag in einem Umfang geprägt hat, das nach dem Austausch von einer anderen als der ursprünglich beauftragten Leistung auszugehen ist. Diese Voraussetzungen werden in der Praxis nur in seltenen Ausnahmefällen erfüllt sein, so dass ein Unterauftragnehmerwechsel auf der Grundlage vertraglicher Standardklauseln[35] in der Regel kein neues Vergabeverfahren erfordert.

In der Praxis umstritten ist, ob Auftragsänderungen aufgrund einer Ausübung des Leistungsbestimmungsrechts des öffentlichen Auftraggebers nach den einschlägigen Regelungen in den Allgemeinen Vertragsbedingungen für die Ausführungen von Leistungen (VOL//B) und Bauleistungen (VOB/B) ohne Pflicht zur erneuten Ausschreibung möglich sind. Die Regelungen in den VOL/B und VOB/B allein sind dabei keine rechtssichere Grundlage für einen Verzicht auf ein neues Vergabeverfahren. Zusätzlich erforderlich sind Ergänzende oder Besondere Vertragsbedingungen, die klar, genau und eindeutig festlegen, unter welchen Umständen und in welche Richtung der Vertrag geändert werden soll. Ausgenommen hiervon sind gemäß § 22 VOB/A jedoch Änderungen öffentlicher Bauaufträge unterhalb der EU-Schwellenwerte. Diese können aufgrund der einschlägigen Regelungen nach § 1 Abs. 3 und Abs. 4 VOB/B geändert werden, ohne dass dadurch eine erneute Ausschreibungspflicht begründet wird. Ausschreibungspflichtig sind allein zusätzliche Leistungen im Sinne von § 1 Abs. 4 S. 2 VOB/B, also Leistungsänderungen, die nur mit Zustimmung des Auftragnehmers möglich sind.

Eine weitere in der Praxis sehr bedeutsame Ausnahme bietet § 132 Abs. 2 S. 1 Nr. 2 GWB für zusätzliche Liefer-, Bau- oder Dienstleistungen, die nach Vertragsschluss erforderlich werden und die nicht in den ursprünglichen Vergabeunterlagen vorgesehen waren. Ein Rückgriff auf diese Ausnahme ist nur möglich, wenn ein Wechsel des Auftragnehmers aus wirtschaftlichen oder technischen Gründen nicht erfolgen kann und mit erheblichen Schwierigkeiten oder beträchtlichen Zusatzkosten für den öffentlichen Auftraggeber verbunden wäre.[36]

Weitere Voraussetzung ist nach § 132 Abs. 2 S. 2 GWB, dass der Preis um nicht mehr als 50 % des Wertes des ursprünglichen Auftrags erhöht wird. Wenn eine Indexklausel vereinbart ist, gilt der indexierte Auftragswert als Referenzwert. Diese pauschale Obergrenze gilt im Sektorenbereich nicht (§ 142 Nr. 3 GWB).

§ 132 Abs. 2 Nr. 3 GWB ermöglicht Änderungen, die aufgrund von Umständen erforderlich geworden sind, die der öffentliche Auftraggeber im Rahmen seiner Sorgfaltspflicht nicht vorhersehen konnte, sofern sich aufgrund der Änderung der Gesamtcharakter des Auftrages nicht verändert.

35 Z.B. entsprechende Regelungen in den EVB-IT Musterverträgen, vgl. etwa Ziffer 7 EVB-IT Erstellungs-AGB.
36 Vgl. zu dieser Fallgruppe bereits OLG Düsseldorf, Beschl. v. 22.5.2013, VII-Verg 16/12.

Auch hier gilt für die Änderung eine Wertgrenze von 50% des ggf. indexierten ursprünglichen Auftragswerts. Unvorhersehbar sind Umstände, die auch bei einer nach vernünftigem Ermessen sorgfältigen Vorbereitung der ursprünglichen Zuschlagserteilung durch den öffentlichen Auftraggeber unter Berücksichtigung der zur Verfügung stehenden Mittel, der Art und Merkmale des spezifischen Projekts, der bewährten Praxis und der Notwendigkeit, ein angemessenes Verhältnis zwischen den bei der Vorbereitung der Zuschlagserteilung eingesetzten Ressourcen und dem absehbaren Nutzen zu gewährleisten, nicht hätten vorausgesagt werden können.[37]

Als Beispiel können hier etwa Vertragsänderungen angeführt werden, die vereinbart worden sind, um ein wirtschaftliches Ungleichgewicht wiederherzustellen, das im Zuge der COVID-19 Krise entstanden ist.[38] Der **Austausch des Auftragnehmers** ist in den in § 132 Abs. 2 S. 1 Nr. 4 GWB genannten Fällen ausnahmsweise erlaubt:

- Der Ursprungsvertrag sieht einen Auftragnehmerwechsel in einer klar, genau und eindeutig formulierten Klausel im Sinne von § 132 Abs. 2 S. 1 Nr. 1 GWB ausdrücklich vor; hiervon umfasst sind insbesondere die Fälle der Vertragsübernahme durch eine Projektgesellschaft.
- Im Zuge einer Unternehmensumstrukturierung, wie zum Beispiel durch Übernahme, Zusammenschluss, Erwerb oder Insolvenz, tritt ein anderes Unternehmen ganz oder teilweise an die Stelle des ursprünglichen Auftragnehmers. In diesem Fall muss das andere Unternehmen die ursprünglich festgelegten Anforderungen an die Eignung erfüllen und der Auftragnehmerwechsel darf keine (inhaltlichen) wesentlichen Vertragsänderungen im Sinne von § 132 Abs. 1 GWB zur Folge haben, die nicht nach § 132 Abs. 2 oder Abs. 3 GWB erlaubt sind.
- Der öffentliche Auftraggeber übernimmt selbst die Verpflichtungen des Hauptauftragnehmers gegenüber dessen Unterauftragnehmern. Die Regelung ermöglicht beispielsweise im Falle einer Insolvenz eines Generalunternehmers die vergaberechtsfreie Anschlussbeauftragung seiner Nachunternehmer.

Schließlich ermöglicht § 132 Abs. 3 GWB Vertragsänderungen geringen Umfangs (De-minimis-Änderungen). Eine Änderung ist geringen Umfangs und damit vergaberechtlich unbeachtlich, wenn der Wert der Änderung die jeweiligen Schwellenwerte nach § 106 GWB nicht übersteigt und bei Liefer- und Dienstleistungsaufträgen nicht mehr als 10 % und bei Bauaufträgen nicht mehr als 15 % des ursprünglichen, ggf. indexierten Auftragswertes beträgt. Im Bereich sozialer und anderer besonderer Dienstleistungen gilt gemäß § 130 Abs. 2 GWB einheitlich eine Schwelle von 20 % des ursprünglichen Auftragswerts. Bei mehreren aufeinanderfolgenden Änderungen ist der Gesamtwert aller Änderungen maßgeblich. Bei Unterschwellenvergaben im Liefer- und Dienstleistungsbereich gilt gemäß § 47 Abs. 2 UVgO eine einheitliche Grenze von 20 % des ursprünglichen Auftragswerts. Für die Vergabe von Bauaufträgen unterhalb der Schwellenwerte fehlt eine entsprechende Regelung.

---

37 BT-Drs. 18/6281, S. 119.

38 RS. BMWi v. 19.3.2020 zur Anwendung des Vergaberechts im Zusammenhang mit der Beschaffung von Leistungen zur Eindämmung der Ausbreitung des neuartigen Coronavirus SARS-CoV-2.

Gemäß § 132 Abs. 5 GWB sind Vertragsänderungen nach § 132 Abs. 2 Nr. 2 und 3 GWB im Amtsblatt der Europäischen Union bekannt zu machen. Diese Bekanntmachungspflicht entfällt unterhalb der Schwellenwerte.

Praxistipp

▶ *Der Auftraggeber kann anstelle einer Bekanntmachung nach Vereinbarung oder einseitiger Anordnung einer Vertragsänderung seine Absicht, einen entsprechenden Nachtragsauftrag zu erteilen, auch vorab im Amtsblatt der Europäischen Union bekanntmachen (sog. freiwillige ex-ante Transparenzbekanntmachung). Nach Ablauf von mindestens zehn Kalendertagen nach Veröffentlichung dieser Vorabbekanntmachung kann die Vertragsänderung dann vereinbart oder angeordnet werden. Danach kann die Unwirksamkeit der Vertragsänderung von etwaigen Wettbewerbern des Auftragnehmers nur noch unter erschwerten Voraussetzungen geltend gemacht werden.*

Auftraggeber und Auftragnehmer sind gut beraten, Vertragsänderungen nur unter Beachtung der materiellen Vorgaben des § 132 GWB und der Bekanntmachungsvorschriften des § 135 Abs. 2 S. 2 und Abs. 3 GWB umzusetzen. Bei Unwirksamkeit der Vertragsänderung drohen der Verlust von Gewährleistungsrechten und Vergütungsansprüchen.

4.2 Vertragspartner

Öffentliche Aufträge werden gemäß § 103 Abs. 1 GWB zwischen einem oder mehreren öffentlichen Auftraggebern oder Sektorenauftraggebern und **einem oder mehreren Unternehmen** abgeschlossen. Der im europäischen Vergaberecht in diesem Zusammenhang verwendete Begriff des Wirtschaftsteilnehmers ist weiter gefasst. Er umfasst gemäß Art. 2 Abs. 1 Nr. 10 RL 2014/14/EU natürliche oder juristische Personen oder öffentliche Einrichtungen, einschließlich jedes vorübergehenden Zusammenschlusses von Unternehmen, die auf dem Markt die Ausführung von Bauleistungen, die Errichtung von Bauwerken, die Lieferung von Waren bzw. die Erbringung von Dienstleistungen anbieten.

Der Unternehmensbegriff des nationalen Vergaberechts ist daher in diesem unionsrechtlichen Sinne funktional auszulegen. Er setzt weder privatrechtliche Organisation noch ein Gewinnstreben oder eine dauerhafte oder regelmäßige Geschäftstätigkeit voraus.[39]

Praxistipp

▶ *Aufgrund des funktionalen Unternehmensbegriffs können grundsätzlich auch öffentliche Auftraggeber als Anbieter von Waren, Bau- und Dienstleistungen an Vergabeverfahren teilnehmen. Voraussetzung ist, dass die Teilnahme kommunalwirtschaftsrechtlich zulässig ist, was im Einzelfall zu prüfen ist.*

39 EuGH, Urt. v. 23.12.2009, Rs. C-305/08, CoNISMa, Rn. 30.

Auftraggebern steht es frei, Leistungen am Markt zu beschaffen. Das Vergaberecht zwingt sie hierzu nicht,[40] sondern erlaubt auch die **Selbstausführung** oder die **gemeinsame Ausführung mit anderen öffentlichen Auftraggebern** ebenso wie die **Aufgabenübertragung** an interne Einheiten auf der Grundlage eines Inhouse-Geschäftes. Für diese Konstellationen ist der objektive Anwendungsbereich des Vergaberechts **nicht** eröffnet.

4.2.1 Inhouse-Geschäfte

Inhouse-Geschäfte sind Verträge über die Erbringung von Bau- oder Dienstleistungen oder die Lieferung von Waren, die ein öffentlicher Auftraggeber **mit einer** von ihm zwar formal personenverschiedenen, trotzdem aber (nur) **ihm zuzuordnenden juristischen Person des öffentlichen oder privaten Rechts** abschließt (sog. vertikale Inhouse-Geschäfte).[41]

Diese Zuordnung erfolgt gemäß § 108 Abs. 1 GWB nach **drei Kriterien**:

- Der Auftraggeber übt über die juristische Person eine ähnliche Kontrolle wie über seine eigenen Dienststellen aus.
- Die Tätigkeiten der juristischen Person dienen zu mehr als 80 % der Ausführung von Aufgaben, mit denen sie von dem öffentlichen Auftraggeber oder von einer anderen juristischen Person, die von diesem kontrolliert wird, betraut wurde (Tätigkeit im Wesentlichen für den öffentlichen Auftraggeber).
- An der juristischen Person besteht keine direkte Kapitalbeteiligung; hiervon ausgenommen sind nicht beherrschende Formen der privaten Kapitalbeteiligung und Formen der privaten Kapitalbeteiligung ohne Sperrminorität, die durch gesetzliche Bestimmungen vorgeschrieben sind und die keinen maßgeblichen Einfluss auf die kontrollierte juristische Person vermitteln.

Daneben sind unter den im Einzelnen in § 108 Abs. 3 sowie Abs. 4 und 5 GWB genannten Voraussetzungen auch inverse und horizontale Inhouse-Geschäfte sowie Inhouse-Geschäfte als Joint Venture möglich. § 108 Abs. 6 GWB regelt den Sonderfall der öffentlich-öffentlichen Zusammenarbeit. § 108 Abs. 8 GWB stellt klar, dass auch öffentliche Auftraggeber, die eine Sektorentätigkeit ausüben, öffentliche Aufträge unter den Voraussetzungen des § 108 Abs. 1 bis 7 GWB ohne Durchführung eines EU-weiten Vergabeverfahrens inhouse bzw. im Wege einer öffentlich-öffentlichen Zusammenarbeit vergeben dürfen.

Die Regelungen über Inhouse-Geschäfte nach § 108 GWB gelten bei der Vergabe von Liefer- und Dienstleistungsaufträgen unterhalb der Schwellenwerte gemäß § 1 Abs. 2 UVgO entsprechend. Für die Vergabe öffentlicher Bauaufträge unterhalb der Schwellenwerte fehlt eine ausdrückliche Regelung zu ausschreibungsfreien Inhouse-Geschäften. Die Grundsätze des § 108 GWB sind aber auch dort anwendbar.

---

40 EuGH, Urt. v. 22.12.2010, Rs. C-215/09, Oulun kauunki, Rn. 31.

41 EuGH, Urt. v. 13.1.2005, Rs. C-84/03, Kommission ./. Spanien, Rn. 38; Urt. v. 18.11.1999, Rs. C-107/98, Teckal, Rn. 49 f.

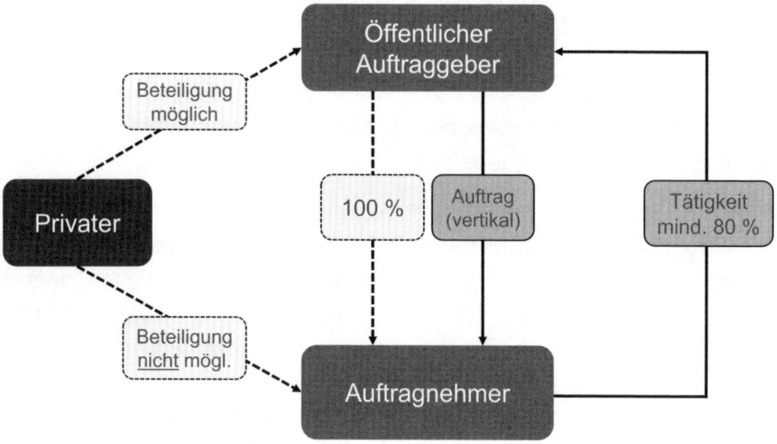

Abb. 7: Vertikale Inhouse-Geschäfte

4.2.1.1 Kontrolle wie über seine eigenen Dienststellen

Der Auftraggeber muss über die juristische Person eine Kontrolle wie über eine eigene Dienststelle ausüben. Dienststellenartige Kontrolle bedeutet dabei nicht, dass eine identische Kontrolldichte herrscht wie im Verhältnis eines Verwaltungsträgers über eine seiner Einheiten. Gefordert wird von der Rechtsprechung vielmehr ein unter Berücksichtigung aller Umstände des Einzelfalls vergleichbares Niveau.[42] Wenn der öffentliche Auftraggeber einen ausschlaggebenden Einfluss auf die strategischen Ziele und die wesentlichen Entscheidungen der juristischen Person ausübt, wird eine dienststellenartige Kontrolle gemäß § 108 Abs. 2 GWB vermutet. Die Kontrolle kann auch durch eine andere juristische Person ausgeübt werden, die von dem öffentlichen Auftraggeber auf diese Weise kontrolliert wird.

Jede noch so geringe Minderheitsbeteiligung eines privaten Gesellschafters schließt eine dienststellenartige Kontrolle aus. Gemischtwirtschaftliche Unternehmen sind daher nicht „inhouse" und können im Ergebnis nicht ohne Durchführung eines formellen Vergabeverfahrens beauftragt werden.[43] Das wird nunmehr durch § 108 Abs. 1 Nr. 3 GWB klargestellt.

Umgekehrt ist eine Stellung als Alleingesellschafter der betreffenden juristischen Person zwar ein nicht unbedeutendes Indiz, sie reicht allein aber nicht aus, um eine dienststellenartige Kontrolle zu begründen.[44] Die Kontrolle muss auf der Grundlage des Statuts und aller sonstigen rechtlichen und tatsächlichen Umstände des Einzelfalls auch konkret möglich sein. Bei der **Prüfung der Kontrolldichte** können **weitere Aspekte** bedeutsam sein:[45]

- die Organisationsform,[46]
- der satzungsmäßige Zweck,

42 BayObLG, Beschl. v. 22.1.2002, Verg 18/01.
43 EuGH, Urt. v. 11.1.2005, Rs. C-26/03, Stadt Halle, Rn. 49.
44 BGH, Urt. v. 3.7.2008, I ZR 145/05.
45 Vgl. EuGH, Urt. v. 13.10.2005, Rs. C-458/03, Parking Brixen, Rn. 67.
46 OLG Düsseldorf, Beschl. v. 19.2.2020, Verg 26/17 für eine GmbH.

- eine ggf. vorgesehene Öffnung für Fremdkapital,
- der geografische Tätigkeitsbereich,
- der Umfang der Vollmachten des operativ tätigen Gesellschaftsorgans, die ohne Kontrolle des öffentlichen Auftraggebers ausgeübt werden können.

Es ist unbedeutend, ob die zu beauftragende juristische Person öffentlich-rechtlich oder privatrechtlich organisiert ist. Daraus folgt, dass beispielsweise **auch Zweckverbände** von ihren Mitgliedern inhouse beauftragt werden können.[47] Möglich ist auch, dass mehrere öffentliche Auftraggeber gemeinschaftlich die Geschäftsanteile an der juristischen Person halten.[48] Derartige Unternehmen sind selbst dann einem öffentlichen Auftraggeber zuzuordnen, wenn dieser neben anderen öffentlichen Auftraggebern nur Minderheitsgesellschafter ist. Voraussetzung ist aber, dass (trotz der Minderheitsbeteiligung) tatsächlich die Möglichkeit einer Beteiligung an der Kontrolle des Unternehmens wie z.B. durch Entsendung eines Vertreters in die Leitungsorgane besteht.[49]

Praxistipp

In Holdingstrukturen ist der Einfluss eines die Anteile der Holdinggesellschaft haltenden öffentlichen Auftraggebers auf Enkel- oder Urenkelgesellschaften grundsätzlich geringer ausgeprägt. Daher erscheint es zur Erhöhung der Rechtssicherheit sinnvoll, einen Durchgriff des öffentlichen Auftraggebers auf das inhouse zu beauftragende Unternehmen über entsprechende Kontroll- und Mitspracherechte in der Satzung sicherzustellen.

4.2.1.2 Tätigkeit im Wesentlichen für den öffentlichen Auftraggeber

Die juristische Person muss im Wesentlichen für den sie beauftragenden öffentlichen Auftraggeber tätig sein. Diese von der Rechtsprechung[50] entwickelte Voraussetzung wurde durch den Gesetzgeber zur Umsetzung der unionsrechtlichen Vorgaben konkretisiert: Die Tätigkeiten der juristischen Person müssen danach zu mehr als 80 % der Ausführung von Aufgaben dienen, mit denen sie von dem öffentlichen Auftraggeber oder von einer anderen, von ihm kontrollierten juristischen Person betraut wurde.

Sinn und Zweck des Wesentlichkeitskriteriums ist die Verhinderung von Wettbewerbsverfälschungen. Wenn eine durch einen öffentlichen Auftraggeber beauftragte juristische Person am Marktgeschehen teilnimmt, besteht kein Grund, sie dadurch zu privilegieren, dass sie außerhalb des Vergaberechts Aufträge direkt von der öffentlichen Hand erhält.[51]

Tätigkeiten, die der Ausführung von Aufgaben dienen, mit denen die juristische Person von dem öffentlichen Auftraggeber oder einer von ihm kontrollierten juristischen Person betraut wurde, setzen voraus, dass der dabei erzielte Umsatz auf die Vergabeentschei-

47 OLG Düsseldorf, Beschl. v. 21.6.2006, VII-Verg 17/06.
48 EuGH, Urt. v. 10.9.2009, Rs. C-573/07, Sea, Rn. 45.
49 EuGH, Urt. v. 29.11.2012, Rs. C-182 u. 183/11, Econord SpA, Rn. 31, 33.
50 EuGH, Urt. v. 18.11.1999, Rs. C-107/98, Teckal, Rn. 50.
51 OLG Hamburg, Beschl. v. 14.12.2010, 1 Verg 5/10; EuGH, Urt. v. 11.5.2006, Rs. C-340/04, Carbotermo, Rn. 60.

dung, d.h. **auf das Inhouse-Geschäft, zurückzuführen** sein muss.[52] Erforderlich ist daher stets ein Kausalzusammenhang zwischen der Rechtsbeziehung (dem Inhouse-Geschäft) und dem Umsatz. Die Person des Begünstigten – sei es der öffentliche Auftraggeber selbst oder der Nutzer der Leistungen – ist dabei nicht von Bedeutung.[53] Der vorausgesetzte Kausalzusammenhang fehlt, wenn das jeweilige Entgelt im Wettbewerb mit anderen Unternehmen erzielt wurde und daher auf der freien Entscheidung des Nutzers und gerade nicht auf dem Inhouse-Geschäft beruht.[54]

Umsätze von 100%igen Tochtergesellschaften des Unternehmens sind in die Betrachtung mit einzubeziehen, wenn für Mutter und Tochter ein gemeinsamer konsolidierter Abschluss vorliegt, der Geschäftsbericht die Ertragslage beider Gesellschaften zusammenfasst und gruppeninterne Vorgänge eliminiert und wenn die Tochter nur mit personeller und sachlicher Ausstattung der Mutter arbeitsfähig ist.[55]

Praxistipp

Bei der organisationsrechtlichen Gestaltung kommunaler Unternehmen ist es vergaberechtlich riskant, Fremdgeschäfte an eine Enkelgesellschaft der Kommune zu übertragen, die wirtschaftlich und operativ von ihrer Mutter abhängt. Die Inhouse-Fähigkeit des Tochterunternehmens bleibt erhalten, wenn das Fremdgeschäft an eine autonome Schwestergesellschaft ausgegliedert wird.

Die Berechnung des zulässigen Fremdgeschäftsanteils erfolgt nach dem durchschnittlichen Gesamtumsatz der letzten drei Jahre vor Vergabe des öffentlichen Auftrags oder anhand eines anderen sog. tätigkeitsgestützten Wertes wie der Kosten, die in Bezug auf Liefer-, Bau- oder Dienstleistungen entstanden sind. Hilfsweise darf auf glaubhafte Prognosen über die zukünftige Geschäftsentwicklung abgestellt werden, wenn keine oder keine aussagekräftigen Umsatzangaben oder Angaben zu Kosten möglich sind.

4.2.1.3 Keine direkte private Kapitalbeteiligung

Die weitere Voraussetzung des § 108 Abs. 1 Nr. 3 GWB, wonach an der inhouse zu beauftragenden juristischen Person keine direkte private Kapitalbeteiligung bestehen darf, hat eine überwiegend klarstellende Funktion. Schon nach der Rechtsprechung des EuGH ist im Falle einer noch so geringen Kapitalbeteiligung ausgeschlossen, dass die juristische Person von dem öffentlichen Auftraggeber im Sinne von § 108 Abs. 1 Nr. 1 GWB wie eine eigene Dienststelle kontrolliert wird.[56] Unbedeutend ist, wenn zum Zeitpunkt der Auftragsvergabe die Möglichkeit der Beteiligung Privater besteht.[57]

Aus § 108 Abs. 1 Nr. 3 GWB folgt im Umkehrschluss aber auch, dass lediglich mittelbare Kapitalbeteiligungen wie beispielsweise über eine stille Gesellschaft einem Inhouse-Ge-

52 OLG Düsseldorf, Beschl. v. 27.4.2020, Verg 27/19 m.w.N.
53 EuGH, Urt. v. 11.5.2006, Rs. C-340/04, Carbotermo, Rn. 66 f.; OLG Düsseldorf, Beschl. v. 3.7.2019, Verg 51/16; BT-Drs. 18/6281, S. 80.
54 OLG Hamburg, Beschl. v. 14.12.2010, 1 Verg 5/10; OLG Frankfurt, Beschl. v. 30.8.2011, 11 Verg 3/11.
55 OLG Celle, Beschl. v. 29.10.2009, 13 Verg 8/09.
56 EuGH, Urt. v. 11.1.2005, Rs. C-26/03, Stadt Halle, Rn. 49.
57 EuGH, Urt. v. 10.9.2009, Rs. C-573/07, Sea, Rn. 49; anders noch BGH, Urt. v. 3.7.2008, I ZR 145/05.

schäft nicht entgegenstehen, weil solche Beteiligungen in der Regel nicht zu einer nachteiligen Beeinflussung des Wettbewerbs zwischen privaten Unternehmen führen.[58]

Auch in den ausdrücklich in § 108 Abs. 1 Nr. 3 GWB genannten Ausnahmefällen direkter Kapitalbeteiligung bleibt eine Inhouse-Vergabe möglich. Voraussetzung ist, dass es sich dabei um nicht beherrschende Formen der privaten Kapitalbeteiligung und Formen der privaten Kapitalbeteiligung ohne Sperrminorität handelt, die durch gesetzliche Bestimmungen vorgeschrieben sind und die keinen maßgeblichen Einfluss auf die kontrollierte juristische Person vermitteln. Beispiele hierfür sind öffentlich-rechtliche Verbände mit privater Zwangsmitgliedschaft. Die Zwangsmitgliedschaft muss in Übereinstimmung mit höherrangigem Unionsrecht gesetzlich angeordnet sein. Eine vertragliche Pflicht ist nicht ausreichend.

Die Vergabe öffentlicher Aufträge an eine kontrollierte juristische Person auf der Grundlage von § 108 Abs. 1 GWB bleibt schließlich selbst dann möglich, wenn privates Kapital an dem kontrollierenden öffentlichen Auftraggeber beteiligt ist.[59]

4.2.1.4 Inverse und Horizontale Inhouse-Geschäfte

Vergaberechtsfreie Inhouse-Geschäfte sind gemäß § 108 Abs. 3 S. 1 Alt. 1 GWB auch möglich, wenn sie von einer kontrollierten juristischen Person, die zugleich öffentlicher Auftraggeber im Sinne des § 99 Nr. 1 bis 3 GWB ist, an den kontrollierenden öffentlichen Auftraggeber vergeben werden (Tochter beauftragt Muttergesellschaft). Dasselbe gilt im horizontalen Verhältnis zweier Schwestergesellschaften, wenn zwischen diesen beiden juristischen Personen unmittelbar zwar kein Kontrollverhältnis besteht, wenn beide aber durch denselben öffentlichen Auftraggeber kontrolliert werden. In beiden Fällen ist eine Beteiligung privaten Kapitals an der beauftragten juristischen Person ausgeschlossen.

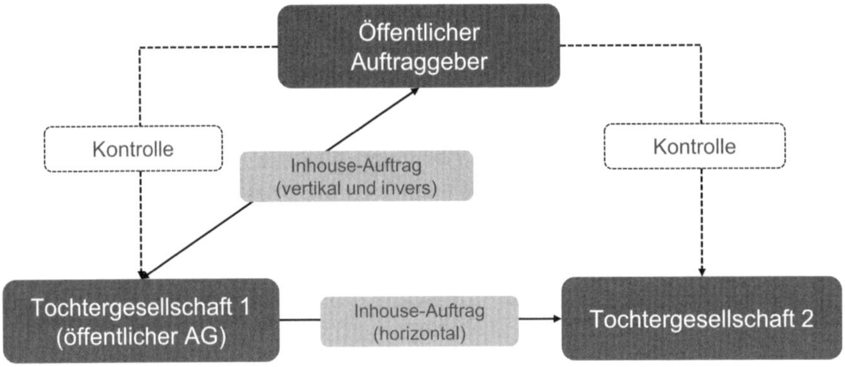

Abb. 8: Vertikale, inverse und horizontale Inhouse-Geschäfte

58 BT-Drs. 18/6281, S. 81.
59 So ausdrücklich Erwägungsgrund 32 S. 5 Richtlinie 2014/24/EU.

Praxistipp

Nach dem Gesetzeswortlaut von § 108 Abs. 3 S. 1 GWB „gilt" § 108 Abs. 1 GWB auch in den Fällen, in denen im inversen oder im horizontalen Verhältnis Inhouse-Geschäfte abgeschlossen werden sollen, wenn eine private Kapitalbeteiligung an der zu beauftragenden juristischen Person ausgeschlossen ist.

Aus dieser Formulierung folgt nicht, dass die Wesentlichkeitsvoraussetzung des § 108 Abs. 1 Nr. 2 GWB nicht gilt. Auch wenn sich diese Voraussetzung nicht unmittelbar aus § 108 Abs. 3 GWB ergibt, sind öffentliche Auftraggeber gut beraten, inverse und horizontale Inhouse-Geschäfte nur dann zu vereinbaren, wenn die zu beauftragende juristische Person im Wesentlichen, d. h. zu mehr als 80 % für den öffentlichen Auftraggeber tätig ist, der sie inhouse beauftragt, oder für eine von diesem öffentlichen Auftraggeber kontrollierte andere juristische Person.

4.2.1.5 Inhouse-Geschäfte als Joint Venture

§ 108 Abs. 4 GWB stellt auch solche öffentlichen Aufträge von der Pflicht zur Anwendung des Vergaberechts frei, die von einem öffentlichen Auftraggeber an eine juristische Person vergeben werden, selbst wenn diese nicht im Sinne von § 108 Abs. 1 Nr. 1 und Abs. 2 GWB einer alleinigen dienststellenartigen Kontrolle dieses öffentlichen Auftraggebers unterliegt. Eine gemeinsam mit anderen öffentlichen Auftraggebern ausgeübte entsprechende Kontrolle ist ausnahmsweise ausreichend.[60] Die zu beauftragende juristische Person muss mehr als 80 % ihrer Tätigkeiten für die beherrschenden öffentlichen Auftraggeber erbringen, und es darf wiederum kein privates Kapital an ihr beteiligt sein.

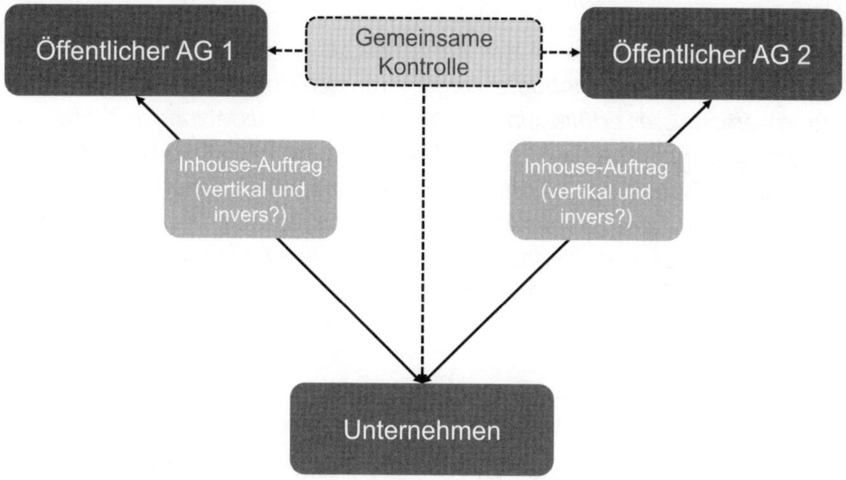

Abb. 9: Inhouse-Geschäfte als Joint Venture

60 EuGH, Urt. v. 29.11.2012, Rs. C-182/11 und C-183/11, Econord SpA.

Eine Auftragsvergabe zwischen zwei Schwestergesellschaften, die jeweils durch mehrere öffentliche Auftraggeber kontrolliert werden, ist nicht in § 108 GWB vorgesehen. Auch die inverse Inhouse-Vergabe einer von mehreren öffentlichen Auftraggebern kontrollierten juristischen Person an einen von mehreren sie kontrollierenden öffentlichen Auftraggeber ist in § 108 GWB nicht geregelt. Zumindest der zuletzt genannte Fall der invers vertikalen Inhouse-Vergabe an einen von mehreren kontrollierenden öffentlichen Auftraggeber soll nach der Gesetzesbegründung zu § 108 GWB jedoch möglich sein.[61]

4.2.1.6 Späterer Wegfall der Inhouse-Fähigkeit

Sofern eine juristische Person zu einem beliebigen späteren Zeitpunkt nach Abschluss eines Inhouse-Geschäftes in bedeutendem Umfang Fremdgeschäfte betreibt und damit den in § 108 Abs. 1 Nr. 2 GWB vorausgesetzten Umsatz von mehr als 80 % unterschreitet, fällt die Inhouse-Fähigkeit dieses Unternehmens nachträglich fort. Auch kann hinsichtlich des Kontrollkriteriums nachträglich eine Veränderung eintreten, wenn der ursprünglich das Unternehmen wie eine eigene Dienststelle kontrollierende öffentliche Auftraggeber Geschäftsanteile veräußert.

Nicht abschließend geklärt sind die Auswirkungen für den ursprünglich ohne formelles Vergabeverfahren inhouse abgeschlossenen Vertrag. Die bloße Übertragung von Geschäftsanteilen ist vergaberechtlich zwar neutral und stellt keine Beschaffung von Leistungen dar. Nach den in § 132 GWB normierten Grundsätzen für wesentliche Vertragsänderungen spricht aber viel dafür, dass die Fortsetzung dieses Ursprungsvertrags zum Zeitpunkt der wirksamen Übertragung der Geschäftsanteile der Durchführung eines formellen Vergabeverfahrens bedarf.[62] Die Aufnahme der Fremdgeschäftstätigkeit ist vergaberechtlich erlaubt.[63]

Praxistipp

▶ *Die Voraussetzungen der Inhouse-Vergabe müssen über den gesamten Zeitraum des Auftragsverhältnisses erfüllt sein. Bei Wegfall der Voraussetzungen drohen vergabe- und vertragsrechtliche Folgen und Risiken für die mit dem Inhouse-Geschäft bezweckte Bedarfsdeckung des öffentlichen Auftraggebers. Empfehlenswert ist deshalb die Einrichtung eines internen Vertragsmanagements, bei dem auch regelmäßig und proaktiv überprüft wird, ob und ggf. welche Risiken bei Änderungen des ursprünglichen Inhouse-Geschäfts drohen.*

4.2.2 Öffentlich-öffentliche Zusammenarbeit

Die Möglichkeiten der Zusammenarbeit zwischen öffentlichen Auftraggebern sind vielfältig. Es gibt auf Dauer angelegte, institutionalisierte Formen wie **Zweckverbände** und nicht institutionalisierte, projektbezogene Formen wie **Arbeitsgemeinschaften** auf der

61 BT-Drs. 18/6281, S. 81.
62 EuGH, Urt. v. 10.9.2009, Rs. C-573/07, Sea, Rn. 53; OLG Düsseldorf, Beschl. v. 28.7.2011, VII-Verg 20/11.
63 OLG München, Beschl. v. 21.5.2008, Verg 5/08.

Grundlage von Verwaltungsvereinbarungen. Eine weitere Unterscheidung ist möglich zwischen rechtsfähigen und nicht rechtsfähigen oder zwischen privat- und öffentlich-rechtlichen Formen der Zusammenarbeit. Landesgesetzliche Regelungen über die kommunale Zusammenarbeit unterscheiden weiterhin danach, ob eine Aufgabe in den Zuständigkeitsbereich eines oder mehrerer anderer Verwaltungsträger übertragen wird (Delegation),[64] oder ob bei unveränderten Zuständigkeiten eine Partei lediglich verpflichtet wird, eine Aufgabe für eine andere Partei durchzuführen (Mandatierung).

Die **bloße Zuständigkeitsübertragung** von einem auf einen anderen Verwaltungsträger ist kein entgeltlicher Vertrag mit einem Unternehmen über die Erbringung von Leistungen im Sinne von § 103 Abs. 1 GWB, weil bereits der hierfür erforderliche **Beschaffungsbezug nicht gegeben** ist.[65] Der übertragende Verwaltungsträger beschafft keine Leistung, er entledigt sich vielmehr einer Aufgabe. Öffentliche Stellen bleiben bei der Wahrnehmung öffentlicher Aufgaben unter sich, private Dritte werden nicht beteiligt. Wenn Zuständigkeiten nicht übertragen, sondern wenn die Wahrnehmung bestimmter Aufgaben neu geordnet und ggf. in einer von mehreren Verwaltungsträgern neu gegründeten Einrichtung gebündelt werden, spricht ebenfalls viel dafür, dass eine solche Maßnahme als verwaltungsinterner Vorgang vergaberechtlich irrelevant ist. Da hierfür keine Rechtsform vorgeschrieben ist, müssen die beteiligten Verwaltungsträger nicht zwingend eine neue Einrichtung gründen, sondern können die Aufgabenwahrnehmung auch einzelvertraglich mit einem weiteren Verwaltungsträger gestalten.[66] Nach europäischem Vergaberecht sind allein die folgenden Voraussetzungen dafür maßgeblich, ob eine Kooperation ein ausschreibungsfreier Vorgang ist, die der europäische Richtliniengeber und der deutsche Gesetzgeber die Voraussetzungen auf der Grundlage der früheren Rechtsprechung des **EuGH**[67] in § 108 Abs. 6 Nr. 1 bis 3 GWB wie folgt definiert haben:

- Der Vertrag muss eine Zusammenarbeit zwischen den beteiligten öffentlichen Auftraggebern begründen oder erfüllen, um sicherzustellen, dass die von ihnen zu erbringenden öffentlichen Dienstleistungen im Hinblick auf die Erreichung gemeinsamer Ziele ausgeführt werden,
- die Durchführung der Zusammenarbeit darf ausschließlich durch Überlegungen im Zusammenhang mit dem öffentlichen Interesse bestimmt werden und
- die öffentlichen Auftraggeber müssen auf dem Markt weniger als 20 Prozent der Tätigkeiten erbringen, die durch die Zusammenarbeit erfasst sind.

Diese Voraussetzungen müssen kumulativ erfüllt sein[68].

Erforderlich ist demnach insbesondere ein gemeinsamer Entschluss zur Zusammenarbeit an einer allen Beteiligten obliegenden Aufgabe.

Die bloße Beauftragung eines Verwaltungsträgers, der zufällig auch Träger derselben öffentlichen Aufgabe wie der Auftrag erteilende andere Verwaltungsträger ist, der von die-

64 Vgl. § 23 Abs. 1 und 2 GkG NRW.
65 BT-Drs. 18/6281, S. 80.
66 Vgl. EuGH, Urt. v. 9.6.2009, Rs. C-480/06, Stadtreinigung Hamburg, Rn. 47.
67 EuGH, Urt. v. 13.6.2013, Rs. C-386/11, Piepenbrock, Rn. 38; Urt. v. 19.12.2012, Rs. C-159/11, Lecce, Rn. 35 und Urt. v. 9.6.2009, Rs. C-480/06, Stadtreinigung Hamburg, Rn. 38, 44, 47.
68 EuGH, Urt. v. 19.12.2012, Rs. C-159/11, ASL, Rn. 36.

sem aber unabhängig ist, reicht nicht aus, um insoweit von der Verfolgung eines gemeinsamen Ziels auszugehen.[69] Hierbei handelt es sich vielmehr um eine reguläre einseitige Nachfrage von Leistungen am Markt.

Ein gemeinsames Ziel wird auch dann nicht verfolgt, wenn die gesetzliche Pflicht zur Wahrnehmung lediglich einen der beteiligten öffentlichen Auftraggeber betrifft und sich die Rolle des anderen öffentlichen Auftraggebers auf die Erbringung marktgängiger Hilfstätigkeiten beschränkt.[70] So ist zwar der Betrieb öffentlicher Einrichtungen der Abfallwirtschaft eine öffentliche Aufgabe,[71] die Erbringung von Reinigungsleistungen in öffentlichen Gebäuden jedoch nicht.[72]

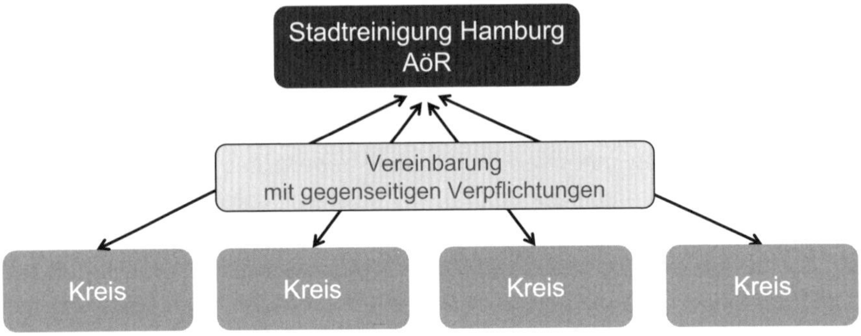

Abb. 10: Positivbeispiel EuGH, Urt. v. 9.6.2009, Rs. C-480/06, Stadtreinigung Hamburg

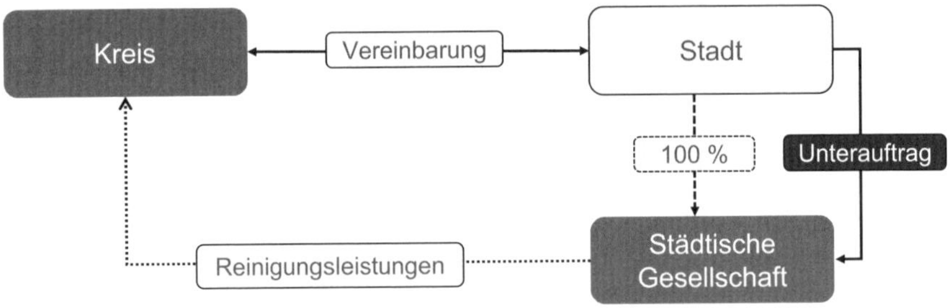

Abb. 11: Negativbeispiel EuGH, Urt. v. 13.6.2013, Rs. C-386/11, Piepenbrock

Praxistipp

*Die **formelle Bezeichnung** einer Vereinbarung zwischen Verwaltungsträgern als „mandatierend" oder „delegierend" ist **ohne Bedeutung**. Entscheidend für die Eröffnung des objektiven Anwendungsbereichs des Vergaberechts ist der materielle Gehalt der getroffenen Vereinbarungen. Eine grundsätzlich vergaberechtsfreie Vereinbarung liegt nur vor, wenn öffentliche Auftraggeber einen gemeinsamen Entschluss zur Zusammenarbeit an einer allen Beteiligten obliegenden öffentlichen Auf-*

69 EuGH, Urt. v. 4.6.2020, Rs. C-429/19, Remondis (Leitsatz).
70 Vgl. OLG Naumburg, Beschl. v. 17.3.2017, 7 Verg 8/16.
71 EuGH, Urt. v. 9.6.2009, Rs. C-480/06, Stadtreinigung Hamburg.
72 OLG Düsseldorf, Beschl. v. 6.11.2013, VII-Verg 39/11.

gabe fassen. Die Erledigung von Hilfstätigkeiten allein ist keine Ausübung einer öffentlichen Aufgabe.

4.3 Gegenstand öffentlicher Aufträge

Gegenstand öffentlicher Aufträge sind gemäß § 103 Abs. 1 GWB die Lieferung von Waren, die Ausführung von Bauleistungen oder die Erbringung von Dienstleistungen. Wenngleich das Unterschwellenvergaberecht der UVgO und des 1. Abschnitts der VOB/A keine entsprechende Regelung enthält, ist insoweit dasselbe Begriffsverständnis zugrunde zu legen.

Die Abgrenzung unterschiedlicher Auftragsarten nach ihrem Gegenstand ist in der Praxis von erheblicher Bedeutung, weil sich nach der Einordnung als Liefer-, Bau- und Dienstleistungsauftrag entscheidet, ob ein Auftrag in einem EU-weiten Vergabeverfahren oder lediglich national ausgeschrieben werden muss (vgl. § 106 Abs. 1 GWB). Ein Auftrag mit einem geschätzten Wert von 500.000 EUR (netto), der als Dienstleistungsauftrag zu qualifizieren ist, muss EU-weit ausgeschrieben werden, weil er den maßgeblichen Schwellenwert für Liefer- und Dienstleistungsaufträge[73] überschreitet. Derselbe Auftrag ist jedoch nur national auszuschreiben, wenn er die Ausführung einer Bauleistung zum Gegenstand hat. Besondere Probleme bestehen bei gemischten Verträgen, die sowohl Bau- als auch Liefer- und/oder Dienstleistungen zum Gegenstand haben.[74] Bei der Vergabe von Konzessionen ist die Abgrenzung weniger bedeutsam, weil Dienstleistungs- und Baukonzessionen ab Erreichen eines einheitlichen Schwellenwerts[75] jeweils nach Maßgabe der KonzVgV EU-weit ausgeschrieben werden. Unterhalb der EU-Schwellenwerte enthält lediglich der 1. Abschnitt der VOB/A in § 23 eine Regelung zur Vergabe von Baukonzessionen. Danach sind die §§ 1 bis 22 VOB/A „sinngemäß" anzuwenden. Für Dienstleistungskonzessionen fehlt eine entsprechende Regelung in der UVgO. Insoweit sind lediglich die EU-Grundfreiheiten zu beachten, wenn der Vertrag binnenmarktrelevant ist.[76]

4.3.1 Lieferaufträge (§ 103 Abs. 2 GWB)

Lieferaufträge sind gemäß § 103 Abs. 2 GWB Verträge zur Beschaffung von Waren, die insbesondere Kauf, Ratenkauf oder Leasing, Miet- oder Pachtverhältnisse mit oder ohne Kaufoption betreffen und die auch Nebenleistungen umfassen können. Waren sind alle beweglichen körperlichen Gegenstände sowie Gas und elektrischer Strom,[77] die einen Geldwert haben und Gegenstand von Handelsgeschäften sein können.[78] Andere, nicht ausdrücklich genannte Vertragsarten über die Beschaffung von Waren unterfallen ebenso § 103 Abs. 2 GWB wie Verträge, in denen die Parteien die Abholung der Ware durch den Auftraggeber und nicht eine Lieferung vereinbaren.

73 S. hierzu Kap. 5.1.
74 S. hierzu Kap. 4.3.6.1.
75 S. hierzu Kap. 5.1.
76 S. hierzu Kap. 5.4.
77 EuGH, Urt. v. 13.3.2001, Rs. C-379/98, PreussenElektra ./. Schleswag.
78 EuGH, Urt. v. 10.12.1968, Rs. 7/68, Kommission ./. Italien.

Da weder das europäische noch das nationale Vergaberecht den Begriff der **Lieferkonzession** ausdrücklich geregelt haben, können unter Zugrundelegung des weiten Entgeltbegriffs auch solche Verträge als öffentliche Lieferaufträge im Sinne von § 103 Abs. 2 GWB angesehen werden, bei denen der Auftragnehmer als Gegenleistung ausschließlich das Recht zur Vermarktung der Ware erhält und das damit verbundene Risiko trägt.[79] Die gleichzeitige Einordnung derartiger Verträge als Rahmenvereinbarung und als öffentlicher Lieferauftrag ist möglich.

4.3.2 Bauaufträge (§ 103 Abs. 3 GWB)

Bauaufträge können nach § 103 Abs. 3 S. 1 GWB die Ausführung oder gleichzeitige Planung und Ausführung von Bauleistungen im Zusammenhang mit einer der Tätigkeiten, die in Anhang II RL 2014/24/EU und Anhang I RL 2014/25/EU genannt sind, oder eines Bauwerks umfassen, das Ergebnis von Tief- oder Hochbauarbeiten ist und eine wirtschaftliche oder technische Funktion erfüllen soll. Bauleistungen sind gemäß § 1 VOB/A Arbeiten jeder Art, durch die eine bauliche Anlage hergestellt, instand gehalten, geändert oder beseitigt wird.

Das erforderliche Beschaffungselement setzt hier ein unmittelbar wirtschaftliches Interesse des Auftraggebers an der Bauleistung voraus. Das bedeutet nicht, dass er zwingend Eigentümer des zu errichtenden Bauwerks oder von Teilen davon werden muss. Auch sonst ist keine Beschaffung in einem gegenständlich oder körperlich zu verstehenden Sinne erforderlich.[80] Beschaffung in diesem Sinne setzt aber eine einklagbare Pflicht zur Erbringung der Bauleistung voraus. Grundlage eines entsprechenden Leistungsanspruchs des Auftraggebers muss dabei der Bauvertrag sein.[81]

Bauen durch Dritte nach den vom Auftraggeber genannten Erfordernissen soll Umgehungsgeschäfte in den Fällen vermeiden, in denen der öffentliche Auftraggeber nicht selbst als Bauherr auftritt, sondern den Auftragnehmer als Bauherrn in die Leistungskette einbindet. Der Auftragnehmer leitet die Vorgaben des öffentlichen Auftraggebers an den bauausführenden Dritten weiter. Die vom öffentlichen Auftraggeber vorgegebenen Erfordernisse müssen sich dabei aus einem mit dem Auftragnehmer geschlossenen Vertrag ergeben.

4.3.3 Dienstleistungsaufträge (§ 103 Abs. 4 GWB)

§ 103 Abs. 4 GWB ist ein **Auffangtatbestand** und erfasst alle Aufträge, die nicht Liefer- oder Bauauftrag sind.

Da die dem vierten Teil des GWB zugrunde liegenden europäischen Vergaberichtlinien die Grundfreiheiten des EU-Primärrechts umsetzen, ist insoweit auch ein Rückgriff auf die Begriffsdefinition aus Art. 57 AEUV möglich. Dienstleistungen sind danach Leistungen, die **in**

79 Offen lassend OLG Düsseldorf, Beschl. v. 17.1.2008, VII-Verg 57/07.
80 EuGH, Urt. v. 25.3.2010, Rs. C-451/08, Helmut Müller, Rn. 54.
81 EuGH, Urt. v. 25.3.2010, Rs. C-451/08, Helmut Müller, Rn. 60, 62.

der Regel gegen Entgelt erbracht werden, soweit sie nicht den Vorschriften über den freien Waren- und Kapitalverkehr und über die Freizügigkeit der Personen unterliegen. Als Dienstleistungen gelten insbesondere gewerbliche, kaufmännische, handwerkliche und freiberufliche Tätigkeiten. Soweit das europäische Primärrecht Tätigkeiten, die dauernd oder zeitweise mit der Ausübung hoheitlicher Gewalt gemäß Art. 62, 51 AEUV verbunden sind, vom Anwendungsbereich der Dienstleistungsfreiheit ausnimmt, hat der deutsche Gesetzgeber diese Ausnahme nunmehr erstmals in § 116 Abs. 1 Nr. 1 lit. e) GWB in Bezug auf Rechtsdienstleistungen, im Übrigen jedoch ausdrücklich nicht übernommen.

Dienstleistungsaufträge sind nicht zu verwechseln mit Dienstverträgen im Sinne der §§ 611 ff. BGB. Auch **zivilrechtliche Werkverträge** (§§ 631 ff. BGB) können öffentliche Dienstleistungsaufträge im Sinne des Vergaberechts sein.

Verfahrenserleichterungen sind gemäß § 130 GWB für **soziale und andere besondere Dienstleistungen** vorgesehen. Dabei handelt es sich um die in Anhang XIV der Richtlinie 2014/24/EU und in Anhang XVII der Richtlinie 2014/25/EU abschließend genannten Leistungen, wie zum Beispiel Arbeitsmarktleistungen (z.B. Integrationskurse), Beherbergung (z.B. auch Flüchtlingsunterbringung), außergerichtliche Rechtsberatung, Dienstleistungen des Gesundheits- und Sozialwesens und bestimmte Postdienstleistungen.

Praxistipp

▶ *Einige Postdienstleistungen sind „besondere" Dienstleistungen, für die Verfahrenserleichterungen gelten, andere Postdienstleistungen sind „gewöhnliche" Dienstleistungen, für die keine Erleichterungen gelten. Die Einordnung richtet sich nach den CPV-Codes. So gilt für die Leistung „Personenbeförderung auf der Straße" (CPV 60160000-7) reguläres Vergaberecht, während „Briefpostdienste" (CPV 64112000) nach dem vereinfachten Verfahrensrecht für soziale und andere besondere Dienstleistungen vergeben werden können. Bei der Vergabe von Postdienstleistungsaufträgen oder entsprechenden Konzessionen ist daher genau zu prüfen, was Hauptvertragsgegenstand sein soll. Danach entscheidet sich, ob der Auftrag oder die Konzession unter den erleichterten Voraussetzungen vergeben werden kann, die für besondere Dienstleistungen gelten. Kann der Hauptgegenstand des Auftrags nicht sicher ermittelt werden, gilt im Zweifel das strengere Vergaberecht für „gewöhnliche" Dienstleistungsaufträge.*

Die Verfahrenserleichterungen betreffen insbesondere höhere Schwellenwerte für die Anwendung des EU-Vergaberechts (750.000 EUR bzw. 1 Mio. EUR im Sektorenbereich), die freie Wahl der Verfahrensart (nur mit Ausnahme des Verhandlungsverfahrens ohne Teilnahmewettbewerb), vereinfachte Bekanntmachungen, freie Fristenbestimmung, erleichterte Regeln für Rahmenvereinbarungen, Auftragsänderungen und erweiterte Möglichkeiten für Zuschlagskriterien.

Der Begriff der sozialen und anderen besonderen Dienstleistungen und die mit ihm verbundenen Verfahrenserleichterungen gelten auch unterhalb der Schwellenwerte (§ 49 UVgO).

Der Begriff der freiberuflichen Leistungen hat im EU-Vergaberecht keine Bedeutung mehr. Freiberufliche Leistungen können daher nur dann unter erleichterten Voraussetzungen beauftragt werden, wenn es sich dabei gleichzeitig um soziale oder besondere Dienstleistungen im Sinne von § 130 GWB handelt. Eine Ausnahme gilt für Architekten- und Ingenieurleistungen, für die gemäß §§ 73 ff. VgV ebenfalls ein erleichtertes Verfahrensrecht gilt. Unterhalb der Schwellenwerte besteht für sämtliche freiberuflichen Leistungen dagegen die Möglichkeit, Aufträge in einem vereinfachten wettbewerblichen Verfahren ohne weitere formelle Anforderungen zu vergeben (§ 50 UVgO).

4.3.4 Wettbewerbe (§ 103 Abs. 6 GWB)

Wettbewerbe sind nach § 103 Abs. 6 GWB Auslobungsverfahren,[82] die dem Auftraggeber aufgrund vergleichbarer Beurteilung durch ein Preisgericht mit oder ohne Verteilung von Preisen zu einem Plan verhelfen sollen. Die in der Praxis relevantesten Anwendungsbereiche sind die Raumplanung, der Städtebau, das Bauwesen und die Datenverarbeitung.

Ein Wettbewerb ist einem Vergabeverfahren regelmäßig vorgeschaltet. Es werden Lösungen und Bewerber ermittelt, die sich als am besten zur Projektrealisierung geeignet erweisen, wobei kein Anspruch des Erstplatzierten auf Auftragserteilung besteht.[83]

Nähere Regelungen zum Ablauf eines Wettbewerbs und zur Zusammensetzung des Preisgerichts enthalten die §§ 69 ff. VgV und für den Sektorenbereich die §§ 60 ff. SektVO.

4.3.5 Verteidigungs- oder sicherheitsspezifische Aufträge (§ 104 GWB)

Für den objektiven Anwendungsbereich des Vergaberechts besteht in den Bereichen Verteidigung und Sicherheit im Vergleich zu anderen Bereichen keine Besonderheit. Entgeltliche Verträge im verteidigungs- und sicherheitsrelevanten Bereich sind **öffentliche Aufträge**. Für sie wurde mit der VSVgV für Liefer- und Dienstleistungsaufträge und mit dem dritten Abschnitt der VOB/A für Bauaufträge lediglich ein besonderes, von anderen Bereichen abweichendes Vergabeverfahrensrecht geschaffen.

Öffentliche Aufträge im verteidigungs- und sicherheitsrelevanten Bereich sind im Einzelnen in § 104 Abs. 1 GWB genannt. Es handelt sich dabei um Aufträge, die folgende Leistungen zum Gegenstand haben:

- Lieferung von Militärausrüstung einschließlich dazugehöriger Teile, Bauteile oder Bausätze;
- Lieferung von Ausrüstung, die im Rahmen eines Verschlusssachenauftrags vergeben wird einschließlich der dazugehörigen Teile, Bauteile oder Bausätze;
- Bauleistungen, Lieferungen und Dienstleistungen in unmittelbarem Zusammenhang mit der vorgenannten Ausrüstung in allen Phasen des Lebenszyklus der Ausrüstung;

82 Anstelle des bislang verwendeten Begriffs *„Auslobungsverfahren"* übernimmt der Gesetzgeber im Rahmen der Eins-zu-eins-Umsetzung des Richtlinienrechts nunmehr den Begriff *„Wettbewerb"* aus Art. 2 Abs. 1 Nr. 21 RL 2014/24/EU und Art. 2 Nr. 17 RL 2014/25/EU, BT-Drs. 18/6281, 74.

83 VK Lüneburg, Beschluss v. 23.1.2012, VgK-57/2011 m.w.N.

- Bau- und Dienstleistungen speziell für militärische Zwecke oder Bau- und Dienstleistungen, die im Rahmen eines Verschlusssachenauftrags vergeben werden.

Der „Verschlusssachenauftrag" als Unterfall eines verteidigungs- und sicherheitsrelevanten Auftrags ist wiederum in § 104 Abs. 3 GWB als Auftrag für Sicherheitszwecke definiert, bei dessen Erfüllung oder Erbringung Verschlusssachen nach § 4 des Gesetzes über die Voraussetzungen und das Verfahren von Sicherheitsüberprüfungen des Bundes oder nach den entsprechenden Bestimmungen der Länder verwendet werden oder der Verschlusssachen in diesem Sinne erfordert oder beinhaltet.

Für verteidigungs- oder sicherheitsspezifische Aufträge unterhalb der Schwellenwerte besteht hinsichtlich der Vergabeverfahrensart mit Ausnahme der Verhandlungsvergabe ohne Teilnahmewettbewerb Wahlfreiheit für öffentliche Auftraggeber.

4.3.6 Gemischte Verträge

Gemischte Verträge sind in der Praxis nicht selten.

Verträge mit **unterschiedlichen Leistungsarten** müssen nach einem einheitlichen Verfahrensrecht beauftragt werden. Darüber hinaus gelten unterschiedliche Schwellenwerte für Liefer- und Dienstleistungsaufträge einerseits und Bauaufträge andererseits.[84] Die Einordnung ist aber nicht nur deshalb von besonderer Praxisbedeutung, weil sich danach die für das Vergabeverfahren maßgebliche Vergabeordnung richtet – entweder die VOB/A für die Vergabe von Bauaufträgen oder die VgV für die Vergabe von Liefer- und Dienstleistungsaufträgen. Darüber hinaus müssen Verträge über Leistungen aus unterschiedlichen Wirtschaftsbereichen (z.B. Verteidigung und Sicherheit, Versorgungssektoren) oder Verträge mit unterschiedlichen Gestaltungen (öffentlicher Auftrag oder Konzession) einheitlichen Verfahrensregeln zugeordnet werden können.

Schließlich müssen auch Beschaffungen nach einem einheitlichen Vergaberegime durchgeführt werden, die sowohl der Ausübung einer Sektorentätigkeit dienen als auch der Ausübung von Tätigkeiten außerhalb des Sektorenbereichs. Derartige Zuordnungsregeln enthalten die §§ 110 bis 112 GWB.

Praxistipp

▶ *Abgrenzungsregeln für gemischte Verträge sind ausdrücklich nur für das EU-Vergaberecht in den §§ 110 bis 112 GWB vorgesehen. Eine Orientierung an diesen Regeln ist jedoch auch im Unterschwellenbereich möglich und sinnvoll.*

4.3.6.1 Gemischte Verträge über unterschiedliche Leistungarten

Öffentliche Dienstleistungsaufträge und -konzessionen, die soziale oder andere besondere Dienstleistungen und gleichzeitig „gewöhnliche" Dienstleistungen zum Gegenstand ha-

84 S. bereits oben, Kap. 4.3.

ben, werden abhängig von dem jeweiligen Wert der Teilleistung gemäß § 110 Abs. 2 Nr. 1 GWB dem einen oder dem anderen Bereich zugeordnet.

Dasselbe Abgrenzungskriterium gilt nach § 110 Abs. 2 Nr. 2 GWB für öffentliche Aufträge, die **Liefer- und Dienstleistungen zum Gegenstand haben**. Die Abgrenzung kann Probleme bereiten, wenn bereits unklar ist, was Liefer- und was Dienstleistung ist. Wenn bestimmte Produkte nach Beratung und dabei ermittelten individuellen Wünschen und Bedürfnissen angefertigt werden, sind weder die Beratung noch die Herstellung als Dienstleistung einzuordnen. Hintergrund ist, dass der Warenbegriff der europäischen Vergaberichtlinien nicht danach differenziert, ob ein Produkt individuell oder standardisiert hergestellt wird.[85]

Für die Einordnung von gemischten öffentlichen Aufträgen, die sowohl Bau- als auch Dienstleistungen zum Gegenstand haben, ist zur Bestimmung des Hauptgegenstands gemäß § 110 Abs. 1 GWB dagegen nicht allein der Wert des jeweiligen Leistungsteils maßgeblich. Zusätzlich sind weitere, insbesondere funktionale Aspekte in die Betrachtung mit einzubeziehen. Wenn ein Bauwerk nur unvermeidliche Folge einer Dienstleistung ist oder wenn Bauleistungen Dienstleistungen ergänzen, sind die tatsächlich zu erbringenden Bauleistungen lediglich von untergeordneter Bedeutung. Wenn die Dienstleistung dagegen für ein funktionsfähiges Bauwerk erforderlich ist, spricht mehr für einen öffentlichen Bauauftrag. Hierzu die folgenden Praxisbeispiele:

Praxisbeispiele

- *Die Lieferung und Montage von Kassen- und Kontrollsystemen für ein Großstadion dienen dessen Funktionsfähigkeit und sind damit, soweit die Installationsarbeiten eine Bauleistung nach Anhang II der Richtlinie 2014/24/EU darstellen, Bauauftrag.*[86]
- *Werden für ein Bauvorhaben Baumaterialien (hier: Granitsteine und -platten) beschafft, handelt es sich nicht um einen Bau-, sondern um einen Lieferauftrag, wenn keine weiteren Bauleistungen hinzukommen.*[87]

4.3.6.2 Gemischte Verträge in unterschiedlichen Regelungsbereichen

Grundsätzlich sind Leistungen nach den Verfahrensregeln zu vergeben, welche für diese gelten. Werden Leistungen, für die bei separater Beauftragung unterschiedliche Regelungen gelten würden, in einem Vertrag zusammengefasst, entstehen Abgrenzungsfragen.

Dem Auftraggeber soll es bei objektiv trennbaren Leistungen gemäß § 111 Abs. 1 GWB zwar freistehen, die Leistungen getrennt oder zusammen in einem Auftrag zu vergeben. Die Zusammenfassung der Leistungen darf aber nicht dazu missbraucht werden, die Vergabe aus dem Anwendungsbereich der Vergaberechts herauszunehmen (§ 111 Abs. 5 GWB).

85 EuGH, Urt. v. 11.6.2009, Rs. C-300/07, Oymanns, Rn. 64, 66.
86 VK Berlin, Beschl. v. 7.12.2017, VK-B1-21/17 und KG, Beschl. v. 16.1.2018, Verg 10/17.
87 VK Nordbayern, Beschl. v. 19.8.2019, RMF-SG21-3194-4-40.

Im Falle einer danach nur ausnahmsweise erlaubten Gesamtvergabe der Leistungen gilt gar kein Vergaberecht (bei Aufträgen, die teilweise nicht vergaberechtspflichtige Leistungen enthalten, gemäß § 111 Abs. 3 Nr. 1 GWB) oder jedenfalls das weniger strenge Vergaberecht (bei verteidigungs- und sicherheitsspezifischen Leistungen gemäß § 111 Abs. 3 Nr. 2 GWB), wenn die Gesamtvergabe aus objektiven Gründen gerechtfertigt ist.

Obwohl eine solche Voraussetzung in § 111 Abs. 3 Nr. 3 bis 5 GWB nicht ausdrücklich enthalten ist, dürfen Leistungen in und außerhalb des Sektorenbereichs (§ 111 Abs. 3 Nr. 3 GWB), im Anwendungsbereich des Konzessionsvergaberechts und des allgemeinen Vergaberechts (§ 111 Abs. 3 Nr. 4 GWB) sowie in und außerhalb des vierten Teils des GWB (§ 111 Abs. 3 Nr. 5 GWB)[88] nur dann in einem Vertrag zusammengefasst vergeben werden, wenn wirtschaftliche oder technische Gründe dies erfordern. Anderenfalls müssen diese Leistungen bereits aufgrund von § 97 Abs. 4 S. 2 GWB getrennt beauftragt werden, so dass dann für jede Teilleistung gemäß § 111 Abs. 2 GWB das für sie anwendbare Verfahrensrecht gilt. Der Auftraggeber oder Konzessionsgeber muss die Gründe, auf die er sich zur Rechtfertigung einer Gesamtvergabe beruft, beweisen können und sollte sie daher in der Vergabeakte umfassend und nachvollziehbar begründen. Wegen des Missbrauchsverbots gemäß § 111 Abs. 5 GWB ist die Aussicht auf ein weniger strenges oder gar kein Vergabeverfahrensrecht kein objektiver Grund, der eine Gesamtvergabe rechtfertigt.

Bei objektiv nicht trennbaren Teilleistungen stellt sich die Frage nach wirtschaftlichen oder technischen Gründen für eine Gesamtvergabe schon nicht. Derartige Leistungen müssen zusammen beauftragt werden. In diesem Fall richtet sich das anwendbare Verfahrensrecht gemäß § 111 Abs. 4 GWB nach dem Hauptgegenstand des Vertrages.

Praxisbeispiel

Sofern ein Vertrag sowohl Leistungen umfasst, die als Bau-, Liefer- oder Dienstleistung einzuordnen sind, als auch eine vergaberechtsfreie Miete (§ 107 Abs. 1 Nr. 2 GWB), ist zunächst zu prüfen, ob und ggf. welche Leistungen voneinander trennbar sind.[89]

Zu den ***untrennbar mit der Miete verbundenen Leistungen*** *zählt die üblicherweise in Gewerbeimmobilien vorhandene standardisierte Infrastruktur wie beispielsweise Stromanschlüsse, Telekommunikationsanschlüsse, Klimatisierung der Räumlichkeiten, ggf. Videoüberwachungssysteme und/oder Einlass- und Wachdienstpersonal, Reinigungspersonal, Hausmeisterdienste, Winterdienst, Gärtner etc. Eine Immobilie besteht naturgemäß nicht nur aus dem Rohbau, sondern auch aus der nach der Vorstellung des Eigentümers erforderlichen Gebäudeausstattung. Dies gilt gleichermaßen für immobilienbezogene Dienstleistungen wie Sicherheits- oder Reinigungsdienste. Das Vergaberecht verlangt nicht, dass der private Eigentümer einer Immobilie bestehende Verträge über derartige Leistungen kündigt, wenn ein öffentlicher Auftraggeber sich als Mieter diese Leistungen gleichzeitig mittelbar einkauft.*

88 § 111 Abs. 3 Nr. 5 GWB wird beispielsweise gemischte Verträge betreffen, die teilweise auch die Nutzung öffentlicher Verkehrswege nach § 46 EnWG zum Gegenstand haben.
89 Vgl. EuGH, Urt. v. 6.5.2010, Rs. C-145/08 und 149/08, Loutraki, Rn. 48.

***Trennbare Leistungen** sind etwa solche Leistungen, die der Mieter aus Anlass der Anmietung des Objektes zusätzlich einkauft, weil sie zur Erfüllung seiner besonderen individuellen Bedürfnisse erforderlich sind und die bereits im Gebäude vorhandene Infrastruktur nicht ausreicht. Hierzu können Bauleistungen gehören, wenn der Neumieter das Raumprogramm verändern will oder muss, indem er beispielweise Räume teilt oder vergrößert oder auch anbaut. Hierzu können auch Dienstleistungen gehören, wie im Falle des Betriebs eines Rechenzentrums beispielsweise die Herstellung einer unterbrechungsfreien Stromversorgung oder die gesonderte Beauftragung von zusätzlichen Sicherheitsdienstleistungen, wenn vermieterseitig entweder keine entsprechenden Leistungen vorgehalten werden oder diese nicht ausreichen.*

Derartige trennbare Leistungen müssen bei Erreichen des jeweils maßgeblichen Schwellenwerts im Rahmen von EU-weiten Vergabeverfahren beauftragt werden.

4.3.6.3 Gemischte Verträge über unterschiedliche Tätigkeiten

§ 112 GWB enthält eine weitere Zuordnungsregelung für Aufträge und Konzessionen, die teilweise der Ausübung einer Sektorentätigkeit dienen und teilweise anderen Zwecken.

Während von § 112 GWB Sachverhaltskonstellationen umfasst sind, in denen die Anwendbarkeit unterschiedlicher Vergaberechtsregime daraus resultiert, dass ein und dieselbe Beschaffung im Rahmen eines öffentlichen Auftrags oder einer Konzession für die Ausübung verschiedener Tätigkeiten des Auftraggebers bestimmt ist, soll § 111 Abs. 3 Nr. 3 GWB die Vergabe öffentlicher Aufträge betreffen, bei denen die verschiedenen Teile des Auftrags für ein und dieselbe Tätigkeit bestimmt sind, von denen ein Teil dem Sektorenvergaberecht und ein anderer Teil dem allgemeinen Vergaberecht unterfallen soll.[90] Dieser Fall existiert allerdings nicht. Wenn verschiedene Auftragsteile für ein und dieselbe Tätigkeit bestimmt sind, dann fällt der Auftrag oder die Konzession entweder unter das allgemeine Vergaberecht oder unter das Sektorenvergaberecht. Die Richtlinienbestimmungen, die der Gesetzgeber mit § 111 Abs. 3 Nr. 3 GWB umsetzen will,[91] betreffen gerade die Aufträge und Konzessionen, die zum Zwecke unterschiedlicher Tätigkeiten vergeben werden sollen.

§ 112 Abs. 3 GWB bestimmt, dass sich die Vergabe von öffentlichen Aufträgen oder Konzessionen, die mehrere Tätigkeiten betreffen, nach den Regeln richtet, die für die Tätigkeit gelten, für die der Auftrag hauptsächlich bestimmt ist. Es kommt danach darauf an, welcher Tätigkeit das Beschaffungsvorhaben vorrangig dient und entspricht.[92] Der Wert der jeweiligen Einzeltätigkeit ist für die Bestimmung des Hauptgegenstands lediglich ein Kriterium von mehreren, wenngleich ein gewichtiges.

Hinzu können im Einzelfall weitere funktionale Aspekte treten. Es ist jeweils zu prüfen, wo bei einer wertenden Gesamtbetrachtung nach dem Willen der Vertragsparteien der rechtliche und wirtschaftliche Schwerpunkt des Vertrages liegen soll. Hierbei spielt das Leistungsbestimmungsrecht des öffentlichen Auftraggebers eine zentrale Rolle.

90 BT-Drs. 18/6281, S. 86.
91 Art. 3 Abs. 5 RL 2014/24/EU, 5 Abs. 4 UAbs. 2 und 3 RL 2014/25/EU.
92 VK Rheinland-Pfalz, Beschl. v. 3.6.2013, VK 2-10/13.

4.4 Rahmenvereinbarungen

Rahmenvereinbarungen sind Vereinbarungen zwischen einem oder mehreren öffentlichen Auftraggebern oder Sektorenauftraggebern und einem oder mehreren Unternehmen, die dazu dienen, die Bedingungen für die öffentlichen Aufträge, die während eines bestimmten Zeitraums vergeben werden sollen, festzulegen, insbesondere in Bezug auf den Preis. Für die Vergabe von Rahmenvereinbarungen gelten, soweit nichts anderes bestimmt ist, dieselben Vorschriften wie für die Vergabe öffentlicher Aufträge.

Nähere Regelungen zur Ausgestaltung enthalten die **Vergabeordnungen**.

Beschaffungsart	oberhalb der Schwellenwerte (EU-Vergaberecht)	unterhalb der Schwellenwerte (nationales Vergaberecht)
Liefer- und Dienstleistungen, freiberufliche Leistungen	§§ 21 VgV, 103 Abs. 5 GWB	§ 4 VOL/A 2009 bzw. § 15 UVgO § 15 UVgO gilt nicht, vgl. § 50 UVgO
Trinkwasser, Energie, Verkehr	§§ 19 SektVO, 103 Abs. 5 GWB	§ 15 UVgO gilt (wohl)
Verteidigung, Sicherheit	§§ 14 VSVgV, 103 Abs. 5 GWB	§ 15 UVgO (arg ex. § 51 UVgO)
Bauleistungen	§§ 4a EU-VOB/A, 103 Abs. 5 GWB	§ 4a VOB/A

Abb. 12: Rechtsgrundlagen für Rahmenvereinbarungen im Überblick

Rahmenvereinbarungen dürfen nicht missbräuchlich in der Weise eingesetzt werden, dass der Wettbewerb beeinträchtigt werden könnte. Die **vorgeschriebene Laufzeit von vier Jahren** darf daher grundsätzlich nicht überschritten werden. Für soziale und andere besondere Dienstleistungen ist eine Laufzeit von höchstens sechs Jahren erlaubt, dasselbe gilt für die Vergabe von Rahmenvereinbarungen über Liefer- und Dienstleistungen unterhalb der EU-Schwellenwerte. Rahmenvereinbarungen im Sektorenbereich dürfen für eine Laufzeit von acht Jahren ausgeschrieben werden und im Bereich Verteidigung und Sicherheit beträgt die Höchstlaufzeit sieben Jahre.

Besonders kritisch und praxisrelevant ist die Pflicht des Auftraggebers zur Festlegung des Auftragsvolumens. Der Grundsatz der eindeutigen und erschöpfenden Leistungsbeschreibung gilt zwar auch für die Vergabe von Rahmenvereinbarungen, aber nur eingeschränkt. Bieter, die sich an einem Vergabevergabeverfahren zum Abschluss einer Rahmenvereinbarung beteiligen, tragen daher zwangsläufig erhöhte Kalkulationsrisiken.[93]

Nichtsdestotrotz gilt auch für Rahmenvereinbarungen, dass das in Aussicht genommene Auftragsvolumen so genau wie möglich zu ermitteln und bekannt zu geben ist, es muss aber nicht abschließend festgelegt werden (vgl. § 21 Abs. 1 S. 2 VgV, § 15 Abs. 2 S. 2 UVgO, § 4a (EU) Abs. 1 S. 2 VOB/A). Der EuGH hat zur früheren Vergaberichtlinie 2004/

93 OLG Düsseldorf, Beschl. v. 2.11.2016, Verg 27/16.

18/EG entschieden, dass eine Rahmenvereinbarung von Anbeginn die Höchstmenge der Leistungen bestimmen muss, die Gegenstand der Einzelaufträge sein können.[94]

Praxistipp

Die besseren Gründe sprechen dafür, die Erwägungen des EuGH auch auf das geltende Richtlinienrecht zu übertragen, weil anderenfalls Einzelaufträge auf der Grundlage einer Rahmenvereinbarung bis zum Ende ihrer Laufzeit vergeben werden könnten, deren möglicher Bedarf bei Ausschreibung der Rahmenvereinbarung noch nicht feststand. Einer solcher Vorgehensweise steht das Missbrauchsverbot entgegen. Eine endgültige Entscheidung des EuGH zum „neuen" Richtlinienrecht der Richtlinie 2014/24/EU steht jedoch noch aus.[95] Bis zu einer gegenteiligen Entscheidung des EuGH sind öffentliche Auftraggeber gut beraten, eine Höchstmenge für Rahmenvereinbarungen zu bestimmen. Eine Orientierung ist möglich an Erfahrungswerten aus der Vergangenheit oder an dem zur Finanzierung der Leistungen zur Verfügung stehenden Budget.

In der weiteren konkreten Ausgestaltung ist zu differenzieren zwischen Rahmenvereinbarungen

- mit einem einzigen Unternehmen und
- mit mehreren Unternehmen.

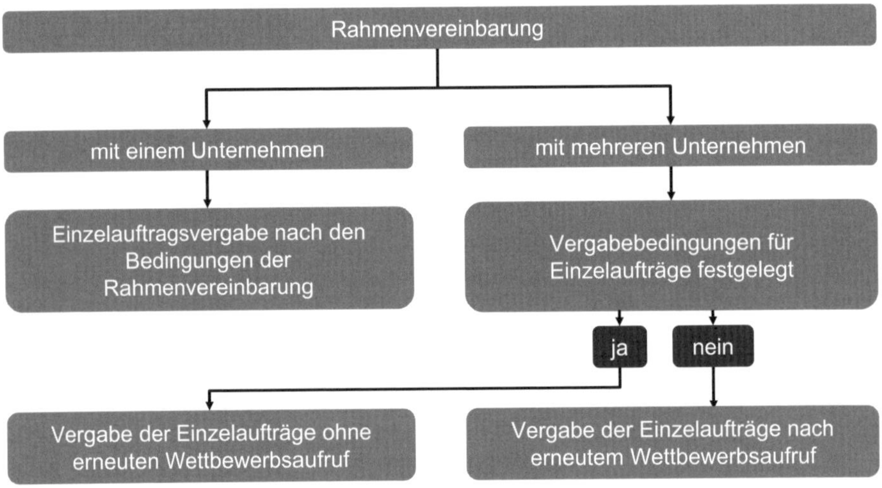

Abb. 13: Rahmenvereinbarungen

94 EuGH, Urt. v. 19.12.2018, Rs. C-216/17, Antitrust und Coopservice, Rn. 70; s. für die Richtlinie 2014/24/EU und die daraus abgeleiteten nationalen Vergabeordnungen, insbesondere § 21 VgV VK Bund, Beschl. v. 29.7.2019, VK 2-48/19 sowie VK Berlin, Beschl. v. 13.9.2019, VK B 1-13/19.

95 Beim EuGH ist derzeit zu dieser Frage noch das Vorabentscheidungsverfahren C-23/20 anhängig.

Sofern eine Vereinbarung mit mehreren Unternehmen abgeschlossen werden soll, müssen auf einer **ersten Stufe** anhand der allgemeinen Regeln des Vergaberechts mindestens drei Unternehmen ausgewählt werden, sofern eine ausreichende Anzahl wertbarer Angebote eingeht. Auf einer **zweiten Stufe** erfolgt der Leistungsabruf während der Laufzeit nach den in der Rahmenvereinbarung festgelegten Bedingungen. Hierbei sind grundsätzlich unterschiedliche Gestaltungen denkbar. Der sicherste Weg ist hierbei, eine gestaffelte Abfrage bei den Rahmenvereinbarungspartner, wobei der erstplatzierte Bieter aus dem Vergabeverfahren zum Abschluss der Rahmenvereinbarung Vorrang haben sollte und die weiteren Partner nur dann in Betracht kommen sollten, wenn der erstplatzierte Bieter ausfällt.

Sind nicht alle Bedingungen in der Rahmenvereinbarung abschließend festgelegt, muss der Auftraggeber unter den Parteien der Rahmenvereinbarung erneut zum Wettbewerb aufrufen.

4.5 Ausnahmen vom objektiven Anwendungsbereich

Ausgenommen vom Anwendungsbereich des Vergaberechts sind nur die ausdrücklich in den §§ 107 bis 109, 116 bis 118, 137 bis 140, 145 und 149 f. GWB genannten entgeltlichen Verträge. Dieser Ausnahmekatalog ist abschließend. Es existieren daneben keine anderen Ausnahmetatbestände, insbesondere nicht für Verträge über Tätigkeiten, die mit der Ausübung öffentlicher Gewalt im Sinne von Art. 51, 62 AEUV verbunden sind, die nicht ausdrücklich in einer der Ausnahmeregelungen genannt sind.[96]

Abb. 14: Ausnahmen vom Vergaberecht im Überblick

96 BGH, Beschl. v. 1.12.2008, X ZB 31/08.

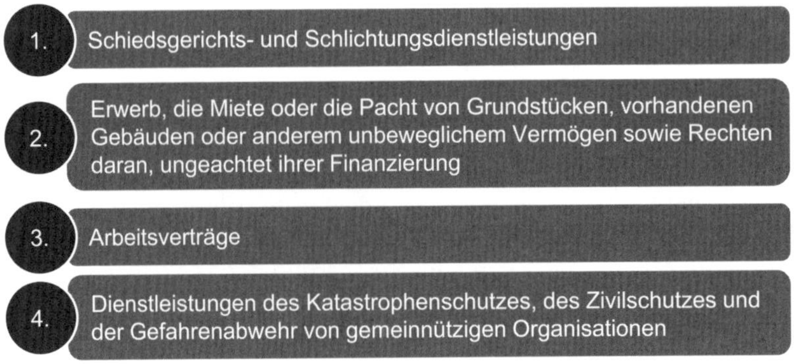

Abb. 15: Allgemeine Ausnahmen gemäß § 107 Abs. 1 GWB

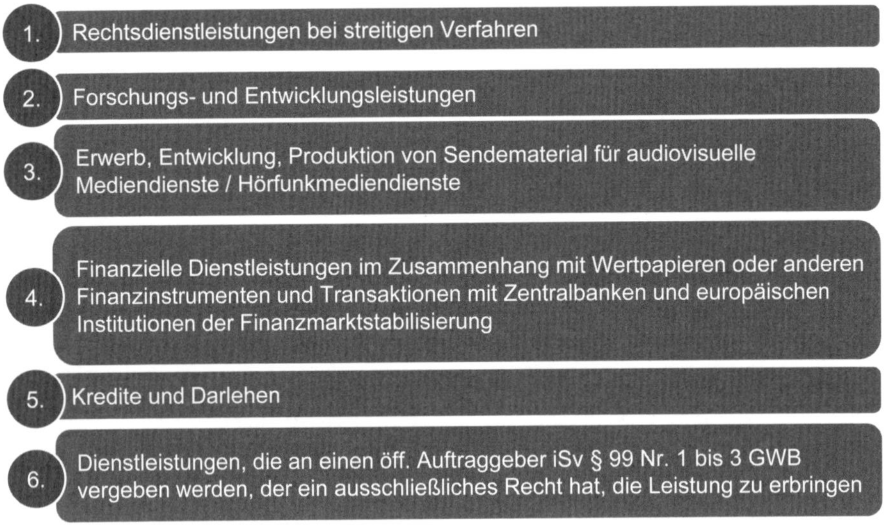

Abb. 16: Besondere Ausnahmen gemäß §§ 116 Abs. 1, 137 Abs. 1 GWB

Die Ausnahmen sind systematisch nach Regelungsadressaten gegliedert. Während bestimmte Ausnahmen für alle Auftraggeber, also für öffentliche Auftraggeber, Konzessionsgeber und Sektorenauftraggeber gelten (§§ 107 bis 109 GWB), gibt es andere, auf die sich nur öffentliche Auftraggeber (§§ 116, 118 GWB) Sektorenauftraggeber (§§ 137 bis 140 GWB) oder Konzessionsgeber (§ 149 GWB) berufen können. Daneben bestehen besondere Ausnahmeregelungen für Auftragsvergaben in den Bereichen Verteidigung und Sicherheit (§§ 117, 145 GWB) oder für Konzessionen (§ 150 GWB).

Neben den bereits dargestellten Ausnahmen bei öffentlich-öffentlicher Zusammenarbeit im Sinne von § 108 GWB sind die in der Praxis bedeutsamsten Ausnahmen vom Vergaberecht in den §§ 107, 116 GWB und für den Sektorenbereich in § 137 GWB geregelt.

Ausnahmetatbestände sind **eng auszulegen**. Öffentliche Auftraggeber, Sektorenauftraggeber und Konzessionsgeber, die sich auf eine Ausnahme berufen, sind für das Vorliegen der ausnahmebegründenden Voraussetzungen darlegungs- und beweisbelastet.[97]

Ausnahmetatbestände sind bieterschützend und unterliegen uneingeschränkt der Nachprüfung. Da der Rechtsweg zu den Nachprüfungsinstanzen nicht der Disposition der Parteien unterliegt, sind die in Betracht kommenden Ausnahmetatbestände selbst dann von Amts wegen zu prüfen, wenn sich der Auftraggeber nicht auf sie beruft.[98]

97 Vgl. EuGH, Urt. v. 2.10.2008, Rs. C-157/06, Kommission ./. Italienische Republik, Rn. 23; Urt. v. 8.4.2008, Rs. C-337/05, Agusta, Rn. 58.
98 Vgl. OLG Düsseldorf, Beschl. v. 1.8.2012, VII-Verg 10/12.

5. Schwellenwerte und Wertgrenzen

Wie bereits in Kapitel 1 dargestellt, unterscheidet sich das Vorgehen bei der Vergabe öffentlicher Aufträge deutlich danach, ob der Wert des zu vergebenden Auftrags den einschlägigen Schwellenwert erreicht bzw. überschreitet oder darunterbleibt. Daneben setzen die Landesvergabegesetze, UVgO bzw. VOL/A und VOB/A sowie zahlreiche Verwaltungserlasse weitere Wertgrenzen, unterhalb bzw. oberhalb derer Besonderheiten zu beachten sind.

In diesem Kapitel werden zunächst die EU-Schwellenwerte (Kapitel 5.1) und die weiteren relevanten Wertgrenzen (Kapitel 5.2) dargestellt. Im Anschluss daran werden die vergaberechtlichen Anforderungen an die Schätzung des Auftragswerts erläutert (Kapitel 5.3). Schließlich wird noch auf die Besonderheit der sogenannten „binnenmarktrelevanten Leistungen" eingegangen, deren Festlegung sich nicht an starren Werten, sondern an auftragsindividuellen Merkmalen orientiert (Kapitel 5.4).

5.1 Schwellenwerte

Die Schwellenwerte ziehen die grundsätzliche Trennlinie zwischen nationalen und EU-weiten Vergabeverfahren:

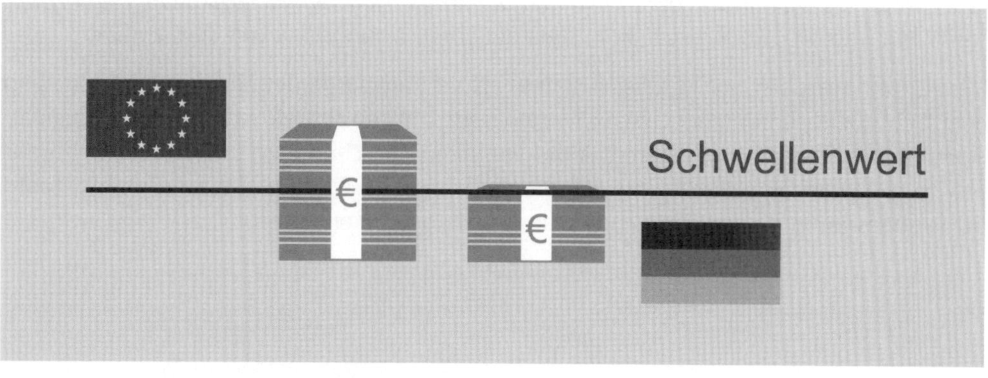

Abb. 17: Trennlinie Schwellenwerte

- Im Bereich **unterhalb der Schwellenwerte** sind die europäischen Vergaberichtlinien nicht anwendbar. Rechtsgrundlage für das Beschaffungsverfahren der öffentlichen Hand bilden hier vielmehr das **Haushaltsrecht des Bundes und der Länder**, konkretisiert durch Verwaltungsvorschriften (VV), die ihrerseits wieder Bezug nehmen auf den ersten Abschnitt der VOB/A und die UVgO bzw. teilweise noch den ersten Abschnitt der VOL/A.[1] Aufgrund der Tatsache, dass es sich beim Haushaltsrecht um **reines Innenrecht** der öffentlichen Verwaltung handelt, können Wettbewerber aus den Vorschriften über die Auftragsvergabe hier grundsätzlich keine subjektiven Rechte für sich ableiten. Das Nachprüfungsverfahren bei den Vergabekammern und Oberlandesgerichten ist – mit Ausnahme landesrechtlicher Besonderheiten in Sachsen-Anhalt und Thüringen – nicht eröffnet. Der Auftraggeber ist nicht verpflichtet, seine Vergabeverfahren EU-weit bekannt zu machen, sondern kann sich auf nationalen, bei kleinen oder Kleinstaufträgen u.U. auch auf einen regionalen oder sogar lokalen Wettbewerb beschränken.[2]

- Im Bereich **ab den EU-Schwellenwerten** wird das Vergaberecht europarechtlich determiniert. Der Wettbewerbsgrundsatz überlagert das (gleichwohl auch hier geltende) Haushaltsrecht und verleiht ihm „Zähne". Gemäß § 97 Abs. 6 GWB haben Unternehmen in diesem Bereich einen **einklagbaren Anspruch** darauf, dass der Auftraggeber die Bestimmungen über das Vergabeverfahren einhält. Dieser unterliegt strengeren, durch die vergaberechtliche Rechtsprechung sehr konkret ausgeformten Regelungen und ist grundsätzlich verpflichtet, seine Beschaffungsabsicht EU-weit anzukündigen und Unternehmen aus sämtlichen EU-Mitgliedsstaaten zum Wettbewerb zuzulassen.[3]

Die Schwellenwerte haben ihren **Ursprung im Government Procurement Agreement (GPA)**, dem Beschaffungsübereinkommen der Welthandelsorganisation.[4] Dessen Geltungsbereich wurde von Anbeginn auf öffentliche Aufträge beschränkt, die die dort genannten Werte erreichen oder überschreiten. Da das GPA ein multilaterales Abkommen ist, sind die Schwellenwerte dort nicht in der Währung eines Landes, sondern in sogenannten **Sonderziehungsrechten (SZR)** ausgewiesen.

Dabei handelt es sich um eine künstliche Währung, die 1969 vom Internationalen Währungsfonds IWF eingeführt wurde. Der Wechselkurs eines Sonderziehungsrechts ist durch einen „Währungskorb" wichtiger Weltwährungen definiert. Durch Schwankungen dieser Währungen untereinander sowie einer von Zeit zu Zeit geänderten Zusammensetzung dieses Währungskorbs ändert sich auch stets der Umrechnungskurs von Euro zu SZR.

Die EU (und hierüber ihre Mitgliedsstaaten) als Vertragspartei des GPA hat in Umsetzung der Pflicht zur Beachtung der GPA-Schwellenwerte in ihren aktuell geltenden Vergaberichtlinien[5] ein Verfahren vorgesehen, das das Verhältnis zwischen Euro und SZR im Rhythmus von zwei Jahren aktualisiert und auf dieser Grundlage **für jeweils zwei Jahre feste Schwellenwerte** für das Vergaberecht innerhalb der Union festlegt.

1 Vgl. hierzu Kap. 1.3.2.
2 Vgl. hierzu Kap. 7.2.
3 Zur Frage der Teilnahmemöglichkeit von Unternehmen aus Drittstaaten vgl. Kap. 1.3.7.
4 S. hierzu näher im Kap. 1.3.7.
5 Richtlinien 2014/23/EU, 2014/24/EU und 2014/25/EU sowie 2009/81/EG

Für die Jahre 2020 und 2021 gelten folgende Schwellenwerte (netto)[6]:

Liefer- und Dienstleistungsaufträge der obersten und oberen Bundesbehörden sowie vergleichbarer Bundeseinrichtungen	139.000 Euro
Liefer- und Dienstleistungsaufträge von Sektorenauftraggebern zum Zwecke der Ausübung einer Sektorentätigkeit	428.000 Euro
Liefer- und Dienstleistungsaufträge im Bereich Verteidigung und Sicherheit	428.000 Euro
Liefer- und Dienstleistungsaufträge aller anderen öffentlichen Auftraggeber	214.000 Euro
Aufträge für soziale und andere besondere Dienstleistungen nach § 130 GWB	750.000 Euro (im Sektorenbereich 1.000.000 Euro)
Bauaufträge	5.350.000 Euro
Bau- und Dienstleistungskonzessionen	5.350.000 Euro

Die jeweilige Festlegung dieser Schwellenwerte erfolgt auf europäischer Ebene in Gestalt von EU-Verordnungen, die für ihre Geltung – anders als Richtlinien – keiner Umsetzung in nationales Recht bedürfen. Sie gelten damit für den relevanten Zeitraum also direkt in den EU-Mitgliedsstaaten.

§ 106 GWB nimmt über eine sogenannte dynamische Verweisung auf die jeweils aktuellen EU-Schwellenwertverordnungen Bezug, sodass – anders als früher – keine Änderung der deutschen Rechtsvorschriften mehr nötig ist, wenn die Schwellenwerte wieder angepasst werden. Zugleich gibt das Bundeswirtschaftsministerium die geänderten Schwellenwerte nach deren Veröffentlichung unverzüglich im Bundesanzeiger bekannt.[7]

6 Delegierte Verordnung (EU) Nr. 2019/1827 der Kommission v. 30.10.2019, ABl. EU Nr. L 279, S. 23 (für die neuen Schwellenwerte bei der Vergabe von Konzessionen); Delegierte Verordnung (EU) Nr. 2019/1828 der Kommission v. 30.10.2019, ABl. EU Nr. L 279, S. 25 (für die neuen Schwellenwerte bei der Vergabe von öffentlichen Aufträgen); Delegierte Verordnung (EU) Nr. 2019/1829 der Kommission v. 30.10.2019, ABl. EU Nr. L 297, S. 27 (für die neuen Schwellenwerte im Sektorenbereich); Delegierte Verordnung (EU) Nr. 2019/1829 der Kommission v. 30.10.2019, ABl. EU Nr. L 297, S. 27 (für die neuen Schwellenwerte im Sektorenbereich); Delegierte Verordnung (EU) Nr. 2019/1830 der Kommission v. 30.10.2019, ABl. EU Nr. L 297, S. 29 (für die neuen Schwellenwerte im Sektorenbereich); Delegierte Verordnung (EU) Nr. 2019/1829 der Kommission v. 30.10.2019, ABl. EU Nr. L 297, S. 29 (für die neuen Schwellenwerte im Bereich Verteidigung und Sicherheit). Für EU-Mitgliedsstaaten, die den Euro (noch) nicht eingeführt haben, gelten die in der Mitteilung der EU-Kommission v. 3.12.2011 (2011/C 353/01) festgelegten Gegenwerte der nationalen Währungen.

7 Die aktuellen Schwellenwerte wurden im BAnz AT 31.12.2019 B2 veröffentlicht; die Schwellenwerte für 2022 und 2023 werden voraussichtlich Ende Dezember 2021 veröffentlicht.

5.2 Sonstige Wertgrenzen

Darüber hinaus sehen zahlreiche Vorschriften des deutschen Vergaberechts weitere Wertgrenzen vor, an die unterschiedliche Rechtsfolgen geknüpft sind.

5.2.1 Bagatelllose

§ 3 Abs. 9 VgV[8] enthält in der Praxis weitgehend unbekannte und in sich unsystematische Wertgrenzen für die Vergabe sogenannter **Bagatelllose**. Danach dürfen Auftraggeber aus einem losweise unterteilten öffentlichen Auftrag, der den einschlägigen Schwellenwert erreicht oder übersteigt (und daher EU-weit bekannt gemacht werden muss), ein bestimmtes Kontingent kleinerer Lose dem europaweiten Wettbewerb entziehen und diese national vergeben. Damit will die EU als Urheber dieser Vorschrift bewirken, dass auch bei einem binnenmarktweiten Wettbewerb zumindest ein Teil des Auftragsvolumens in jedem Fall an die heimische Wirtschaft beauftragt werden kann.

Lose, die hierfür in Betracht kommen, müssen zwei Voraussetzungen erfüllen:

- Zum einen darf ihre jeweilige absolute Größe nicht größer als 80.000 Euro (bei Liefer- und Dienstleistungsaufträgen) bzw. 1.000.000 Euro (bei Bauaufträgen) sein. Lose, die ein größeres Volumen aufweisen, fallen also per se nicht unter diese Ausnahme.
- Zum anderen dürfen nur so viele Bagatelllose, die die erste Voraussetzung erfüllen, ausgenommen werden, bis deren Summe ein Kontingent von 20 % des Gesamtauftragswerts (also die Summe sämtlicher Lose dieses Auftrags) erreicht.

Praxisbeispiel

Ein Dienstleistungsauftrag besteht aus zehn Teillosen à 50.000 Euro. Der Gesamtauftragswert beträgt also 500.000 Euro, der Auftrag ist damit EU-weit auszuschreiben. Unter Bezugnahme auf § 3 Abs. 9 VgV kann der Auftraggeber jedoch zwei Teillose (à 50.000 Euro = 100.000 Euro = 20 % von 500.000 Euro) von diesem Vergabeverfahren ausnehmen und national vergeben.

Wenngleich die Bagatelllose weiterhin Teil des Oberschwellenauftrags sind (und damit auch bei der Berechnung des Auftragswerts zu berücksichtigen sind), unterfallen sie – wenn sie einmal als solche bestimmt sind – nicht mehr dem Anwendungsbereich des GWB-Vergaberechts und können daher auch nicht Gegenstand eines Nachprüfungsverfahrens sein. Aus Gründen der Transparenz muss die Festlegung, welche Lose als Bagatelllose qualifiziert werden, bereits zu Beginn des Vergabeverfahrens erfolgen, und die Benennung der festgelegten Bagatelllose muss in der Bekanntmachung veröffentlicht werden. Die Festlegung darf später nicht mehr geändert werden.

8 Für den Sektorenbereich gilt § 2 Abs. 9 SektVO, für die Vergabe von Aufträgen im Bereich Verteidigung und Sicherheit § 3 Abs. 7 VSVgV.

5.2.2 Wertgrenzen zur Verfahrensvereinfachung

Zahlreiche Wertgrenzenregelungen sehen Verfahrenserleichterungen für die Vergabe von kleinen und kleinsten Aufträgen vor. Sie erlauben dem Auftraggeber, Aufträge, deren Volumen bestimmte Grenzwerte nicht erreichen, freihändig bzw. in der Verhandlungsvergabe zu vergeben oder beschränkt auszuschreiben[9], ohne dass es hierfür einer besonderen Begründung (z.B. Eilbedürftigkeit der Beschaffung oder stark eingeschränkter Kreis von Anbietern) bedarf.

Im Baubereich erlaubt **§ 3a Abs. 2 Nr. 1 VOB/A** die **Beschränkte Ausschreibung ohne Teilnahmewettbewerb** von Bauleistungen bis zu einem Auftragswert von

- 50.000 Euro für Ausbaugewerke (ohne Energie- und Gebäudetechnik), Landschaftsbau und Straßenausstattung,
- 150.000 Euro für Tief-, Verkehrswege- und Ingenieurbau sowie
- 100.000 Euro für alle übrigen Gewerke.

Nach **§ 3a Abs. 3 Satz 2 VOB/A** können Bauaufträge bis zu einem Auftragswert von 10.000 Euro ohne weitere Begründung **freihändig** vergeben werden.

Und seit der Ausgabe 2019 sieht die VOB/A mit **§ 3a Abs. 4** nunmehr auch die Möglichkeit vor, Bauleistungen bis zu einem voraussichtlichen Auftragswert von 3.000 Euro ohne Durchführung eines Vergabeverfahrens zu beschaffen **(Direktauftrag)**. Es gelten nur die Haushaltsgrundsätze der Wirtschaftlichkeit und Sparsamkeit und es soll zwischen den beauftragten Unternehmen gewechselt werden.

Im Liefer- und Dienstleistungsbereich ermächtigt **§ 8 Abs. 4 Nr. 17 UVgO** Bund und Länder, die Vergabe unterhalb einer zu bestimmenden Wertgrenze ohne weitere Begründung per Verhandlungsvergabe zu gestatten.[10] Hiervon haben Bund und zahlreiche Länder mit Wertgrenzen zwischen 5.000 und 10.000 Euro Gebrauch gemacht. Nach § 8 Abs. 4 Nr. 17 Halbsatz 2 UVgO kann eine solche Wertgrenze auch für die Vergabe von Liefer- oder Dienstleistungsaufträgen einer Auslandsdienststelle im Ausland oder einer inländischen Dienststelle, die im Ausland für einen dort zu deckenden Bedarf beschafft, festgesetzt werden.

§ 14 UVgO erlaubt zudem, dass Kleinstaufträge bis 1000 Euro im **Direktauftrag** ohne ein formales Vergabeverfahren beauftragt werden können. § 3 Abs. 6 VOL/A sieht einen Direktkauf bis 500 Euro vor. Der Auftraggeber muss hierbei nicht einmal die geringen Anforderungen an eine Verhandlungsvergabe beachten, ist aber ausdrücklich an die Haushaltsgrundsätze der Wirtschaftlichkeit und Sparsamkeit gebunden.

Besondere Ereignisse haben in den letzten Jahren wiederholt dazu geführt, dass diese Wertgrenzen situationsabhängig angehoben wurden:

In den Jahren 2009 und 2010 gab es auf Bundes- und Länderebene **Sonderregelungen** im Rahmen des sog. **Konjunkturpakets II**, die im Baubereich Beschränkte Ausschreibun-

9 Zu den Verfahrensarten s. auch Kap. 6.
10 § 3 Abs. 5 lit. i) VOL/A enthält eine vergleichbare Ermächtigungsgrundlage.

gen bis 1.000.000 Euro und Freihändige Vergaben bis 100.000 Euro Auftragssumme ohne weitere Begründung erlaubten. Im Bereich der Liefer- und Dienstleistungsvergaben galt eine Wertgrenze von 100.000 Euro, unterhalb derer der Auftraggeber sogar ohne weitere Begründung zwischen einer Beschränkten Ausschreibung und einer Freihändigen Vergabe entscheiden konnte. Nach Auslaufen des „KoPa II" hat der Bund seine Sonderregelungen wieder aufgehoben. Zahlreiche Bundesländer haben ihre Ausnahmevorschriften – in teilweise modifizierter Form – jedoch über den 31.12.2010 hinaus beibehalten; sie gelten in einigen Bundesländern noch heute, teilweise sogar ohne zeitliche Begrenzung.[11]

In Ansehung der erforderlichen umfassenden Leistungen im Zusammenhang mit der **Unterbringung von Geflüchteten** hatten 2015 einige Bundesländer in vergleichbaren Erlassen ebenfalls Freigrenzen für die freie Wahl der Beschränkten Ausschreibung und der Freihändigen Vergabe eingeführt.

Und auch in der aktuellen **COVID-19-Krise** sind der Bund und zahlreiche Bundesländer dazu übergegangen, die Wertgrenzen temporär zu erhöhen. So hat beispielsweise Niedersachsen mit Schreiben v. 20.03.2020 die Wertgrenze für die Vergabe eines Direktauftrags gem. § 14 UVgO von 1.000 Euro auf 20.000 Euro erhöht.

Der Bund hat am 8.7.2020 verbindliche Leitlinien für die Bundesverwaltung zur Beschleunigung investiver Maßnahmen zur Bewältigung der wirtschaftlichen Folgen der COVID-19-Pandemie herausgegeben, die bis 31.12.2021 folgende Wertgrenzen für Aufträge des Bundes erhöhen:

- Liefer- und Dienstleistungen können bis zu einem Wert von 100.000 Euro durch Beschränkte Ausschreibung ohne Teilnahmewettbewerb oder Verhandlungsvergabe mit oder ohne Teilnahmewettbewerb vergeben werden. Sofern in diesen Fällen ein Verfahren ohne Teilnahmewettbewerb gewählt wird, muss bei Aufträgen ab 25.000 Euro die Absicht zur Vergabe in angemessener Zeit vor der Entscheidung über die Auftragsvergabe unter www.bund.de veröffentlicht werden;
- Bauaufträge können bis zu einem Wert bis 1 Mio. Euro durch Beschränkte Ausschreibung ohne Teilnahmewettbewerb und bis zu einem Wert von 100.000 Euro durch Freihändige Vergabe vergeben werden.
- Direktaufträge sind für Liefer- und Dienstleistungen bis 3.000 Euro und für Bauaufträge bis 5.000 Euro möglich.

5.2.3 Wertgrenzen hinsichtlich der Transparenzanforderungen

Weiterhin existieren Wertgrenzen, deren Erreichen oder Überschreiten besondere **Transparenzpflichten** hinsichtlich des zugrunde liegenden Auftrags auslösen:

- So verlangt § 20 Abs. 4 VOB/A, dass Auftraggeber fortlaufend auf **Internetportalen oder** ihren **Beschafferprofilen** über beabsichtigte Beschränkte Ausschreibungen nach

11 So z.B. § 25a Abs. 2 und 3 der Gemeindehaushaltsverordnung des Landes Brandenburg.

§ 3a Abs. 2 Nr. 1 VOB/A ab einem voraussichtlichen Auftragswert von 25.000 Euro informieren.

- Nach erfolgter Auftragsvergabe fordert § 20 Abs. 3 VOB/A die **Veröffentlichung einiger Kerninformationen** über den vergebenen Auftrag und den Auftragnehmer: Dies gilt bei Beschränkten Ausschreibungen ohne Teilnahmewettbewerb ab einem Auftragswert von 25.000 Euro und bei Freihändigen Vergaben ab einem Auftragswert von 15.000 Euro (jeweils ohne Umsatzsteuer). Die UVgO sieht Vergleichbares in § 30 vor, jedoch einheitlich für Beschränkte Ausschreibungen und Verhandlungsvergaben (jeweils ohne Teilnahmewettbewerb) ab einem Auftragswert von 25.000 Euro.[12]

5.2.4 Landesrechtliche Wertgrenzen

Schließlich sehen zahlreiche Landesvergabegesetze vor, dass kleine und kleinste öffentliche Aufträge gar nicht oder nur teilweise in den Anwendungsbereich fallen. Entsprechende Wertgrenzen enthalten z.B. § 2 BbgVergG, § 1 Abs. 5 TVgG NRW oder § 1 Abs. 1 ThürVgG.

5.3 Berechnung des Auftragswerts

Wie bereits erwähnt, richtet sich die Entscheidung, ob der jeweilige Schwellenwert oder die Wertgrenze über- oder unterschritten wird, nach dem Volumen des entsprechenden öffentlichen Auftrags. Je größer dieser ist, desto wirtschaftlich attraktiver ist der Auftrag für die anbietenden Unternehmen und desto höhere und strengere Anforderungen werden an seine Vergabe gestellt. Andererseits gewährt das Vergaberechtsregime umso größere Vereinfachungen und sogar Ausnahmen, je kleiner und wirtschaftlich unbedeutender die entsprechenden Aufträge sind.

Die **Bestimmung des Auftragswerts** beruht auf einer **Schätzung** des Auftraggebers. Er hat dabei die in § 3 VgV geregelten Vorgaben zwingend zu beachten, wenn der Auftragswert (voraussichtlich) in dem Bereich ab dem jeweils einschlägigen Schwellenwert liegt.[13] Aber auch bei kleinen Aufträgen, bei denen es zu bestimmen gilt, ob eine der vorgenannten Wertgrenzen überschritten wird oder nicht, ist § 3 VgV zumindest als Auslegungshilfe heranzuziehen; einige Landesvergabegesetze nehmen die Vorschrift über die Auftragswertberechnung sogar ausdrücklich in Bezug.[14]

Bei der Schätzung des Auftragswerts sind zunächst **drei Kernaspekte** zu beachten, die § 3 VgV ausdrücklich normiert:

- Der Auftragswert bestimmt sich nach der **voraussichtlichen Gesamtvergütung** (§ 3 Abs. 1 VgV). Hierbei sind grundsätzlich alle geldwerten Aspekte, die in Zusammenhang mit dem zu vergebenden Auftrag stehen, zu berücksichtigen. Will sich der Auftragge-

12 Gleiches gilt gem. § 19 Abs.2 VOL/A.
13 Für Aufträge im Sektorenbereich enthält § 2 SektVO, für Aufträge im Bereich Verteidigung und Sicherheit § 3 VSVgV nahezu identische Regelungen.
14 Vgl. etwa § 1 Abs. 1 ThürVgG.

ber spätere Vertragsverlängerungen oder eine Erweiterung des Leistungsumfangs als Option vorbehalten, sind diese Leistungen ebenfalls zu berücksichtigen. Besteht ein Auftrag aus mehreren Losen, so ist der Wert aller Lose auch dann maßgeblich für den Auftragswert, wenn die Lose später gesondert beauftragt werden (§ 3 Abs. 7 und 8 VgV).[15] Prämien und sonstige Zahlungen an die Teilnehmer am Vergabeverfahren (z.B. Kostenerstattungen in einem wettbewerblichen Dialog) sind bei der Schätzung des Auftragswerts ebenso zu berücksichtigen wie Preisgelder bei Planungswettbewerben (§ 3 Abs. 12 VgV).

- Dem Auftraggeber ist es **untersagt**, den Auftragswert in der Absicht zu schätzen, den jeweiligen Schwellenwert (oder eine entsprechende Wertgrenze) nicht zu erreichen und ihn daher dem strengeren Regime ab dem Schwellenwert oder der Wertgrenze **zu entziehen** (§ 3 Abs. 2 VgV). Der Auftraggeber darf den Auftragswert also nicht künstlich „klein rechnen" oder in unterschiedliche Aufträge unterteilen, ohne hierfür einen sachlichen Grund zu haben.
- Schließlich normiert § 3 Abs. 3 VgV als maßgeblichen Zeitpunkt für die erforderliche Schätzung des Auftragswerts den **Beginn des Vergabeverfahrens**. Dies ist in der Regel der Zeitpunkt, an dem die Bekanntmachung der beabsichtigten Auftragsvergabe abgesendet wird. Bei Verhandlungsverfahren ohne Teilnahmewettbewerb sowie Beschränkten Ausschreibungen oder Freihändigen Vergaben bzw. Verhandlungsvergaben ist es der Zeitpunkt der Versendung der Vergabeunterlagen bzw. der Kontaktaufnahme mit einem oder mehreren Unternehmen.

Vor diesem Hintergrund trifft eine pflichtgemäße Schätzung nach der vergaberechtlichen Rechtsprechung jenen Auftragswert, den ein umsichtiger und sachkundiger öffentlicher Auftraggeber nach sorgfältiger Prüfung des relevanten Marktsegments und auf dem Boden einer betriebswirtschaftlichen Finanzplanung veranschlagen würde.[16]

Diesen Anforderungen kann der Auftraggeber etwa dadurch genügen, dass er den Markt für die auszuschreibende Leistung zuvor erkundet, sich bei verschiedenen Anbietern Preise nennen lässt, ggf. auf die besondere Expertise von Sachverständigen zurückgreift oder auch – solange keine zu großen Zeiträume dazwischen liegen – auf angebotene Preise aus vorangegangenen Beschaffungen derselben Leistung zurückgreift.

Wenngleich in den meisten Fällen die Auftragswertschätzung kein besonderes Problem darstellt, wenn der jeweils maßgebliche Schwellenwert oder die maßgebliche Wertgrenze deutlich über- oder unterschritten wird,[17] entstehen Schwierigkeiten mitunter dort, wo eine Auftragswertschätzung geringfügig unter dem relevanten Schwellenwert bzw. der

---

15 Bei Planungsleistungen gilt dies gem. § 3 Abs. 7 Satz 2 VgV allerdings nur für Lose über gleichartige Leistungen. Die EU-Kommission hält diese Regelung für rechtswidrig und hat diesbezüglich ein Vertragsverletzungsverfahren gegen Deutschland eingeleitet. Und auch die Nachprüfungsinstanzen gehen in jüngster Zeit immer häufiger davon aus, dass Planungsleistungen für unterschiedliche Gewerke und in verschiedenen Leistungsphasen addiert werden müssen, soweit sie sich auf ein einheitliches (Bau-) Vorhaben beziehen, s. VK Westfalen, Beschl. v. 18.12.2019, VK 1-34/19.

16 OLG Düsseldorf, Beschl. v. 30.7.2003, VII-Verg 5/03.

17 Von nicht unerheblicher Bedeutung ist bei gemischten Aufträgen jedoch vielfach, ob es sich um einen Bauauftrag handelt, bei dem der hohe Schwellenwert von 5,350 Mio. Euro gilt, oder der Auftrag als Liefer- bzw. Dienstleistung anzusehen ist und damit der hierfür geltende sehr viel geringere Schwellenwert einschlägig ist. Vgl. zu dieser Abgrenzung Kap. 4.3.

Wertgrenze liegt. Zwar steht dem Auftraggeber auch hier ein Einschätzungsspielraum zu; sollte er im Ergebnis seiner Schätzung den relevanten Schwellenwert oder die relevante Wertgrenze jedoch knapp unterlaufen und sich im späteren Vergabeverfahren herausstellen, dass die überwiegende Anzahl oder sogar sämtliche Bieter zu Preisen angeboten haben, die deutlich über der Grenze liegen, könnte sich der Auftraggeber dem Verdacht ausgesetzt sehen, den Auftrag – entgegen § 3 Abs. 2 VgV – absichtlich kleingerechnet zu haben.

Praxistipp

▶ *Bleibt der Auftragswert nach Schätzung knapp unterhalb des Schwellenwerts, so muss der Auftraggeber höchst sorgfältig handeln. Die Auftragswertschätzung sollte in einem solchen Fall noch einmal „nachgerechnet" werden, ggf. auch unter Einbeziehung eines Sachverständigen. Das Ergebnis sollte besonders sorgfältig dokumentiert werden. In Zweifelsfällen ist der Auftraggeber gut beraten, von einer Überschreitung des jeweiligen Schwellenwerts oder der relevanten Wertgrenze auszugehen und das dortige strengere Regime zu befolgen und auf Privilegierungen, die die Unterschreitung des betreffenden Werts bringen würde, zu verzichten. Die – auch freiwillige – Beachtung von strengeren Regelungen kann jedenfalls nie rechtswidrig sein und ist daher auch nicht verboten.*

Gleiches gilt für die Frage, welche (Teil-)Leistungen gemeinsam vergeben werden und daher auch bei der Auftragswertschätzung gemeinsam berücksichtigt werden müssen. In der Regel ist dann von einem gemeinsamen Auftrag auszugehen, wenn zwischen den einzelnen Leistungsteilen ein sachlicher und/oder zeitlicher Zusammenhang besteht.[18] Auftragstrennungen, die zu einem Unterlaufen des Schwellenwerts bzw. der Wertgrenze führen, bedürfen einer belastbaren sachlichen Begründung und sind sorgfältig zu dokumentieren.[19]

Stellt sich im Verlauf eines Vergabeverfahrens heraus, dass die Schätzung des Auftragswerts **grob fahrlässig oder** sogar **absichtlich** unter dem Schwellenwert blieb, so kann hierin unter Umständen ein schwerwiegender Fehler liegen, der den Auftraggeber zur Aufhebung des begonnenen Vergabeverfahrens zwingt. Insofern kann es sich bei Aufträgen, deren geschätzter Wert dem einschlägigen Schwellenwert sehr nahekommt, anbieten, diese freiwillig nach den strengeren Vorschriften des Oberschwellenbereichs auszuschreiben und zu vergeben. Für die Bekanntmachung im Amtsblatt der EU (Tenders Electronic Daily – TED) sieht § 40 Abs. 4 VgV diese Möglichkeit ausdrücklich vor.

---

18 vgl. OLG Köln, Beschl. v. 24.10.2016, 11 W 54/16: Bei der Schätzung des Auftragswertes darf keine Aufteilung der Leistung vorgenommen werden, wenn diese im Hinblick auf ihre technische und wirtschaftliche Funktion einen einheitlichen Charakter aufweist. Sämtliche Leistungen sind im Rahmen einer funktionellen Betrachtungsweise auf das Bestehen organisatorischer, inhaltlicher, wirtschaftlicher sowie technischer Zusammenhänge zu überprüfen. Wenn zwischen Teilaufträgen unter Zugrundelegung dieser Kriterien eine Verbundenheit festzustellen ist, sind die Einzelaufträge als einheitlicher (Gesamt-)Auftrag anzusehen. Die Auftragswerte sind auch dann zu addieren, wenn diese nicht gleichzeitig, sondern abschnittsweise ausgeführt werden sollen.

19 VK Brandenburg, Beschl. v. 23.08.2018, VK 15/18: Die Kündigung einzelner Lose eines Gesamtauftrags ist als wesentliche Auftragsänderung während der Vertragslaufzeit zu qualifizieren. Die Auftragswertberechnung für die Neuausschreibung der gekündigten Lose bezieht sich in einem solchen Fall auf den ursprünglichen Gesamtauftrag.

Für die Schätzung des Auftragswerts bei Dauerschuldverhältnissen oder Laufzeitverträgen gibt § 3 Abs. 10 VgV entsprechende Hinweise.

Sämtliche Schwellenwerte und Wertgrenzen des Vergaberechts verstehen sich jeweils **ohne die gesetzliche Mehrwertsteuer**. Daher ist diese auch bei der Schätzung des Auftragswerts nicht zu berücksichtigen.

5.4 Binnenmarktrelevante Leistungen im Unterschwellenbereich

Wenngleich die europäischen Vergaberichtlinien (und in Umsetzung damit auch der 4. Teil des GWB, vgl. § 106 Abs. 1 GWB) nur für öffentliche Aufträge gelten, die den jeweils einschlägigen Schwellenwert erreichen oder überschreiten, geht der Europäische Gerichtshof in ständiger Rechtsprechung davon aus, dass es auch im Bereich unterhalb der Schwellenwerte öffentliche Aufträge gibt, die aufgrund ihrer Rahmenbedingungen relevant für den EU-Binnenmarkt sind. **Binnenmarktrelevanz** bedeutet, dass sich auch Unternehmen aus anderen EU-Mitgliedsstaaten aufgrund der jeweiligen Besonderheit des Auftrags für eine Leistungserbringung und damit für eine Beteiligung am Wettbewerb um diesen Auftrag interessieren.[20] Der EuGH sieht bei diesen Aufträgen den Auftraggeber in der Pflicht, auch außerhalb des Anwendungsbereichs des europäischen Vergaberechts jedenfalls die Grundprinzipien des EU-Vertrags zu berücksichtigen. In Umsetzung der Pflicht zu **Gleichbehandlung**, **Nichtdiskriminierung** und **Transparenz** obliegen ihm dabei unter Umständen erhöhte Anforderungen, die auch über das hinausgehen können, was das nationale Vergaberecht vorsieht.[21]

Wann eine solche Binnenmarktrelevanz bei einem öffentlichen Auftrag im Unterschwellenbereich vorliegt, obliegt der Einschätzung und Entscheidung des jeweiligen Auftraggebers. Anders als bei den Schwellenwerten existieren hier allerdings keine starren Wertgrenzen, bei deren Erreichen bestimmte Rechtsfolgen ausgelöst werden. Vielmehr muss in jedem **Einzelfall** entschieden werden, ob und wenn ja, welche besonderen Umstände eine solche Binnenmarktrelevanz begründen. Die EU-Kommission nennt dabei als relevante Bezugspunkte

- den Auftragsgegenstand,
- den geschätzten Auftragswert,

20 Vergleichbare Bereiche mit binnenmarktrelevanten Aufträgen sehen EuGH und EU-Kommission im Bereich der Vergabe von Dienstleistungskonzessionen unterhalb der Schwellenwerte sowie bei der Vergabe bestimmter Dienstleistungen. Vgl. hierzu in Kap. 4.3.

21 Zu nennen ist hier beispielsweise die Pflicht, beabsichtigte Auftragsvergaben in solchen Medien bekannt zu machen, dass auch ausländische Unternehmen hiervon erfahren und sich an dem Vergabeverfahren beteiligen können. Vgl. auch EuGH, Urt. v. 05.04.2017, C-298/15 „Borta": Bei einem öffentlichen Auftrag, der nicht in den Anwendungsbereich der europäischen Vergaberichtlinien fällt, an dem allerdings ein eindeutiges grenzüberschreitendes Interesse besteht, sind die Art. 49 und 56 AEUV dahin auszulegen, dass sie einer Regelung entgegenstehen, die für den Falle eines Unterauftragnehmereinsatzes die Erbringung der Hauptleistung durch den Auftragnehmer selbst vorsieht. Weitere Aspekte enthält die Mitteilung der EU-Kommission zu Auslegungsfragen in Bezug auf das Gemeinschaftsrecht, das für die Vergabe öffentlicher Aufträge gilt, die nicht oder nur teilweise unter die Vergaberichtlinien fallen (2006/C 179/02). Dieses Dokument ist abrufbar über die Website der EU-Kommission (vgl. Kap. 11.4.2).

- die Besonderheiten des betreffenden Sektors sowie
- die geografische Lage des Orts der Leistungserbringung.

Praxisbeispiel

Ein Dienstleistungsauftrag über die Erstellung eines Gutachtens wird durch die Möglichkeit, es ortsunabhängig zu erstellen, auch bei weitaus geringerem Auftragsvolumen für ausländische Anbieter eher von Interesse sein als ein Bauauftrag, der eine örtliche Präsenz mit Gerät und Personal am Ort der Baustelle erfordert.

Andererseits wird sich ein polnisches Bauunternehmen durchaus für einen kleinen öffentlichen Bauauftrag interessieren, den die grenznahe Stadt Frankfurt/Oder ausschreibt, während es denselben Auftrag wegen des hohen Anreiseaufwands als uninteressant ansehen dürfte, wenn er durch die Stadt Kassel ausgeschrieben würde.

Festzuhalten ist, dass Auftraggeber, die Unterschwellenaufträge nach der VOB/A bzw. der UVgO (sowie bisher nach der VOL/A) ausschreiben und vergeben, in den meisten Fällen auch die Anforderungen der Grundprinzipien an die Vergabe eines binnenmarktrelevanten Auftrags erfüllen werden. Insofern bedarf es hier in der Regel keiner weiteren Maßnahmen.

6. Die Verfahrensarten

Gegenstand dieses Kapitels ist die Frage, auf welche Weise sich öffentliche Auftraggeber Bau-, Liefer- oder Dienstleistungen auf dem Markt beschaffen können. Das Vergaberecht setzt öffentlichen Auftraggebern dafür klare Vorgaben: Leistungen müssen grundsätzlich in einem bestimmten Verfahren beschafft werden. Welche unterschiedlichen Verfahrensarten den Auftraggebern dafür zur Verfügung stehen, wird im Folgenden erläutert. Die Besonderheiten bei der Vergabe von Konzessionen werden abschließend in Kapitel 6.8 dargestellt.

Praxistipp

▶ *Öffentliche Auftraggeber müssen öffentliche Aufträge grundsätzlich im Rahmen eines Vergabeverfahrens vergeben. Eine Ausnahme stellt § 14 UVgO dar: Danach können Waren oder Dienstleistungen ohne Vergabeverfahren im Wege eines Direktauftrags beschafft werden, sofern der Netto-Auftragswert 1.000 Euro nicht übersteigt.*[1] *Auch die VOB/A 2019 sieht mit § 3a Abs. 4 nunmehr für Bauvergaben einen solchen Direktauftrag bis zu einer Wertgrenze von 3.000 Euro vor. Für den Zeitraum bis 31.12.2021 hat der Bund für seine Beschaffungen den Wert bei Liefer- und Dienstleistungen auf 3.000 Euro und bei Bauaufträgen auf 5.000 Euro heraufgesetzt.*

Für den Bereich der europaweiten Vergabe, also **ab den EU-Schwellenwerten** (Oberschwellenbereich), sind die Verfahrensarten abschließend in § 119 Abs. 1 GWB genannt. Danach stehen für die Vergabe von öffentlichen Aufträgen zur Verfügung

- das offene Verfahren,
- das nicht offene Verfahren,
- das Verhandlungsverfahren mit und ohne Teilnahmewettbewerb,
- der wettbewerbliche Dialog und
- die Innovationspartnerschaft.[2]

---

1 § 3 Abs. 6 VOL/A sieht eine Grenze von 500 Euro vor. Sie gilt noch in den Ländern, die noch nicht die UVgO als Ersatz für die VOL/A eingeführt haben (vgl. hierzu Kap. 1.3.6.3).

2 Die in § 120 GWB aufgeführten besonderen Methoden und Instrumente wie das dynamische Beschaffungssystem, die elektronische Auktion und der elektronische Katalog werden in Kapitel 6.7 behandelt.

Aufträge **unterhalb der Schwellenwerte** (Unterschwellenbereich) können öffentliche Auftraggeber vergeben im Wege

- der Öffentlichen Ausschreibung,
- der Beschränkten Ausschreibung mit und ohne Teilnahmewettbewerb sowie
- der Verhandlungsvergabe mit und ohne Teilnahmewettbewerb.[3]

Die Verfahrensarten im Ober- und Unterschwellenbereich weichen trotz unterschiedlicher Begrifflichkeiten dabei nicht völlig voneinander ab, sondern weisen zum Teil sogar einen identischen Inhalt auf. So deckt sich die Öffentliche Ausschreibung strukturell und systematisch mit dem offenen Verfahren, die Beschränkte Ausschreibung mit dem nicht offenen Verfahren und die Verhandlungsvergabe weitgehend mit dem Verhandlungsverfahren. Der wettbewerbliche Dialog und die Innovationspartnerschaft kommen im Unterschwellenbereich hingegen nicht vor.

Die Verfahrensarten im Unterschwellenbereich, also die Öffentliche Ausschreibung, Beschränkte Ausschreibung und die Verhandlungsvergabe bzw. Freihändige Vergabe, kommen ausschließlich bei Vergaben nach der UVgO (bzw. nach dem 1. Abschnitt der VOL/A) und dem 1. Abschnitt der VOB/A in Betracht.

Die Aufzählung der Verfahrensarten ist abschließend (sog. „numerus clausus" der Verfahrensarten). Öffentliche Auftraggeber können daher allein auf eine der normierten Verfahrensarten zurückgreifen. Eine Verfahrensart darf zudem nicht durch Elemente anderer Verfahrensarten ergänzt werden.[4]

Sollten sich Bieter bzw. Bewerber im Zusammenhang mit der Wahl des Verfahrens in ihren Rechten verletzt fühlen, steht es ihnen bei Aufträgen im Oberschwellenbereich frei, dies durch die Vergabekammer in einem Nachprüfungsverfahren überprüfen zu lassen.

Praxistipp

▶ *§ 119 GWB beschreibt die Vergabearten für europaweite Ausschreibungen lediglich in Grundzügen. Die Einzelheiten der Vergabeverfahren ergeben sich für öffentliche Auftraggeber aus der VgV und der VSVgV sowie der VOB/A-EU und der VOB/A-VS. Für Sektorenauftraggeber sind Details zu den Verfahrensarten in der SektVO geregelt.*

Im Unterschwellenbereich sind die Vergabearten im jeweils 1. Abschnitt von VOB/A und VOL/A sowie der UVgO abschließend dargestellt.

3 §3 VOL/A bezeichnet dieses Verfahren noch als Freihändige Vergabe. Und auch die VOB/A spricht im Unterschwellenbereich noch von der Freihändigen Vergabe.

4 Vgl. EuGH, Urt. v. 25.4.1996, C-87/94, Wallonische Busse; zur Ausnahme bei Konzessionsvergaben s. Kap. 6.8.

Abb. 18: Die Verfahrensarten im Überblick

6.1 Offenes Verfahren/Öffentliche Ausschreibung

Das offene Verfahren ist in § 119 Abs. 3 GWB definiert als ein Verfahren, in dem der öffentliche Auftraggeber eine unbeschränkte Anzahl von Unternehmen zur Abgabe von Angeboten auffordert.[5]

Diese Verfahrensart stellt im **Oberschwellenbereich** zusammen mit dem nicht offenen Verfahren[6] das vorrangig anzuwendende Regelverfahren dar.[7] Alle anderen Verfahrensarten können hingegen nur dann gewählt werden, wenn die jeweiligen Anwendungsvoraussetzungen vorliegen. Ausnahmen von diesem Grundsatz sehen die VSVgV, VOB/A-VS und SektVO vor; zudem gibt es Besonderheiten für die Vergabe von sozialen und anderen besonderen Dienstleistungen sowie für die Vergabe von Architekten- und Ingenieurleistungen (vgl. hierzu die Kapitel 6.1.1 bis 6.1.3).

5 Vgl. auch § 3 EU Nr. 1 VOB/A.
6 Dazu sogleich unter Kap. 6.2.
7 Vgl. § 119 Abs. 2 Satz 1 GWB, § 14 Abs. 2 Satz 1 VgV, § 3a EU Abs. 1 VOB/A.

Im Unterschied zu den übrigen Verfahrensarten können beim offenen Verfahren alle interessierten Unternehmen die Vergabeunterlagen abrufen und direkt ein Angebot abgeben. Eine Vorauswahl der Bieter in einem Teilnahmewettbewerb findet nicht statt.[8] Das offene Verfahren ermöglicht damit den größtmöglichen Wettbewerb.

Unterhalb der Schwellenwerte entspricht die Öffentliche Ausschreibung dem offenen Verfahren. Die Öffentliche Ausschreibung stellt dort zusammen mit der Beschränkten Ausschreibung mit Teilnahmewettbewerb das Regelverfahren dar.[9]

Praxistipp

Der streng formalisierte Verfahrensablauf des offenen Verfahrens und des nicht offenen Verfahrens sowie der Öffentlichen Ausschreibung und der Beschränkten Ausschreibung mit Teilnahmewettbewerb und die dortige Konzentration auf das Angebot und das Nachverhandlungsverbot eignen sich nicht für jeden Beschaffungsvorgang. Das Vergaberecht gestattet daher ausnahmsweise auch die Anwendung einer anderen Verfahrensart.

6.1.1 Ausnahme 1: VSVgV und VOB/A-VS

Als Ausnahme vom Vorrang des offenen und nicht offenen Verfahrens können öffentliche Auftraggeber gemäß § 11 Abs. 1 Satz 1 VSVgV bei der Vergabe von EU-weiten verteidigungs- und sicherheitsrelevanten Liefer- und Dienstleistungsaufträgen wählen, ob sie diese Aufträge im nicht offenen Verfahren oder im Verhandlungsverfahren mit Teilnahmewettbewerb vergeben wollen. Darüber hinaus stehen ihnen in Ausnahmefällen das Verhandlungsverfahren ohne Teilnahmewettbewerb (§ 12 VSVgV) oder der wettbewerbliche Dialog (§ 13 VSVgV) zur Verfügung. Das offene Verfahren sieht die VSVgV somit gar nicht vor. Dies wird damit begründet, dass die Inhalte solcher Aufträge oftmals vertraulich oder geheimhaltungsbedürftig sind und nicht im offenen Verfahren jedermann uneingeschränkt zur Verfügung gestellt werden sollen. Der vorgeschaltete Teilnahmewettbewerb, der hier bei allen anderen Verfahrensarten die Regel ist, dient also auch als erste Prüfungsinstanz der Verfahrensteilnehmer. Die eigentlichen Vergabeunterlagen erhalten dann nur Unternehmen, die als zuverlässig bzw. vertrauenswürdig eingestuft worden sind bzw. entsprechende Sicherheits- und Geheimschutzauflagen erfüllen.[10]

Gleiches gilt gemäß § 3 VS Abs. 2 VOB/A für die EU-weite Vergabe von verteidigungs- und sicherheitsrelevanten Bauleistungen. Auch diese können im nicht offenen Verfahren oder im Verhandlungsverfahren mit Teilnahmewettbewerb vergeben werden; das Verhandlungsverfahren ohne Teilnahmewettbewerb oder der wettbewerbliche Dialog sind dagegen nur unter den in § 3a VS Abs. 2 VOB/A bzw. § 3a VS Abs. 3 VOB/A genannten Voraus-

8 Allerdings ist auch hier eine Abschichtung der Teilnehmer möglich, vgl. VK Bund, Beschl. v. 07.05.2019, VK 1-17/19.

9 Vgl. §§ 8 Abs. 2 UVgO, 3a Abs. 1 VOB/A; Im (verbleibenden) Anwendungsbereich der VOL/A gilt noch der Vorrang der Öffentlichen Ausschreibung, § 3 Abs. 2 Satz 1 VOL/A.

10 Im Unterschwellenbereich sieht § 51 Abs. 1 UVgO dieselben Verfahrensarten und Erleichterungen für unterschwellige verteidigungs- und sicherheitsrelevante Aufträge vor.

setzungen zulässig. Ein offenes Verfahren gibt es bei Bauvergaben nach der VOB/A-VS ebenfalls nicht.[11]

6.1.2 Ausnahme 2: SektVO

Auch im Sektorenbereich gilt der Vorrang des offenen bzw. des nicht offenen Verfahrens nicht. Sektorenauftraggeber haben gemäß § 13 Abs. 1 SektVO vielmehr die freie Wahl zwischen dem offenen Verfahren, dem nicht offenen Verfahren, dem Verhandlungsverfahren mit Teilnahmewettbewerb und dem wettbewerblichen Dialog. Auf das Verhandlungsverfahren ohne Teilnahmewettbewerb kann dagegen in unter den in § 13 Abs. 2 SektVO genannten Ausnahmefällen zurückgegriffen werden.

6.1.3 Ausnahme 3: besondere Dienstleistungen

Schließlich gibt es auch innerhalb der VgV Bereiche, in denen der Vorrang des offenen und nicht offenen Verfahrens bei Oberschwellenvergaben nicht gilt.

a) Soziale und andere besondere Dienstleistungen: Hier ist zum einen die Vergabe von sozialen und anderen besonderen Dienstleistungen zu erwähnen.[12] Der Auftraggeber kann hier nach § 65 Abs. 1 VgV auch die Verfahrensarten Verhandlungsverfahren mit Teilnahmewettbewerb, wettbewerblicher Dialog und Innovationspartnerschaft frei wählen, ohne dass die jeweiligen Anwendungsvoraussetzungen (§§ 14 Abs. 3, 19 VgV) erfüllt sein müssen. Das Verhandlungsverfahren ohne Teilnahmewettbewerb steht hingegen auch hier nur nach den Voraussetzungen des § 14 Abs. 4 VgV zur Verfügung. Mit der weitgehend freien Wahl der Verfahrensart will der Auftraggeber hier Verfahrenserleichterungen bei diesen Dienstleistungen geben, deren Beschaffung mit den strengen Regeln des Vergaberechts oftmals schwer zu bewerkstelligen ist. Für den Unterschwellenbereich, der hier aufgrund des besonderen Schwellenwerts erst bei 750.000 Euro endet, sieht § 49 UVgO ebenfalls die freie Wahl von Öffentlicher Ausschreibung, Beschränkter Ausschreibung mit Teilnahmewettbewerb und Verhandlungsvergabe mit Teilnahmewettbewerb vor.

b) Architekten- und Ingenieurleistungen: Zum anderen gibt es auch eine Ausnahme bei der Vergabe von Architekten- und Ingenieurleistungen.[13] Hier können öffentliche Auftraggeber auch das Verhandlungsverfahren mit Teilnahmewettbewerb und den wettbewerblichen Dialog als Regelverfahren verwenden. Daneben gibt es noch das Verhandlungsverfahren ohne Teilnahmewettbewerb, welches aber auch hier nur unter den in § 14 Abs. 4 VgV genannten Fällen zulässig ist. Im Unterschwellenbereich verlangt § 50 UVgO für freiberufliche Leistungen lediglich, dass diese grundsätzlich im Wettbewerb

---

11 Bei unterschwelligen Bauleistungen im Bereich Verteidigung und Sicherheit gibt es – anders als in der VSVgV – indes keine Sonderregelungen. Es bleibt hier bei der VOB/A Abschnitt 1 und damit beim Vorrang der Öffentlichen Ausschreibung und der Beschränkten Ausschreibung mit Teilnahmewettbewerb.

12 Welche Dienstleistungen dies im Einzelnen sind, wird in Kap. 4.3.3 erläutert. Die weiteren Verfahrensbesonderheiten für diese Dienstleistungen werden in Kap. 7 dargestellt.

13 Früher waren diese als freiberufliche Leistungen in der VOF enthalten. Nach Wegfall der VOF im Rahmen der Vergaberechtsmodernisierung vom April 2016 sind die Besonderheiten jetzt in den §§ 78 ff. VgV geregelt.

zu vergeben sind. Dabei soll so viel Wettbewerb geschaffen werden, wie dies nach der Natur des Geschäfts oder nach den besonderen Umständen möglich ist.[14] In Ländern, in denen im Unterschwellenbereich noch die Regelungen der VOL/A maßgeblich sind, gilt die VOL/A für solche Aufträge gar nicht (§ 1 Satz 2, 2. Anstrich VOL/A). Daher gibt es hinsichtlich der Verfahrensart auch keine bindenden Vorgaben.

6.2 Nicht offenes Verfahren/Beschränkte Ausschreibung

6.2.1 Merkmale

Das nicht offene Verfahren ist seit der Vergaberechtsmodernisierung vom April 2016 bei Oberschwellenvergaben dem offenen Verfahren gleichgestellt.[15] Es hat mit dem offenen Verfahren die Formstrenge gemeinsam, unterscheidet sich von diesem aber insbesondere dadurch, dass vor der Abgabe der Angebote die Eignung der interessierten Unternehmen in einem vorgeschalteten Teilnahmewettbewerb geprüft wird.

Der wesentliche Unterschied des nicht offenen Verfahrens gegenüber dem offenen Verfahren ist also, dass mit der EU-weiten Bekanntmachung zunächst ein öffentlicher Teilnahmewettbewerb eingeleitet wird, in dessen Ergebnis nur die geeigneten Bewerber (oder eine Auswahl hiervon) zur Angebotsabgabe aufgefordert werden.

Im Unterschwellenbereich entspricht dem nicht offenen Verfahren die Beschränkte Ausschreibung, die dort allerdings in den Alternativen mit und ohne Teilnahmewettbewerb vorgesehen ist. Als Beschränkte Ausschreibung mit Teilnahmewettbewerb ist sie hier ebenfalls gleichrangiges Regelverfahren neben der Öffentlichen Ausschreibung.

Soweit eine Beschränkte Ausschreibung ohne Teilnahmewettbewerb erlaubt ist, kann der Auftraggeber Unternehmen, die ihm als geeignet bekannt sind, direkt ansprechen und zur Abgabe eines Angebots auffordern. Diese Unternehmen müssen sich also nicht erst über einen Teilnahmewettbewerb qualifizieren. § 11 Abs. 1 UVgO verlangt, dass bei einer Beschränkten Ausschreibung ohne Teilnahmewettbewerb grundsätzlich mindestens drei Unternehmen zur Angebotsabgabe aufgefordert werden. Zudem ist unter den Bewerbern regelmäßig zu wechseln, s. § 11 Abs. 4 UVgO.

6.2.2 Zulässigkeit

Im Unterschwellenbereich ist die Beschränkte Ausschreibung ohne Teilnahmewettbewerb nur nach den in UVgO bzw. VOB/A genannten und nachfolgend dargestellten Ausnahmefällen zulässig. Die Besonderheiten nach der VOL/A, die noch in einzelnen Bundesländern gilt, sind in Kapitel 6.2.2.3 dargestellt.

---

14 Aus den Erläuterungen des BMWi zur UVgO (BAnz AT 07.02.2017 B2) geht hervor, dass in diesen Fällen keine Bindung an die übrigen Vorschriften der UVgO gilt. Die Vergabe von freiberuflichen Dienstleistungen im Unterschwellenbereich unterliegt damit neben § 50 UVgO nur den Grundsätzen des Haushaltsrechts.

15 Vgl. § 119 Abs. 2 Satz 1 GWB, § 14 Abs. 2 Satz 1 VgV, § 3a EU Abs. 1 VOB/A.

6.2.2.1 Liefer- und Dienstleistungen

Für **Liefer- und Dienstleistungen** ergeben sich die Fälle der Beschränkten Ausschreibung ohne Teilnahmewettbewerb aus § 8 Abs. 3 UVgO.

a) *Unwirtschaftliches Ergebnis* – Nach § 8 Abs. 3 Nr. 1 UVgO kann die Vergabestelle auf eine Beschränkte Ausschreibung zurückgreifen, wenn eine zuvor durchgeführte öffentliche Ausschreibung mangels wirtschaftlicher Angebote erfolglos geblieben ist und aus diesem Grunde aufgehoben werden musste.

b) *Unverhältnismäßiger Aufwand* – Nach § 8 Abs. 4 Nr. 2 UVgO kann auf die Beschränkte Ausschreibung ohne Teilnahmewettbewerb zurückgegriffen werden, wenn die Öffentliche Ausschreibung oder die Beschränkte Ausschreibung mit Teilnahmewettbewerb für den Auftraggeber oder die Bewerber oder Bieter einen Aufwand verursachen würde, der zu dem erreichbaren Vorteil oder dem Wert der Leistung im Missverhältnis stehen würde. Sinn und Zweck dieser Ausnahmebestimmung ist es, Bietern und Auftraggebern gleichermaßen unnötigen, sachlich nicht gerechtfertigten Aufwand zu ersparen.[16] Dies ist z.B. bei besonders kleinen Aufträgen der Fall.

6.2.2.2 Bauleistungen

Bauleistungen im Sinne von § 1 VOB/A können ohne Teilnahmewettbewerb beschränkt ausgeschrieben werden, wenn die Fälle des § 3a Abs. 2 VOB/A vorliegen.

a) *Unterschreitung bestimmter Auftragswerte* – § 3a Abs. 2 Nr. 1 VOB/A erklärt die Beschränkte Ausschreibung ohne Teilnahmewettbewerb ohne weitere Voraussetzungen bis zu folgenden Netto-Auftragswerten für zulässig:

   - 50.000 Euro für Ausbaugewerke (ohne Energie- und Gebäudetechnik), Landschaftsbau und Straßenausstattung,
   - 150.000 Euro für Tief-, Verkehrswege- und Ingenieurbau,
   - 100.000 Euro für alle übrigen Gewerke.

   Wie sich aus der Formulierung ergibt, beziehen sich diese Wertgrenzen auf Gewerke, die in der Regel Fachlose eines Bauauftrags darstellen. Wenn bei einer Bauvergabe nur einzelne Fachlose diese Wertgrenzen unterschreiten, andere Fachlose hingegen nicht, kann die Ausnahmeregelung insgesamt nicht angenommen werden. Dann wäre es allenfalls möglich, das jeweilige Gewerk in einem eigenen, gesonderten Vergabeverfahren auszuschreiben.[17]

   Besondere Wertgrenzen ergeben sich nach der amtlichen Fußnote 1 zu § 3a Abs. 2 Nr. 1 VOB/A für Bauleistungen zu Wohnzwecken. Diese können bis zum 31. Dezember 2021 hinsichtlich sämtlicher Gewerke in einer Beschränkten Ausschreibung ohne Teilnahmewettbewerb vergeben werden, wenn der Auftragswert 1 Mio. Euro (netto) nicht überschreitet. Mit dieser Sonderregelung, die in die VOB/A 2019 aufgenommen wurde, soll

---

16 OLG Naumburg, Beschl. v. 10.11.2003, 1 Verg 14/03.

17 Dabei muss dann allerdings § 3 Abs. 2 VgV beachtet werden, wenn die isolierte Ausschreibung dazu führen würde, dass der EU-Schwellenwert des Auftrags unterschritten würde. Vgl. hierzu Kap. 5.3.

der Wohnungsbau in Deutschland beschleunigt werden. Der Begriff der Wohnzwecke wurde im Einführungserlass des BMI vom 20. Februar 2019 definiert. Im Erlass vom 26. Februar 2020 weist das BMI darauf hin, dass dieser Begriff weit zu verstehen ist. Danach fallen auch Unterkünfte der Bundeswehr und Bundespolizei, Maßnahmen zur Errichtung, Erweiterung, Sanierung oder zum Umbau von Kindergärten und -tagesstätten, Schulen und Sportstätten sowie Maßnahmen im Zusammenhang mit Ladeinfrastruktur für E-Mobilität hierunter.

b) *Aufhebung* – § 3a Abs. 2 Nr. 2 VOB/A erklärt die Beschränkte Ausschreibung ohne Teilnahmewettbewerb für zulässig, wenn eine Öffentliche Ausschreibung kein annehmbares Ergebnis gehabt hat. Dabei gilt ein Angebot als „nicht annehmbar", wenn es nach einem der in § 16 VOB/A geregelten Gründe ausgeschlossen werden musste.

c) *Unzweckmäßigkeit anderer Verfahrensarten* – Nach § 3a Abs. 2 Nr. 3 VOB/A kann auf eine Beschränkte Ausschreibung ohne Teilnahmewettbewerb auch dann zurückgegriffen werden, wenn die Öffentliche Ausschreibung oder eine Beschränkte Ausschreibung mit Teilnahmewettbewerb „aus anderen Gründen" unzweckmäßig ist. Dieser Tatbestand stellt letztlich eine Auffangregelung für alle in § 3a Abs. 2 VOB/A nicht ausdrücklich geregelten, aber vergleichbaren Fällen dar und wird von der Rechtsprechung (daher) nur in engen Grenzen als zulässig angesehen.[18] Die Unzweckmäßigkeit einer Öffentlichen Ausschreibung kann sich z.B. aus Gründen der Dringlichkeit oder der Geheimhaltung ergeben. Zu beachten ist, dass sich die Frage, ob eine „Dringlichkeit" vorliegt, allein anhand objektiver Gründen beantwortet und dazu nur äußere und unverschuldete Umstände in Betracht kommen. Hat der Auftraggeber daher die Dringlichkeit z.B. durch eine verzögerte Ausschreibungsvorbereitung verursacht, scheidet eine Dringlichkeit aus.[19]

6.2.2.3 Besonderheiten der VOL/A

Da für die Vergabe von unterschwelligen Liefer- und Dienstleistungen die VOL/A immer noch nicht in allen Bundesländern durch die UVgO abgelöst worden ist, sei hier noch kurz auf die Besonderheiten in der VOL/A eingegangen. Sie sieht weiterhin nur die Öffentliche Ausschreibung als Regelverfahren vor, § 3 Abs. 2 Satz 1 VOL/A. Beschränkte Ausschreibungen mit Teilnahmewettbewerb sind nur in den in § 3 Abs. 3 VOL/A genannten Fällen, Beschränkte Ausschreibungen ohne Teilnahmewettbewerb nur in den in § 3 Abs. 4 VOL/A genannten Fällen zulässig.

a) *Beschränkter Kreis geeigneter Unternehmen* – Die Vergabe von Aufträgen kann nach § 3 Abs. 3 lit. a) VOL/A als Beschränkte Ausschreibung mit Teilnahmewettbewerb erfolgen, wenn die Leistung „nach ihrer Eigenart nur von einem beschränkten Kreis von Unternehmen in geeigneter Weise ausgeführt werden kann". Ein solcher Fall liegt nach dem Wortlaut der Regelung insbesondere dann vor, wenn für die Leistung eine „außergewöhnliche Eignung" im Sinne von § 2 Abs. 1 Satz 1 VOL/A erforderlich ist. Die Be-

18 OLG Naumburg, Beschl. v. 10.11.2003, 1 Verg 14/03.

19 Zu den Fällen der äußersten Dringlichkeit, die ein Verhandlungsverfahren ohne Teilnahmewettbewerb bzw. eine Freihändige Vergabe ohne Teilnahmewettbewerb rechtfertigen, s. Kap.6.3.2.5

schränkte Ausschreibung ist danach nur dann zulässig, wenn der Aufraggeber nach einer sorgfältigen Prognose zum Ergebnis kommt, dass die Leistung aufgrund objektiver Gründe nur von einem kleinen Kreis von Unternehmen erbracht werden kann. Dies hat er zu dokumentieren. Ein solcher Fall ist aufgrund des Verweises auf § 2 Abs. 1 Satz 1 VOL/A jedenfalls dann gegeben, wenn für die zu beschaffende Leistung ein besonderes Maß an Fachkunde, Leistungsfähigkeit oder Zuverlässigkeit erforderlich ist. In dem dann durchzuführenden Teilnahmewettbewerb kann diese Prognose bestätigt bzw. überprüft werden.

b) *Unzweckmäßigkeit der Öffentlichen Ausschreibung aus anderen Gründen* – Weiter ist die Beschränkte Ausschreibung mit Teilnahmewettbewerb nach § 3 Abs. 3 lit. b) VOL/A zulässig, wenn eine Öffentliche Ausschreibung aus „anderen Gründen unzweckmäßig" ist. Da die Regelung wortgleich zu § 3a Abs. 2 Nr. 3 VOB/A ist, wird auf die obigen Ausführungen[20] verwiesen.

c) *Unwirtschaftliches Ergebnis* – Nach § 3 Abs. 4 lit. a) VOL/A kann die Vergabestelle eine Beschränkte Ausschreibung ohne Teilnahmewettbewerb durchführen, wenn eine zuvor durchgeführte Öffentliche Ausschreibung mangels wirtschaftlicher Angebote erfolglos geblieben ist und aus diesem Grunde aufgehoben werden musste. In diesem Fall darf auch auf einen Teilnahmewettbewerb verzichtet werden, soweit die bisherigen Verfahrensteilnehmer erneut zur Abgabe eines Angebots aufgefordert werden.

d) *Unverhältnismäßiger Aufwand* – Schließlich kann auch nach § 3 Abs. 4 lit. b) VOL/A auf die Beschränkte Ausschreibung ohne Teilnahmewettbewerb zurückgegriffen werden, wenn die Öffentliche Ausschreibung für den Auftraggeber und die Bewerber einen Aufwand verursachen würde, der zu dem erreichbaren Vorteil oder dem Wert der Leistung im Missverhältnis stehen würde.

Praxistipp

Bei der Anwendung von § 3a Abs. 2 Nr. 1 VOB/A (Beschränkte Ausschreibung ohne Teilnahmewettbewerb bei Wertgrenzenunterschreitung) sollten öffentliche Auftraggeber auch immer § 20 Abs. 4 VOB/A im Blick haben. Danach haben Auftraggeber schon ab einem voraussichtlichen Auftragswert von 25.000 Euro (ohne Umsatzsteuer) fortlaufend auf Internetportalen oder in Beschafferprofilen über beabsichtigte Beschränkte Ausschreibungen nach § 3a Abs. 2 Nr. 1 VOB/A zu informieren. Auch wenn Auftraggeber in diesen Fällen auf einen Teilnahmewettbewerb verzichten können, wird über § 19 Abs. 5 VOB/A dennoch ein informeller Wettbewerb sichergestellt. UVgO und VOL/A sehen eine solche Pflicht nicht vor.

20 Kap. 6.2.2.2 c).

6.3 Verhandlungsverfahren/Freihändige Vergabe/ Verhandlungsvergabe

6.3.1 Merkmale

Im Unterschied zu den vorgenannten Verfahrensarten der Öffentlichen und Beschränkten Ausschreibung bzw. des offenen und nicht offenen Verfahrens, in denen durchgängig ein (Nach-) Verhandlungsverbot besteht, steht beim Verhandlungsverfahren die Möglichkeit des Auftraggebers, mit den Bietern über deren Angebote zu verhandeln, im Mittelpunkt. Die Bezeichnung als Verhandlungsverfahren gilt dabei nur für entsprechende Verfahren im Oberschwellenbereich; im Unterschwellenbereich wurde das Verfahren früher als Freihändige Vergabe bezeichnet.[21] Da dies oftmals zu Missverständnissen geführt hatte, wird das Verfahren im Anwendungsbereich der UVgO nunmehr Verhandlungsvergabe genannt.[22] Alle Verfahren – Verhandlungsverfahren, Freihändige Vergabe und Verhandlungsvergabe – existieren in den Alternativen mit oder ohne vorgeschalteten Teilnahmewettbewerb.

Die Verhandlungen selbst stellen einen dynamischen, flexiblen Prozess dar, in dem der Auftragsinhalt und die Auftragsbedingungen so lange zwischen dem Auftraggeber und dem jeweiligen Bieter besprochen werden, bis geklärt ist, wie die Leistung konkret beschaffen sein soll, zu welchen Konditionen und insbesondere auch zu welchem Preis der Auftragnehmer diese erbringt.[23] Das Verfahren ermöglicht Auftraggeber und Bietern auf diese Weise einen weiten Spielraum für die Verfahrensgestaltung.

Praxistipp

▶ *Das Verhandlungsverfahren eignet sich insbesondere für die Vergabe komplexer oder nicht abschließend beschreibbarer Aufträge, da die Auftragsbedingungen mit den Bietern umfassend erörtert und die Angebote der Bieter angepasst werden können.*

Kennzeichen des Verhandlungsverfahrens / der Freihändigen Vergabe / der Verhandlungsvergabe ohne Teilnahmewettbewerb ist es, dass der Auftraggeber ohne eine vorherige Bekanntmachung unmittelbar einen oder mehrere Unternehmen zur Angebotsabgabe auffordert und mit ihnen sodann hierüber verhandelt. Im Vergleich zum Verfahren mit Teilnahmewettbewerb entfällt somit der Teilnahmewettbewerb; der Auftraggeber wählt den oder die Verfahrensteilnehmer selbst aus[24], muss dabei aber auch deren Eignung berücksichtigen.

Wenngleich das Verhandlungsverfahren, die Freihändige Vergabe und die Verhandlungsvergabe größere Spielräume für den Auftraggeber bieten, sind diese Verfahren kein regel-

21 Diese Bezeichnung gilt nach wie vor bei unterschwelligen Bauvergaben, s. § 3 Nr. 3 VOB/A.
22 Die VOL/A spricht hingegen auch noch von der Freihändigen Vergabe, s. § 3 Abs. 1 Satz 3 VOL/A.
23 OLG Celle, Beschl. v. 16.1.2002, 13 Verg 1/02.
24 Soweit aufgrund besonderer Umstände nicht nur ein Unternehmen zur Angebotsabgabe aufgefordert wird (z.B. Eilbedürftigkeit oder nur ein bestimmtes Unternehmen kann oder darf den Auftrag ausführen), hat der Auftraggeber grundsätzlich mindestens drei Unternehmen zur Angebotsabgabe aufzufordern und zudem unter den Unternehmen zu wechseln, s. z.B. § 12 Abs. 2 UVgO.

freier Raum. Es gelten auch hier die Grundsätze des Wettbewerbs, der Transparenz und der Gleichbehandlung.[25] Der Ablauf eines Verhandlungsverfahrens bzw. einer Freihändigen Vergabe / einer Verhandlungsvergabe wird in Kapitel 7.6.2 näher dargestellt.

Praxistipp

Die Freihändige Vergabe (§ 3 Nr. 3 VOB/A) kennt grundsätzlich keinen Teilnahmewettbewerb. Es steht öffentlichen Auftraggebern allerdings frei, im Rahmen der Freihändigen Vergabe einen Teilnahmewettbewerb vorzuschalten, um auf diese Weise zu versuchen, die Anzahl der Angebote zu erhöhen. Der Teilnahmewettbewerb kann zudem genutzt werden, einen Bieterkreis zu erschließen, der dem Auftraggeber noch nicht bekannt ist.

6.3.2 Zulässigkeit

Das EU-weite **Verhandlungsverfahren** hat Ausnahmecharakter (vgl. § 119 Abs. 2 Satz 2 GWB) und darf nur in den gesetzlich ausdrücklich vorgesehenen Fallgruppen angewendet werden. Die Voraussetzungen für das Verhandlungsverfahren ergeben sich für den **Liefer- und Dienstleistungsbereich** aus § 14 Abs. 3 VgV (Verhandlungsverfahren mit Teilnahmewettbewerb) und aus § 14 Abs. 4 VgV (Verhandlungsverfahren ohne Teilnahmewettbewerb). Für den **Baubereich** sind die Voraussetzungen in § 3a EU Abs. 2 und Abs. 3 VOB/A geregelt. Sektorenauftraggeber können gem. SektVO frei wählen, ob sie von einem Verhandlungsverfahren mit Teilnahmewettbewerb Gebrauch machen. Gleiches gilt für die Vergabe von sozialen und anderen besonderen Dienstleistungen, für die Vergabe von Architekten- und Ingenieurleistungen sowie für die Vergabe von Aufträgen im Bereich Verteidigung und Sicherheit.[26]

Im Unterschwellenbereich sind die Anwendungsmöglichkeiten der Verhandlungsvergabe in § 8 Abs. 4 UVgO und die der Freihändigen Vergabe in § 3a Abs. 3 VOB/A (bzw. §3 Abs. 2 Satz 2 VOL/A) genannt.

Die Ausnahmetatbestände, nach denen Aufträge im Verhandlungsverfahren (mit und ohne Teilnahmewettbewerb) bzw. in einer Verhandlungsvergabe / einer Freihändigen Vergabe ausgeschrieben werden können, sind zahlreich. So gestattet z.B. § 8 Abs. 4 UVgO die Verhandlungsvergabe in 17 Fällen. Vor diesem Hintergrund wird im Folgenden nur auf die praxisrelevantesten Regelungen eingegangen.

Das **Verhandlungsverfahren mit Teilnahmewettbewerb** ist u.a. in den folgenden Fällen zulässig:

a) *Besonderheit des Leistungsgegenstands* – § 14 Abs. 3 VgV und § 3a EU Abs. 2 Nr. 1 VOB/A nennen verschiedene Fallgruppen, in denen die Leistung in einem Verhand-

25 In der Praxis wird die „Freihändige Vergabe" oftmals als Möglichkeit missverstanden wird, Aufträge direkt zu vergeben, obwohl auch hier vielfach die Pflicht besteht, den Auftrag mit mehreren geeigneten Unternehmen unter Beachtung der Grundprinzipien zu verhandeln.

26 Dies gilt allerdings nur für das Verhandlungsverfahren mit Teilnahmewettbewerb. Das Verhandlungsverfahren ohne Teilnahmewettbewerb ist auch in diesen Bereichen nur in ausdrücklich genannten Ausnahmefällen zulässig.

lungsverfahren mit Teilnahmewettbewerb vergeben werden kann. Dies ist zunächst der Fall, wenn die Bedürfnisse des Auftraggebers nicht ohne die Anpassung bereits verfügbarer Lösungen erfüllt werden können. Das Verhandlungsverfahren ist auch erforderlich, wenn der Auftrag konzeptionelle oder innovative Lösungen umfasst oder wenn er von seiner Art, Komplexität oder dem rechtlichen oder finanziellen Rahmen her zunächst mit den Bietern in Verhandlungen erörtert werden muss. Schließlich sind Verhandlungen auch dann erlaubt, wenn technische Spezifikationen im Voraus nicht mit ausreichender Genauigkeit erstellt werden können. Diesen Fallgruppen gemeinsam ist das, was früher als „nicht eindeutig und erschöpfend beschreibbar" bezeichnet wurde: ein Auftragsgegenstand, der wenig konturiert ist und dessen Lösung maßgeblich durch die Bieter gestaltet wird. Im Sinne einer Vergleichbarkeit der Angebote sind hier jeweils Verhandlungen erforderlich – und erlaubt. Als Ausnahmefälle zu den Regelverfahren kommen die Tatbestände allerdings nur dann in Betracht, wenn der Auftraggeber die Leistung nicht anders spezifizieren und konkretisieren kann, etwa durch den Einsatz von Fachberatern.

Im Unterschwellenbereich erlauben § 3 Abs. 5 lit. h) VOL/A und § 3a Abs. 3 Nr. 3 VOB/A unter vergleichbaren Umständen die Durchführung einer Freihändigen Vergabe; § 8 Abs. 4 Nr. 1 bis 3 und 5 UVgO erlaubt eine Verhandlungsvergabe.[27]

b) *Keine ordnungsgemäßen oder nur unannehmbare Angebote* – Ein Verhandlungsverfahren mit Teilnahmewettbewerb kommt nach §§ 14 Abs. 3 Nr. 5 VgV, 3a EU Abs. 2 Nr. 2 VOB/A zudem in Betracht, wenn in einem zuvor durchgeführten offenen oder nicht offenen Verfahren keine ordnungsgemäßen oder nur unannehmbare Angebote eingereicht worden sind. Als nicht ordnungsgemäß werden dabei insbesondere Angebote angesehen, die nicht den Vergabeunterlagen entsprechen, nicht fristgerecht eingereicht wurden, nachweislich auf kollusiven Absprachen oder Korruption beruhen oder nach Einschätzung des Auftraggebers ungewöhnlich niedrig sind. Als unannehmbar gelten insbesondere Angebote von Bietern, die nicht über die erforderlichen Qualifikationen verfügen, und Angebote, deren Preis die Haushaltsmittel übersteigt. Wenn der Auftraggeber in das neue Verfahren alle geeigneten Unternehmen einbezieht, die form- und fristgerechte Angebote im vorherigen offenen bzw. nicht offenen Angebot abgegeben haben, darf er sogar von der Durchführung eines Teilnahmewettbewerbs absehen. Er kann dann die betreffenden Unternehmen direkt zur Abgabe eines (weiteren) Angebots und zu Verhandlungen hierüber einladen.

Im Unterschwellenbereich ermöglichen § 3a Abs. 3 Nr. 4 VOB/A und § 3 Abs. 5 lit. a) VOL/A in diesen Fällen eine Freihändige Vergabe; § 8 Abs. 4 Nr. 4 UVgO erlaubt eine Verhandlungsvergabe.[28]

27 Wenngleich der Auftraggeber hier im Unterschwellenbereich grundsätzlich frei ist, die Freihändige Vergabe bzw. die Verhandlungsvergabe mit oder ohne Teilnahmewettbewerb durchzuführen, liegt es unter Wettbewerbsgesichtspunkten nahe, ein Verfahren mit Teilnahmewettbewerb zu bevorzugen, da so über den Teilnahmewettbewerb mehr Unternehmen die Möglichkeit haben, sich an dem Verfahren zu beteiligen.

28 s. Fußnote 27.

Ohne Teilnahmewettbewerb können öffentliche Aufträge im Oberschwellenbereich im **Verhandlungsverfahren** nach § 14 Abs. 4 VgV und § 3a EU Abs. 3 VOB/A z.B. in diesen Fällen vergeben werden:

c) *Ausschließlichkeitsrechte eines Bieters* – Wenn die zu beschaffende Leistung nur von einem einzigen Unternehmen erbracht werden kann, erübrigt sich naturgemäß die Durchführung eines Wettbewerbs. § 14 Abs. 4 Nr. 2 VgV und § 3a EU Abs. 3 Nr. 3 VOB/A erlauben in diesem Fall, direkt mit diesem Bieter in Verhandlungen um den Auftrag zu treten. Gründe, die zu einer derartigen Beschränkung des Bieterkreises führen können, sind

- die Schaffung eines einzigartigen Kunstwerks oder dessen Erwerb,
- das Vorliegen technischer Gründe wie z.B. Kompatibilitätsaspekte,
- das Bestehen ausschließlicher Rechte, z.B. gewerblicher Schutzrechte, die es nur einem Unternehmen erlauben, die Leistung zu erbringen.[29]

Da die Beschränkung auf einen einzigen Bieter zur maximalen Einschränkung des Wettbewerbs führt, stellt die Rechtsprechung die **höchsten Anforderungen** an diesen Ausnahmetatbestand. Bei der Feststellung, dass es nur ein Unternehmen gibt, das für die Ausführung des Auftrags aufgrund der vorgenannten Umstände in Betracht kommt, muss daher höchste Sorgfalt angelegt werden. Eine einfache Marktrecherche (z.B. Internet) reicht hier in der Regel nicht aus.[30] Zu beachten ist auch, dass der Auftraggeber eine solche Situation nicht dadurch herbeiführen darf, indem er den Auftragsgegenstand so zuschneidet, dass er nur genau auf ein Unternehmen passt. Zwar hat er bei der Festlegung dessen, was er beschafft, einen weiten Spielraum; er darf ihn aber nicht zu unsachlichen Festlegungen im vorgenannten Sinne missbrauchen.[31] Erlaubt ist hingegen eine sachlich begründete Spezifizierung auch dann, wenn sie im Ergebnis dazu führt, dass die so entstandene Leistung nur von einem Unternehmen erbracht werden kann.[32]

Im Unterschwellenbereich ermöglichen § 3a Abs. 3 Nr. 1 VOB/A und § 3 Abs. 5 lit. l) VOL/A in diesen Fällen eine Freihändige Vergabe; § 8 Abs. 4 Nr. 10 UVgO erlaubt eine Verhandlungsvergabe.

d) *Forschungszwecke* – Nach § 14 Abs. 4 Nr. 4 VgV ist das Verhandlungsverfahren ohne Teilnahmewettbewerb auch dann statthaft, wenn es sich um die Lieferung von solchen Waren handelt, die nur zum Zwecke von Forschung, Versuchen, Untersuchungen, Entwicklungen oder Verbesserungen hergestellt werden, wobei unter diese Bestimmung

---

29 VK Bund, Beschl. v. 18.2.2016, VK 2-137/15.

30 Die Voraussetzungen für eine Direktvergabe nach §14 Abs. 4 Nr. 2b VgV – kein Wettbewerb aus technischen Gründen – sind vom öffentlichen Auftraggeber darzulegen und gegebenenfalls zu beweisen. Nur falls er nachweist, dass tatsächlich nur ein Unternehmen in der EU in der Lage ist, den Auftrag zu erfüllen, ist ein Wettbewerb um den öffentlichen Auftrag tatsächlich unmöglich und die Durchführung eines wettbewerblichen Vergabeverfahrens obsolet. Kann der öffentliche Auftraggeber die Voraussetzungen des Ausnahmetatbestandes nicht nachweisen, geht das zu seinen Lasten.

31 Das sieht § 14 Abs. 6 VgV ausdrücklich vor. Danach darf das Verhandlungsverfahren ohne Teilnahmewettbewerb nur dann eingesetzt werden, wenn der mangelnde Wettbewerb nicht das Ergebnis einer künstlichen Einschränkung der Auftragsvergabeparameter ist.

32 Vgl. hierzu OLG Düsseldorf, Beschl. v. 22.5.2013, VII-Verg 16/12.

nicht eine Serienfertigung zum Nachweis der Marktfähigkeit des Produkts oder zur Deckung der Forschungs- und Entwicklungskosten fällt. Die maßgebliche Frage ist in diesen Fällen regelmäßig, ob die zu beschaffende Leistung „nur zum Zwecke von Forschung, Versuchen und Untersuchungen, Entwicklungen oder Verbesserungen hergestellt" wird. Das OLG Düsseldorf hat darauf hingewiesen, dass die Voraussetzungen dieses Ausnahmetatbestands nur dann vorliegen, wenn die zu liefernde Ware selbst Gegenstand der beabsichtigten Forschung ist.[33] Dagegen könne die Beschaffung von Produkten, die benötigt werden, um Forschungen, Versuche etc. durchzuführen, nicht im Verhandlungsverfahren ohne vorherige Bekanntmachung durchgeführt werden. Das OLG Düsseldorf unterscheidet somit danach, ob der zu beschaffende Gegenstand das Mittel für die Forschungsdurchführung darstellt oder selbst den Gegenstand der Forschung darstellt. Für Entwicklungsleistungen, die im Anschluss in Serie beschafft werden sollen, bietet sich die Durchführung einer Innovationspartnerschaft an.[34]

Im Unterschwellenbereich ermöglicht § 3 Abs. 5 lit. c) VOL/A in diesen Fällen eine Freihändige Vergabe; § 8 Abs. 4 Nr. 6 und 7 UVgO erlauben eine Verhandlungsvergabe.

e) *Dringlichkeit* – Auf ein Verhandlungsverfahren ohne Teilnahmewettbewerb kann nach § 14 Abs. 4 Nr. 3 VgV, § 3a EU Abs. 3 Nr. 4 VOB/A im Oberschwellenbereich in Fällen **äußerster Dringlichkeit** zurückgegriffen werden. Voraussetzung ist, dass

- ein unvorhergesehenes Ereignis eingetreten ist,
- äußerst dringliche, zwingende Gründe vorliegen, die die Einhaltung der in anderen Verfahren vorgeschriebenen Fristen nicht zulassen, und
- ein kausaler Zusammenhang zwischen dem unvorhergesehenen Ereignis und der Dringlichkeit besteht.

Als **unvorhersehbar** gelten solche Ereignisse, die nichts mit dem üblichen wirtschaftlichen oder sozialen Leben zu tun haben.[35] Vorhersehbar ist dagegen, wenn unter Rückgriff auf bestehende Statistiken ein zukünftiger Beschaffungsbedarf aus objektiver Sichtweise frühzeitig erkennbar ist oder der Beschaffungsbedarf Folge einer Nicht- oder Schlechtleistung eines Vertragspartners ist, sofern dem durch rechtzeitige Aufnahme von Vertragsstrafen oder Streitschlichtungsmechanismen hätte begegnet werden können.[36]

Dringlichkeit wird grundsätzlich nur bei unaufschiebbaren, nicht durch den Auftraggeber verursachten Ereignissen angenommen, bei denen eine gravierende Beeinträchtigung für die Allgemeinheit und die staatliche Aufgabenerfüllung droht, wie z.B. durch einen schweren, nicht wiedergutzumachenden Schaden.[37] Der Auftraggeber darf die Dringlichkeit nicht durch eigenes Verhalten herbeigeführt haben. Beispiele sind Natur-

---

33 OLG Düsseldorf, Beschl. v. 3.3.2010, VII-Verg 46/09.
34 Vgl. hierzu Kap. 6.5.
35 Rs. des BMWi v. 9.1.2015 (S. 2).
36 Rs. des BMWi v. 9.1.2015 (S. 3).
37 Rs. des BMWi v. 9.1.2015 (S. 3).

katastrophen, die Unterbringung und Versorgung von Geflüchteten oder die COVID-19-Pandemie im Frühjahr 2020.[38]

Schließlich muss zwischen dem unvorhergesehenen Ereignis und der aus dem Ereignis folgenden Dringlichkeit ein **Ursachenzusammenhang** bestehen.[39]

Im Unterschwellenbereich ermöglichen § 3 Abs. 5 lit. g) VOL/A und § 3a Abs. 3 Nr. 2 VOB/A in Fällen der besonderen Dringlichkeit eine Freihändige Vergabe; § 8 Abs. 4 Nr. 9 UVgO erlaubt hier eine Verhandlungsvergabe ohne Teilnahmewettbewerb.

Praxistipp

▶ *Aus Gründen der Verhältnismäßigkeit darf in diesen Notfällen die Beschaffung nur soweit im Verhandlungsverfahren, in einer Verhandlungsvergabe bzw. freihändig erfolgen, wie es zur unmittelbaren Bekämpfung der Notsituation erforderlich ist. Wird also beispielsweise aufgrund eines Hochwassers eine Brücke zerstört, darf in einer Eilbeschaffung lediglich Behelfsbrücke beschafft werden. Die Gelegenheit zu nutzen und aufgrund der entstandenen Notsituation eine (vielleicht schon seit längerem beabsichtigte) neue dauerhafte Brückenlösung über die Dringlichkeitsvergabe zu beschaffen, ist hingegen nicht erlaubt.*

f) *Kleinstaufträge* – Im Unterschwellenbereich erlauben VOB/A und VOL/A sowie UVgO zudem, dass Kleinstaufträge bis zu einer bestimmten **Wertgrenze** ebenfalls freihändig bzw. im Wege der Verhandlungsvergabe vergeben werden dürfen.[40] Im Bereich der VOB/A beträgt die Wertgrenze 10.000 Euro (§ 3a Abs. 3 Satz 2). In der VOL/A gibt § 3 Abs. 5 lit. i) Bundes- und Landesministerien die Möglichkeit, eigene Wertgrenzen festzulegen. Diese liegen in der Regel zwischen 5.000 und 10.000 Euro. Gleiches sieht § 8 Abs. 4 Nr. 17 UVgO vor. Nach Nr. 17 Halbsatz 2 kann dies auch für Auslandsdienststellen vorgenommen werden. In einigen Bundesländern existieren aber auch Regelungen, die dauerhaft Freihändige Vergaben im Liefer- und Dienstleistungsbereich bis 100.000 Euro erlauben.[41]

---

38 Rs. des BMWi v. 24.8.2015 sowie Rundschreiben zur Anwendung des Vergaberechts im Zusammenhang mit der Beschaffung von Leistungen zur Eindämmung der Ausbreitung des neuartigen Coronavirus SARS-CoV-2 des BMWi v. 19.3.2020; vgl. hierzu auch die Mitteilung der Kommission „Leitlinien der Europäischen Kommission zur Nutzung des Rahmens für die Vergabe öffentlicher Aufträge in der durch die COVID-19-Krise verursachten Notsituation" (2020/C 108/01) v. 1.4.2020.

39 Rs. des BMWi v. 9.1.2015 (S. 3). Zusammenfassend vgl. auch VG Würzburg, Urt. v. 18.3.2019, 8 K18.1161: Eine besondere Dringlichkeit ist anzunehmen, wenn ein unvorhersehbares, nicht durch den Auftraggeber verursachtes und nicht allein auf subjektive Dringlichkeitserwägungen gestütztes Ereignis vorliegt und eine Abwägung ergibt, dass eine derart gravierende Beeinträchtigung der Allgemeinheit und der staatlichen Aufgabenerfüllung droht, dass selbst die Einhaltung der Bekanntmachungsfristen nicht abgewartet werden können und ein Zusammenhang zwischen dem unvorhersehbaren Ereignis und der Unmöglichkeit der Einhaltung der Fristen besteht. Die Gründe, auf die die Verhandlungsvergabe gestützt wird, sind vom öffentlichen Auftraggeber zu beweisen und ausführlich zu dokumentieren. Das Gericht betont in diesem Zusammenhang, dass die ungenaue oder unvollständige Dokumentation des Auftraggebers zu einer Beweislastumkehr führen kann.

40 Vgl. hierzu sowie zur Möglichkeit der Direktvergabe unterhalb von 1.000 Euro (im Liefer-/Dienstleistungsbereich) bzw. von 3.000 Euro (im Baubereich) und zu den hier bis Ende 2021 geltenden erhöhten Wertgrenzen zur Beschleunigung investiver Maßnahmen in Folge der COVID-19-Pandemie auch Kap. 5.2.2.

41 Z.B. § 25a Abs. 3 GemHVO Brandenburg.

6.4 Wettbewerblicher Dialog

6.4.1 Merkmale

Die Verfahrensart des wettbewerblichen Dialogs existiert nur im Oberschwellenbereich. Sie soll es öffentlichen Auftraggebern ermöglichen, besonders komplexe Aufträge zu vergeben. Als besonders komplexe Aufträge gelten z.B. bedeutende integrierte Verkehrsinfrastrukturprojekte, große IT-Netzwerke oder große Bauprojekte.

Der wettbewerbliche Dialog unterscheidet sich vom Verhandlungsverfahren darin, dass hier über den Auftragsgegenstand und nicht – wie beim Verhandlungsverfahren – über die Angebote der Bieter verhandelt wird. Im Unterschied zum Verhandlungsverfahren setzen die Erörterungen daher auch bereits vor Abgabe eines Angebotes ein.

Gegenüber dem offenen und dem nicht offenen Verfahren ist der wettbewerbliche Dialog nachrangig. Mit dem Verhandlungsverfahren steht er hingegen gleichrangig nebeneinander, was sich aus § 14 Abs. 3 VgV ergibt. Die Besonderheiten beim Ablauf eines wettbewerblichen Dialogs werden in Kapitel 7.7 dargestellt.

Praxistipp

▶ *Die Teilnahme an einem wettbewerblichen Dialog ist für Unternehmen sehr aufwändig. Da der Auftraggeber durch die in der Dialogphase entwickelten Lösungsmöglichkeiten von den Beiträgen und vom Know-how der Bieter profitiert, kann – und sollte – er Prämien und Zahlungen an die Teilnehmer vorsehen (§ 18 Abs. 10 VgV) und damit die Attraktivität einer Verfahrensteilnahme erhöhen.*

Der wettbewerbliche Dialog steht sowohl öffentlichen Auftraggebern als auch Sektorenauftraggebern im Bau- und Liefer-/Dienstleistungsbereich zur Verfügung.

6.4.2 Zulässigkeit

Der wettbewerbliche Dialog kommt gem. § 14 Abs. 3 VgV, § 3a EU Abs. 4 VOB/A unter denselben Voraussetzungen in Betracht wie das Verhandlungsverfahren mit Teilnahmewettbewerb. Insofern kann auf Kapitel 6.3.2 und die dortigen Ausführungen zum Verhandlungsverfahren mit Teilnahmewettbewerb verwiesen werden. In der Praxis bietet sich der wettbewerbliche Dialog besonders dann an, wenn der Auftrag aufgrund konkreter Umstände, die mit der Komplexität oder dem rechtlichen oder finanziellen Rahmen oder den damit einhergehenden Risiken zusammenhängen, nicht ohne Verhandlungen vergeben werden kann, wie es § 14 Abs. 3 Nr. 3 VgV, § 3a EU Abs. 4 i.V.m. Abs. 2 Nr. 1 lit. c) VOB/A vorsehen. Die frühere Voraussetzung, dass der Auftraggeber objektiv nicht in der Lage sein darf, die notwendigen technischen Mittel anzugeben, mit denen seine Bedürfnisse und Ziele erfüllt werden können oder die rechtlichen und finanziellen Bedingungen des Vorhabens anzugeben, ist im Rahmen der Vergaberechtsmodernisierung deutlich aufgeweicht worden. Der wettbewerbliche Dialog ist damit zu einer echten Alternative zum Verhandlungsverfahren mit Teilnahmewettbewerb geworden.

6.5 Innovationspartnerschaft

6.5.1 Merkmale

Die **Innovationspartnerschaft** ist ein Verfahren, mit dem zunächst innovative, noch nicht auf dem Markt verfügbarer Leistungen entwickelt werden sollen, um im Anschluss daran die aus der Entwicklung hervorgehenden Leistungen zu erwerben (§ 119 Abs. 7 GWB). Diese Situation einer Entwicklung von Prototypen mit anschließender Beschaffung der Serie kommt nicht selten vor. Das Vergaberecht kam in diesen Fällen früher zumeist nicht vollständig zum Einsatz, da die Forschungs- und Entwicklungsleistungen in der Regel freihändig bzw. im Verhandlungsverfahren ohne Teilnahmewettbewerb vergeben wurden[42]. Serienfertigungen im Anschluss an Entwicklungsaufträge müssen zumeist ebenfalls in einem Verhandlungsverfahren ohne Teilnahmewettbewerb vergeben werden, da der Entwickler in der Regel Inhaber der Ausschließlichkeitsrechte ist. Hier setzt die Innovationspartnerschaft durch ein kombiniertes Verfahren, an dem mehrere Wettbewerber teilnehmen, an. Dabei verhandelt der Auftraggeber nach einem EU-weiten Teilnahmewettbewerb mit den hierbei ausgewählten Unternehmen über die Erst- und Folgeangebote.[43]

6.5.2 Zulässigkeit

Die Innovationspartnerschaft ist lediglich im Oberschwellenbereich vorgesehen. Nach § 19 Abs. 1 VgV, § 3a EU Abs. 5 VOB/A kann der öffentliche Auftraggeber eine Innovationspartnerschaft ausschreiben und eingehen, wenn er eine **innovative Leistung** entwickeln lassen und die Entwicklung im Anschluss erwerben will. Die Innovativität einer Leistung ist dann gegeben – und das ist zugleich die einzige Zulässigkeitsvoraussetzung für dieses Verfahren –, wenn der Beschaffungsbedarf, der Gegenstand der Innovationspartnerschaft werden soll, nicht durch auf dem Markt bereits verfügbare Bau-, Liefer- oder Dienstleistungen befriedigt werden kann. Andernfalls wären diese Produkte oder Leistungen in dem dafür vorgesehenen Verfahren (also offenes, nicht offenes oder Verhandlungsverfahren oder wettbewerblicher Dialog) zu beschaffen.

Die Innovationspartnerschaft steht auch dem Sektorenauftraggeber zur Verfügung (§ 18 SektVO). Bei der Vergabe von Aufträgen im Bereich Verteidigung und Sicherheit ist sie hingegen nicht vorgesehen.

42 Vgl. Kap. 6.3.2 d).
43 Eine nähere Beschreibung des Verfahrensablaufs enthält Kapitel 7.8.

6.6 Planungswettbewerbe

Der Auftraggeber kann nach §§ 69 ff. VgV schließlich auch Planungswettbewerbe durchführen.[44] Nach § 103 Abs. 6 GWB sind Wettbewerbe **Auslobungsverfahren**, die dem Auftraggeber aufgrund vergleichender Beurteilung durch ein **Preisgericht** mit oder ohne Verteilung von Preisen zu einem Plan oder einer Planung verhelfen soll. Planungswettbewerbe werden insbesondere auf den Gebieten der Raumplanung, des Städtebaus und des Bauwesens oder auch der Datenverarbeitung (etwa bei der Planung komplexer Datennetze) durchgeführt. Sofern sie Architekten- und/oder Ingenieurleistungen betreffen, gelten die §§ 78 ff. VgV als Spezialvorschriften.

Wenn im Anschluss an einen Planungswettbewerb ein Dienstleistungsauftrag (betreffend die Umsetzung der Planung) vergeben wird, kommt dafür in der Regel nur der Gewinner des Preiswettbewerbs in Betracht, da dieser Rechteinhaber ist. In diesem Fall erlaubt § 14 Abs. 4 Nr. 8 VgV ein Verhandlungsverfahren ohne Teilnahmewettbewerb mit diesem. Sofern für die Erbringung der Dienstleistung sämtliche Preisträger eines Wettbewerbs in Betracht kommen, sind alle Preisträger in das Verhandlungsverfahren einzubinden.

6.7 Besondere Methoden und Instrumente

Neben den gerade dargestellten verschiedenen Verfahrensarten sieht das Vergaberecht auch noch unterschiedliche **Verfahrensvarianten** vor. Diese werden in § 120 GWB auch als „besondere Methoden" bzw. „Instrumente im Vergabeverfahren" bezeichnet. Diese Varianten stellen keine eigenen Verfahrensarten dar, sondern lassen sich mit diesen kombinieren. Vorgesehen sind im Oberschwellenbereich (auch für den Sektorenbereich) das **dynamische Beschaffungssystem**, die **elektronische Auktion** und der **elektronische Katalog**. Gleiches sieht die UVgO für den Unterschwellenbereich vor; die VOB/A nennt diese Methoden für unterschwellige Bauvergaben hingegen nicht.

Die Rahmenvereinbarung ist hingegen keine Verfahrensvariante in diesem Sinne, sondern eine Alternative zum öffentlichen Auftrag.[45]

6.7.1 Dynamisches Beschaffungssystem

Nach § 120 Abs. 1 GWB ist das dynamische Beschaffungssystem ein zeitlich befristetes, ausschließlich elektronisches Verfahren zur Beschaffung marktüblicher Leistungen, bei denen die allgemein auf dem Markt verfügbaren Spezifikationen den Anforderungen des Auftraggebers genügen. Das dynamische Beschaffungssystem kann nur im nicht offenen Verfahren eingesetzt werden.[46]

---

44 Für den Unterschwellenbereich sieht dies §52 UVgO vor.

45 Die Rahmenvereinbarung wurde bereits in Kapitel 4.4 vorgestellt.

46 § 22 Abs. 2 VgV; § 17 Abs. 2 UVgO sieht im Unterschwellenbereich die Durchführung einer Beschränkten Ausschreibung mit Teilnahmewettbewerb vor.

Voraussetzung für die Anwendung des dynamischen Beschaffungssystems ist die **Beschaffung marktüblicher Leistungen**, bei denen die allgemein auf dem Markt verfügbaren Spezifikationen den Anforderungen des Auftraggebers genügen. Diesen Anforderungen entsprechen nur solche Leistungen, die keine konzeptionelle oder planerische Vorarbeit erfordern und deshalb unmittelbar auf dem Markt abgerufen werden können. Es wird also überwiegend bei der Beschaffung von Standardprodukten zum Einsatz kommen. Das Verfahren und seine Rahmenbedingungen sind sehr ausführlich in den §§ 22 bis 24 VgV beschrieben; im Baubereich verweist § 4b EU Abs. 1 VOB/A auf die Regelungen der VgV. Inhaltlich handelt es sich um eine Art Rahmenvereinbarung, zu der während der gesamten Laufzeit Bieter mit unverbindlichen Angeboten hinzutreten können; das dynamische Beschaffungsverfahren kann auch jederzeit von den Bietern wieder verlassen werden. Will der Auftraggeber seinen konkreten Beschaffungsbedarf aus dem dynamischen Beschaffungssystem decken, werden alle zu diesem Zeitpunkt am System teilnehmenden Bieter aufgefordert, ein verbindliches Angebot abzugeben (§ 23 Abs. 6 VgV).

In der Praxis findet das dynamische Beschaffungssystem bislang kaum Anwendung.

6.7.2 Elektronische Auktionen

Die elektronische Auktion dient gemäß § 120 Abs. 2 GWB der elektronischen Ermittlung des wirtschaftlichsten Angebots und stellt neben dem dynamischen Beschaffungssystem eine der Möglichkeiten dar, im Rahmen der Vergabe öffentlicher Aufträge die IT-Technologie zu nutzen. Sie ist ein sich schrittweise wiederholendes Verfahren, das im Anschluss an eine vollständige erste Bewertung aller Angebote erfolgt. In dieser nachgelagerten Phase sollen sich die Bieter auf einer elektronischen Plattform in einem begrenzten Zeitfenster gegenseitig so lange unterbieten, bis das Angebot mit dem niedrigsten Preis oder das unter Berücksichtigung verschiedener Faktoren günstigste Angebot ermittelt worden ist, auf das der Zuschlag erteilt werden kann. Die elektronische Auktion wird daher auch als „**inverse Auktion**" oder „**Absteigerung**" bezeichnet.

Die elektronische Auktion stellt keine eigene Verfahrensart dar, sondern wird – soweit im Einzelfall zulässig und möglich – als zusätzlicher Schritt vor der Zuschlagserteilung in ein Vergabeverfahren eingebaut. Sie kann im offenen, nicht offenen und im Verhandlungsverfahren eingesetzt werden. Typischer Beschaffungsgegenstand sind **marktgängige Artikel und Dienstleistungen**. Geistig-schöpferische Dienstleistungen können nicht Gegenstand einer elektronischen Auktion sein, da es hier regelmäßig nicht in dem Maße auf den Preis ankommt bzw. die Rahmenbedingungen nicht in dem Maße vergleichbar gestaltet werden können, wie es für eine elektronische Auktion erforderlich wäre. §§ 25 und 26 VgV regeln Details über die Durchführung der elektronischen Auktion, auf die auch § 4b EU Abs. 2 VOB/A sowie § 18 UVgO verweisen.

In der Praxis hat sich diese bereits seit 2004 existierende (und seit 2009 im deutschen Vergaberecht vorgesehene) Beschaffungsvariante ebenfalls noch nicht etabliert. In den wenigen Fällen, in denen eine elektronische Auktion durchgeführt wurde, fielen die wirtschaftlichen Einsparungen durchweg recht bescheiden aus.

6.7.3 Elektronische Kataloge

Schließlich kann der Auftraggeber elektronische Kataloge bei der Vergabe öffentlicher Aufträge einsetzen. Ein elektronischer Katalog ist nach § 120 Abs. 3 GWB ein auf der Grundlage der Leistungsbeschreibung erstelltes **Verzeichnis der zu beschaffenden Leistungen in einem elektronischen Format**. Wenngleich der elektronische Katalog in jedem Verfahren eingesetzt werden kann, bietet sich seine Verwendung insbesondere bei Rahmenvereinbarungen oder dynamischen Beschaffungssystemen an. Elektronische Kataloge können Abbildungen, Preisinformationen und Produktbeschreibungen umfassen. § 27 VgV enthält hierzu weitere Details, auf die auch § 4b EU Abs. 3 VOB/A und § 19 UVgO Bezug nehmen. Letztlich handelt es sich bei dem elektronischen Katalog um eine Vereinfachung bei der Darstellung der Leistungsbeschreibung bzw. der Abfrage von Angebotsinformationen über eine elektronische Tabelle.

6.8 Verfahrensarten bei Konzessionsvergaben

Abschließend soll noch kurz auf die Besonderheiten bei der Verfahrenswahl im Zusammenhang mit der Vergabe von **Bau- und Dienstleistungskonzessionen** eingegangen werden. Wie bereits erläutert, findet bei Konzessionsvergaben ab dem einschlägigen EU-Schwellenwert von 5.350.000 Euro (netto) die Konzessionsvergabeverordnung (KonzVgV) Anwendung.

Während bei der Vergabe von öffentlichen Aufträgen nur die in den Kapiteln 6.1 bis 6.7 dargestellten Verfahrensarten und besonderen Methoden zum Einsatz kommen (und dabei nicht verändert werden dürfen), gibt es für die Verfahrensarten bei einer Konzessionsvergabe keine Festlegungen. § 151 Satz 2 GWB und § 12 Abs. 1 Satz 2 KonzVgV erlauben es dem Konzessionsgeber, das Verfahren (und damit auch die Verfahrensart) **frei auszugestalten**. Nach § 12 Abs. 2 KonzVgV kann es ein- oder zweistufig gestaltet werden. Es kann also ein Teilnahmewettbewerb vorgeschaltet werden, und es kann hierauf auch verzichtet werden. Ebenso dürfen Verhandlungen geführt werden (§ 12 Abs. 2 Satz 2 KonzVgV).

In der Praxis wird der Konzessionsgeber das Verfahren regelmäßig an dem **Verhandlungsverfahren mit Teilnahmewettbewerb** ausrichten; § 12 Abs. 1 Satz 2 KonzVgV schlägt dies auch ausdrücklich vor. Denn dieses Verfahren gewährt gleichzeitig den größtmöglichen Wettbewerb und die größtmögliche Flexibilität. Solange keine Grundprinzipien beeinträchtigt werden, kann der Konzessionsgeber aber auch ein ganz eigenes Verfahren gestalten oder vorhandene Verfahrensarten modifizieren. So kann beispielsweise ein wettbewerblicher Dialog mit anschließenden Verhandlungen durchgeführt werden.

Für die Vergabe von Konzessionen, die den einschlägigen Schwellenwert nicht erreichen, ist zu differenzieren: Für Baukonzessionen verlangt § 23 Abs. 2 VOB/A, dass die §§ 1 bis 22 VOB/A sinngemäß anzuwenden sind. Daher sollte auch hier der Vorrang der Öffentlichen Ausschreibung gelten, wobei vielfach aufgrund der Komplexität des Auftragsgegenstands eher auf die Freihändige Vergabe (ggf. mit vorgeschaltetem Teilnahmewettbewerb) zurückgegriffen werden dürfte. Auch Modifikationen der in der VOB/A vorgesehenen Verfahrensarten sind nicht ausgeschlossen. Für Dienstleistungskonzessionen im Unterschwellenbereich gelten UVgO bzw. VOL/A nicht, so dass auch hier unter Beachtung der Grundprinzipien größtmögliche Gestaltungsfreiheit bei der Verfahrensgestaltung gilt.

7. Vorbereitung und Ablauf eines Vergabeverfahrens

Das EU-Vergaberecht (VgV, SektVO, KonzVgV, VSVgV und VOB/A[1]) bietet ebenso viele Gestaltungsmöglichkeiten wie Fallstricke. Dasselbe gilt für die nationalen Vergaberegelungen im Unterschwellenbereich (UVgO und der jeweils 1. Abschnitt der VOL/A[2] und der VOB/A).

Abhängig von der Vergabeverfahrensart besteht eine Regelungsdichte unterschiedlichen Ausmaßes. Das offene und das nicht offene Verfahren ermöglichen den Verfahrensbeteiligten durch ihre praxisbewährte Strukturen ein hohes Maß an Rechtssicherheit. Das Verhandlungsverfahren, der wettbewerbliche Dialog oder die Innovationspartnerschaft eröffnen größere Handlungsspielräume für das Verfahren, erhöhen aber gleichzeitig das Fehler- und Angriffspotenzial.

Die Vorbereitung des Vergabeverfahrens dient der Ermittlung und Festlegung aller relevanten Verfahrensgrundlagen. Nach der Feststellung des konkreten Beschaffungsbedarfs sind die Vergabeunterlagen zu erstellen. Ohne in rechtlicher und in tatsächlicher Hinsicht vollständig ermittelte Verfahrensgrundlagen, die entsprechend in den Vergabeunterlagen enthalten sein müssen, darf ein Vergabeverfahren grundsätzlich nicht eingeleitet werden. Man spricht in diesem Fall von fehlender Vergabe- oder Ausschreibungsreife.

Das Vergabeverfahren kann in die folgenden wesentlichen Abschnitte gegliedert werden:

- Verfahrenseinleitung durch Auftragsbekanntmachung
- Angebotsphase
- Prüfung und Wertung der Angebote

Das Vergabeverfahren endet mit Zuschlagserteilung oder Aufhebung. Nach Zuschlagserteilung geht das Beschaffungsprojekt in die Phase der Vertragsabwicklung/-durchführung über.

---

1 Im Folgenden wird im Interesse einer vereinfachten Darstellung einheitlich von den Verfahrensordnungen gesprochen. Sofern einzelne Verfahrensordnungen Besonderheiten aufweisen, wird darauf gesondert eingegangen.

2 Soweit die UVgO in Bundesländern noch nicht eingeführt ist und soweit dies z.T. auch nicht beabsichtigt ist, gilt für die Vergabe von Liefer- und Dienstleistungsaufträgen unterhalb der Schwellenwerte nach wie vor die VOL/A, 1. Abschnitt.

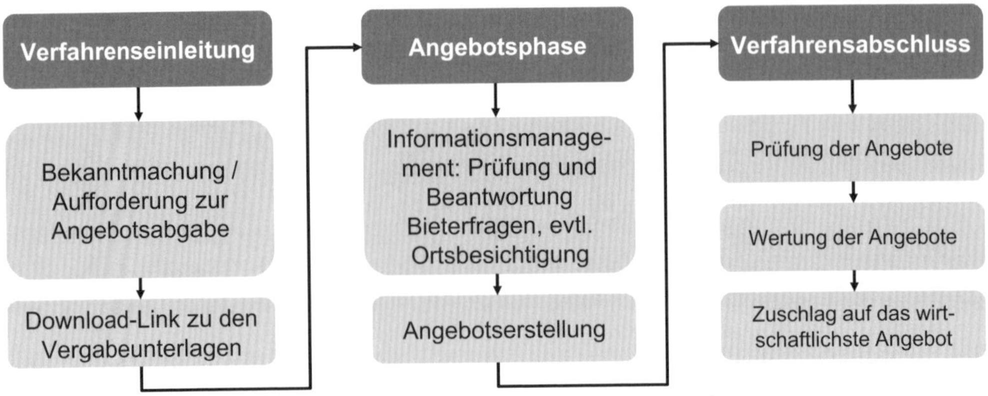

Abb. 19: Vergabeverfahren ohne Teilnahmewettbewerb im Überblick

Im Folgenden werden diese für alle Verfahrensarten bedeutsamen Abschnitte beschrieben und erläutert. Anschließend werden einige Besonderheiten der Verfahrensarten mit vorgeschaltetem Teilnahmewettbewerb dargestellt.

7.1 Erstellung der Vergabeunterlagen

Die Vergabeunterlagen umfassen i.d.R.:

- das Anschreiben (Aufforderung zur Abgabe eines Angebots)
- die Bewerbungsbedingungen mit den Regeln zur Durchführung des Vergabeverfahrens
- die Vertragsunterlagen (Leistungsbeschreibung und Vertragsbedingungen)

und darüber hinaus weitere Unterlagen, die erforderlich sind, um interessierten Unternehmen eine Entscheidung zur Verfahrensteilnahme zu ermöglichen.

Praxistipp

Nach dem Leitbild der Verfahrensordnungen klar strukturierte Vergabeunterlagen tragen zur Transparenz des Vergabeverfahrens bei und erleichtern den Bietern die Angebotserstellung. In den Bewerbungsbedingungen sollten daher nur die Festlegungen zum Vergabeverfahren einschließlich der Eignungs- und der Zuschlagskriterien, in der Leistungsbeschreibung nur die Anforderungen an die zur Vergabe ausgeschriebene Leistung und in den Vertragsbedingungen nur die Regelungen der rechtlichen Beziehungen zwischen Auftraggeber und Auftragnehmer enthalten sein. Dopplungen sollten vermieden werden.

Die Vergabeunterlagen sind grundsätzlich allen interessierten Unternehmen durch einen in der Auftragsbekanntmachung enthaltenen Link („elektronische Adresse") unentgeltlich, uneingeschränkt, vollständig und direkt zur Verfügung zu stellen. Eine Beschränkung auf die Unternehmen, die sich gewerbsmäßig mit der Ausführung von Leistungen der ausgeschriebenen Art befassen, ist unzulässig.

7.1.1 Anschreiben und Bewerbungsbedingungen

Da der Auftraggeber bereits mit der Auftragsbekanntmachung alle erforderlichen Informationen geben muss, die für eine Entscheidung über eine Verfahrensteilnahme von Bedeutung sind, kann sich das Anschreiben auf die ausdrückliche Angebotsaufforderung oder die Aufforderung zur Abgabe von Teilnahmeanträgen beschränken.

Die Bewerbungsbedingungen enthalten neben Verfahrensregeln wie Fristen, formalen und inhaltlichen Anforderungen an Angebote oder Teilnahmeanträge insbesondere die Eignungskriterien und die Zuschlagskriterien, soweit diese nicht bereits in der Auftragsbekanntmachung genannt sind.

Praxistipp

▶ *Auch wenn dies nicht ausdrücklich vorgeschrieben ist, hat es sich als zweckmäßig erwiesen, alle mit dem Angebot oder Teilnahmeantrag einzureichenden Angaben, Erklärungen und Nachweise in einer Liste („Checkliste") zusammenzufassen. Das erleichtert den Bietern bzw. Bewerbern die Erstellung der Angebote bzw. der Teilnahmeanträge.*

7.1.1.1 Festlegung der Eignungskriterien und -nachweise

a) Gegenstand der Eignungsprüfung

Aufträge dürfen nur an geeignete Bieter vergeben werden. Gegenstand der Eignungsprüfung ist das Unternehmen des Bieters.[3] Ein Bieter ist gemäß § 122 Abs. 2 S. 1 GWB geeignet, wenn er die durch den Auftraggeber im Einzelnen zur ordnungsgemäßen Ausführung des Auftrags oder der Konzession festgelegten Kriterien (Eignungskriterien) erfüllt.

Die Eignungskriterien dürfen ausschließlich die Befähigung und Erlaubnis zur Berufsausübung, die wirtschaftliche und finanzielle Leistungsfähigkeit und die technische und berufliche Leistungsfähigkeit betreffen. Außerdem ist in diesem Zusammenhang zu prüfen, ob der Bieter unternehmensbezogene Ausschlussgründe erfüllt, die abschließend in §§ 123, 124 GWB definiert sind.

Praxistipp

▶ *Der Gesetzgeber verwendet den Begriff der „Zuverlässigkeit" seit der Vergaberechtsreform 2016 nicht mehr, sondern schreibt vor, dass Auftraggeber das „Nichtvorliegen von Ausschlussgründen" prüfen müssen. Inhaltlich hat sich mit dieser Bezeichnung nichts geändert. Die EU-Vergaberichtlinien verwenden den Begriff der Zuverlässigkeit weiterhin. Der Verordnungsgeber der VOB/A hält auch für Vergabeverfahren unterhalb der EU-Schwellenwerte an dem Begriff der Zuverlässigkeit fest.*

---

3 Gegenstand der Eignungsprüfung ist dagegen nicht das konkrete Leistungsangebot des Bieters. Eignungs- und leistungsbezogene Aspekte sind grundsätzlich voneinander zu trennen, siehe hierzu 7.1.1.2 d).

Die Eignungsprüfung ist eine unternehmensbezogene Untersuchung, ob ein Unternehmen nach seiner personellen, finanziellen und technischen Ausstattung in der Lage sein wird, vertragsgerecht zu leisten.

Praxistipp

▶ *Auftraggeber sind gut beraten, wenn sie die Eignung der Bieter auch inhaltlich anhand der festgelegten Kriterien prüfen und das Prüfungsergebnis sorgfältig dokumentieren. Eine lediglich formelle Eignungsprüfung im Sinne eines „Abhakens" von einzureichenden Nachweisen genügt nicht den gesetzlichen Anforderungen an eine ordnungsgemäße Eignungsprüfung.*

Zur Entscheidung über Eignung oder Nichteignung eines Bieters und das Vorliegen oder Nichtvorliegen von Ausschlussgründen benötigt der Auftraggeber eine belastbare Tatsachengrundlage. Diese Tatsachengrundlage muss er sich grundsätzlich im konkreten Vergabeverfahren anhand der geforderten Nachweise schaffen. Eine eindeutige und transparente Festlegung der Eignungskriterien und -nachweise ist auch für interessierte Unternehmen von hoher Bedeutung. Nur wenn hinreichend klar und verständlich ist, welche Anforderungen der Auftraggeber an die Eignung stellt und welche Nachweise er zur Überprüfung der Anforderungen verlangt, können die Unternehmen entscheiden, ob der ausgeschriebene Auftrag für sie interessant ist und ob sie deshalb bereit sind, den mit einer Verfahrensteilnahme verbundenen Aufwand auf sich zu nehmen.

b) Mit dem Auftragsgegenstand in Verbindung stehende, angemessene Kriterien

Welche Anforderungen an die Eignung die Bieter bzw. Bewerber erfüllen und welche Nachweise sie zum Nachweis ihrer Eignung einreichen müssen, entscheidet der Auftraggeber aufgrund seines Ermessens bei der Verfahrensgestaltung weitgehend frei.[4]

Seine **Grenzen** findet das Ermessen zunächst im Auftragsgegenstand selbst. Eignungskriterien müssen gemäß § 122 Abs. 4 GWB mit dem Auftragsgegenstand in Verbindung und zu diesem in einem angemessenen Verhältnis stehen.

Die Verbindung eines Eignungskriteriums oder Eignungsnachweises mit dem Auftragsgegenstand ist in der Regel unproblematisch. Sie kann fehlen bei Kriterien und Nachweisen, die sich auf die allgemeine Unternehmenspolitik des Bieters beziehen, wenn sie keinen Aufschluss darüber geben, ob der Bieter über die erforderlichen Mittel verfügt, um den Auftrag in fachlich-technischer sowie in wirtschaftlicher und finanzieller Hinsicht ordnungsgemäß zu erfüllen.

Das Ermessen des Auftraggebers bei der Festlegung der Eignungsanforderungen und -nachweise ist begrenzt durch die allgemeinen vergaberechtlichen Grundsätze des Wettbewerbs, der Transparenz und des Gleichbehandlungs- und des Verhältnismäßigkeitsgebots.[5] Daher kann es vergaberechtlich kritisch sein, wenn Auftraggeber den Vergabe-

---

4 Zum Grundsatz: OLG Düsseldorf, Beschl. v. 21.12.2011, VII-Verg 74/11; iZm der Frage, wann eine Zertifizierung verlangt werden kann: VK Sachsen, 15.3.2016 – 1/SVK/045-15 und mit Hinweis auf OLG Frankfurt, Beschl. v. 18.9.2015, 11 Verg 9/15, VK Baden-Württemberg, Beschl. v. 26.6.2012, 1 VK 16/12.

5 OLG Düsseldorf, Beschl. v. 27.6.2018, VII-Verg 4/18.

wettbewerb bereits dadurch einschränken, dass sie Mindestanforderungen an die Eignung festlegen und Eignungsnachweise verlangen, die zwar mit dem Auftragsgegenstand in Verbindung stehen, die aber von vornherein nur ein sehr begrenzter Bieterkreis erfüllen kann. In diesem Fall bestehen erhöhte Anforderungen an die Begründung der Angemessenheit. Maßgeblich hierfür ist, ob aus verständiger Sicht des Auftraggebers ein berechtigtes Interesse hinsichtlich der verlangten Nachweise besteht, so dass diese sachlich berechtigt und verhältnismäßig erscheinen und den Bieterwettbewerb nicht unnötig einschränken. Der Nachweis muss nicht nur geeignet, sondern auch erforderlich sein, die Leistungsfähigkeit im Hinblick auf die konkret ausgeschriebene Leistung nachzuweisen.[6]

Praxisbeispiel[7]

Der Auftraggeber schreibt Gebäudereinigungsleistungen in einem EU-weiten Vergabeverfahren aus und verlangt zum Nachweis der technischen Leistungsfähigkeit die Vorlage eines Meisterbriefs für das Gebäudereiniger-Handwerk.

Aus den einschlägigen Ausbildungsvorschriften im Gebäudereiniger-Handwerk ergibt sich nicht, dass nur Meister in der Lage sind, die vom Auftraggeber bei der Erbringung der auftragsgegenständlichen Leistungen erforderlichen Entscheidungen zu treffen, weder im Hinblick auf eine sachgerechte Behandlung der verschiedenen Oberflächen noch in Bezug auf den vorgesehenen Einsatz von Reinigungsgeräten und die durchzuführenden Qualitätssicherungsmaßnahmen. Vielmehr erwerben auch Gesellen im Rahmen ihrer Ausbildung die erforderlichen Kenntnisse und Fertigkeiten.

Die Forderung nach einem Meisterbrief steht zwar in einer Verbindung mit dem Auftragsgegenstand, sie erweist sich bei genauerer Prüfung aber als unangemessen.

Auch etwaige Mindestanforderungen müssen objektiv geeignet sein, über diese Leistungsfähigkeit eines Bieters Auskunft zu geben. Sie müssen außerdem der Bedeutung des betreffenden Auftrags angepasst sein, ohne jedoch über das hierzu vernünftigerweise erforderliche Maß hinauszugehen.[8] Grundsätzlich müssen auch Newcomer die Möglichkeit erhalten, am Vergabeverfahren teilzunehmen.[9]

Unangemessen wäre es grundsätzlich, zum Nachweis der wirtschaftlichen und finanziellen Leistungsfähigkeit einen Mindestumsatz zu verlangen, der das Zweifache des geschätzten Auftragswerts überschreitet.[10] Ausnahmen sind nur möglich, wenn mit dem Auftrag besondere Risiken verbunden sind, die besonders hohe Anforderungen an die wirtschaftliche und finanzielle Leistungsfähigkeit der Bieter rechtfertigen. Derartige Gründe, die eine Ausnahme rechtfertigen, sind in der Vergabeakte zu dokumentieren.

6 OLG Düsseldorf, Beschl. v. 21.12.2011, VII-Verg 74/11.
7 Beispiel nach OLG Düsseldorf, Beschl. v. 21.12.2011, VII-Verg 74/11.
8 EuGH, Urt. v. 18.10.2012, Rs. C-218/11, Hochtief, Rn. 32.
9 Vgl. OLG München, Beschl. v. 12.11.2012, Verg 23/12.
10 OLG Jena, Beschl. v. 2.8.2017, 2 Verg 2/17.

Praxisbeispiel[11]

Der Auftraggeber will Sicherheitsdienstleistungen für ein Krankenhaus im Rahmen eines EU-weiten Vergabeverfahrens beauftragen und schreibt vor, dass mindestens 60 % der für den Einsatz vorgesehenen Mitarbeiter/innen im Sicherheitsdienst einer Klinik bereits für zwei Jahre tätig gewesen sein müssen. Die Leistungen sind in einem besonders gefahrgeneigten Umfeld zu erbringen. Sie dienen dem Schutz des Personals, der Patienten und Besucher und sollen einen reibungslosen Ablauf der medizinischen und organisatorischen Maßnahmen innerhalb des Klinikbetriebes gewährleisten. 50 % der Mitarbeiter werden mit Leistungen beschäftigt sein, die ausschließlich in Krankenhäusern anfallen, so beispielsweise Leistungen im Zusammenhang mit den Rettungsstellen vor Ort. Es sind Arbeiten direkt am Patienten auszuführen oder Dienstleistungen, beispielsweise in Brandwachenbereichen, auf den Stationen oder Schleusendienste im OP-Bereich. Der neue Auftragnehmer muss die Leistungen von einem Tag auf den anderen übernehmen. Eine Einarbeitung von neuen Mitarbeitern nimmt ca. zwei bis drei Monate in Anspruch. Vor diesem Hintergrund hält der Auftraggeber es für wichtig, dass ein Großteil des Personals schon eingearbeitet und mit entsprechenden Dienstleistungen vertraut ist. Die Mindestanforderung an die technische und berufliche Leistungsfähigkeit ist sehr hoch. Sie verengt den Wettbewerb von vornherein auf sehr wenige Anbieter, die über Mitarbeiter mit den geforderten sehr speziellen Erfahrungen im Krankenhausbereich verfügen oder sie bis zur Aufnahme der Leistungen einstellen können. Dennoch ist die Mindestanforderung mit der vom Auftraggeber gegebenen Begründung angemessen, weil es sich um eine Dienstleistung in einem besonders sensiblen Umfeld handelt.

c) Formen des Eignungsnachweises

In welcher Form ist der Eignungsnachweis zu führen?

Die Verfahrensordnungen sehen ausdrücklich vor, dass Eigenerklärungen vorrangig gegenüber Bescheinigungen Dritter zu fordern sind. Hintergrund ist das Bestreben, die oftmals als sehr formalistisch und aufwändig empfundene Eignungsprüfung zu vereinfachen. Die Bieter, die sich früher oftmals mit einem hohen personellen und zeitlichen Aufwand Bescheinigungen besorgen mussten, können Eigenerklärungen abgeben.

Als – vorläufiger – Eignungsnachweis kann zudem die Einheitliche Europäische Eignungserklärung (EEE) genutzt werden, die es ermöglicht, die Eignung und das Nichtvorliegen von Ausschlussgründen vorläufig nachzuweisen, ohne von Dritten ausgestellte Bescheinigungen vorlegen zu müssen. Die EEE ist ein EU-weit einheitliches Formular. Es kann unentgeltlich mit einem von den Mitgliedstaaten zur Verfügung gestellten Webdienst[12] elektronisch ausgefüllt, ausgedruckt und sodann mit den weiteren Unterlagen des Angebots oder Teilnahmeantrags an den Auftraggeber versandt werden. Die Verwendung einer EEE ist für

11 Beispiel nach VK Sachsen, Beschl. v. 11.06.2019 – 1/SVK/012-19.
12 https://eee.evergabe-online.de/.

den Bieter eines Vergabeverfahrens freiwillig. Wird die EEE in einem Vergabeverfahren vorgelegt, so ist der Auftraggeber verpflichtet, sie zu akzeptieren. Im Regelfall fordert der Auftraggeber dann nur noch den für den Zuschlag vorgesehenen Bieter auf, die weiteren erforderlichen Unterlagen einzureichen.

		Anwendungshinweise
1	Eigenerklärungen	■ VgV/UVgO: Vorrangiger und grds. endgültiger Eignungsnachweis, bei Zweifeln können weitergehende Nachweise gefordert werden ■ VOB/A: Lediglich vorläufiger Eignungsnachweis, Zuschlagsbieter bzw. im Teilnahmewettbewerb ausgewählter Bewerber müssen Bescheinigungen der zuständigen Stellen vorlegen (§ 6b EU Abs. 2 Nr. 2 und 3 VOB/A) ■ Die Verwendung von eigenen Formblättern ist weiterhin zulässig, auch Formblätter gemäß VHB ■ Ein Ausschluss ist unzulässig, wenn Bieter/Bewerber die vorgegebenen Formblätter nicht verwendet (sondern z.B. eine EEE).
2	Einheitliche Europäische Eigenerklärung (EEE)	■ EEE ist ein standardisiertes Formular zum Nachweis der Eignung und des Nichtvorliegens von Ausschlussgründen. ■ Keine Verwendungspflicht für öff. Auftraggeber, bei (freiwilliger) Verwendung durch Bieter aber von öff. Auftraggebern zu akzeptieren (Akzeptanzpflicht). ■ Wiederverwendbarkeit der EEE, wenn Inhalte unverändert. ■ Im Sektorenbereich nicht ausdrücklich vorgesehen, aber möglich. ■ Immer nur vorläufiger Eignungsnachweis, Zuschlagsbieter muss Bescheinigungen der zuständigen Stellen nachliefern (§§ 50 Abs. 2 S. 2 VgV, 6b EU Abs. 2 Nr. 2 VOB/A) bzw. im Teilnahmewettbewerb ausgewählte Bewerber (§ 6b EU Abs. 2 Nr. 3 VOB/A).
3	Bescheinigungen	■ Endgültiger Eignungsnachweis, aber nur nachrangig zu Eigenerklärungen zu verlangen (VgV/UVgO, nicht VOB/A). ■ Auf Verlangen des Auftraggebers sind Bescheinigungen vorzulegen – zur endgültigen Bestätigung von Eigenerklärungen – bei begründeten Zweifeln an Präqualifizierung – wenn dies zur angemessenen Durchführung des Verfahrens erforderlich ■ "In erster Linie"/ "in der Regel" nur die im e-Certis Archiv hinterlegten Bescheinigungen
4	Eintragung in ein Präqualifikationsverzeichnis	■ Von öffentlichen Auftraggebern zu akzeptieren. ■ Endgültiger Eignungsnachweis, begründet Eignungsvermutung. ■ Auf Verlangen des Auftraggebers ist die Zahlung von Steuern u. Sozialversicherungsbeiträgen zusätzlich durch Bescheinigung nachzuweisen.

Abb. 20: Formen des Eignungsnachweises im Überblick

Zulässig ist es, Bescheinigungen Dritter wie z.B. Bankauskünfte oder Versicherungsbescheinigungen zu verlangen. Eine besondere Begründung in der Vergabeakte ist nicht erforderlich, wenn der Nachweis in den Verfahrensordnungen als zulässiger Nachweis ausdrücklich genannt ist. Außerdem sollen im Rahmen von EU-Vergabeverfahren nur solche Nachweise verlangt werden, die in dem Online-Dokumentenarchiv e-Certis[13] genannt sind. Wenn der Auftraggeber einen im Online-Dokumentenarchiv e-Certis nicht ausdrücklich genannten Nachweis fordern will, ist dies grundsätzlich möglich. Die erforderliche Ver-

13 https://ec.europa.eu/tools/ecertis/#/search.

bindung mit dem Auftragsgegenstand und die Angemessenheit der Forderung sind dann aber in der Vergabedokumentation zu begründen.[14]

§ 122 Abs. 3 GWB sieht die Möglichkeit von Präqualifizierungsverfahren vor, die in den Verfahrensordnungen unterschiedlich ausgeprägt und teilweise landesgesetzlich weiter ausgestaltet ist.[15] Dabei handelt es sich um eine generelle Bewertung und Eignungsprüfung eines Unternehmens durch eine am Vergabeverfahren nicht beteiligte Stelle, unabhängig von der konkreten Einzelvergabe. Im Sektorenbereich bieten **Qualifizierungssysteme** eine zusätzliche Hilfestellung für Auftraggeber auf Märkten, auf denen der potenzielle Bieterkreis eng umrissen ist. Die Einrichtung eines Qualifizierungssystems ist bekannt zu machen.

Praxistipp

Die Absicht einer Auftragsvergabe kann zugleich mittels der Bekanntmachung über das Bestehen eines Qualifizierungssystems bekanntgegeben werden, die nach dem im Anhang VII der Durchführungsverordnung (EU) 2015/1986 enthaltenen Muster erstellt wird. Der Auftraggeber hat den interessierten Unternehmen die für das Qualifizierungsverfahren festgelegten objektiven Kriterien und Vorschriften auf Antrag zur Verfügung zu stellen und sie über etwaige Aktualisierungen zu informieren. Die interessierten Unternehmen werden damit in die Pflicht genommen, sich eigenständig über die Voraussetzungen zur Teilnahme an einem Vergabeverfahren zu informieren. Ist dem Vergabeverfahren ein Qualifizierungsverfahren vorgeschaltet, werden die Aufträge im Wege eines nicht offenen Verfahrens oder eines Verhandlungsverfahrens unter den qualifizierten Bewerbern vergeben.

Gegen die Entscheidung über die Nichtaufnahme in ein Präqualifikationsverzeichnis oder ein Qualifizierungssystem oder gegen den Entzug einer Präqualifikation kann das betroffene Unternehmen Rechtsmittel einlegen. Entscheidungen im Zusammenhang mit Qualifizierungssystemen im Sektorenbereich sind durch die Vergabekammern und Vergabesenate nachprüfbar. Entscheidungen zu Präqualifikationen nach VOB/A und VgV sind dagegen keine Entscheidungen eines öffentlichen Auftraggebers in einem Vergabeverfahren, sodass der Rechtsweg zu den Nachprüfungsinstanzen nach §§ 155 ff. GWB nicht eröffnet ist.[16] Insoweit sind ggf. die Zivilgerichte anzurufen.

d) Mögliche Eignungsnachweise

Unabhängig von der Form des Nachweises ordnen die Verfahrensordnungen den jeweiligen Eignungskriterien bestimmte konkrete Eignungsnachweise zu.

---

14 OLG Düsseldorf, Beschl. v. 21.12.2011, VII-Verg 74/11: Meisterbrief Gebäudereiniger-Handwerk oder vergleichbarer Nachweis.

15 Z.B. Unternehmer- und Lieferantenverzeichnis des Landes Berlin für öffentliche Aufträge (ULV), https://ssl.stadtentwicklung.berlin.de/ULVAuskunft/index.shtml; vgl. auch das bundesweite Amtliche Verzeichnis präqualifizierter Unternehmen für den Liefer- und Dienstleistungsbereich: https://www.amtliches-verzeichnis.ihk.de/

16 Der Verein für die Präqualifikation von Bauunternehmen e.V. sieht ein gesondertes Beschwerdeverfahren vor, das zivilgerichtlich überprüfbar ist.

Eignungskriterium	Nachweise
1 Befähigung und Erlaubnis zur Berufsausübung	§§ 44 VgV, 6a EU Nr. 1 VOB/A – Eintragung in ein Handels- oder Berufsregister – Erlaubnis zur Ausübung der auftragsgegenständlichen Leistung (z.B. Rechtsdienstleistungen)
2 Wirtschaftliche und finanzielle Leistungsfähigkeit	§§ 45 Abs. 4 VgV, 6a EU Nr. 2 VOB/A – Bankerklärungen – Haftpflichtversicherungsnachweis – Jahresabschlüsse – Umsatzangaben
3 Technische und berufliche Leistungsfähigkeit	§§ 46 Abs. 3 VgV, 6a EU Nr. 3 VOB/A – Referenzen – Angaben zum Personal – Beschreibung der techn. Ausrüstung – Nachweise der berufl. Qualifikation – Durchschnittliche Mitarbeiterzahlen – Angaben zu Unterauftragsvergaben

Abb. 21: Mögliche Eignungsnachweise im EU-Vergabeverfahren im Überblick

Abhängig von der jeweiligen Formulierung der genannten Vorschriften sind die dort aufgeführten Nachweise für die wirtschaftliche und finanzielle Leistungsfähigkeit sowie für die technische und berufliche Leistungsfähigkeit abschließend oder es besteht die Möglichkeit, unter Beachtung der Vorgaben des § 122 Abs. 4 S. 1 GWB auch andere Nachweise zu verlangen. Da jedenfalls die Erlaubnis zur Berufsausübung von der auftragsgegenständlichen Leistung abhängt, gibt es hierfür keine abschließende Vorgabe. Zum Nachweis der wirtschaftlichen und finanziellen Leistungsfähigkeit dürfen Bieter auch andere Nachweise einreichen, wenn sie die geforderten Nachweise aus einem berechtigten bzw. stichhaltigen Grund nicht vorlegen können. Der Auftraggeber muss den ersatzweise vorgelegten Nachweis jedoch als geeignet ansehen.

Praxistipp

Bieter und Bewerber sind gut beraten, wenn sie vor Ablauf der Angebots- bzw. Teilnahmeantragsfrist durch eine entsprechende Rückfrage mit dem Auftraggeber klären, ob der Auftraggeber einen anderen als den geforderten Nachweis für die wirtschaftliche und finanzielle Leistungsfähigkeit als geeignet ansieht. Diese Vorgehensweise empfiehlt sich auch hinsichtlich der geforderten Nachweise für die technische und berufliche Leistungsfähigkeit. Hier ist zwar nicht ausdrücklich vorgesehen, dass der Auftraggeber andere als die geforderten Nachweise akzeptieren muss, wenn er diese als geeignet erachtet. Allerdings ist es empfehlenswert, den Auftraggeber auch insoweit auf Probleme bei der Beschaffung von Eignungsnachweisen bzw. bei der Erfüllung von Eignungskriterien hinzuweisen, um ihm Gelegenheit zu geben, zum einen aus rechtlicher Sicht die Angemessenheit der Forderung und zum ande-

ren auch in tatsächlicher Hinsicht ihre Zweckmäßigkeit unter Wettbewerbsgesichtspunkten zu überprüfen.

Hat ein Bieter es selbst zu vertreten, dass ein geforderter Nachweis nicht oder nicht rechtzeitig beschafft werden kann, hat er keinen Anspruch auf Akzeptanz eines anderen als des geforderten Nachweises (z.B. Eigenerklärung über das Bestehen einer Haftpflichtversicherung anstelle einer Versicherungsbescheinigung). Dann kann es zweckmäßig sein, ein lückenhaftes Angebot bzw. einen lückenhaften Teilnahmeantrag abzugeben. Wenngleich kein Anspruch auf Nachforderung besteht, fordern Auftraggeber fehlende Nachweise in aller Regel jedoch nach.

Für Sektorenauftraggeber gibt es keine Vorschriften, welche Eignungsnachweise gefordert werden dürfen. Eine Orientierung an den Bestimmungen der VgV ist möglich und sinnvoll. Dasselbe gilt im Unterschwellenvergaberecht für Liefer- und Dienstleistungsaufträge. Allein der 1. Abschnitt der VOB/A enthält in § 6a eine nicht abschließende Liste an Eignungsnachweisen, die im Vergleich zu den entsprechenden Regelungen im EU-Vergabeverfahrensrecht deutlich reduziert ist. Danach können Umsatzangaben, Referenzen aus den letzten fünf Jahren, Mitarbeiterzahlen, Berufsregistereintragungen (Handelsregister, der Handwerksrolle sowie dem Mitgliederverzeichnisses der IHK) sowie Angaben zu unternehmensbezogenen Ausschlussgründen (u.a. zu Insolvenzverfahren, Liquidation des Unternehmens sowie zur Zahlung von Steuern, Abgaben und Sozialversicherungsbeiträgen). gefordert werden. Bis zu einem Auftragswert von 10.000 EUR, also für Aufträge, die ohnehin freihändig vergeben werden dürfen, enthält § 6a Abs. 5 VOB/A weitere Erleichterungen für die Eignungsprüfung. Auch in diesem Fall muss eine Eignungsprüfung jedoch stattfinden und dokumentiert werden.

e) Insbesondere Referenzen

Der Auftraggeber kann als Nachweis für die **technische und berufliche Leistungsfähigkeit** eine Liste der wesentlichen in den letzten drei Jahren erbrachten Leistungen mit Angabe der Leistungszeit sowie der öffentlichen oder privaten Auftraggeber verlangen. Bei der Vergabe von Bauaufträgen gilt ein Bezugszeitraum von fünf Jahren. Sofern es zur Sicherstellung eines ausreichenden Wettbewerbs erforderlich ist, kann der Auftraggeber auch Referenzen berücksichtigen, die mehr als drei Jahre bzw. bei der Vergabe von Bauaufträgen mehr als fünf Jahre zurückliegen. Entscheidend für die Tauglichkeit einer Referenz ist nicht, ob ein Auftrag bereits abgeschlossen und ggf. abgerechnet ist. Es kommt allein darauf an, ob die Leistung im Rahmen des betreffenden Auftrags bereits erbracht wurde.[17]

Es ist gängige Praxis, dass von Bietern gefordert wird, Ansprechpartner beim Auftraggeber des Referenzauftrags namentlich zu benennen und Kontaktdaten anzugeben. Hintergrund ist, dass der Auftraggeber des aktuell ausgeschriebenen Auftrags die Möglichkeit haben möchte, sich beim Referenzgeber zu erkundigen, ob und mit welcher Qualität die Leistungen tatsächlich erbracht worden sind. Diese gängige Praxis kann datenschutzrechtlich bedenklich sein, weil es sich dabei um personenbezogene Daten handelt. Jedenfalls

17 OLG Düsseldorf, Beschl. v. 26.7.2018, VII-Verg 28/18.

bei der Vergabe von Liefer- und Dienstleistungsaufträgen oberhalb der Schwellenwerte wird diese Praxis auch deshalb kritisch gesehen, weil nur („ausschließlich") die in § 46 Abs. 3 VgV genannten Nachweise gefordert werden dürfen. Die Forderung nach namentlicher Nennung eines persönlichen Ansprechpartners beim Auftraggeber oder gar die Vorlage einer Bescheinigung des Referenzgebers ist durch § 46 Abs. 3 VgV nicht gedeckt.

Bei der Vergabe öffentlicher Bauaufträge können gemäß § 6a EU Nr. 3 lit. a) VOB/A dagegen für die „wichtigsten" Bauleistungen auch Bescheinigungen gefordert werden, so dass es hier zulässig ist, sich von Anfang an ein Gesamtbild aufgrund der Eigenerklärung des Bieters und der Bescheinigung zu machen. Im Unterschwellenbereich sind öffentliche Auftraggeber von vornherein vergaberechtlich freier hinsichtlich der Form des Nachweises von Referenzaufträgen. Datenschutzrechtliche Vorgaben sind auch dort zu beachten.

Praxistipp

Auftraggeber sind bei der Vergabe von Liefer- und Dienstleistungsaufträgen oberhalb der Schwellenwerte grundsätzlich gut beraten, wenn sie allgemeine Kontaktdaten beim Referenzgeber ausreichen lassen, auch wenn sie sich dann bei Zweifeln über die Eignung des Bieters „durchtelefonieren" müssen, um sich über Art, Umfang und ggf. auch die Qualität der Leistung im Rahmen des Referenzauftrags erkundigen zu können.

Selbst wenn die Forderung nach einer Bescheinigung zulässig ist, wie ausdrücklich für Bauaufträge oberhalb der Schwellenwerte vorgesehen, gilt immer der übergeordnete Verhältnismäßigkeitsgrundsatz. Verweigert ein Referenzgeber, eine Bescheinigung auszustellen, was er darf, kann es unverhältnismäßig sein, den Bieter oder Bewerber wegen einer nicht vorgelegten Bescheinigung vom Vergabeverfahren auszuschließen.

Der Auftraggeber kann Mindestanforderungen an die technische und berufliche Leistungsfähigkeit definieren, die durch Referenzen nachgewiesen werden müssen. Er kann insbesondere verlangen, dass Bieter nur dann als leistungsfähig gelten, wenn sie eine Mindestanzahl an vergleichbaren Leistungen in dem definierten Zeitraum nachweisen. Eine solche Festlegung muss im Rahmen von EU-Vergabeverfahren gemäß § 122 Abs. 4 S. 2 GWB in der Auftragsbekanntmachung getroffen werden.[18] Über die Vergleichbarkeit der Referenzaufträge mit dem zur Vergabe ausgeschriebenen Auftrag entsteht in der Praxis häufig Streit.

Praxistipp

Auftraggeber sollten die Vergleichbarkeitskriterien so genau wie möglich definieren (Art der Leistung, Auftragsvolumen, öffentliche oder private Auftraggeber, Leistungszeitraum, Komplexität des Auftrages). Innerhalb dieses Maßstabes verbleibt ausreichend Beurteilungsspielraum, da die nachgewiesenen Referenzaufträge nicht identisch, sondern nur vergleichbar sein müssen. Bieter sind gut beraten, wenn sie die

18 VK Südbayern, Beschl. v. 28.10.2019, Z3-3-3194-1-32-09/19.

Fragen, die Auftraggeber im Zusammenhang mit Referenzen stellen, genau und vollständig beantworten. Zwar besteht über die Nachforderungsregelungen in den Verfahrensordnungen ggf. noch die Möglichkeit, unvollständige Angaben noch zu ergänzen. Eine Pflicht des Auftraggebers, fehlende Angaben nachzufordern, besteht aber nicht. Eine Nachforderung kann der Auftraggeber auch im Vorfeld ausschließen, so dass lückenhafte Angaben zu Referenzen dazu führen können, dass Mindestanforderungen an die Eignung allein aus formellen Gründen als nicht erfüllt angesehen werden müssen.

Legt der Auftraggeber keinen ausdrücklichen Maßstab für die Vergleichbarkeit fest, ist ein sehr weites Verständnis zugrunde zu legen. Eine Vergleichbarkeit zwischen ausgeschriebener Leistung und Referenzleistung ist immer gegeben, wenn die erbrachten Leistungen dem Auftragsgegenstand nach Art und Umfang nahekommen oder ähneln und somit einen tragfähigen Rückschluss auf die Leistungsfähigkeit des Bieters für die ausgeschriebene Leistung ermöglichen.[19] Dabei verbietet sich im Hinblick auf die Gewährung eines bestmöglichen Wettbewerbs eine restriktive Auslegung. Eine solche würde zu faktisch abgeschlossenen Teilmärkten führen, in denen Newcomer keine Möglichkeit erhielten, ihre Leistungsfähigkeit darzulegen und Ausschreibungen nur unter bereits erfahrenen Bietern vergeben werden könnten.[20]

Praxistipp

▶ *Es kann nach einer in der Rechtsprechung vertretenen Auffassung abschreckende Wirkung haben, wenn eine Höchstzahl an berücksichtigungsfähigen Referenzen in der Bekanntmachung festgelegt wird. In diesem Fall bestehe die Gefahr, dass die Vergabestelle auf einer „zu schmalen Tatsachenbasis" über die Leistungsfähigkeit der Bieter entscheide. Die Festlegung einer Höchstzahl an Referenzen ist daher vergaberechtlich riskant. Sie kann zur Aufhebung des Vergabeverfahrens durch die Nachprüfungsinstanzen führen.*

7.1.1.2 Festlegung und Gewichtung der Zuschlagskriterien

Neben den Eignungskriterien sind die Zuschlagskriterien (oder „Wertungskriterien") ein wesentlicher Regelungsinhalt der Bewerbungsbedingungen.

a) Auftraggeberermessen

Gemäß § 127 Abs. 1 Satz 1 GWB wird der Zuschlag auf das **wirtschaftlichste Angebot** erteilt. Das gesamte Vergabeverfahren dient damit nicht allein, aber vordergründig dem Ziel, dem Auftraggeber zu einem aus seiner Sicht wirtschaftlichen Vertrag zu verhelfen. Die Wirtschaftlichkeit definiert der Auftraggeber auf der Grundlage eines weiten Ermessens.

19 VK Südbayern, Beschl. v. 28.10.2019, Z3-3-3194-1-32-09/19.
20 Vgl. OLG München, Beschl. v. 12.11.2012, Verg 23/12.

Er allein entscheidet im Grundsatz nicht nur, welche Leistung er beschaffen möchte, sondern auch, nach welchen Kriterien er sie beschaffen möchte.[21]

Zuschlag wird auf das nach dem besten Preis-Leistungsverhältnis wirtschaftlichste Angebot erteilt, § 127 Abs. 1 S. 1 u. 3 GWB. Bei der Wertung des Preises sind gemäß § 127 Abs. 2 GWB gesetzliche Vorgaben zu beachten (z.B. Buchpreisbindungsgesetz). Bei der Ausschreibung von Architekten- und Ingenieurleistungen ist zu beachten, dass der EuGH die Mindest- und Höchstsatzregelungen der HOAI 2013 für unvereinbar mit der Richtlinie 2006/123/EG (sog. Dienstleistungsrichtlinie) erklärt hat.[22] Mit der zum 1.1.2021 in Kraft getretenen HOAI 2021 wird die Verbindlichkeit der Mindest- und Höchstsätze der HOAI aufgehoben. Nunmehr sind auch niedrigere oder höhere Vergütungen als nach der HOAI errechnet zulässig. Die Leistungsbilder, Leistungsphasen und Honorartafeln der HOAI werden unverändert fortbestehen und dienen nunmehr als Orientierungshilfe für die Ermittlung einer angemessenen Vergütung.

Praxistipp

Grundsätzlich ist eine effektive Überprüfung der Bietererklärungen zu den Zuschlagskriterien vorgeschrieben. Dabei ist es im Interesse einer effizienten und raschen Durchführung von Vergabeverfahren erlaubt, auf die Richtigkeit von Bietereigenerklärungen zu vertrauen. Wenn jedoch konkrete Anhaltspunkte vorliegen, ggf. aufgrund entsprechender Informationen eines Wettbewerbers, die Zweifel am Angebotsinhalt in fachlicher-technischer oder auch in kommerzieller Hinsicht begründen, ist der Auftraggeber zur näheren Aufklärung verpflichtet und muss ggf. weitergehende Nachweise verlangen, um die Richtigkeit der Bietererklärungen überprüfen zu können.

Zuschlagskriterien müssen mit dem Auftragsgegenstand in Verbindung stehen, § 127 Abs. 3 S. 1 GWB. Das bedeutet, dass sie sich in irgendeiner Weise und in irgendeiner Phase ihres Lebenszyklus auf die gemäß dem Auftrag zu erbringenden Leistungen beziehen müssen. Eine Verbindung mit dem Auftragsgegenstand ist auch dann zu bejahen, wenn sich eines der gewählten Zuschlagskriterien auf Prozesse bezieht, die nur mittelbar im Zusammenhang mit der Leistung stehen, weil es etwa Angaben zur Herstellung, Bereitstellung oder Entsorgung der Leistung bewertet.

Mögliche Zuschlagskriterien sind[23] der Preis oder die Kosten und qualitative, umweltbezogene oder soziale Zuschlagskriterien, und hierbei insbesondere:

- die Qualität, einschließlich des technischen Werts, Ästhetik, Zweckmäßigkeit, Zugänglichkeit der Leistung insbesondere für Menschen mit Behinderungen, ihrer Übereinstimmung mit Anforderungen des „Designs für Alle", soziale, umweltbezogene und innovative Eigenschaften sowie Vertriebs- und Handelsbedingungen,

21 EuG, Urt. v. 29.1.2013, Rs. T-532/10, Consepuri/EFSA, Rn. 54; OLG Celle, Beschl. v. 11.9.2018, 13 Verg 4/18; OLG Naumburg, Beschl. v. 5.12.2008, 1 Verg 9/08; Art. 67 Abs.2 Richtlinie 2014/24/EU, 82 Abs. 2 Richtlinie 2014/25/EU: „das aus Sicht des (öffentlichen) Auftraggebers wirtschaftlichste Angebot".
22 EuGH, Urt. v. 4.7.2019, Rs. C-377/17, Kommission . /. Bundesrepublik Deutschland.
23 Vgl.§ 58 Abs. 2 S. 2 VgV.

- die Organisation, Qualifikation und Erfahrung des mit der Ausführung des Auftrags betrauten Personals, wenn die Qualität des eingesetzten Personals erheblichen Einfluss auf das Niveau der Auftragsausführung haben kann, oder
- die Verfügbarkeit von Kundendienst und technischer Hilfe sowie Lieferbedingungen wie Liefertermin, Lieferverfahren sowie Liefer- oder Ausführungsfristen.

Bei der Auswahl der Zuschlagskriterien besteht im Ausgangspunkt ein weites Auftraggeberermessen. Zudem ist anerkannt, dass es grundsätzlich auch möglich ist, das wirtschaftlichste Angebot allein nach dem günstigsten Preis oder allein nach qualitativen Kriterien zu entscheiden.

Das Vergaberecht definiert sowohl für EU-weite Vergabeverfahren als auch für Ausschreibungen auf nationaler Ebene zugleich die Ermessensgrenzen bei der Festlegung der Zuschlagskriterien: die Verbindung mit dem Auftragsgegenstand, der Wettbewerbsgrundsatz und das Willkürverbot.

Beim Einkauf von standardisierten Waren oder Dienstleistungen kann es vergaberechtlich kritisch sein, den Zuschlag allein auf der Grundlage qualitativer Kriterien zu erteilen. Zum einen wäre es haushaltsrechtlich bedenklich, wenn der Preis keine oder nur eine geringe Bedeutung bei der Ermittlung des wirtschaftlichsten Angebots hat. Zum anderen wäre aber auch kein oder nur ein eingeschränkter Wettbewerb möglich, wenn sich die Leistung unterschiedlicher Anbieter qualitativ kaum voneinander abgrenzen lässt.

Umgekehrt erscheint es bei geistig-schöpferischen oder innovativen Leistungen problematisch, die Entscheidung über das wirtschaftlichste Angebot allein auf der Grundlage des günstigsten Preises zu treffen. Das wäre allenfalls dann denkbar, wenn es dem Auftraggeber gelingt, das Leistungssoll in fachlich-technischer Hinsicht abschließend detailliert zu beschreiben, dass keinerlei Spielraum für die Angebote verbleibt, sich qualitativ voneinander abzugrenzen. Das ist bei geistig-schöpferischen oder innovativen Leistungen, die nur funktional beschrieben worden sind und nur funktional beschrieben werden können, ein sehr theoretisches Szenario.[24]

Praxistipp

▶ *Es ist nach deutschem Vergaberecht zulässig, den Preis oder die Qualität als alleiniges Zuschlagskriterium festzulegen. Der Preis wird insbesondere dann als alleiniges Zuschlagskriterium zweckmäßig sein, wenn es um die Beschaffung von standardisierten Leistungen geht, bei denen qualitative Unterschiede der angebotenen Leistung nicht oder kaum messbar sind. Zur Gewährleistung miteinander vergleichbarer Angebote müssen dann entsprechende Mindestanforderungen an die Leistung festgelegt werden. Der öffentliche Auftraggeber kann auch Festpreise oder Festkosten vorgeben, sodass das wirtschaftlichste Angebot ausschließlich nach qualitativen, umweltbezogenen oder sozialen Zuschlagskriterien bestimmt wird. Aus haushaltsrecht-*

24 Vgl. VK Thüringen, Beschl. v. 31.1.2020, 250-4003-15476/2019-E-010-EA: „Im Fall einer (teil-)funktionalen Ausschreibung ist der Preis als alleiniges Zuschlagskriterium ermessensfehlerhaft.“; vgl. auch VK Lüneburg, Beschl. v. 27.4.2020, VgK-04/2020

lichen Gründen muss eine Auftragsvergabe allein nach nicht-preislichen Kriterien aber besonders begründet werden.

b) Unterkriterien, Bewertungsmaßstäbe, Wertungsmatrizen

Zuschlagskriterien und Gewichtung sind in der Auftragsbekanntmachung oder in den Vergabeunterlagen anzugeben. Wie die Zuschlagskriterien und ihre Gewichtung sind den Bietern auch Unterkriterien und Bewertungsmaßstäbe bekannt zu geben, wenn der Auftraggeber Unterkriterien und Bewertungsmaßstäbe vorher festgelegt hat.

Zu den Wertungskriterien gehört auch eine etwaige Umrechnungsformel bei der Vergabe von Punktwerten je Kriterium. Bei der Verwendung nicht-preislicher Zuschlagskriterien müssen die Bieter wissen, wie mögliche Nachteile bei der Bewertung des Preises ggf. mit einem qualitativ hochwertigen Leistungsversprechen ausgeglichen werden können. Es ist nicht nur anzugeben, wie viele Bewertungspunkte vergeben werden sollen, sondern es muss auch eine zusätzliche Binnendifferenzierung innerhalb der Kriterien erfolgen, wenn innerhalb eines Kriteriums mehrere Leistungsaspekte abgefragt werden, damit Bieter klar erkennen können, auf welche Leistungsaspekte es dem Auftraggeber besonders ankommt, um das Angebot danach ausrichten zu können.[25]

Praxistipp

▶ *Wertungsmatrizen sollten so einfach wie möglich gestaltet werden. Die Vergabe von Punktwerten und etwaige Preisumrechnungsformeln sollten leicht verständlich sein. Je komplexer ein Bewertungsverfahren ausgestaltet ist, desto höher sind der Begründungsaufwand und das Fehlerpotenzial. Erkennt die Vergabekammer bei Defiziten in der Darstellung des Bewertungsverfahrens einen Verstoß gegen den Transparenzgrundsatz, kann das Vergabeverfahren in den Stand vor Bekanntgabe der Kriterien zurückversetzt werden. Da es sich dabei nach der Auffassung vieler Vergabekammern und Oberlandesgerichte um einen besonders schwerwiegenden Vergaberechtsverstoß handelt, ist hierfür noch nicht einmal eine Rüge des betroffenen Bieters erforderlich.*

Wenn die Bieter im Vergabeverfahren als Teil ihres Angebots ein Konzept abgeben müssen, das der Auftraggeber zur Ermittlung des wirtschaftlichsten Angebots bewerten möchte, wäre eine detaillierte Beschreibung oder Untergliederung eines qualitativen Zuschlagskriteriums jedoch nur eine Scheinlösung.[26] Würde der Auftraggeber eine Musterlösung erarbeiten, so müsste er dieses Konzept den Bietern als Wertungsmaßstab aus Gründen der Transparenz vorab zur Kenntnis geben. Das würde allerdings dem Ziel des Auftraggebers, von den Bietern eigene und möglicherweise auch innovative Vorschläge zu erhalten, wi-

25 OLG Düsseldorf, Beschl. v. 19.6.2013, VII-Verg 8/13; vgl. auch VK Bund, Beschl. v. 1.2.2016, VK2-3/16; OLG Frankfurt, 03.11.2017, 11 U 51/17; OLG Brandenburg, 22.08.2017, 6 U 1/17; OLG Karlsruhe, 03.04.2017, 6 U 156/16; OLG Celle, 26.01.2017, 13 U 9/16.

26 OLG Düsseldorf, Beschl. v. 3.3.2010, VII-Verg 48/09.

dersprechen. Exakte Vorgaben für die Punktwerte würden hier die von den Bietern im Wettbewerb um den Auftrag zu erbringenden Eigenleistungen vorwegnehmen.[27]

Praxistipp

Das Vergaberecht zwingt den Auftraggeber nicht zu Unmöglichem oder Unzumutbarem. Auf der letzten Ebene der Angebotswertung hat der Auftraggeber einen Wertungsspielraum. Der Transparenzgrundsatz verpflichtet den Auftraggeber nicht, vorab bekannt zu geben, was aus seiner Sicht die beste Angebotsqualität darstellt. Dieses Vorgehen zur Ermittlung des wirtschaftlichsten Angebots wäre sogar kontraproduktiv, weil die Bieter ihr Angebot dann mit hoher Wahrscheinlichkeit an einer solchen Musterlösung ausrichten würden. Das betrifft vor allem geistig-schöpferische Leistungen, aber auch weitgehend standardisierten Leistungen (z.B. Postdienstleistungen), bei denen der Auftraggeber die zu erwartende Qualität der Leistung anhand von Konzepten bewerten kann und will, die die Bieter im Vergabeverfahren erstellen müssen. Um willkürliche und intransparente Vergabeentscheidungen auf der Grundlage offener Wertungskriterien und -maßstäbe zu vermeiden, müssen Auftraggeber die Wertungsergebnisse entsprechend detailliert und nachvollziehbar dokumentieren.

c) Sonderfall: Energieeffizienz als Zuschlagskriterium

Bei der Beschaffung energieverbrauchsrelevanter Waren, technischer Geräte oder Ausrüstungen ist im Rahmen der Ermittlung des wirtschaftlichsten Angebots die Energieeffizienz „angemessen" zu berücksichtigen. Dasselbe gilt, wenn Bau- oder Dienstleistungen beschafft werden, für deren Ausführung energieverbrauchsrelevante Waren, technische Geräte oder Ausrüstungen wesentliche Voraussetzungen sind.

Energieverbrauchsrelevante Waren, technische Geräte oder Ausrüstungen sind nach Maßgabe der unionsrechtlichen Vorgaben solche Gegenstände, deren Nutzung den Verbrauch an Energie beeinflusst und die in der EU in den Verkehr gebracht und/oder in Betrieb genommen werden, einschließlich Teilen, die zum Einbau in ein energieverbrauchsrelevantes Produkt bestimmt sind, als Einzelteile für Endverbraucher in den Verkehr gebracht und/oder in Betrieb genommen werden und getrennt auf ihre Umweltverträglichkeit geprüft werden können.

Grundlage für die **Bewertung der Energieeffizienz** sind die Angebotsinhalte, die auf der Grundlage der Anforderungen in der Leistungsbeschreibung erstellt worden sind. Ob und inwieweit die Berücksichtigung der Energieeffizienz „angemessen" ist, muss der Auftraggeber wie bei der Festlegung anderer Zuschlagskriterien und ihrer Gewichtung auch mit Blick auf den konkreten Auftragsgegenstand entscheiden. Dabei erscheint es insbesondere dann, wenn der Auftraggeber bereits besonders hohe Mindestanforderungen an die Energieeffizienz der Leistung festgelegt hat, gerechtfertigt, bei der Definition der Zuschlagskriterien vollständig darauf zu verzichten.

---

27 EuGH, Urt. v. 14.7.2016, Rs. C-6/15, TNS Dimarso, Rn. 27 ff.; BGH, Beschl. v. 4.4.2017, X ZB 3/17, Rn. 46; OLG Frankfurt, Beschl. v. 3.6.2016, 11 VII-Verg 4/16; VK Bund, Beschl. vom 24.10.2014, VK2-85/14.

Im **Sektorenbereich** gilt die Pflicht zur Berücksichtigung der Energieeffizienz und Umweltauswirkungen beim Einkauf von Straßenfahrzeugen.

Ob Bieter einen vergaberechtlichen Anspruch auf Beachtung der vergaberechtlichen Bestimmungen der Verfahrensordnungen über die energieeffiziente Beschaffung haben, der sie ggf. auch im Wege eines Nachprüfungsverfahrens durchsetzen können, wird in der Rechtsprechung bislang nicht eindeutig beurteilt.[28]

Praxistipp

Da die Festlegung und Gewichtung von Zuschlagskriterien immer mit dem konkreten Auftragsgegenstand zusammenhängen müssen, sind pauschale Angaben zu einer Mindestgewichtung ebenso wenig hilfreich wie die Auffassung, man dürfe das Energieeffizienzkriterium nicht „marginalisieren". Gleichwohl erscheint es aus Auftraggebersicht zur Vermeidung von Nachprüfungsanträgen sicherer, das Energieeffizienzkriterium eher höher als geringer zu gewichten, wenn man die bieterschützende Wirkung der Regelungen insoweit unterstellt.

d) Trennung von Eignungs- und Zuschlagskriterien

Aus dem für Zuschlagskriterien erforderlichen Zusammenhang mit dem Auftragsgegenstand lässt sich auch das Gebot der Trennung von Eignungs- und Zuschlagskriterien ableiten.

Die **Eignungsprüfung** ist **unternehmensbezogen**, Aspekte der Wirtschaftlichkeit i.S.v. § 127 Abs. 1 GWB spielen keine Rolle. Die **Angebotsbewertung** ist dagegen **leistungsbezogen** und bieterunabhängig. Angebote von Bietern, die nicht über die erforderliche Eignung verfügen, kommen für den Zuschlag nicht in Betracht.

Das Gebot der Trennung von Eignungs- und Zuschlagskriterien ist eine lang anerkannte, aber in der Praxis immer noch oft missachtete Grundregel bei der Gestaltung und Durchführung von Vergabeverfahren. Vergabebekanntmachungen und -unterlagen sind nicht selten, in denen neben dem Preis beispielsweise die Referenzen eines Bieters als Zuschlagskriterium vorgesehen werden.

Die Grenzen zwischen Kriterien der Eignungsprüfung und der Angebotswertung können gerade in hochsensiblen Dienstleistungsbereichen fließend sein. In diesen Bereichen kann die Qualität der Leistung auch von Aspekten abhängen, die klassischerweise der Eignung zugeordnet werden. Daraus folgt aber nicht, dass derartige Aspekte in keinem Fall bei der Zuschlagsentscheidung berücksichtigt werden können. Für die Abgrenzung kommt es unter Berücksichtigung des jeweiligen Einzelfalls vorrangig auf die Vorgaben der Leistungsbeschreibung und die auf dieser Grundlage erstellten Angebote an.

28 Vgl. OLG Düsseldorf, Beschl. v. 1.8.2012, VII-Verg 105/11: „[...] wird solchen (materiell) gesetzlichen Vorschriften ein bieterschützender Charakter nicht abzusprechen sein"; dagegen aber VK Rheinland-Pfalz, Beschl. v. 13.11.2015, VK 1-16/15: „Bei den [...] Vorgaben zur Energieeffizienz handelt es sich nicht um bieterschützende Vorschriften. Sie dienen nicht dem Schutz des Wettbewerbs und der Wettbewerbschancen der Bieter, sondern allgemeinen umweltpolitischen Zielen."

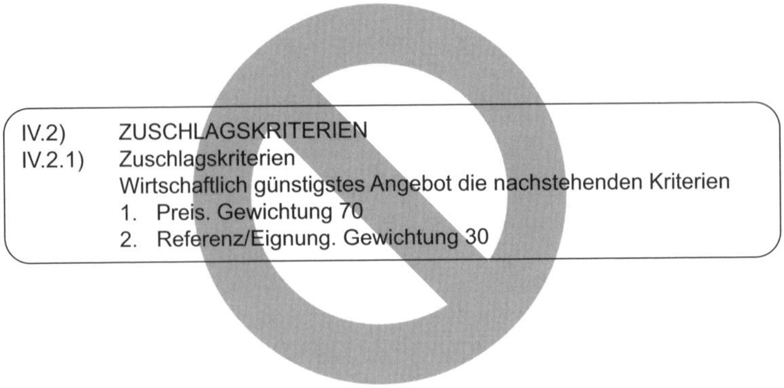
IV.2) ZUSCHLAGSKRITERIEN
IV.2.1) Zuschlagskriterien
Wirtschaftlich günstigstes Angebot die nachstehenden Kriterien
1. Preis. Gewichtung 70
2. Referenz/Eignung. Gewichtung 30

Abb. 22: Unzulässige Vermischung von Eignungs- und Zuschlagskriterien

Nachdem es in der Rechtsprechung bereits anerkannt war, dass Auftraggeber auch die Organisation, die Qualifikation und die Erfahrung des bei der Durchführung des betreffenden Auftrags eingesetzten Personals bewerten dürfen, wenn diese Kriterien Einfluss auf die Qualität der Auftragsausführung haben können,[29] hat der Gesetzgeber dies in § 58 Abs. 2 Satz Nr. 2 VgV und in § 52 Abs. 2 Satz Nr. 2 SektVO inzwischen klargestellt.

Praxisbeispiel

Ein Auftraggeber schreibt einen Auftrag über die Planungsleistungen für die Sanierung einer Tiefgarage EU-weit aus. Ein Ingenieurbüro, das unabhängig vom ausgeschriebenen Auftrag bereits über das für die Auftragsausführung erforderliche und entsprechend qualifizierte und erfahrene Personal verfügt, wird insoweit in aller Regel technisch und beruflich leistungsfähig sein. Ein positiv zu bewertendes, sich ggf. von anderen Bietern abgrenzendes Angebot wird aber erst dann vorliegen, wenn der Einsatz dieser hoch qualifizierten und erfahrenen Mitarbeiter für den konkreten Auftrag verbindlich zugesagt wird. Der Einsatz dieser hoch qualifizierten Mitarbeiter verspricht insoweit eine qualitativ höherwertigere Leistung als der Einsatz von Mitarbeitern, die in der Vergangenheit keine oder weniger Erfahrung mit der Ausführung vergleichbarer Planungsleistungen gesammelt haben. Es handelt sich um ein mit dem Auftragsgegenstand in Verbindung stehendes Kriterium, welches eine qualitative Abgrenzung der einzelnen Angebote voneinander erlaubt.

In diesem Zusammenhang stellt sich jedoch die weitergehende Frage, ob bestimmte Umstände auch doppelt berücksichtigt werden dürfen, also sowohl bei der unternehmensbezogenen Prüfung der Eignung (wer bietet an?) als auch bei der leistungsbezogenen Prüfung und Bewertung der Angebote (was wird angeboten?).

Ein ausdrückliches Verbot der Doppelberücksichtigung enthalten die Verfahrensordnungen lediglich für Vergabeverfahren oberhalb der EU-Schwellenwerte für Studiennachweise und Bescheinigungen über die berufliche Befähigung des Dienstleisters oder Unterneh-

29 Vgl. EuGH, Urt. v. 26.3.2015, Rs. C-601/13, Ambisig; OLG Düsseldorf, Beschl. vom 19.6.2013, VII-Verg 4/13; OLG Frankfurt, Beschl. v. 28.5.2013, 11 Verg 6/13; OLG Naumburg, Beschl. v. 12.4.2012, 2 Verg 1/12; OLG Celle, Beschl. v. 12.1.2012, 13 Verg 9/11.

mers[30] und/oder seiner Führungskräfte. Vor diesem Hintergrund spricht aus vergaberechtlicher Sicht nichts dagegen, Referenzen eines Bieters sowohl im Rahmen der Eignungsprüfung gemäß §§ 46 Abs. 3 Nr. 1 VgV, 6a EU Nr. 3 lit. a) VOB/A als auch als Nachweis der Erfahrung der für die Leistungen vorgesehenen Mitarbeiter bei der Angebotswertung nach §§ 58 Abs. 2 Nr. 2 VgV, 16d EU Abs. 2 S. 2 Nr. 2 lit. b) VOB/A zu berücksichtigen, wenn diese Referenzen – unternehmensbezogen einerseits und mitarbeiterbezogen andererseits – identisch sind.[31]

e) Innovative, umweltbezogene oder soziale Aspekte

Öffentliche Auftraggeber dürfen der Entscheidung über den Zuschlag gemäß §§ 97 Abs. 3, 127 Abs. 1 Satz 3 GWB neben dem Preis oder den Kosten und der Qualität auch sogenannte Sekundäraspekte wie innovative, umweltbezogene oder soziale Kriterien zugrunde legen und dementsprechend Angebote, die derartige Kriterien erfüllen, besser bewerten als Angebote, die derartige Kriterien nicht erfüllen.

Voraussetzung ist auch insoweit, dass derartige Kriterien mit dem Auftragsgegenstand in Verbindung stehen. Nicht ausreichend ist es, wenn diese Verbindung nur nach der subjektiven Vorstellung des Auftraggebers vorliegt. Sie muss vielmehr **objektiv nachweisbar** sein. Allgemeine, rein unternehmensbezogene Anforderungen ohne Bezug zum Auftragsgegenstand sind weiterhin vergaberechtlich unzulässig.

Die Festlegung innovativer, umweltbezogener oder sozialer Kriterien ist gemäß § 2 Abs. 3 UVgO für Liefer- und Dienstleistungsaufträge auch unterhalb der Schwellenwerte möglich, für Bauaufträge unterhalb der Schwellenwerte jedoch nur, soweit landesvergaberechtliche Regelungen die Berücksichtigung ermöglichen oder anordnen.

Als **umweltbezogen** kann ein Aspekt angesehen werden, auf dessen Grundlage der Auftraggeber versucht, Leistungen zu beschaffen, die während ihrer gesamten Lebensdauer geringere Folgen für die Umwelt haben als vergleichbare Leistungen mit der gleichen Hauptfunktion.[32] **Sozial** sind Gesichtspunkte, die bezwecken, die Lebens- oder Arbeitsbedingungen von Personen oder Personengruppen zu sichern oder zu verbessern. Das kann beispielsweise Produkte aus fairem Handel betreffen. **Innovativ** sind Leistungen oder Produkte, wenn sie eine aus der Sicht des Auftraggebers bessere Lösung versprechen als auf dem Markt etablierte Leistungen oder Produkte. Ein Beispiel hierfür wären im Rahmen von Softwareentwicklungsprojekten die Anwendung neuer agiler Vorgehensmethoden.

Darüber hinaus ist gemäß § 128 Abs. 2 GWB unter derselben Voraussetzung (Verbindung mit dem Auftragsgegenstand) die Festlegung entsprechender **Ausführungsbedingungen** möglich. Ausführungsbedingungen sind Vertragsregeln, die Auftragnehmer bei der Ausführung der ausgeschriebenen Leistung zwingend einzuhalten haben. Anderenfalls drohen, abhängig von der konkreten Vertragsgestaltung, vertragliche Sanktionen, z.B.

30 So § 6a EU Nr. 3 lit. e) VOB/A, leicht abweichend der Wortlaut in § 46 Abs. 3 Nr. 6 VgV: „Inhaberin oder Inhaber des Unternehmens".

31 VK Baden-Württemberg, Beschl. v. 12.11.2019, 1 VK 62/19; VK Südbayern, Beschluss vom 2.4.2019, Z3-3-3194-1-43-11/18.

32 Vgl. Mitteilung der EU-Kommission KOM(2008) 400 v. 16.7.2008, „Umweltorientiertes Öffentliches Beschaffungswesen", 3.1.

Vertragsstrafen. Einige landesvergaberechtliche Regelungen schreiben derartige Sanktionen im Fall von Verstößen gegen Ausführungsbedingungen sogar zwingend vor. Diese sind dann entsprechend in den Vertragsbedingungen festzulegen.[33]

Mindestlohnregelungen auf der Grundlage landesvergabegesetzlicher Regelungen verletzen höherrangiges Unionsrecht, namentlich die Dienstleistungsfreiheit nach Art. 56 AEUV nach der Rechtsprechung des EuGH nicht, wenn sie ein Mindestmaß an sozialem Schutz der betroffenen Arbeitnehmer gewähren und branchenunabhängig für die Vergabe aller öffentlichen Aufträge im jeweiligen Bundesland gelten.[34] Etwas anderes kann aber gelten, wenn ein bei der Vergabe öffentlicher Aufträge vorgeschriebenes Mindestentgelt auf die Arbeitnehmer eines Nachunternehmens mit Sitz in einem anderen Mitgliedsstaat erstreckt wird und die Arbeitnehmer den Auftrag ausschließlich in diesem anderen Mitgliedsstaat ausführen. Dann kann die Verpflichtung zur Zahlung eines Mindestentgelts einen Verstoß gegen die Dienstleistungsfreiheit begründen.[35] Zweifelhaft ist auch, ob die Rechtfertigung eines landesvergabegesetzlichen Mindestlohns noch gilt, nachdem das bundesweite Mindestlohngesetz bereits ein Mindestmaß an sozialem Schutz festlegt. Ungeachtet dieser Zweifel sind öffentliche Auftraggeber verpflichtet, von den Bietern nach Maßgabe des jeweils geltenden Landesvergaberechts eine Verpflichtungserklärung zur Zahlung des jeweils geltenden Mindestentgelts zu verlangen, wenn sie nicht aufsichtsrechtliche Maßnahmen riskieren wollen.

Praxistipp

In der Praxis wird regelmäßig das Problem bestehen, dass öffentliche Auftraggeber nicht oder nur eingeschränkt überprüfen können, ob eine angebotene Leistung tatsächlich den sozialen Anforderungen gerecht wird, die der Bieter verspricht. Produktions- und Lieferketten können im Rahmen eines Vergabeverfahrens nicht im Detail nachvollzogen und beispielsweise daraufhin überprüft werden, ob bei der Herstellung eines Produkts etwa die einschlägigen Vorschriften der Internationalen Arbeitsorganisation (ILO) beachtet worden sind. Das ist aber vergaberechtlich auch nicht erforderlich. Das Gebot, dass Zuschlagskriterium „wirksam" überprüfen zu können, ist durch die öffentlichen Auftraggebern nur beschränkt zur Verfügung stehenden Erkenntnisquellen eingeschränkt. Daher ist es vergaberechtlich nicht zu beanstanden, wenn Eigenerklärungen der Bieter, dass soziale Kriterien erfüllt sind, als zutreffend anerkannt werden. Erst wenn begründetet Zweifel bestehen, dass eine ggf. abgegebene Eigenerklärung nicht zutreffend ist, muss ein öffentlicher Auftraggeber den Sachverhalt weiter aufklären. An diesem Aufklärungsprozess muss der betroffene Bieter aktiv mitwirken und ggf. weitergehende Informationen vorlegen, will er nicht einen Ausschluss vom Vergabeverfahren riskieren.

33 Hierzu noch sogleich unter 7.1.2.
34 EuGH, Urt. v. 17.11.2015, Rs. C-115/14, Regiopost, Rn. 75 f.
35 EuGH, Urt. v. 18.9.2014, Rs. C-549/13, Bundesdruckerei, Rn. 32.

7.1.2 Vertragsunterlagen

Die Vertragsunterlagen bestehen nach dem Leitbild der Verfahrensordnungen aus den Vertragsbedingungen und der Leistungsbeschreibung.

Praxistipp

Aus Gründen der Transparenz ist es sinnvoll, Vertragsbedingungen und Leistungsbeschreibung voneinander zu trennen. Anforderungen an die zu erbringende Leistung sollten daher ausschließlich in der Leistungsbeschreibung und rechtliche Regelungen zur Abwicklung des Auftrags ausschließlich in den Vertragsbedingungen festgelegt werden. Schlanke Vertragsunterlagen, die Wiederholungen vermeiden, erleichtern den Bietern die Angebotserstellung, vermeiden Widersprüche und erhöhen für Auftraggeber und Auftragnehmer die Rechtssicherheit. Ein Verweis in den Vertragsbedingungen auf die Leistungsbeschreibung bzw. das Leistungsverzeichnis ist erforderlich, aber auch ausreichend.

7.1.2.1 Vertragsbedingungen

Die Vertragsbedingungen regeln das **Rechtsverhältnis** zwischen Auftraggeber und Auftragnehmer. Sie können u.a. Ausführungsfristen, Abnahme- und Vergütungsregelungen, Regelungen zu Leistungsänderungen, ein Gewährleistungsregime, sonstige Haftungsregelungen, Verjährungsfristen und Sicherheitsleistungen, Vergütungs-, Preisanpassungs-, Laufzeit- und Streitbeilegungsregelungen enthalten.

Vertragsbedingungen können allgemeine, zusätzliche, besondere und ggf. technische Vertragsbedingungen umfassen. Dabei sind die allgemeinen Vertragsbedingungen der VOB/B zwingend und der VOL/B in der Regel in den Vertrag einzubeziehen. Im Rahmen von EU-weiten Vergabeverfahren sind die entsprechenden Bestimmungen der VOB/A und der VgV **bieterschützend**.[36] Ein nur ausnahmsweise zulässiger Verzicht auf die Einbeziehung ist sorgfältig in der Vergabeakte zu begründen. Im Sektorenbereich und bei der Vergabe von Konzessionen besteht keine Pflicht zur Einbeziehung der VOB/B und der VOL/B.

Zusätzliche Vertragsbedingungen können die VOB/B bzw. die VOL/B für die allgemein beim Auftraggeber vorhandenen Verhältnisse ergänzen. Sie dürfen den VOB/B bzw. den VOL/B nicht widersprechen. Besondere Vertragsbedingungen ergänzen einzelfallbezogen die allgemeinen und die zusätzlichen Vertragsbedingungen.

Praxistipp

In der Praxis besteht oftmals die Vorstellung, dass der „Vertrag" erst am Ende mit dem Bieter „ausgehandelt" wird, auf dessen Angebot der Zuschlag erteilt werden soll. Diese Vorstellung ist falsch. Vertragsbedingungen sind zwingender Bestandteil der Vergabeunterlagen. Sie sind allen interessierten Unternehmen bzw. im zweistufigen Verfahren mit Teilnahmewettbewerb jedenfalls den ausgewählten Bewerbern

36 VK Münster, Beschl. v. 2.10.2014, VK 13/14; VK Sachsen, Beschl. v. 5.12.2011, 1/SVK/043-11.

als Grundlage für die Angebotserstellung zur Verfügung zu stellen. Allenfalls im Rahmen eines Verhandlungsverfahrens bzw. im Rahmen einer Verhandlungsvergabe, in der sich der Auftraggeber nicht vorbehält, den Zuschlag auf die Erstangebote zu erteilen, wäre es denkbar, die Vertragsbedingungen im Rahmen der Verhandlungen gemeinsam mit den Bietern zu entwickeln. Auch dann wird aber zumindest ein Grundgerüst an vertraglichen Vorgaben nicht nur sinnvoll, sondern auch rechtlich erforderlich sein.

7.1.2.2 Leistungsbeschreibung

a) Leistungsbestimmungsrecht

Bei der Erstellung der Leistungsbeschreibung steht für den Auftraggeber sein **weites Ermessen** bei der Definition des Leistungsgegenstandes im Zentrum aller Fragen, die mit der Leistungsbeschreibung zusammenhängen.

Grundsätzlich gilt, dass Auftraggebern ein sehr weiter Beurteilungsspielraum zur Bestimmung der Leistung zusteht, sofern die Festlegung nicht auf sachfremden Erwägungen beruht.[37] Die Festlegung der Leistung ist dem Vergabeverfahren vorgelagert.[38] Das Vergaberecht regelt nicht, was der öffentliche Auftraggeber beschafft, sondern nur die Art und Weise der Beschaffung.[39]

Die Grenzen des Leistungsbestimmungsrechts sind nach der Rechtsprechung[40] eingehalten, wenn

- die Bestimmung durch den Auftragsgegenstand sachlich gerechtfertigt ist,
- vom Auftraggeber dafür nachvollziehbare objektive und auftragsbezogene Gründe angegeben worden sind und die Bestimmung folglich willkürfrei getroffen worden ist,
- solche Gründe tatsächlich vorhanden (festzustellen und notfalls erwiesen) sind und
- die Bestimmung andere Wirtschaftsteilnehmer nicht diskriminiert.

Praxistipp

▶ *Bei der Ausübung des Leistungsbestimmungsrechts sind auch Grenzen zu beachten, die möglicherweise durch fachgesetzliche Regelungen gezogen werden. Im Bereich der Abfallwirtschaft muss sich der öffentliche Auftraggeber bei der Festlegung des Entsorgungswegs mit der Abfallhierarchie des § 6 KrWG auseinandersetzen und eine dokumentierte Abwägungsentscheidung treffen. Anderenfalls macht er sich im*

37 OLG Düsseldorf, Beschl. v. 3.5.2017, VII-Verg 36/16, Beschl. v. 17.2.2010, VII-Verg 42/10; OLG Karlsruhe, Beschl. v. 15.11.2013, 15 Verg 5/13.
38 OLG Düsseldorf, Beschl. v. 3.5.2017, VII-Verg 36/16; OLG Karlsruhe, Beschl. v. 15.11.2013, 15 Verg 5/13.
39 OLG Düsseldorf, Beschl. v. 3.5.2017, VII-Verg 36/16, Beschl. v. 22.5.2013, VII-Verg 16/12 m.w.N.
40 OLG Düsseldorf, Beschl. v. 3.5.2017, VII-Verg 36/16, Beschl. v. 22.5.2013, VII-Verg 16/12; OLG Jena, Beschl. v. 25.6.2014, 2 Verg 1/14; OLG Karlsruhe, Beschl. v. 4.12.2013, 15 Verg 9/13; VK Bund, Beschl. v. 18.2.2016, VK 2-137/15.

Nachhinein angreifbar und kann sich dem Vorwurf ausgesetzt sehen, dass er die Grenzen des vergaberechtlichen Leistungsbestimmungsrechts überschritten habe.[41]

Ausdruck des weiten Leistungsbestimmungsrechts ist auch, dass öffentliche Auftraggeber frei entscheiden können, ob sie die Leistung konstruktiv oder funktional beschreiben und ob sie Mindestanforderungen an die Leistung festlegen oder Gestaltungsspielräume für die Bieter eröffnen möchten.

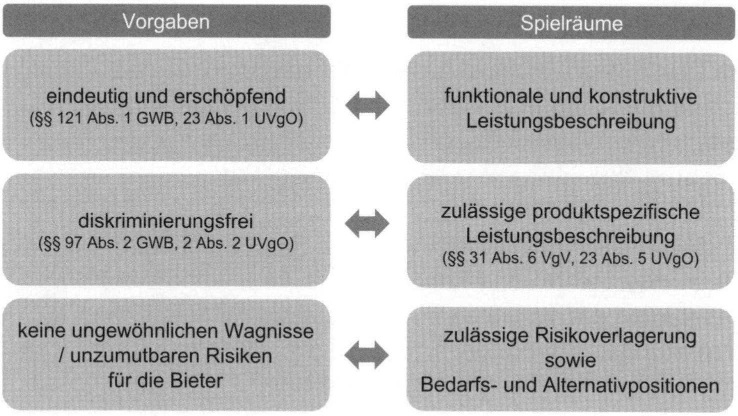

Abb. 23: Vorgaben und Spielräume bei der Gestaltung der Leistungsbeschreibung

b) Eindeutige und erschöpfende Leistungsbeschreibung

Die Leistungsbeschreibung ist im Ausgangspunkt eine technisch-fachliche Unterlage, auf deren Grundlage die Bieter ihre Angebote erstellen. Sie hat aber in hohem Maße auch eine vergaberechtliche Bedeutung, da sich eine fehlerhafte Leistungsbeschreibung unmittelbar auf den Bieterwettbewerb auswirken kann. Wenn und soweit im Bieterkreis kein einheitliches Verständnis von den Festlegungen der Leistungsbeschreibung besteht und die Bieter ihre Angebote dementsprechend nach ihrem individuellen Verständnis erstellen und die Preise kalkulieren, ist die Vergleichbarkeit der Angebote beeinträchtigt. Die Zuschlagserteilung auf ein (mit den anderen nicht vergleichbares) Angebot kann in der Folge eine Verletzung des Gleichbehandlungsgrundsatzes bedeuten.

Ein **Sonderfall** ist die **fehlerhafte Leistungsbeschreibung**. Hierzu das folgende

Praxisbeispiel[42]

Ausschreibung von Abfuhr und Entsorgung von Boden als Bauauftrag. In den Vergabeunterlagen ist festgelegt, dass die Entsorgung nach abfallrechtlichen Vorschriften erfolgen muss, soweit der Boden kontaminiert ist. Ein Bieter erkennt, dass diese Vorgabe falsch ist. Abfallrechtliche Bestimmungen sind nicht einschlägig. Der Bieter kalkuliert dementsprechend einen geringeren Aufwand.

41 Vgl. OLG München, Beschl. v. 9.3.2018, Verg 10/17.

42 Nach VK Lüneburg, Beschl. v. 21.1.2020, VgK-41/2019, vgl. auch OLG Düsseldorf, Beschl. v. 12.1.2015, VII-Verg 29/14; OLG München, Beschl. v. 4.4.2013, Verg 4/13, und OLG Dresden, Beschl. v. 23.7.2013, Verg 2/13.

Diese Vorgehensweise des Bieters ist vergaberechtlich erlaubt. Er muss den Auftraggeber nicht auf den Fehler in den Vergabeunterlagen hinweisen und darf der Kalkulation seiner Angebotspreise zugrunde legen, dass der Aufwand geringer ausfällt als unter Zugrundelegung der falschen Vorgaben in den Vergabeunterlagen. Er darf mit seinem Angebot jedoch trotzdem nicht von zwingenden Vorgaben der Vergabeunterlagen abweichen, wenn er nicht den Ausschluss vom Vergabeverfahren riskieren will. Er muss sich also in dem Beispiel in seinem Angebot verpflichten, nach abfallrechtlichen Vorschriften zu entsorgen, auch wenn er weiß, dass dies nicht erforderlich sein wird.

Wenn sich nach Vertragsschluss herausstellt, dass entgegen der Annahme des Bieters doch nach Abfallrecht zu entsorgen ist, kann der Bieter keine Preisanpassung verlangen, wenn insoweit keine Leistungsänderung vorliegt. Denn der Vertrag sieht in dem Beispiel eine Entsorgung nach Abfallrecht vor.

Herrschen ungleiche Wettbewerbsbedingungen aufgrund einer fehlerhaften oder missverständlichen Leistungsbeschreibung, handelt es sich um einen schwerwiegenden Fehler. Die Vergabekammer kann das Verfahren im Nachprüfungsfall selbst dann aus dem Stadium der Angebotsprüfung und -wertung in den Stand vor Versendung der Vergabeunterlagen zurückversetzen, wenn dies zuvor nicht gerügt wurde.

Praxistipp

Wenn die Vergabestelle einen Fehler in der Leistungsbeschreibung nach Ablauf der Angebotsfrist erkennt, muss sie nachbessern und mit einer korrigierten Leistungsbeschreibung gleiche Wettbewerbsbedingungen für alle Bieter schaffen. Die Korrektur durch Wiedereröffnung der Angebotsfrist und Übersendung neuer Vergabeunterlagen ist dabei das mildere Mittel gegenüber der Aufhebung. Wichtig ist, dass den Bietern die Möglichkeit eröffnet wird, ihre Angebote insgesamt (und nicht nur in den geänderten Positionen) neu zu erstellen. Eine nur auf die betroffenen Positionen beschränkte Zurückversetzung ist nur möglich, wenn der Auftraggeber sicher beurteilen kann, dass die von der Änderung betroffenen Positionen die Preisstruktur der Angebote nicht mitbestimmt haben.

Unterschiedliche mögliche Verständnisse von Festlegungen der Leistungsbeschreibung werden nicht selten aber auch erst in der Phase der Auftragsabwicklung deutlich, wenn sich die Vertragsparteien über das Leistungssoll uneinig sind. Vergaberechtlich wie vertragsrechtlich gilt, dass **Unklarheiten immer zulasten des Auftraggebers** gehen.[43] Ein Ausschluss vom Vergabeverfahren ist nicht zulässig, wenn der Auftraggeber die Festlegung, von der ein Angebot ggf. abweicht, nicht eindeutig und klar formuliert hat. Für das geschuldete Leistungssoll ist der Auftraggeber in der zivilrechtlichen Auseinandersetzung darlegungs- und beweispflichtig. Aus Auftraggebersicht ist es vor diesem Hintergrund

43 VK Südbayern, Beschl. v. 16.10.2017, Z3-3-3194-1-30-06/17; VK Nordbayern, Beschl. v. 14.6.2013, 21.VK.3194-15/13.

umso wichtiger, das Gebot der eindeutigen und erschöpfenden Leistungsbeschreibung streng einzuhalten und vergaberechtlich zu prüfen.

Praxistipp

Zur Gewährleistung einer eindeutigen und erschöpfenden Leistungsbeschreibung muss zweifelsfrei sein, welches Leistungsversprechen der öffentliche Auftraggeber in fachlich-technischer, kommerzieller und rechtlicher Hinsicht mindestens erwartet. Hierzu muss der Auftraggeber in der Leistungsbeschreibung entsprechend eindeutige und verbindliche Formulierungen verwenden, damit die Erwartungshaltung des Auftraggebers im Vergabeverfahrens aus der Sicht des Bieters klar ist. Unverbindliche Formulierungen (z.B. „Der Auftragnehmer kann/soll [...]", „Es ist wünschenswert, dass [...]") sind hierfür keine geeignete Grundlage. Eine Liste, z.B. in Form eines Anforderungskatalogs, in dem Mindestanforderungen eindeutig z.B. als „Ausschlusskriterien" oder „Muss-Anforderungen" gekennzeichnet sind, tragen insoweit zur Erhöhung der Rechtssicherheit bei. Es ist vergaberechtlich auch möglich, im Rahmen der Zuschlagskriterien festzulegen, dass das jeweilige Angebot eine bestimmte, z.B. nach Wertungspunkten transparent zu definierende Mindestqualität aufweisen muss. Unterschreitet das Angebot diese Mindestqualität, ist es vom Vergabeverfahren auszuschließen.[44]

Das Gebot der eindeutigen und erschöpfenden Leistungsbeschreibung gilt auch für die Vergabe von Rahmenvereinbarungen. Dass das in Aussicht genommene Auftragsvolumen einer Rahmenvereinbarung lediglich „so genau wie möglich" zu ermitteln und bekannt zu geben ist, aber „nicht abschließend" (so der ausdrückliche Wortlaut von §§ 21 Abs. 1 S. 2 VgV, 4a EU Abs. 1 S. 2 VOB/A) festgelegt werden muss und festgelegt werden kann, versteht sich von selbst und liegt in der Natur der Rahmenvereinbarung.[45]

Praxistipp

Die Regelungen der Verfahrensordnungen an die Angabe des Auftragsvolumens einer Rahmenvereinbarungen in der Leistungsbeschreibung werden in der Rechtsprechungspraxis nicht einheitlich ausgelegt. Entscheidungen der 2. Vergabekammer des Bundes und der Vergabekammer Berlin können dahingehend verstanden werden, dass die Angabe einer Höchstmenge erforderlich ist. Auch wenn das Auftragsvolumen einer Rahmenvereinbarung nach den Regelungen der Verfahrensordnungen nicht abschließend angegeben werden muss, ist es aus Gründen der Rechtssicherheit sinnvoll, eine solche Höchstmenge in den Vertrag aufzunehmen. Wenn der maßgebliche EU-Schwellenwert ohnehin überschritten ist, spricht aus vergaberechtlicher Sicht nichts dagegen, die Höchstmenge „großzügig" zu bemessen. Sie muss, insoweit besteht Einigkeit, nicht ausgeschöpft werden.

44 EuGH, Urt. v. 20.9.2018, C-546/16, Montte SL.

45 VK Bund, Beschl. v. 19.7.2019, VK1-39/19; siehe aber VK Bund, Beschl. v. 29.7.2019, VK2-48/19, wonach aus der Auftragswertschätzung die der Rahmenvereinbarung immanente Mengenbegrenzung im Sinne einer Höchstmenge folge; ähnlich VK Berlin, Beschl. 13.9.2019, VK B 1-13/19.

Eine Leistungsbeschreibung ist als Vertragsunterlage der Auslegung zugänglich. Die Auslegung hat sowohl im Vergabeverfahren als auch in der späteren Vertragsdurchführung Bedeutung. Maßgeblich ist dabei die Sicht des angesprochenen Empfängerkreises („durchschnittlich fachkundiger Bieter").

Praxistipp

In der Praxis gibt es zwischen Auftraggebern und Bietern insbesondere dann Streit über die Auslegung von Regelungen der Leistungsbeschreibung, wenn es darum geht zu prüfen, ob Mindestanforderungen an die Leistung eingehalten oder verletzt worden sind. Dabei nehmen alle Beteiligten naturgemäß für sich die Sichtweise des „durchschnittlich fachkundigen Bieters" in Anspruch. Jenseits rein juristischer Auslegungsmethoden ist ein Indiz bei mehreren Bietern im Vergabeverfahren das Verständnis der anderen Bieter. Wenn mit Ausnahme eines Bieters alle Bieter eine Regelung in einem Sinne und der andere Bieter dieselbe Regelung in einem anderen Sinne verstanden hat, ist dies ein Anhaltspunkt dafür, dass der betreffende Bieter ein falsches Verständnis zugrunde gelegt hat.

c) Unzumutbare Risiken

Als Ausprägung des Gebotes eindeutiger und erschöpfender Leistungsbeschreibung bzw. des dahinter stehenden Gleichbehandlungsgrundsatzes kann das Verbot der Aufbürdung ungewöhnlicher Wagnisse angesehen werden. Verboten ist es demnach, dem Auftragnehmer ein ungewöhnliches Wagnis aufzubürden für Umstände und Ereignisse, auf die er keinen Einfluss hat und deren Einwirkung auf die Preise und Fristen er nicht im Voraus schätzen kann. Dieses Verbot gilt ausdrücklich nur für Bauauftragsvergaben im Ober- und Unterschwellenbereich. Für die Vergabe von Liefer- und Dienstleistungsaufträgen wird lediglich nach allgemeinen Grundsätzen eine Zumutbarkeitskontrolle durchgeführt, die letztlich aber dieselben oder zumindest vergleichbare Maßstäbe anwendet.[46]

Grundsätzlich gilt, dass branchentypische Risiken für den erfahrenen und fachkundigen Bieter kalkulierbar und daher vergaberechtlich erlaubt sind.[47] Selbst wenn eine Risikozuweisung nicht als üblich angesehen werden kann, weil beispielsweise ein neues Vertragsmodell ausgeschrieben wird, ist es vergaberechtlich nicht verboten, Auftragnehmern die sich aus diesem neuen Vertragsmodell ergebenden vertraglichen Risiken vollständig aufzubürden, solange die Risiken in einer kaufmännisch vernünftigen Kalkulation abgebildet werden können.[48] Außerdem gibt es auch keine vergaberechtlich zulässige wirtschaftliche Obergrenze. Es ist nicht Sinn und Zweck des Vergaberechts, Bieter von vertraglichen Risiken freizuhalten, um ihnen die Kalkulation eines möglichst aussichtsreichen Angebotspreises zu ermöglichen. Selbst wenn eine Regelung möglicherweise vertragsrechtlich bedenklich ist, wenn sie etwa gegen das AGB-Recht der §§ 307 ff. BGB verstößt, bedeutet das

46 OLG Düsseldorf, Beschl. v. 7.12.2011, VII-Verg 96/11.
47 OLG Düsseldorf, Beschl. v. 20.2.2013, VII-Verg 44/12; VK Baden-Württemberg, Beschl. v. 28.11.2006, 1 VK 66/06.
48 VK Münster, Beschl. v. 2.10.2014, VK 13/14: Neues Fahrzeugbeschaffungsmodell im SPNV.

nur dann gleichzeitig auch einen Verstoß gegen vergaberechtliche Bestimmungen, wenn sich daraus eine Unkalkulierbarkeit des mit der Regelung verbundenen Risikos ergibt.[49]

Praxistipp

In der Rechtsprechungspraxis finden sich kaum Beispiele, nach denen die Übertragung eines ungewöhnlichen Wagnisses bzw. unzumutbaren Risikos von den Nachprüfungsinstanzen als vergaberechtlich unzulässig angesehen wurde. Bieter sind daher gut beraten, die Risiken und Chancen eines Nachprüfungsverfahrens zu prüfen, das sie nur mit der Begründung eines vermeintlich unzulässigen ungewöhnlichen Wagnisses bzw. ungewöhnlichen Risikos beantragen wollen. Die Hürden für einen erfolgreichen Nachprüfungsantrag sind sehr hoch, weil der Bieter insbesondere die Unkalkulierbarkeit nachvollziehbar darlegen muss.

Unabhängig davon gilt für öffentliche Auftraggeber, dass eine ausgewogene Risikoverteilung in den Vertragsunterlagen ein wesentlicher Erfolgsfaktor für das Beschaffungsvorhaben sein kann. Insbesondere bei Rahmenvereinbarungen ist es daher jedenfalls zweckmäßig, das Leistungsverwendungsrisiko nicht vollständig auf den Auftragnehmer zu übertragen, wenn mit einer Gewissheit feststeht, dass ein Bedarf jedenfalls an einer bestimmten Menge während der Laufzeit der Rahmenvereinbarung entstehen wird. Im Hinblick auf die Kalkulierbarkeit der Angebote wird daraus zum Teil auch eine Pflicht zur Angabe von Mindestabnahmemengen abgeleitet (Beispiel: Rahmenvereinbarung über Lieferung von Tausalz mit einer Verpflichtung des Auftraggebers zur Mindestabnahme einer bestimmten Menge mit dem Argument „Der nächste Winter kommt bestimmt.")

d) Produktneutrale Vergabe

Auch das **Gebot der produktneutralen Vergabe** steht sowohl systematisch als auch inhaltlich in unmittelbarem Zusammenhang zum Gebot der eindeutigen und erschöpfenden Leistungsbeschreibung und in einem Spannungsverhältnis zum Leistungsbestimmungsrecht des öffentlichen Auftraggebers.[50] Während öffentliche Auftraggeber bei der Entscheidung über den Leistungsgegenstand („Was") im rechtlichen Ansatz ungebunden ist, haben Bieter grundsätzlich einen Anspruch darauf, das Produkt, das sie anbieten möchten und das den Anforderungen des Auftraggebers an die Leistung entspricht, frei auswählen zu können („Wie").

Grundsätzlich müssen Leistungsbeschreibungen daher produktneutral ausgestaltet sein. Verboten sind demnach direkte Produktvorgaben ebenso wie die verdeckte Ausschreibung eines Leitfabrikats[51] durch Festlegung von Leistungsanforderungen, die den Wettbewerb auf ein Produkt eines Anbieters verengen.[52] Umstritten ist, ob die Aufnahme von sogenannten Planungsfabrikaten in ein Leistungsverzeichnis gegen das Gebot der Produktneu-

49 OLG Celle, Beschl. v. 19.3.2019, 13 Verg 7/18; VK Münster, Beschl. v. 2.10.2014, VK 13/14.
50 VK Rheinland, Beschl. v. 8.7.2019, VK-18/19.
51 OLG München, Beschl. v. 2.8.2007, Verg 7/07.
52 VK Düsseldorf, Beschl. v. 17.2.2011, VK-44/2010-L.

tralität verstößt. Die VK Südbayern hat gegen die Zulässigkeit Bedenken geltend gemacht, weil eine Rechtsgrundlage hierfür in den Verfahrensordnungen nicht enthalten sei.[53] Dabei wird aber übersehen, dass es einer Rechtfertigung für die Angabe eines Planungsfabrikats schon nicht bedarf, wenn die Leistung selbst produktneutral beschrieben ist. In diesem Fall stellt die Angabe des Fabrikats, mit dem der Auftraggeber geplant hat, lediglich eine vergaberechtlich unbeachtliche Zusatzinformation dar. Eine direkte oder indirekte Forderung des Auftraggebers, das Planungsfabrikat anzubieten, ist damit bei praxisnaher Auslegung nicht verbunden.[54]

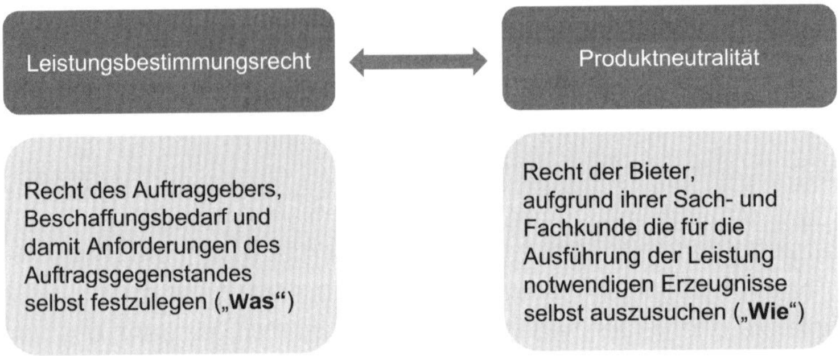

Abb. 24: Spannungsverhältnis Leistungsbestimmungsrecht und Produktneutralität

Praxistipp

Bessere Argumente sprechen für die vergaberechtliche Zulässigkeit der Nennung von Planungsfabrikaten. Öffentliche Auftraggeber im Zuständigkeitsbereich der VK Südbayern sollten aber die kritische Auffassung der Vergabekammer beachten und zur Erhöhung der Rechtssicherheit auf die Nennung von Planungsfabrikaten verzichten. Solange andere Vergabekammern in anderen Bundesländern sich der Auffassung der VK Südbayern nicht anschließen, ist es mit der nach wie vor herrschenden Auffassung in der Rechtsprechung gut vertretbar, mit Planungsfabrikaten zu arbeiten. Zur Vermeidung von Missverständnissen sollte der Zusatz „oder gleichwertig" nicht verwendet werden, weil er eine Rechtfertigungssituation suggeriert, die tatsächlich nicht besteht. Stattdessen könnte beispielsweise in den Vorbemerkungen zum Leistungsverzeichnis die Bedeutung von Planungsfabrikaten beschrieben und klargestellt werden, dass es zulässig ist, andere Produkte anzubieten, solange die allgemein beschriebenen Anforderungen an die Leistung vollständig erfüllt sind.

Wenn eine Leistungsbeschreibung Produktvorgaben beinhaltet, begründet dies jedoch noch nicht zwingend auch einen Vergabefehler. In den in den Verfahrensordnungen abschließend normierten Ausnahmefällen sind Produktvorgaben erlaubt.

53 VK Südbayern, Beschl. v. 18.02.2020, Z3-3-3194-1-42-10/19.
54 Vgl. OLG Düsseldorf, Beschl. v. 1.10.2012, Verg 34/12; VK Thüringen, Beschl. v. 21.11.2019, 250-4003-15123/2019-E-021-EF.

(1) Ausnahme 1: Produktvorgabe ist durch den Auftragsgegenstand gerechtfertigt

Eine Abweichung vom Gebot produktneutraler Vergabe ist zunächst möglich, wenn die Produktvorgabe „durch den Auftragsgegenstand gerechtfertigt" ist.

Als **sach- und auftragsbezogene Aspekte** anerkannt sind solche, die sich z.B. aus der besonderen Aufgabenstellung, aus technischen oder gestalterischen Anforderungen oder aus der Nutzung der Sache ergeben wie etwa die Zweckmäßigkeit einer einheitlichen Wartung oder die Verringerung von Risikopotentialen (Fehlfunktionen, Kompatibilitätsprobleme, erhöhter Umstellungsaufwand).[55] Auch wirtschaftliche Erwägungen können eine Rolle spielen.[56] Die Gründe müssen jedoch gewichtig sein, weil es sich (als Abweichung von den EU-rechtlich garantierten Grundfreiheiten) um einen eng auszulegenden Ausnahmetatbestand handelt.

Das OLG Düsseldorf stellt in diesen Zusammenhang stark auf das Leistungsbestimmungsrecht des Auftraggebers ab.[57] Als sachliche Rechtfertigung für eine Produktvorgabe genüge danach, wenn diese einen sachlichen Bezug zum Auftragsgegenstand aufweist.[58] Ein Vergabeverstoß liege dagegen vor, wenn der Auftraggeber seiner Entscheidung für die Produktvorgabe sachfremde, willkürliche oder diskriminierende Erwägungen zugrunde gelegt hat. Inhaltliche Vertretbarkeit, Nachvollziehbarkeit oder Richtigkeit der Entscheidung für die Produktvorgabe würden dagegen nicht durch die Nachprüfungsinstanzen geprüft.[59] Ohne Belang sei auch, ob der Auftraggeber zur Erkundung alternativer Produkte bzw. Lösungsmöglichkeiten eine Markterkundung durchgeführt habe.[60]

Praxistipp

Auch wenn das OLG Düsseldorf eine Markterkundung nicht für zwingend erforderlich hält, kann es jedenfalls aber zweckmäßig sein, sich vor Einleitung eines Vergabeverfahrens einen Überblick über alternative Lösungsmöglichkeiten zu verschaffen. Darüber hinaus können Markterkundungen auch aus haushalts- und aus beihilferechtlichen Gründen geboten sein, bevor der Auftraggeber sich auf ein bestimmtes Produkt oder eine bestimmte Dienstleistung festlegt.

(2) Ausnahme 2: Leistung ist nicht hinreichend genau und allgemein verständlich beschreibbar

Wenn die Leistung „nicht hinreichend genau und allgemein verständlich beschrieben werden kann" und der Zusatz „oder gleichwertig" jeweils enthalten ist, darf nach den Verfahrensordnungen ebenfalls vom Gebot produktneutraler Vergabe abgewichen werden.

55 Vgl. OLG Düsseldorf, Beschl. v. 31.5.2017, Verg 36/16; ebenso: OLG Celle, Beschl. v. 19.12.2016, 13 Verg 7/16.
56 OLG Frankfurt, 28.10.2003, 11 Verg 9/03; OLG Düsseldorf, Beschl. v. 3.3.2010, VII-Verg 46/09.
57 OLG Düsseldorf, Beschl. v. 22.5.2013, VII-Verg 16/12; Beschl. v. 1.8.2012, VII-Verg 10/12; Beschl. v. 15.6.2010, VII-Verg 10/10.
58 Vgl. auch VK Bund, Beschl. v. 13.6.2019, VK 2-26/19.
59 OLG Düsseldorf, Beschl. v. 15.6.2010, VII-Verg 10/10; Beschl. v. 17.2.2010, VII-Verg 42/09; vgl. auch OLG Dresden, Beschl. v. 17.5.2011, WVerg 3/11; VK Bund, Beschl. v. 13.06.2019, VK 2-26/19.
60 OLG Düsseldorf, Beschl. v. 27.6.2012, VII-Verg 7/12; Beschl. v. 1.8.2012, VII-Verg 10/12; VK Bund, Beschl. v. 13.06.2019, VK 2-26/19; a.A. OLG Celle, Beschl. v. 22.5.2008, 13 Verg 1/08; OLG Jena, Beschl. v. 26.6.2006, 9 Verg 2/06.

Praxistipp

In der Praxis ist es nicht unüblich, dass die Vergabestellen Leitfabrikate (offen oder verdeckt) verwenden, Datenblätter in ihre Leistungsverzeichnisse übernehmen und die vergaberechtliche Zulässigkeit dadurch herstellen wollen, dass sie den Zusatz „oder gleichwertig" aufnehmen. Diese Vorgehensweise ist aber nur möglich, wenn die Leistung nicht hinreichend genau und allgemein verständlich (also ohne Übernahme eines spezifischen Produktdatenblattes) beschrieben werden kann. Diese objektive Unmöglichkeit, die Leistung hinreichend genau und allgemein zu beschreiben, ist ebenfalls sorgfältig zu prüfen und ggf. in der Vergabeakte nachvollziehbar zu begründen. Nicht ausreichend ist die Begründung, dass es „einfacher" ist, auf ein bereits bekanntes Leitprodukt zu verweisen, als sich die Mühe einer allgemeinen Beschreibung zu machen.

Die Gleichwertigkeit eines Alternativprodukts ist anhand der allgemeinen Leistungsbeschreibung und der Tauglichkeit des Alternativprodukts für den von der Vergabestelle vorgesehenen Gebrauch zu ermitteln. Maßgebend ist eine funktionale und nicht formale Betrachtungsweise, da ansonsten fast nie Gleichwertigkeit vorliegen und faktisch ein Zwang zur Verwendung bestimmter Produkte entstehen würde. Gleichwertig sind Erzeugnisse oder Verfahren, wenn sie die Qualität der verlangten Erzeugnisse oder Verfahren nach allgemeiner Anerkennung der betreffenden technischen Fachkreise hinsichtlich ihrer Tauglichkeit und Mängelfreiheit, ausgerichtet nach dem zum Ausdruck gekommenen Auftraggeberwillen, uneingeschränkt erreichen.[61] Erfüllt ein Alternativprodukt solche Merkmale des in der Leistungsbeschreibung genannten Produkts nicht, die für den geplanten Einsatz nicht von Bedeutung sind, ist es gleichwertig.[62] Der Auftraggeber muss auch insoweit eindeutig und erschöpfend beschreiben, welche Anforderungen zwingend erfüllt sein müssen und welche Leistungsmerkmale verzichtbar sind.[63]

e) Wahl- und Bedarfspositionen

Die in der Praxis verbreitet auch als Alternativpositionen bezeichneten Wahlpositionen sind Leistungspositionen, bei denen sich der Auftraggeber noch nicht auf einen bestimmten Leistungs- oder Ausführungsinhalt oder eine bestimmte Ausführungsform festgelegt hat. Bedarfspositionen, auch als Eventualpositionen bezeichnet, sind Leistungspositionen, von denen der Auftraggeber bei Versendung der Ausschreibungsunterlagen noch nicht weiß, ob sie neben Grundleistungen als zusätzliche Leistungen erforderlich werden.

61 VK Lüneburg, Beschl. v. 1.11.2017, VgK-30/2017.
62 Anschaulich hierzu VK Bremen, Beschl. v. 15.11.2006, VK 2/06.
63 Vgl. VK Thüringen, Beschl. v. 21.11.2019, 250-4003-15123/2019-E-021-EF.

Praxisbeispiele

- *Grundposition: Lieferung von 10.000 näher bezeichneten Druckern bei einer Gewährleistungspflicht von 48 Monaten.*
- *Wahlposition: Lieferung von 10.000 Druckern bei einer Gewährleistungsfrist von 60 Monaten.*
- *Bedarfsposition: Lieferung von weiteren 2.500 Druckern bei einer Gewährleistungspflicht von 48 Monaten.*

Wahl- und Bedarfspositionen beeinträchtigen die eindeutige und erschöpfende Leistungsbeschreibung sowie die Transparenz des Vergabeverfahrens, da sie dem Auftraggeber ermöglichen, durch seine Entscheidung für oder gegen eine Wahlposition das Wertungsergebnis aus vergaberechtsfremden Erwägungen zu beeinflussen.[64] Sie begründen damit die Gefahr intransparenter, willkürlicher Vergabeentscheidungen.[65]

Wahl- und Bedarfspositionen sind daher nur bei Vorliegen eines sachlich gerechtfertigten Grundes zulässig. Ein solcher **Sachgrund** kann darin bestehen, dass dem Auftraggeber beispielsweise nur begrenzte Haushaltsmittel zur Verfügung stehen, sodass er gehalten ist, die kostengünstigere Variante zu beauftragen.[66] Folgende **Rahmenbedingungen** sind bei der Ausschreibung von Wahl- und Bedarfspositionen zu berücksichtigen:

- Bedarfspositionen sind in die Schätzung des Auftragswerts einzubeziehen. Bei Grund- und Wahlpositionen haben Auftraggeber dagegen die Möglichkeit nur die günstigere der beiden Positionen zu berücksichtigen, wenn das wirtschaftlichste Angebot nach dem günstigsten Preis ermittelt wird.[67]
- Wahlpositionen sind in der Leistungsbeschreibung unmissverständlich als solche zu kennzeichnen.
- Die Kriterien sind anzugeben, die für eine Inanspruchnahme der Bedarfs-/Wahlposition maßgebend sein sollen, damit die Bieter das Risiko kalkulieren und bei der Angebotserstellung berücksichtigen können.
- Die Festlegung auf eine der im Vorfeld ermittelten Ausführungsvarianten muss dem Auftraggeber unmöglich oder unzumutbar sein, andernfalls scheidet ein berechtigtes Interesse aus. Wahlpositionen ermöglichen nicht die Heilung von Planungsmängeln.[68]
- Vor der Angebotswertung muss der Auftraggeber entscheiden, ob er die Grundposition oder die Wahlposition beauftragen will. Änderungen nach Zuschlagserteilung sind vertraglich möglich (vgl. § 2 Nr. 1 und 3 VOL/B).
- Bedarfspositionen sind bei der Wertung zu berücksichtigen.

64 OLG Düsseldorf, Beschl. v. 15.05.2019, Verg 61/18; Beschl. v. 14.09.2016, Verg 7/16; Beschl. v. 13.04.2011, Verg 58/10.
65 OLG Düsseldorf, Beschl. v. 28.2.2008, VII-Verg 57/06.
66 OLG München, Beschl. v. 27.1.2006, Verg 1/06; OLG Düsseldorf, Beschl. v. 24.3.2004, VII-Verg 7/04.
67 VK Nordbayern, Beschl. v. 4.6.2019, RMF-SG21-3194-4-16.
68 OLG Düsseldorf, Beschl. v. 15. 5.2019, Verg 61/18.

- In die Angebotswertung darf nur die Alternativposition eingestellt werden, die tatsächlich zur Ausführung kommt.[69]

f) Nebenangebote

Nebenangebote sind Vorschläge eines Bieters, die eine andere technische Lösung beinhalten als die, die in der Leistungsbeschreibung vorgegeben ist.[70] Die Zulassung von Nebenangeboten muss der Auftraggeber bereits in der Bekanntmachung angeben. Bei Bauauftragsvergaben im Unterschwellenbereich sind Nebenangebote immer zulässig, es sei denn der Auftraggeber schließt sie explizit aus. Möglich ist auch, Nebenangebote allein oder in Kombination mit einem Hauptangebot vorzuschreiben, oder nur in Teilbereichen (z.B. nur im Hinblick auf die technischen Anforderungen oder kaufmännischen Aspekte) zuzulassen.[71] Zur Gewährleistung der Vergleichbarkeit von Haupt- und Nebenangeboten sind **Mindestanforderungen** festzulegen, die auch die Nebenangebote erfüllen müssen.[72] Nebenangebote, die diese Mindestanforderungen nicht erfüllen, werden von der Wertung ausgeschlossen.

Nebenangebote sind aus Auftraggebersicht ein beliebtes Instrument, um alternative, selbst nicht vorhergesehene Lösungsmöglichkeiten für den eigenen Beschaffungsbedarf aufgezeigt zu bekommen. Rechtlich möglich ist es, Nebenangebote auch dann zuzulassen, wenn der Preis das alleinige Zuschlagskriterium ist. Zweckmäßiger kann es allerdings sein, der Entscheidung über den Zuschlag bei der Zulassung von Nebenangeboten auch qualitative Aspekte zugrunde zu legen. Denn wenn die vorhandenen qualitativen Angebotsunterschiede unberücksichtigt bleiben, besteht die Gefahr, dass das mit Nebenangeboten eigentlich verfolgte Ziel, den Bietern die Möglichkeit zu geben, sich durch die Nutzung ihres kreativen Potenzials einen Vorteil im Vergabewettbewerb zu verschaffen, verfehlt wird.[73]

g) Losweise Vergabe

Aus den Vergabeunterlagen muss auch hervorgehen, ob die Leistung in Lose aufgeteilt wird. Die rechtliche Grundlage für die **losweise Auftragsvergabe** bildet § 97 Abs. 4 Satz 2 GWB bzw. § 22 UVgO und § 5 Abs. 2 VOB/A für den Unterschwellenbereich. Danach sind Leistungen in der Menge aufgeteilt (Teillose) und getrennt nach Art oder Fachgebiet (Fachlose) zu vergeben. Ziel ist die Schaffung eines größtmöglichen Bieterwettbewerbs. Im Oberschwellenbereich ist die Pflicht zur Losvergabe zudem eine Ausprägung des Gebots mittelstandsfreundlicher Vergabe nach § 97 Abs. 4 S. 1 GWB. Sie ist bieterschützend.[74]

---

69 VK Bund, Beschl. v. 21.10.2018, VK 2-88/18.
70 OLG Saarbrücken, Beschl. v. 18.5.2016, 1 Verg 1/16.
71 VK Sachsen, Beschl. v. 14.12.2018 – 1/SVK/029-18.
72 EuGH, Urt. v. 16.10.2003, Rs. C-421/01, Traunfellner, Rn. 33.
73 Vgl. BGH, Beschl. v. 7.1.2014, X ZB 15/13.
74 Siehe aber VK Bund, Beschl. v. 31.10.2016, VK 1-90/16: Ist ein Bieter in der Lage, die ausgeschriebenen Leistungen insgesamt zu erbringen, kann er sich nicht mit Erfolg auf einen etwaigen Verstoß gegen das Gebot zur Losaufteilung berufen.

(1) Gesamtvergabe ausnahmsweise möglich

Das Leistungsbestimmungsrecht ist kein Freibrief für eine Gesamtvergabe, allerdings können sich aus dem korrekt ausgewählten Auftragsgegenstand Belange ergeben, die der Auftraggeber bei der Abwägung für oder gegen eine Losvergabe berücksichtigen kann.[75] Ein Verzicht auf eine losweise Vergabe ist ausnahmsweise zulässig. Das folgt zum einen bereits aus § 97 Abs. 4 Satz 3 GWB, wonach ausdrücklich mehrere Teil- oder Fachlose zusammen vergeben werden dürfen, wenn wirtschaftliche oder technische Gründe dies erfordern. Zum anderen folgt dies aus dem Wirtschaftlichkeitsgrundsatz gemäß § 97 Abs. 1 Satz 2 GWB, mit dem das Gebot mittelstandsfreundlicher Vergabe abzuwägen ist.[76]

Praxistipp

▶ *Der erforderliche Abwägungsprozess zwischen den Bieterinteressen und dem Interesse des Auftraggebers an einer wirtschaftlichen Auftragsvergabe ist stets sorgfältig zu begründen und zu dokumentieren. Floskelhafte Begründungen für den Verzicht auf eine losweise Vergabe im Sinne von „Die Losaufteilung erschien der Vergabestelle nicht wirtschaftlich" sind nicht ausreichend.*

Auftraggeber sind zwar nicht verpflichtet, umfangreiche externe Sachverständigengutachten mit Wirtschaftlichkeitsrechnungen für oder gegen eine losweise Vergabe zu beauftragen. Für die Vergabedokumentation erscheint es aus Auftraggebersicht allerdings zur Erhöhung der Rechtssicherheit sinnvoll, belastbares (eigenes) Zahlenmaterial zur Akte zu nehmen, aus dem nachvollziehbar die wirtschaftlichen Vor- und Nachteile abgeleitet und gegeneinander abgewogen werden.

Da die Gesamtvergabe nach dem Wortlaut von § 97 Abs. 4 Satz 3 GWB eine restriktiv zu handhabende Ausnahme darstellt, müssen die eine Gesamtvergabe rechtfertigenden wirtschaftlichen oder technischen Gründe nicht nur lediglich anerkennenswert sein, sondern im Ergebnis überwiegen.[77]

- In *wirtschaftlicher Hinsicht* kann der Verzicht auf eine losweise Vergabe gerechtfertigt sein, wenn die Losbildung und -vergabe für das Vergabeverfahren einschließlich Prüfung und Wertung der Angebote sowie für Vertragsabschluss und -durchführung einen Aufwand verursacht, bei dem eine wirtschaftliche Beschaffung im Vergleich zu der Eigenausführung insgesamt nicht mehr gewährleistet wäre.[78] Dies kann bejaht werden, wenn z.B. die ordnungsgemäße Durchführung des Auftrags nicht oder nur mit unverhältnismäßigem Aufwand gesichert werden kann oder die Überwachung und Verfolgung von Gewährleistungsansprüchen ungewöhnlich erschwert wird.[79] Bloße finanzielle Nachteile, die aufgrund des erhöhten zeitlichen, organisatorischen und personellen Aufwands stets mit der losweisen Vergabe einhergehen, die aber in der wirtschaftlichen Gesamtschau im Vergleich zur Eigenausführung immer noch einen Wirtschaftlichkeits-

75 OLG München, Beschl. v. 25.03.2019, Verg 10/18.
76 OLG Frankfurt, Beschl. v 14.05.2018, 11 Verg 4/18; OLG Schleswig, Beschl. v. 30.10.2012, 1 Verg 5/12; vgl. auch OLG Düsseldorf, Beschl. v. 8.9.2011, Verg 48/11; VK Hessen, Beschl. v. 10.9.2007, 69 d VK-29/2007.
77 OLG Frankfurt, Beschl. v 14.05.2018, 11 Verg 4/18.
78 OLG Düsseldorf, Beschl. v. 21.3.2012, VII-Verg 92/11.
79 VK Lüneburg, Beschl. v. 30.9.2015, VgK-30/2015.

gewinn versprechen, rechtfertigen demnach keine Gesamtvergabe.[80] Wenn ein Wirtschaftlichkeitsvergleich zwischen losweiser Vergabe und Gesamtvergabe nicht möglich erscheint, gilt der gesetzliche Regelfall und damit die Pflicht zur losweisen Vergabe.[81]

- *Technische Gründe* können eine Gesamtvergabe rechtfertigen, wenn eine Fachlosbildung einerseits objektiv zwar möglich erscheint und insoweit auch ausschreibungskonform auf entsprechend zu erstellende Leistungsbeschreibungen bzw. -verzeichnisse angeboten werden könnte, wenn andererseits diese fachlosweise angebotenen Leistungen aber insgesamt nicht „zusammenpassen" und das Risiko besteht, dass der vom öffentlichen Auftraggeber verfolgte Beschaffungszweck bei fachlosweiser Vergabe verfehlt würde.[82]

Praxistipp

Neben der durch wirtschaftliche oder technische Gründe gerechtfertigten Möglichkeit, von vornherein auf eine Losaufteilung zu verzichten, kann der Auftraggeber vergaberechtlich zulässig alle Lose eines Auftrags an einen Bieter vergeben, wenn dieser Bieter auf alle Lose das wirtschaftlichste Angebot abgegeben hat. Der Auftraggeber ist daher nicht verpflichtet, aus Gründen der mittelstandsfreundlichen Vergabe oder des Wettbewerbs ein unwirtschaftliches Losangebot zu bezuschlagen, wenn er zuvor Lose gebildet und keine Loslimitierung festgelegt hat.

(2) Unterscheidung zwischen Fach- und Teillosen

Bei der **Fachlosbildung** teilt der öffentliche Auftraggeber die Leistungen in qualitativ abgrenzbare Fachgebiete bzw. Gewerbezweige auf. Ob eine Fachlosbildung geboten ist, richtet sich insbesondere auch danach, ob sich für die betreffende Leistung zum Zeitpunkt der Entscheidung des öffentlichen Auftraggebers für oder gegen die Fachlosbildung ein eigenständiger Markt herausgebildet hat.[83] Bei der Vergabe öffentlicher Bauaufträge können die Allgemeinen Technischen Vertragsbedingungen (ATV) der VOB/C ein Anhaltspunkt dafür sein, welche Gewerke für eine Fachlosbildung infrage kommen.

Für die Vergabe öffentlicher Dienstleistungsaufträge ist bei Gebäudereinigungsdienstleistungen anerkannt, dass sich für Glasreinigungsarbeiten ein eigenständiger Markt herausgebildet hat, sodass diese Leistungen grundsätzlich als Fachlose zur Vergabe ausgeschrieben werden müssen, sofern technische oder wirtschaftliche Gründe nicht eine Gesamtvergabe rechtfertigen.[84]

Bei der **Teillosbildung** wird eine Gesamtleistung mengenmäßig oder räumlich in abgrenzbare Teilleistungen aufgeteilt. Teillosbildungen kommen insbesondere in Betracht bei größeren Lieferaufträgen, beim Autobahnneubau durch Vergabe der Bauleistungen in einzel-

80 OLG Frankfurt, Beschl. v. 14.5.2018, 11 Verg 4/18; OLG Düsseldorf, Beschl. v. 11.7.2007, VII-Verg 10/07.
81 OLG Koblenz, Beschl. v. 4.4.2012, 1 Verg 2/11.
82 OLG München, Beschl. v. 25.3.2019, Verg 10/18: Ausschluss von Risiken durch Gesamtvergabe unterschiedlicher sicherheitstechnischer Gewerke für eine Justizvollzugsanstalt; OLG Koblenz, Beschl. v. 4.4.2012, 1 Verg 2/11: Ausschluss von Risiken bei der bautechnische Kopplung benachbarter Baukörper.
83 OLG Düsseldorf, Beschl. v. 11.1.2012, VII-Verg 52/11.
84 Vgl. OLG Düsseldorf, Beschl. v. 11.1.2012, VII-Verg 52/11; OLG Koblenz, Beschl. v. 4.4.2012, 1 Verg 2/11; VK Köln, Beschl. v. 6.3.2012, VK VOL 45/2011.

nen Streckenabschnitten und insbesondere auch bei der Vergabe von ÖPNV-Leistungen in einzelnen Linien oder Linienbündeln.

Praxistipp

▶ *Das Gesetz sieht nicht nur die losweise Vergabe als Regelfall vor, sondern schreibt die Bildung von Fach-* ***und*** *Teillosen vor. Ausnahmen hiervon sind (wie stets) nur bei Vorliegen wirtschaftlicher oder technischer Gründe möglich.*

Keine Vorgabe enthält § 97 Abs. 4 Satz 2 GWB hingegen hinsichtlich der **Anzahl** und der **Größe** der zu bildenden Lose. Insoweit steht das Leistungsbestimmungsrecht des Auftraggebers im Vordergrund und bildet den Ausgangspunkt seiner Überlegungen. Der Auftraggeber kann insofern grundsätzlich frei über die Größe und den Zuschnitt der Lose entscheiden.[85] Bei der Ausübung seines Leistungsbestimmungsrechts wird er sich aber daran orientieren müssen, dass kleine und mittlere Unternehmen sich im Ergebnis auch tatsächlich um einzelne Lose bewerben können. Eine Verpflichtung zur Bildung von Kleinstlosen, die es sämtlichen Wirtschaftsteilnehmern ermöglichen würde, sich am Wettbewerb zu beteiligen, besteht nicht. Der Auftraggeber als Nachfrager muss durch seine Ausschreibungen nicht bestimmte Märkte oder Marktteilnehmer bedienen.[86]

(3) Loslimitierung

Einen Sonderfall bildet die Loslimitierung, die beispielsweise bei der Vergabe von hochsensiblen Dienstleistungsaufträgen in Bereichen der öffentlichen Daseinsvorsorge häufig gewählt wird. Loslimitierungen sind aber auch bei der Vergabe von Bauaufträgen möglich. Sie treten dabei in zwei möglichen Erscheinungsformen auf:

- Bei der *Angebotslimitierung* schreibt der Auftraggeber Leistungen losweise zur Vergabe aus, wobei die Bieter allerdings nicht die Möglichkeit erhalten, auf alle Lose ein Angebot abzugeben.
- Bei der *Zuschlagslimitierung* hingegen können die Bieter auf mehrere oder gar auf alle Lose ein Angebot unterbreiten. Jeder Bieter kann den Zuschlag allerdings nur für ein Los oder bestimmte Loskombinationen erhalten.

Nach der Rechtsprechung waren Loslimitierungen bislang aufgrund ihrer wettbewerbsbeschränkenden Wirkung nur zulässig, wenn hierfür ein sachlicher Grund besteht.[87] Insbesondere in Leistungsbereichen, in dem die jederzeitige Leistungsmöglichkeit etwa aus Gründen der Daseinsvorsorge oder der Verteidigungsbereitschaft sichergestellt werden muss, wurde es als gerechtfertigt angesehen, wenn der öffentliche Auftraggeber das Risiko eines Leistungsausfalls streuen und auf mehrere Auftragnehmer verteilen will. Ob Loslimitierungen auch nach Aufnahme einer ausdrücklichen Rechtsgrundlage (§§ 30 Abs. 1 VgV, 5 EU Abs. 2 Nr. 3 VOB/A) besonders gerechtfertigt werden müssen, ist unklar. Für eine Begründungspflicht spricht weiterhin, dass eine Loslimitierung eine Einschränkung des Bie-

85 OLG Karlsruhe, Beschl. v. 6.4.2011, 15 Verg 3/11.
86 VK Bund, Beschl. v. 27.9.2011, VK 2-100/11.
87 OLG Düsseldorf, Beschl. v. 17.01.2013, VII-Verg 35/12; Beschl. v. 7.12.2011, VII-Verg 99/11; Beschl. v. 15.6.2000, VII-Verg 6/00.

terwettbewerbs bedeutet. Darüber hinaus sind bei der Verfahrensgestaltung und -durchführung der Verhältnismäßigkeitsgrundsatz (§ 97 Abs. 1 GWB) und das haushaltsrechtliche Gebot der sparsamen und wirtschaftlichen Mittelverwendung zu beachten.

Praxistipp

Auftraggeber sind zur Vermeidung von Nachprüfungsanträgen weiterhin gut beraten, von Loslimitierungen nur dann Gebrauch zu machen, wenn es aus sachlichen Gründen erforderlich erscheint und der verfolgte Zweck nicht auf andere, gleich geeignete, den Wettbewerb weniger einschneidende Weise ebenso gut erreicht werden kann.

(4) Losweise Prüfung und Wertung der Angebote

Die Verfahrensdurchführung, d.h. insbesondere die Prüfung und Wertung der Angebote, erfolgt ebenfalls losweise. Daher werden immer nur die Angebote zum jeweiligen Los untereinander verglichen und bewertet. Andere Vorgehensweisen (z.B. die Zulassung von Kombinationsangeboten) sind möglich, müssen aber mit Blick auf die Transparenzpflicht ausdrücklich mitgeteilt werden.

Abb. 25: Losvergabe

7.2 Einleitung des Vergabeverfahrens durch Auftragsbekanntmachung

7.2.1 Beginn des formellen Vergabeverfahrens

Die Auftragsbekanntmachung markiert den Beginn eines formellen Vergabeverfahrens. Für EU-weite Vergaben oberhalb der Schwellenwerte besteht eine Pflicht zur Veröffentlichung der Vergabeabsicht im Supplement zum Amtsblatt der EU mit den in der Verordnung (EU) Nr. 2015/1986 vorgeschriebenen Standardformularen. Dazu übermittelt der Auftraggeber die Auftragsbekanntmachung unter Nutzung elektronischer Mittel an das Amt für Veröffentlichungen der Europäischen Union, das die Bekanntmachung in der Online-Version des Supplements des Amtsblattes der EU, der TED-Datenbank (Tenders Electronic Daily – die Online-Version des Supplements des Amtsblattes der EU), veröffentlicht.

Darüber hinaus sind auch nationale Bekanntmachungen für EU-weite Vergabeverfahren möglich, verfahrensrechtlich maßgeblich aber ist stets die Veröffentlichung im EU-Amtsblatt.[88] In nationalen Medien dürfen Vergabeverfahren nicht vor Veröffentlichung der Bekanntmachung durch das Amtsblatt der EU oder vor dem Ablauf von 48 Stunden nach Bestätigung des Eingangs der Bekanntmachung veröffentlicht werden. Bei Verwendung einer elektronischen Vergabeplattform sollte die Einhaltung dieser 48-Stunden-Regel technisch durch die Plattform gewährleistet werden.

Auftragsbekanntmachungen von Vergabeverfahren im Unterschwellenbereich sind auf Internetportalen, gemeint sind Vergabeplattformen, oder auf den Internetseiten des öffentlichen Auftraggebers zu veröffentlichen. Hier ist eine Verlinkung zum Internetportal http://www.bund.de/ zwingend. Nur Bauauftragsvergaben (siehe § 12 Abs. 1 Nr. 1 VOB/A) können alternativ zu Internetportalen auch in Tageszeitungen oder amtlichen Veröffentlichungsblättern veröffentlicht werden. Die Verlinkung zu http://www.bund.de/ ist hier nicht zwingend vorgeschrieben.

Praxistipp

▶ *Obwohl es rechtlich möglich ist, bei Bauauftragsvergaben unterhalb der Schwellenwerte von einer vollelektronischen Veröffentlichungspraxis abzuweichen, bietet sich aus praktischen Erwägungen heraus grundsätzlich eine einheitliche Veröffentlichungspraxis durch Nutzung einer Vergabeplattform an. Wenn es sich im Einzelfall anbietet, kann zusätzlich eine Veröffentlichung in lokalen oder regionalen Veröffentlichungsblättern oder Tageszeitungen erfolgen. Rechtlich zulässig ist es aber auch, potentielle Bieter auf Veröffentlichungen auf Internetportalen hinzuweisen.*

Mit der Bekanntmachung der Vergabeabsicht wird das Vergabeverfahren **verbindlich eingeleitet**, es entsteht ein vorvertragliches Schuldverhältnis zwischen dem Auftraggeber und den Bietern bzw. Bewerbern. Im Rahmen dieses vorvertraglichen Schuldverhältnisses

88 OLG Naumburg, Beschl. v. 26.2.2004, 1 Verg 17/03.

trifft den Auftraggeber gemäß § 241 Abs. 2 BGB auch die Pflicht zur Rücksichtnahme auf die durch das formalisierte Vergaberecht ausgeformten Rechte der Bieter und Bewerber. Eine Verletzung dieser Rechte kann Schadensersatzansprüche begründen.[89]

7.2.2 Vergabe-/Ausschreibungsreife

Vor Versendung der Bekanntmachung müssen alle rechtlichen und tatsächlichen Grundlagen des Vergabeverfahrens feststehen.[90] Der Auftraggeber muss grundsätzlich seinen Beschaffungsbedarf sowohl qualitativ als auch mengenmäßig vollständig ermittelt und festgelegt haben. Ausschreibungs- bzw. Vergabereife setzt daher auch voraus, dass alle Vergabeunterlagen fertiggestellt sind.

Von diesem Grundsatz ausgehend, sind **Ausnahmen** möglich. Bedarfs- oder Wahlpositionen können unter bestimmten Voraussetzungen als Instrument zur Flexibilisierung des Beschaffungsbedarfs genutzt werden.[91] Kann der Beschaffungsbedarf mengenmäßig nicht abschließend festgelegt werden, hat der Auftraggeber außerdem die Möglichkeit, eine Rahmenvereinbarung auszuschreiben.

Die für die Vergabereife erforderliche Klärung aller rechtlichen und tatsächlichen Grundlagen beinhaltet auch, dass die Finanzierung der zur Vergabe ausgeschriebenen Leistungen gesichert sein muss. Eine Ausschreibung zu vergabefremden Zwecken, z. B. zur Markterkundung oder zur Kosten- oder Preisermittlung, ist unzulässig.[92] Markterkundungen außerhalb formeller Vergabeverfahren sind jedoch möglich.

Bieter oder Bewerber können nicht mit Aussicht auf Erfolg fehlende Vergabereife geltend machen, wenn der Auftraggeber transparent macht, dass und ggf. welche Rahmenbedingung noch offen ist. Die Bekanntmachung der Vergabeabsicht unter dem Vorbehalt, dass die für die Finanzierung der ausgeschriebenen Leistungen erforderlichen Mittel noch von dem zuständigen parlamentarischen Gremium freigegeben werden müssen (sog. Haushaltsvorbehalt), verletzt in der Regel keine Bieterrechte.[93] Ein Bieter kann auch nicht mit Aussicht auf Erfolg einen Verstoß gegen den Grundsatz der Vergabereife geltend machen, wenn eine erforderliche Genehmigung noch aussteht und wenn keine Anhaltspunkte dafür ersichtlich sind, dass die Genehmigung nicht erteilt wird.[94]

7.2.3 Vermeidung von Interessenkonflikten und Ausgleich von Wettbewerbsvorsprüngen

Auftraggeber müssen bei allen Entscheidungen in einem Vergabeverfahren beachten, dass Interessenkonflikte der auf Auftraggeberseite beteiligten Personen ausgeschlossen werden müssen. **Voreingenommene Personen** dürfen an derartigen Entscheidungen nicht

89 BGH, Urt. v. 9.6.2011, X ZR 143/10.
90 VK Baden-Württemberg, Beschl. v. 07.08.2017, 1 VK 26/17.
91 S. Kap. 7.1.2.2 e).
92 OLG Naumburg, Beschl. v. 17.5.2006, 1 Verg 3/06; BayObLG, Beschl. v. 17.2.2005, Verg 27/04.
93 Vgl. KG, Beschl. v. 22.8.2001, KartVerg 3/01.
94 VK Baden-Württemberg, Beschl. v. 7.8.2017, 1 VK 26/17.

mitwirken. Als voreingenommen gelten Bieter und Bewerber und die sie in diesem Verfahren vertretenden oder beratenden Personen, bei Bietern oder Bewerbern beschäftigte oder tätige natürliche Personen, natürliche Personen, die für ein eingeschaltetes Unternehmen tätig sind, das zugleich geschäftliche Beziehungen zu Auftraggebern und zu Bietern oder Bewerbern hat und die näheren Verwandten der im Übrigen als voreingenommen geltenden natürlichen Personen.

Praxistipp

Um Interessenkonflikte frühzeitig zu identifizieren und vergaberechtliche Risiken zu reduzieren, sind Auftraggeber gut beraten, mögliche Interessenkonflikte bei allen auf Auftraggeberseite an einem Vergabeverfahren beteiligten Personen abzufragen und entsprechende Erklärungen vor Einleitung des Vergabeverfahrens zu verlangen.

Aufgrund der Pflicht des Auftraggeber, Vergabeunterlagen grundsätzlich allen interessierten Unternehmen in elektronischer Form zum Download zur Verfügung zu stellen, ist die frühere Praxis, Unternehmen, die den Auftraggeber bei der Vorbereitung eines Vergabeverfahrens beraten oder sonst unterstützt haben (sog. **Projektanten**), von der Beteiligung an diesem Vergabeverfahren auszuschließen und ihnen schon die Vergabeunterlagen nicht zur Verfügung zu stellen, auch tatsächlich nicht mehr möglich. Erforderlich für einen Ausschluss ist ein konkreter wettbewerbserheblicher Vorteil des Projektanten; ein nur durch die Unterstützung des Auftraggebers begründeter „böser Schein" reicht nicht aus.

Der Auftraggeber muss Maßnahmen ergreifen, damit der Wettbewerb durch die Teilnahme des Projektanten nicht verfälscht wird.[95] Ein automatischer Verfahrensausschluss des Projektanten wäre in jedem Fall unzulässig. Als milderes Mittel muss der Auftraggeber zunächst den übrigen Verfahrensteilnehmern alle Informationen zur Verfügung stellen, die auch dem Projektanten im Rahmen seiner Unterstützungstätigkeit zugänglich waren. Nur wenn ein Ausgleich des Wettbewerbsvorteils auf diesem Wege nicht möglich ist, wofür der Auftraggeber im Nachprüfungsfall darlegungs- und beweisbelastet ist, kommt als letztes Mittel ein Verfahrensausschluss in Betracht. Der Projektant ist vor einem Ausschluss anzuhören, und ihm ist Gelegenheit zu geben, nachzuweisen, dass der Wettbewerb durch seine Verfahrensteilnahme nicht verfälscht wird.

Praxistipp

Insbesondere bei der Vergabe von Dienstleistungsaufträgen haben nicht nur Projektanten, sondern auch frühere Auftragnehmer in der Regel einen Wettbewerbsvorteil gegenüber anderen Unternehmen, weil sie bereits mit den auftragsgegenständlichen Leistungen, den tatsächlichen und rechtlichen Rahmenbedingungen sowie den damit verbundenen kommerziellen Chancen und Risiken vertraut sind. Derartige Vorteile früherer Auftragnehmer sind Vergabeverfahren im Dienstleistungsbereich aber immanent, und Auftraggeber sind nicht verpflichtet, sie auszugleichen. Dasselbe gilt, wenn ein Wettbewerbsvorteil auf der unterschiedlichen, vom Auftraggeber

95 Vgl. auch EuGH, Urt. v. 3.3.2005, Rs. C-21 und 34/03, Fabricom.

nicht beeinflussbaren Marktstellung der Bieter beruht.[96] *Nur ausnahmsweise kann ein „Wertungsausgleich" zulässig oder sogar erforderlich sein, um gleiche Angebotsbedingungen zu schaffen, wenn ein Wettbewerbsvorteil auf eine Entscheidung des Auftraggebers im Vergabeverfahren zurückzuführen ist. Hierzu das folgende Praxisbeispiel.*[97]

Praxisbeispiel

Ein öffentlicher Auftraggeber schreibt die Beschaffung von Fahrzeugen für den Schienenpersonennahverkehr aus. Die Vergabe ist technologieoffen gestaltet und wird als Innovationspartnerschaft durchgeführt. Die Anbieter von wasserstoffbetriebenen Fahrzeugen einerseits und die Anbieter von batteriebetriebenen Fahrzeugen andererseits haben unterschiedliche Wettbewerbsvoraussetzungen, die im Ausgangspunkt nicht auszugleichen sind. Der Auftraggeber fordert als Bestandteil der zu erbringenden Leistung jedoch auch die Bereitstellung der erforderlichen Nachladeinfrastruktur. Hier haben Anbieter batteriebetriebener Fahrzeuge einen Wettbewerbsvorteil, weil sie zum Teil auf die beim Auftraggeber bereits vorhandene Oberleitungen zurückgreifen können. Anbieter von Fahrzeugen mit Wasserstofftechnologie müssen die erforderliche Infrastruktur vollständig neu bereitstellen. Diesen Nachteil gleicht der Auftraggeber mit einem preislichen Wertungsaufschlag zulasten der Angebote von batteriebetriebenen Fahrzeugen aus. Diese Vorgehensweise ist vergaberechtlich nach einer Entscheidung des OLG Schleswig vergaberechtlich nicht zu beanstanden. Hierbei dürfte es sich aber um einen Ausnahmefall handeln, der insbesondere durch die technologieoffene Ausschreibung im Wege der Innovationspartnerschaft bedingt ist. Alternativ hätte der Auftraggeber vor Einleitung des Vergabeverfahrens die unterschiedlichen Technologien auch im Wege einer Markterkundung untersuchen und dann vor Einleitung des Vergabeverfahrens eine Entscheidung für oder gegen die eine oder andere Technologie treffen können. Diese Vorgehensweise wäre möglicherweise zur Erreichung des mit der Vergabe verfolgten Ziels ebenso geeignet gewesen und hätte durch den Auftragsgegenstand bedingte unterschiedliche Ausgangsbedingungen im Wettbewerb von vornherein ausschließen können.

7.2.4 Mindestinhalt der Bekanntmachung

Die Auftragsbekanntmachung wird nach den Mustern entsprechend der Anhänge II, V, XVII und XXIV der Durchführungsverordnung (EU) 2015/1986 erstellt und muss mindestens die darin abgefragten Informationen vollständig enthalten.

Das in der Praxis am häufigsten verwendete Standardformular 2 zur Bekanntgabe der Vergabeabsicht entspricht weitestgehend dem Standardformular 5 für den Sektorenbereich,

96 OLG Schleswig, Beschl. v. 13.6.2019, 54 Verg 2/19.
97 OLG Schleswig, Beschl. v. 13.6.2019, 54 Verg 2/19.

dem Standardformular 17 für Vergaben in den Bereichen Verteidigung und Sicherheit und dem Standardformular 24 für Konzessionsvergaben.

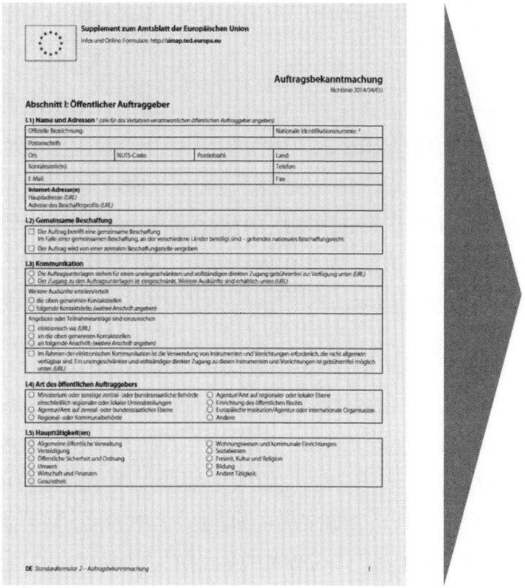
Supplement zum Amtsblatt der Europäischen Union
Infos und Online-Formulare: http://simap.ted.europa.eu

Auftragsbekanntmachung
Richtlinie 2014/24/EU

Abschnitt I: Öffentlicher Auftraggeber

I.1) Name und Adressen (alle für das Verfahren verantwortlichen öffentlichen Auftraggeber angeben)

Offizielle Bezeichnung:			Nationale Identifikationsnummer:
Postanschrift:			
Ort:	NUTS-Code:	Postleitzahl:	Land:
Kontaktstelle(n):			Telefon:
E-Mail:			Fax:
Internet-Adresse(n) Hauptadresse: (URL) Adresse des Beschafferprofils: (URL)			

I.2) Gemeinsame Beschaffung
- ☐ Der Auftrag betrifft eine gemeinsame Beschaffung
  Im Falle einer gemeinsamen Beschaffung, an der verschiedene Länder beteiligt sind – geltendes nationales Beschaffungsrecht:
- ☐ Der Auftrag wird von einer zentralen Beschaffungsstelle vergeben

I.3) Kommunikation
- ○ Die Auftragsunterlagen stehen für einen uneingeschränkten und vollständigen direkten Zugang gebührenfrei zur Verfügung unter: (URL)
- ○ Der Zugang zu den Auftragsunterlagen ist eingeschränkt. Weitere Auskünfte sind erhältlich unter: (URL)

Weitere Auskünfte erteilen/erteilt
- ○ die oben genannten Kontaktstellen
- ○ folgende Kontaktstelle: (weitere Anschrift angeben)

Angebote oder Teilnahmeanträge sind einzureichen
- ☐ elektronisch via: (URL)
- ○ an die oben genannten Kontaktstellen
- ○ an folgende Anschrift: (weitere Anschrift angeben)
- ☐ Im Rahmen der elektronischen Kommunikation ist die Verwendung von Instrumenten und Vorrichtungen erforderlich, die nicht allgemein verfügbar sind. Ein uneingeschränkter und vollständiger direkter Zugang zu diesen Instrumenten und Vorrichtungen ist gebührenfrei möglich unter: (URL)

I.4) Art des öffentlichen Auftraggebers
- ○ Ministerium oder sonstige zentral- oder bundesstaatliche Behörde einschließlich regionaler oder lokaler Unterabteilungen
- ○ Agentur/Amt auf zentral- oder bundesstaatlicher Ebene
- ○ Regional- oder Kommunalbehörde
- ○ Agentur/Amt auf regionaler oder lokaler Ebene
- ○ Einrichtung des öffentlichen Rechts
- ○ Europäische Institution/Agentur oder internationale Organisation
- ○ Andere

I.5) Haupttätigkeit(en)
- ○ Allgemeine öffentliche Verwaltung
- ○ Verteidigung
- ○ Öffentliche Sicherheit und Ordnung
- ○ Umwelt
- ○ Wirtschaft und Finanzen
- ○ Gesundheit
- ○ Wohnungswesen und kommunale Einrichtungen
- ○ Sozialwesen
- ○ Freizeit, Kultur und Religion
- ○ Bildung
- ○ Andere Tätigkeit:

DE Standardformular 2 – Auftragsbekanntmachung 1

- (Öffentlicher) Auftraggeber / Konzessionsgeber mit u.a.
  - URL zum Download der Vergabeunterlagen
- Auftrags-/Konzessionsgegenstand
  - Umfang, Beschreibung, Angaben zu Losen
- Rechtliche, wirtschaftliche, finanzielle und technische Angaben
  - Eignungskriterien / Mindestanforderungen
- Verfahrensangaben
- Weitere Angaben
- Angaben zum Rechtsbehelfsverfahren

Abb. 26: EU-Bekanntmachung – Was muss rein?

Für Ausschreibungen unterhalb der Schwellenwerte ist weder eine EU-weite Bekanntmachung noch die Verwendung der Standardformulare vorgeschrieben. Stattdessen legen die Verfahrensordnungen den Mindestinhalt normativ fest und orientieren sich dabei an den Inhalten der EU-Standardformulare.

Praxistipp

Da sich die Bestimmungen der Verfahrensordnungen zu Bekanntmachungen unterhalb der EU-Schwellenwerte an den Inhalten der für EU-Bekanntmachungen vorgeschriebenen Standardformulare orientieren, können diese auch für die Bekanntmachung von Aufträgen unterhalb der Schwellenwerte verwendet werden. Das ist insbesondere bei solchen Aufträgen sinnvoll, die trotz ihres Auftragsvolumens unterhalb der Schwellenwerte Binnenmarktrelevanz haben und daher für Unternehmen im EU-Ausland von Interesse sein könnten. Die gängigen elektronischen Vergabeplattformen haben Formulare für Auftragsbekanntmachungen für Unterschwellenvergaben entsprechend strukturiert.

7.2.5 Festlegung des Verfahrensgegenstands

Mit der Bekanntmachung wird der Gegenstand des Vergabeverfahrens festgelegt.

Dabei soll größtmögliche EU-weite Transparenz hergestellt werden. Alle interessierten Unternehmen sollen ein gleiches Verständnis der Bekanntmachung und des Vergabegegenstandes bekommen können. Daher müssen die Auftragsgegenstände durch einen numerischen Code, das sogenannte **Common Procurement Vocabulary (CPV),** beschrieben werden. Das ist insbesondere bei Bekanntmachung der Vergabeabsicht in der Datenbank TED der Europäischen Union hilfreich, weil die dort zur Vergabe ausgeschriebenen Aufträge unter anderem durch die Suchfunktion „CPV" eingegrenzt werden können.

Praxistipp

Die CPV-Codes sind ein wichtiges Mittel zur Schaffung EU-weiter Transparenz für öffentliche Auftragsvergaben. Die Verwendung der Codes ist hilfreich, um den nationalen Beschaffungsmarkt einem größtmöglichen EU-weiten Interessentenkreis zu öffnen. Auftraggeber sind daher gut beraten, die für den jeweiligen Auftragsgegenstand zutreffenden Codes sorgfältig zu ermitteln. Das Internet bietet hierfür geeignete Recherchemöglichkeiten.

*Die Pflicht zur Verwendung der CPV-Codes ist als Ausfluss des Transparenzgrundsatzes grundsätzlich **bieterschützend**. Verletzungen können vor den Nachprüfungsinstanzen geltend gemacht werden. Allerdings sind Bieter gut beraten, ihre Suche nach für sie passenden öffentlichen Aufträgen nicht auf eine Suche nach CPV-Codes zu beschränken, sondern auch die Möglichkeit einer Stichwortsuche zu nutzen. Es ist Sache der Bieter, für sie relevante Bekanntmachungen zu ermitteln. Die Grenze zu einem Rechtsverstoß dürfte daher erst überschritten sein, wenn ein Auftraggeber offensichtlich falsche CPV-Codes verwendet und wenn die Bekanntmachung auch nicht über eine Stichwortsuche mit gängigen, d.h. branchenüblichen Begriffen ermittelt werden kann.*

7.2.6 Verfahrensfristen

7.2.6.1 Oberschwellenbereich

Zentrale Verfahrensfristen im Rahmen von EU-Vergabeverfahren sind die **Teilnahmefrist** (nur Verfahren mit vorgeschaltetem Teilnahmewettbewerb) und die **Angebotsfrist**. Im Rahmen des Informationsmanagements zu beachten sind die Fristen für Beantwortung von Bieterfragen und zur Erteilung zusätzlicher Auskünfte.[98]

Eine **Sonderrolle** nehmen die **Rechtsmittelfristen** der §§ 135 Abs. 2 Satz 2, 160 Abs. 3 Satz 1 Nr. 4 GWB ein, die, um wirksam zu sein, in der Auftragsbekanntmachung angegeben werden müssen. **Bindefristen** sind für EU-Vergabeverfahren für Liefer- und Dienstleistungsaufträge nicht vorgeschrieben, aber gängige und rechtlich sinnvolle Praxis. Für EU-weite Bauvergaben darf die Bindefrist grundsätzlich nicht länger als 60 Tage sein, für Bauvergaben im Unterschwellenbereich nicht länger als 30 Tage.

98 Hierzu unten, Kap. 7.3.2.

Abb. 27: Welche Fristen gibt es im EU-Vergabeverfahren?

Praxistipp

Sowohl aus zivil- als auch aus vergaberechtlicher Sicht erscheint es sinnvoll, Bindefristen festzulegen. Anderenfalls kann die Vergleichbarkeit der Angebote beeinträchtigt sein. Nach Ablauf der Bindefrist ist das Vergabeverfahren nicht automatisch beendet, die Angebote sind zivilrechtlich jedoch erloschen. Ein gleichwohl erteilter „Zuschlag" der Vergabestelle ist dann als neues Angebot zu werten, das der Bieter durch eine entsprechende Erklärung annehmen muss.

Fristen im Vergabeverfahren sind immer nach Kalendertagen bestimmte Fristen. Der Lauf einer Verfahrensfrist beginnt am ersten Tag, der auf das Ereignis (z.B. Absendung der Bekanntmachung) folgt. Sie läuft grundsätzlich um 24 Uhr des letzten Tages ab, wenn nicht eine Uhrzeit am darauffolgenden Tag festgelegt wird, was vergaberechtlich möglich ist.

Praxistipp

Wenn der letzte Tag einer Angebotsfrist oder einer Bewerbungsfrist auf einen Samstag, Sonntag oder Feiertag fällt, läuft die Frist nach den einschlägigen Bestimmungen der VO (EG) Nr. 1182/71 und des BGB erst am darauffolgenden nächsten Werktag ab. Ob und unter welchen Voraussetzungen der Auftraggeber von diesen Bestimmungen einseitig abweichen und ein Fristende doch verbindlich auf einen Samstag, Sonntag oder Feiertag festlegen darf, ist rechtlich nicht sicher. Bei Verwendung elektronischer Vergabeplattformen kann dies zu Problemen führen, wenn die Abgabe dort nur bis zum Ablauf der tatsächlich festgelegten Frist am Samstag, Sonntag oder Feiertag möglich ist und die verwendete Vergabeplattform keine Fehlermeldung bei der Festlegung der betreffenden Frist abgibt. Angebote oder Teilnah-

meanträge, die dann erst am nächsten Werktag eingehen, dürfen nicht als verspätet ausgeschlossen werden.

a) Teilnahmefrist und Angebotsfrist

Im nicht offenen Verfahren, im wettbewerblichen Dialog, in der Innovationspartnerschaft und im Verhandlungsverfahren beträgt die **Frist für einen Antrag auf Teilnahme** regelmäßig mindestens 30 Tage, gerechnet vom Tag nach der Absendung der Auftragsbekanntmachung. In Fällen besonderer Dringlichkeit kann die Frist im nicht offenen und im Verhandlungsverfahren auf mindestens 15 Tage verkürzt werden.

Im offenen Verfahren beträgt die **Angebotsfrist** bei elektronischer Angebotsabgabe regelmäßig mindestens 30 Tage, gerechnet vom Tag nach der Absendung der Auftragsbekanntmachung. Der Auftraggeber muss die Frist um fünf Tage auf mindestens 35 Tage verlängern, wenn die Angebote ausnahmsweise nicht in elektronischer Form eingereicht werden. Bei besonderer Dringlichkeit kann die Angebotsfrist im offenen Verfahren auf mindestens 15 Tage verkürzt werden. Dies ist auch möglich, wenn der Auftraggeber eine Vorinformation veröffentlicht hat, sofern die Vorinformation alle zum Zeitpunkt ihrer Veröffentlichung nach der Durchführungsverordnung (EU) 2015/1986 geforderten Angaben enthält und die Vorinformation wenigstens 35 Tage und nicht mehr als zwölf Monate vor dem Tag der Absendung der Auftragsbekanntmachung an das Amt für Veröffentlichungen der EU übermittelt wurde. Die Angebotsfrist im nicht offenen Verfahren beträgt bei elektronischer Angebotsabgabe regelmäßig mindestens 25 Tage, gerechnet vom Tag nach der Absendung zur Aufforderung der Angebotsabgabe. Sie muss ebenfalls um fünf Tage auf 30 Tage verlängert werden, wenn die elektronische Übermittlung der Angebote ausnahmsweise nicht möglich ist. Werden die Vergabeunterlagen ausnahmsweise nicht über elektronische Mittel, sondern auf andere geeignete Weise übermittelt, verlängert sich die Angebotsfrist im offenen und nicht offenen Verfahren sowie im Verhandlungsverfahren um ggf. weitere fünf Tage, sofern kein Fall besonderer Dringlichkeit vorliegt.

Im Sektorenbereich beträgt die Angebotsfrist für das offene Verfahren bei elektronischer Angebotsabgabe ebenfalls mindestens 30 Tage und beim Betrieb eines dynamischen Beschaffungssystems mindestens zehn Tage; die Teilnahmefrist für das Verhandlungsverfahren und das nicht offene Verfahren beträgt mindestens 30 Tage.

In Fällen besonderer Dringlichkeit kann die Angebotsfrist im nicht offenen Verfahren unabhängig von der Wahl des Mediums auf eine Mindestfrist von zehn Tagen verkürzt werden. Wurde eine Vorinformation veröffentlicht, ist die Verkürzung der Angebotsfrist im nicht offenen Verfahren ebenfalls auf mindestens zehn Tage möglich.

Im nicht offenen Verfahren und im Verhandlungsverfahren mit vorherigem Teilnehmerwettbewerb können die Fristen „im gegenseitigen Einverständnis" zwischen Auftraggeber und den ausgewählten Bewerbern festgelegt werden. Ist die einvernehmliche Bestimmung einer Frist nicht möglich, beträgt sie mindestens zehn Tage.

b) Mindestfristen

Die einzelnen Mindestfristen sowie deren Verkürzungsmöglichkeiten sind nachfolgend noch einmal tabellarisch zusammengestellt (alle Angaben in Kalendertagen):

	Offenes Verfahren	Nicht offenes Verfahren		Verhandlungsverfahren		Wettbew. Dialog / Innovationsparnerschaft	
Bewerbungsfrist							
Grundfall	-	30		30		30	
ausnahmsweise		bis zu 15		bis zu 15		VgV/ VOB/A	-
						SektVO	bis zu 15
Angebotsfrist							
Grundfall	35	VgV/ VOB/A	30	VgV/ VOB/A	30	-	
		SektVO	einvernehmlich / 10	SektVO	einvernehmlich / 10		
bei elektronischer Angebotsabgabe	30	VgV/ VOB/A	25	VgV/ VOB/A	25		
		SektVO	-	SektVO	-		
Bei Dringlichkeit	bis zu 15	VgV/ VOB/A	bis zu 10	VgV/ VOB/A	bis zu 10	-	
		SektVO	-	SektVO	-		
Nach Veröffentlichung Vorinformation	bis zu 15	VgV/ VOB/A	bis zu 10	VgV/ VOB/A	bis zu 10		
		SRL	-	SektVO	-		

Abb. 28: Teilnahme- und Angebotsfristen im Überblick

Für Konzessionsvergaben bestehen keine Mindestfristen.

Ungeachtet etwaiger Mindestfristen hat der Auftraggeber bei der Festlegung der Fristen für den Eingang der Angebote und der Teilnahmeanträge die Komplexität der Leistung und die Zeit für die Ausarbeitung der Angebote und Teilnahmeanträge **angemessen** zu berücksichtigen. Dies führt dazu, dass die vorgeschriebenen Mindestfristen überschritten werden müssen, wenn die konkreten Besonderheiten des Auftragsgegenstands und dessen Vergabe es erfordern. Wenn die Bieter oder Bewerber beispielsweise über die Vergabeunterlagen hinausgehende Erkundigungen einholen oder den Ort der Leistungserbringung besichtigen müssen, kann ebenfalls eine über die Mindestfristen hinausgehende Frist erforderlich werden. Für Bauauftragsvergaben ist das in § 10 EU Abs. 2 VOB/A ausdrücklich vorgeschrieben.

Praxistipp

▶ *Wenn „äußerst dringliche, zwingende Gründe" im Zusammenhang mit Ereignissen, die der betreffende öffentliche Auftraggeber nicht voraussehen konnte und die ihm nicht zugerechnet werden können, es nicht zulassen, die vorgeschriebenen Mindestfristen für das offene und das nicht offene Verfahren sowie für das Verhandlungsverfahren mit Teilnahmewettbewerb einzuhalten, darf ein Verhandlungsverfahren ohne Teilnahmewettbewerb durchgeführt werden. Auch in diesen Fällen sind ausreichende Angebotsfristen zu gewähren. Da die Mindestangebotsfristen gemäß § 17 Abs. 6 VgV aber nur für Verhandlungsverfahren mit Teilnahmewettbewerb gelten, sind in Notsituationen wie der Coronakrise auch sehr kurze Angebotsfristen bis hin zu 0 Tagen denkbar.*[99]

7.2.6.2 Unterschwellenbereich

Das nationale Vergaberecht unterhalb der Schwellenwerte für EU-weite Vergabeverfahren kennt kein formalisiertes Fristenregime.

Da nationales Vergaberecht in seinem Ausgangspunkt Haushaltsrecht ist, verfolgen auch die Fristenregelungen der Verfahrensordnungen primär den Zweck, die Voraussetzungen für ein möglichst wirtschaftliches Vergabeergebnis zu schaffen.

Damit möglichst vielen Unternehmen eine Teilnahme an der Ausschreibung ermöglicht wird, sind **ausreichende** Angebots- und Teilnahmefristen festzulegen. Zu kurze Fristen haben potenziell wettbewerbsbehindernde Wirkung.

Praxistipp

▶ *Bei der Fristenbemessung sollte der Auftraggeber den Zeitraum zugrunde legen, der für die Erstellung eines Teilnahmeantrags bzw. eines Angebots durchschnittlich erforderlich sein wird, damit auch kleine und mittlere Unternehmen, die nicht über große Vertriebsabteilungen verfügen, die Möglichkeit der Verfahrensteilnahme haben.*

Mit Blick auf ein möglichst wirtschaftliches Ausschreibungsergebnis kann aber auch von Bedeutung sein, wenn die Leistung besonders dringlich beschafft werden muss. Insofern kann es unter Inkaufnahme eines in diesem Fall kleineren Teilnehmerfeldes gerechtfertigt sein, Verfahrensfristen zu verkürzen, um zu gewährleisten, dass der Auftraggeber die Leistung zu dem Zeitpunkt erhält, zu dem er sie tatsächlich benötigt. Für die Vergabe von Bauaufträgen besteht auch in dringlichen Fällen eine Mindestangebotsfrist von 10 Tagen.

7.2.7 Eignungskriterien und -nachweise

Welche Nachweise die Bieter und Bewerber zum Nachweis ihrer Eignung vorlegen müssen, ist gemäß § 122 Abs. 4 S. 2 GWB in der Bekanntmachung anzugeben. Dasselbe gilt für inhaltliche Mindestanforderungen an die Eignung. Ein Verweis auf die Vergabeunterlagen ist nicht ausreichend.[100] Ein Link zu den elektronischen Vergabeunterlagen erfüllt nur dann die gesetzlichen Voraussetzungen, wenn der Link unmittelbar zu den Eignungskriterien und -nachweisen führt.[101] Wenn die verlinkten Unterlagen erst durchsucht werden müssen, liegt in der Regel ein Bekanntmachungsdefizit vor.[102]

---

99 BR-Drs. 445/20, S. 12.
100 OLG München, Beschl. v. 25.2.2019, Verg 11/18; VK Südbayern, Beschl. v. 5.6.2018, Z3-3-3194-1-12-04/18 und Beschl. v. 20.4.2018, Z3-3-3194-1-59-12/17; OLG Düsseldorf, Beschl. v. 28.11.2012, VII-Verg 8/12; OLG Jena, Beschl. v. 18.5.2009, 9 Verg 4/09.
101 OLG Düsseldorf, 11.7.2018, VII-Verg 24/18.
102 VK Nordbayern, Beschl. v. 15.2.2018, RMF-SG-3194-3-1; VK Bund, Beschl. v. 22.2.2016, VK2-135/15.

Praxistipp

Welche Eignungsnachweise vorzulegen sind und welche inhaltlichen (Mindest-)Anforderungen an die Eignung erfüllt werden müssen, ist in der Bekanntmachung festzulegen. Ein Verweis auf die Vergabeunterlagen ist nicht zulässig. Daran ändert grundsätzlich auch der Umstand nichts, dass die Vergabeunterlagen über einen Internetlink abrufbar sein müssen. Es muss anhand der Bekanntmachung auf einen Blick erkennbar sein, welche Anforderungen gestellt werden. Möglich ist es nur, die in der Bekanntmachung definierten inhaltlichen Anforderungen an die Eignung in den Vergabeunterlagen weiter zu erläutern.

Innerhalb des Bekanntmachungsformulars herrscht keine absolute Formstrenge. Daher müssen Mindestanforderungen an die Eignung in der Bekanntmachung nicht zwingend in dem eigentlich dafür vorgesehenen Abschnitt „Möglicherweise geforderte Mindeststandards" benannt werden, es genügt eine hinreichend klare und transparente Anforderung in der Bekanntmachung.[103] Aus vergaberechtlicher Sicht ist es gleichwohl am sichersten, wenn Auftraggeber sich bei der Erstellung der Auftragsbekanntmachung an der vorgegebenen Struktur der Bekanntmachungsformulare orientieren.

7.2.8 Elektronischer Zugang zu den Vergabeunterlagen

Die Vergabeunterlagen werden allen interessierten Unternehmen ab dem Tag der Veröffentlichung einer Auftragsbekanntmachung in elektronischer Form **unentgeltlich, uneingeschränkt, vollständig** und **direkt** zur Verfügung gestellt.

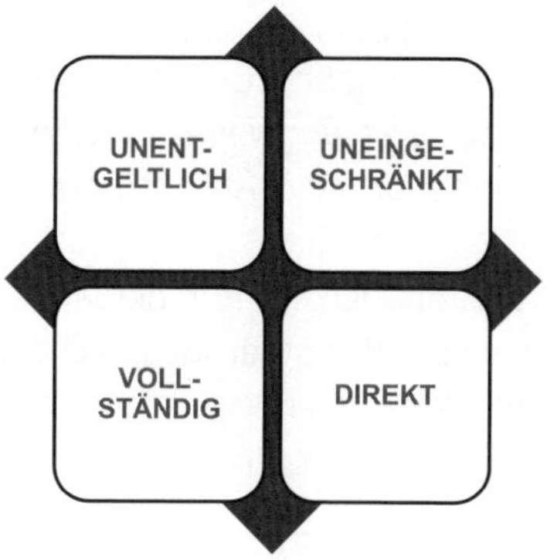

Abb. 29: Elektronischer Zugang zu den Vergabeunterlagen

Unentgeltlicher Zugang zu Vergabeunterlagen bedeutet, dass keine Kosten für die Vervielfältigung der Vergabeunterlagen gefordert werden dürfen. Anders ist es nur, wenn der Auftraggeber auf Anfrage eines Interessenten freiwillig Unterlagen in Papierform versendet. Dabei handelt es sich um eine Zusatzleistung, auf die Bieter keinen Anspruch haben

103 VK Südbayern, Beschl. v. 9.5.2016, Z3-3-3194-1-10-03/16.

und für dessen Erbringung er demgemäß auch ein Entgelt verlangen darf. Ein kosten- und registrierungspflichtiger Zugang zu Vergabeunterlagen verletzt jedenfalls dann keine Bieterrechte, wenn der Bieter, der den Verstoß rügt, ein Angebot abgegeben hat.[104]

Uneingeschränkter Zugang zu Vergabeunterlagen erfordert den Einsatz einer allgemein gängigen, ggf. webbasierten Software, die Bewerber nicht vor unüberwindbare technische Hindernisse stellen darf.

Praxistipp

▶ *Ein uneingeschränkter Zugang meint insbesondere auch einen in zeitlicher Hinsicht uneingeschränkten Zugang. Störungen lassen sich zwar auch bei Hochverfügbarkeit einer Vergabeplattform nie vollständig ausschließen. Bei länger anhaltenden Ausfällen sind Auftraggeber aber gut beraten, wenn sie die Angebots- oder Teilnahmeantragsfristen angemessen verlängern.*

Vollständiger Zugang zu den Vergabeunterlagen bedeutet in zweistufigen Verfahren mit Teilnahmewettbewerb nicht, dass ab dem Tag der Veröffentlichung der Auftragsbekanntmachung bereits alle Unterlagen zum Download zur Verfügung stehen müssen. Vollständiger Zugang erfordert lediglich, dass die Unterlagen vollständig in elektronischer Form zugänglich sein müssen, die zum jeweiligen Stand des Verfahrens für die Unternehmen zur Entscheidung über die Teilnahme am Vergabeverfahren und für die Teilnahme selbst, d.h. für die Ausarbeitung von Teilnahmeanträgen und von Angeboten, relevant sind.[105]

Praxistipp

▶ *Wenngleich in einem zweistufigen Vergabeverfahren nicht alle Vergabeunterlagen bereits im Teilnahmewettbewerb zum Download zur Verfügung gestellt werden müssen, ist der Grundsatz der Vergabe- oder Ausschreibungsreife zu beachten. Ein Vergabeverfahren darf danach erst eingeleitet werden, wenn alle rechtlichen und tatsächlichen Voraussetzungen für die Leistungserbringung geschaffen sind.*

Direkter Zugang zu Vergabeunterlagen ist nur gewährleistet, wenn sich Bieter nicht vorab registrieren müssen. Eine solche Registrierungspflicht ist vergaberechtlich daher ausdrücklich verboten, selbst wenn sie innerhalb weniger Minuten erfolgen würde.

Praxistipp

▶ *Eine freiwillige Registrierung beim Auftraggeber ist sinnvoll und vergaberechtlich erlaubt. Wenn Auftraggeber wissen, welche Unternehmen sich potenziell für das Vergabeverfahren interessieren, kann er ggf. erforderliche zusätzliche Informationen aufgrund von Anfragen anderer Unternehmen allen registrierten Unternehmen direkt übermitteln. Anderenfalls besteht für Verfahrensteilnehmer eine Holschuld für zusätzliche Informationen, d.h. sie müssen regelmäßig unter dem in der Auftragsbe-*

104 VK Baden-Württemberg, Beschl. v. 18.10.2016, 1 VK 41/16.
105 OLG Düsseldorf, Beschl. v. 17.10.2018, VII-Verg 26/18.

kanntmachung angegebenen Internetlink prüfen, ob dort ggf. zusätzliche Informationen hinterlegt sind.

7.3 Angebotsphase

Mit der Absendung der Bekanntmachung zur Veröffentlichung beginnt der Lauf der Angebotsfrist in einem offenen Verfahren. Dasselbe gilt für die Öffentliche Ausschreibung unterhalb der EU-Schwellenwerte.

7.3.1 Aufforderung zur Angebotsabgabe

Mit der Auftragsbekanntmachung wird im offenen Verfahren gemäß § 119 Abs. 3 GWB eine unbeschränkte Anzahl von Unternehmen öffentlich zur Angebotsabgabe aufgefordert. Das gilt für die Öffentliche Ausschreibung im Unterschwellenbereich entsprechend. In anderen Verfahrensarten als dem offenen Verfahren und der Öffentlichen Ausschreibung dürfen nur die vom Auftraggeber ausgewählten Unternehmen ein Angebot abgeben.

7.3.2 Informationsmanagement bis zum Ablauf der Angebotsfrist

Während der Angebotsfrist besteht die Möglichkeit, zusätzliche Auskünfte beim Auftraggeber einzuholen. Insofern trifft den Auftraggeber eine doppelte Pflicht zur Transparenz:

- Er muss auf Anfrage sachdienliche Auskünfte erteilen und
- er darf sachliche Auskünfte nicht nur dem Fragesteller erteilen, sondern ist zur Publizität bei der Auskunfterteilung verpflichtet, wenn die erteilten Auskünfte von allgemeiner Bedeutung für die Erstellung der Angebote sind.

Der Informationsanspruch der Unternehmen ist, rechtlich betrachtet, das Spiegelbild ihrer Pflicht sich zu erkundigen oder informieren

Es besteht zwar grundsätzlich keine Rechtspflicht, öffentliche Auftraggeber auf Fehler in den Vergabeunterlagen hinzuweisen. Bieter dürfen erkannte Fehler vielmehr auch zu ihren Gunsten im Wettbewerb um den Zuschlag ausnutzen.[106] Allenfalls dann, wenn die Vergabeunterlagen so evident fehlerhaft sind, dass das mit dem Vertrag verfolgte Ziel dann, wenn der Fehler unentdeckt bliebe, nicht erreicht werden kann, kann aus dem allgemeinen zivilrechtlichen Gebot zu korrektem Verhalten und Rücksichtnahme bei Vertragsverhandlungen auch im Vergabeverfahren eine Hinweispflicht abgeleitet werden.[107] Unabhängig davon, steht es öffentlichen Auftraggebern frei, die Regeln für das Vergabeverfahren so auszugestalten, dass Unternehmen eine Hinweispflicht bei Fehlern auferlegt wird.[108]

106 Siehe oben, Kap. 7.1.2.2. b).
107 OLG Naumburg, Urt. v. 18.8.2017, 7 U 17/17.
108 Vgl. OLG München, Beschl. v. 4.4.2013, Verg 4/13.

Um sich nicht dem Risiko auszusetzen, wegen einer Abweichung von den Vorgaben der Vergabeunterlagen vom Verfahren ausgeschlossen zu werden oder Rechtsverluste für den Fall eines späteren Nachprüfungsverfahrens zu erleiden, sind Bieter im eigenen Interesse jedenfalls gehalten, bei Durchsicht der Vergabeunterlagen auffallende Unklarheiten unverzüglich und offen gegenüber der Vergabestelle anzusprechen.[109]

Praxistipp

Bieter und Bewerber sind gut beraten, erkannte Unklarheiten in den Vergabeunterlagen unverzüglich und offen gegenüber der Vergabestelle anzusprechen und entsprechende Rückfragen zu stellen. Anderenfalls drohen neben Rechtsnachteilen in einem Nachprüfungsverfahren nach Vertragsschluss auch Streitigkeiten über den Umfang des Leistungssolls.

Eine proaktive Kommunikation zwischen Bewerbern und Auftraggebern ist im beiderseitigen Interesse. Da auch im Vergabeverfahren der Grundsatz von Treu und Glauben gemäß § 242 BGB gilt, kann sich ein Unternehmen nach Zuschlagserteilung nicht auf die Unwirksamkeit von Leistungspflichten berufen, wenn es sich im Vergabeverfahren darauf eingelassen hat.[110]

Der Informationsanspruch der Bieter und Bewerber steht in einem Spannungsverhältnis zum Interesse des Auftraggebers an einer zügigen Durchführung des Vergabeverfahrens.

Aus diesem Grund ist der Informationsanspruch zeitlich begrenzt und umfasst grundsätzlich nur rechtzeitig beantragte Auskünfte über die Vergabeunterlagen. Als Maßnahme des „Informationsmanagements" ist es daher grundsätzlich als vergaberechtlich zulässig anerkannt, dass öffentliche Auftraggeber „Fragefristen" festlegen. Derartige Fragefristen sind jedoch nicht als starre Ausschlussfristen zu verstehen. Da öffentliche Auftraggeber zu jedem Zeitpunkt des Vergabeverfahrens, also im Extremfall auch „fünf Minuten" vor Ablauf der Angebotsfrist verpflichtet sind, für die Rechtmäßigkeit des Vergabeverfahrens zu sorgen, dürfen sie eine Frage nicht allein deshalb unbeantwortet lassen, weil eine Fragefrist abgelaufen ist.[111]

Im offenen Verfahren müssen rechtzeitig, also innerhalb festgelegter Fragefristen erbetene Auskünfte spätestens sechs Kalendertage vor Ablauf der Angebotsfrist erteilt werden, im offenen, nicht offenen Verfahren und im Verhandlungsverfahren mit aufgrund besonderer Dringlichkeit verkürzter Angebotsfrist vier Tage vor Ablauf. Bei Sektorenvergaben besteht für alle Verfahrensarten eine Sechstagesfrist. Bei Vergabeverfahren nach der VSVgV gilt eine Sechstagesfrist für das nicht offene Verfahren und eine Viertagesfrist für das beschleunigte Verhandlungsverfahren. Können diese Antwortfristen nicht eingehalten werden, ist die Angebotsfrist angemessen zu verlängern.

Obwohl diese Regelungen ausdrücklich nur für Fragen gelten, die während der Angebotsfrist gestellt werden, sind sie nach einer Entscheidung des OLG Düsseldorf zu einer Dienst-

109 Vgl. OLG Schleswig, Beschl. v. 15.4.2011, 1 Verg 10/10; OLG Düsseldorf, Beschl. v. 14.4.2010, VII-Verg 60/09; OLG Naumburg, Beschl. v. 5.12.2008, 1 Verg 9/08; VK Südbayern, Beschl. v. 19.12.2012, Z3-3-3194-1-53-10/12.
110 OLG Düsseldorf, Urt. v. 25.6.2003, U (Kart) 36/02.
111 VK Bund, Beschl. v. 28.01.2017, VK 2-219/16.

leistungsvergabe im Anwendungsbereich der VgV entsprechend auch auf Fragen im Teilnahmewettbewerb anzuwenden.[112]

Praxistipp

▶ *Öffentliche Auftraggeber sind gut beraten, wenn sie die Beantwortung von Fragen nicht pauschal mit der Begründung ablehnen, dass eine vorher festgelegte Fragefrist abgelaufen und eine fristgemäße Beantwortung daher nicht mehr möglich ist. Zu späte Bieterfragen gibt es grundsätzlich nicht. Wenn sich die Antwort auf eine vermeintlich verspätete Bieterfrage unmittelbar aus den Vergabeunterlagen ergibt, ist es zwar vertretbar, hierauf nicht zu reagieren, weil es sich dann nicht um „zusätzliche Auskunft", sondern um eine bereits vorhandene Information handelt. Da aber eine Unklarheit in den Vergabeunterlagen oftmals nicht mit letzter Gewissheit ausgeschlossen werden kann, ist es empfehlenswert, die Frage im Zweifel dennoch zu beantworten. Eine Verlängerung der Angebotsfrist kann dann aber entbehrlich sein. Weist ein Bieter jedoch zu Recht auf Lücken oder Fehler in den Vergabeunterlagen hin, muss der Auftraggeber tätig werden und die in den Verfahrensordnungen eröffnete Möglichkeit zur Fristverlängerung nutzen.*

Stellt der Auftraggeber nach Bieterrückfragen oder -rügen oder aufgrund anderer Erkenntnisse fest, dass einzelne Anforderungen oder Regelungen in den Vergabeunterlagen fehlerhaft oder lückenhaft sind, muss er reagieren und die Vergabeunterlagen entsprechend korrigieren. Die konkrete Umsetzung der Fehlerkorrektur unterliegt grundsätzlich seiner Verfahrensgestaltungshoheit.

Praxistipp

▶ *Es ist zwar vergaberechtlich nicht ausdrücklich vorgeschrieben, Vergabeunterlagen insbesondere die Leistungsbeschreibung zu konsolidieren, wenn die Unterlagen im Laufe der Angebotsfrist geändert werden müssen. Nach einer in der vergaberechtlichen Rechtsprechung vertretenen Auffassung[113] soll es auch ausreichen, wenn sich der geänderte Inhalt der Unterlagen aus den Antworten auf Bieterrückfragen ergibt.*

Insbesondere dann, wenn die Unterlagen in komplexen und lang andauernden Verfahren aufgrund einer Vielzahl an Rückfragen umfangreich geändert oder präzisiert werden müssen, hat es sich in der Praxis aber als zweckmäßig erwiesen, konsolidierte Fassungen der Vergabeunterlagen zu erstellen. Anderenfalls sind Bieter und Bewerber gezwungen, sich den aktuellen Inhalt des jeweiligen Dokuments anhand der Antworten auf Bieterfragen oder sonstigen Bieterinformationen zusammenzusuchen. Das mag zwar rechtlich zulässig sein. In der Praxis bietet das aber erhebliches Fehlerpotential. Es ist daher auch im Interesse öffentlicher Auftraggeber, mit aktualisierten Unterlagen eine Grundlage für wirtschaftliche und fehlerfreie Angebote zu bieten.

---

112 OLG Düsseldorf, Beschl. v. 28.3.2018, Verg 40/17.
113 VK Baden-Württemberg, Beschl. v. 7.8.2017, 1 VK 26/17.

Ein proaktives Informationsmanagement während der Angebotsphase kann auch die Durchführung einer **Ortsbesichtigung** umfassen. Das kann insbesondere bei solchen Leistungen sinnvoll sein, für deren Erbringung eine möglichst genaue Vorstellung von örtlichen Gegebenheiten erforderlich ist (Beispiel: Leistungen des Facility-Managements). Dasselbe gilt für Kreativleistungen wie beispielsweise Kommunikationsagenturleistungen oder auch technische komplexe Leistungen wie beispielsweise beim Anlagenbau. Auch hier entspricht es gängiger Praxis Briefings bzw. (technische) Klärungsgespräche mit den Bietern durchzuführen, um die Anforderungen des Auftraggebers über die „Papierform" der Vergabeunterlagen hinaus noch besser erläutern zu können und Fragen unmittelbar besprechen zu können.

Die Durchführung derartiger Termine befreit den Auftraggeber zwar nicht von seiner Pflicht zur Erstellung einer eindeutigen und erschöpfenden Leistungsbeschreibung. Etwaige Risiken der Leistungserbringung können im Lichte solcher Termine jedoch noch genauer beurteilt und kalkuliert werden und zu einem wirtschaftlicheren Verfahrensergebnis beitragen.[114] Verpflichtende Termine, die bei Nichtteilnahme ggf. zum Bieterausschluss führen, sind aus Gründen der Bietergleichbehandlung und nach dem allgemeinen Grundsatz, dass Anforderungen für Bieter und Bewerber für eine Beteiligung am Vergabeverfahren im Lichte des Verhältnismäßigkeitsgrundsatzes stets zumutbar sein müssen, nicht unbedenklich.[115] Der Nutzen sollte mit dem insbesondere für Bieter und Bewerber im Rahmen EU-weiter Vergabeverfahren verbundenen Aufwand jedenfalls sorgfältig abgewogen, begründet und in der Vergabeakte dokumentiert werden. Falls die Erstellung der Angebote nur nach Durchführung eines Termins möglich ist, kann eine zwingende Teilnahme sachlich gerechtfertigt sein. In diesen Fällen sind nach den Regeln der Verfahrensordnungen für EU-Vergabeverfahren wie im Unterschwellenbereich gleichermaßen längere Fristen als die Mindestangebotsfristen festzulegen, damit alle Unternehmen von den zur Angebotserstellung erforderlichen Informationen Kenntnis erlangen können. Die Regelungen gelten ihrem Wortlaut nach zwar ausdrücklich nur für Ortsbesichtigungen, sind nach ihrem Sinn und Zweck aber auch auf sonstige Informationstermine entsprechend anzuwenden.

Bei der Erteilung von Informationen und Auskünften gilt der Grundsatz des **Geheimwettbewerbs**. Insbesondere in einem eng umrissenen Marktumfeld mit einem überschaubaren Bieterkreis kann die Kenntnis der Bieter voneinander Einfluss auf ihr Wettbewerbsverhalten haben. Aus diesem Grund sind Antworten auf Bieterrückfragen zu anonymisieren, Ortsbesichtigungen bieterindividuell durchzuführen[116] und kollektive Bieterfragestunden kritisch zu betrachten.

Praxistipp

▶ *Auftraggeber sind gut beraten, wenn sie vor der Durchführung von Informationsterminen ein für alle Bieter und Bewerber einheitliches Programm für den Termin festlegen und dieses entsprechend einheitlich anwenden. Die Diskussion von Fragen im jeweiligen Termin ist möglich. Zur Gewährleistung eines einheitlichen Informations-*

114 Vgl. auch OLG Brandenburg, Beschl. v. 15.3.2011, Verg W 5/11.
115 Offenlassend OLG Brandenburg, Beschl. v. 15.3.2011, Verg W 5/11.
116 Siehe hierzu z.B. das Rs. Nr. 02/2013 des Senators für Wirtschaft, Arbeit und Häfen der Freien Hansestadt Bremen vom 28.6.2013, https://bit.ly/3fn3VD9, abgerufen am 1.1.2021.

stands für alle Bieter und Bewerber sollten Fragen und Antworten im Nachgang zu persönlichen Informationsterminen gebündelt und zentral in einer Frage-Antwort-Liste veröffentlicht werden. Insofern ist eine gewisse Kommunikationsdisziplin im Rahmen derartiger Termine empfehlenswert. Individuelle Fragestellungen, die nicht von allgemeinem Interesse und von Bedeutung für die Angebotserstellung sind, dürfen auch individuell beantwortet werden.

Die praktische Umsetzung des Informationsmanagements erfolgt als Bestandteil der elektronischen Verfahrenskommunikation über Vergabeplattformen. In der Auftragsbekanntmachung sind Hinweise auf die elektronische Durchführung des Vergabeverfahrens zu geben, insbesondere zu der Internetseite, auf der die elektronischen Vergabeunterlagen zum Download verfügbar sind, und zur Verfahrenskommunikation. Dabei ist es zweckmäßig, für die aus Auftraggeber- und Bietersicht bestehenden Vorteile einer freiwilligen Registrierung beim Auftraggeber bzw. auf der verwendeten Vergabeplattform zu werben.

Interessierte Unternehmen laden sich die Vergabeunterlagen herunter. Dadurch werden sie zu Bewerbern im vergaberechtlichen Sinne. In Vergabeverfahren mit vorgeschaltetem Teilnahmewettbewerb gilt dies gleichermaßen, wenn ergänzende Unterlagen wie z.B. Formblätter heruntergeladen werden.

In der Praxis haben sich Plattformen mit öffentlichen, d.h. für alle Bewerber zugänglichen Bereichen und individuellen Bereichen, als hilfreich erwiesen. Im öffentlichen Bereich wird das Informationsmanagement für alle Verfahrensteilnehmer abgewickelt. Dort kann die Vergabestelle diejenigen zusätzlichen Informationen und Unterlagen zur Verfügung stellen, die für die Erstellung von Teilnahmeanträgen und Angeboten für alle Bieter und Bewerber von Bedeutung sind. In individuellen Bereichen wird die unmittelbare Korrespondenz zwischen der Vergabestelle und den jeweiligen Verfahrensteilnehmern abgewickelt.

Die elektronische Vergabe ist grundsätzlich unabhängig von der im Einzelfall gewählten konkreten Vergabeverfahrensart. Es ist daher ohne Weiteres möglich, im Rahmen eines Verhandlungsverfahrens oder eines wettbewerblichen Dialogs erforderliche Termine und Besprechungen auch in einem elektronischen Verfahren durchzuführen. Technisch möglich und rechtlich zulässig im Rahmen der elektronischen Kommunikation im Vergabeverfahren sind auch virtuelle Ortsbesichtigungen, Teststellungen sowie Verhandlungstermine per Videokonferenz.

Praxistipp

▶ *Die Durchführung von persönlichen Terminen im Vergabeverfahren per Videokonferenz ist möglich und hat sich insbesondere in Zeiten von Reise- und Kontaktbeschränkungen während der Coronakrise bewährt, um den im Vergabeverfahren erforderlichen Informationsaustausch auch über die Beantwortung von Rückfragen über Vergabeplattformen hinaus zu gewährleisten. Auch über etwaige Krisen hinaus bieten moderne Tools für die Durchführung von Videokonferenzen großes Potential zur Reduzierung des Aufwands und zur Steigerung der Effizienz bei der*

Durchführung von Vergabeverfahren. Unabhängig von der Form der Durchführung derartiger Termine – ob als Präsenztermin oder per Videokonferenz – sind die Inhalte dieser Termine immer zu dokumentieren.

7.3.3 Rahmenbedingungen für Änderungen der Vergabeunterlagen

Während der Angebotsphase kann aus unterschiedlichen Gründen das Bedürfnis für den Auftraggeber entstehen, die Vergabeunterlagen, insbesondere die Leistungsbeschreibung, zu ändern.

Bieter und Bewerber stellen Rückfragen, sie erheben Rügen bei erkannten Vergabeverstößen und fordern Abhilfe, oder die Vergabestelle erkennt ihrerseits Bedarf für eine Änderung der Vergabeunterlagen, etwa, weil sich im Verfahrensverlauf unvorhergesehen bestimmte Rahmenbedingungen für den Beschaffungsbedarf geändert haben (Mehrmengen, technisch-fachliche Änderungen).

Bei großvolumigen Infrastrukturprojekten mit komplexen Anforderungen an die Leistung treten Bieter und Bewerber aus unterschiedlichen Gründen mit Änderungswünschen an die Vergabestelle heran. Bei mehrmonatigen Angebotsfristen sind Rückfragezahlen im mittleren dreistelligen Bereich nicht selten. Oftmals greifen die Auftraggeber dabei Änderungswünsche der Bieter und Bewerber auf und ändern die Vergabeunterlagen, weil sie sich dadurch wirtschaftlichere Angebote versprechen.

Für die Frage der Zulässigkeit einer derartigen Änderungspraxis muss nach der Wesentlichkeit der beabsichtigten Änderung differenziert werden, wobei eine Orientierung an den Kriterien für die Zulässigkeit von Vertragsänderungen sinnvoll erscheint.[117] Wesentliche Änderungen der Vergabeunterlagen sind demnach solche,[118]

- mit denen Bedingungen eingeführt werden, die die Zulassung anderer Bewerber oder Bieter oder die Annahme eines anderen als des ursprünglich angenommenen Angebots erlaubt oder das Interesse weiterer Teilnehmer am Vergabeverfahren geweckt hätten, wenn sie Gegenstand des ursprünglichen Vergabeverfahrens gewesen wären,
- mit denen der Umfang des ausgeschriebenen Auftrags in großem Umfang, das heißt in einem Umfang oberhalb der maßgeblichen Schwellenwerte, auf ursprünglich nicht vorgesehene Leistungen erweitert wird, oder
- mit denen das wirtschaftliche Gleichgewicht des zur Vergabe ausgeschriebenen Vertrags in einer ursprünglich nicht vorgesehenen Weise zugunsten des späteren Auftragnehmers geändert wird.

Insbesondere eine Änderung der festgelegten Zuschlagskriterien ist als wesentlich anzusehen und aus Gründen der Transparenz später grundsätzlich nicht mehr möglich. Eine Kon-

117 Vgl. EuGH, Urt. v. 10.5.2012, Rs. C-368/10, Max Havelaar, Rn. 55.
118 EuGH, Urt. v. 19.6.2008, Rs. C-454/06, pressetext, Rn. 35 ff.; vgl. auch EuGH, Urt. v. 29.4.2010, Rs. C-160/08, Kommission/Deutschland (Rettungsdienstleistungen), Rn. 99 f.

kretisierung durch **Unterkriterien** ist allerdings bis zum Ende der Angebotsfrist möglich. Nach der Rechtsprechung des EuGH[119] bestehen hierfür folgende Voraussetzungen:

- Unterkriterien dürfen die bekannt gemachten Zuschlagskriterien nicht verändern,
- Unterkriterien dürfen Angebotserstellung nicht beeinflussen,
- Unterkriterien dürfen nicht geeignet sein, Bieter zu diskriminieren.

Dasselbe gilt für die Konkretisierung auf anderem Wege als durch Unterkriterien.

Nach diesen Grundsätzen als wesentlich einzuordnende Änderungen sind gleichwohl nicht von vornherein ausgeschlossen. Sie erfordern in der Umsetzung nur tiefgreifendere Maßnahmen als unwesentliche Änderungen. Hintergrund ist die Überlegung, dass die Bieter darauf vertrauen dürfen, dass die grundlegenden Eckdaten der ausgeschriebenen Leistung und der damit zusammenhängenden Vergabebedingungen, insbesondere der Zuschlagskriterien, unverändert bleiben.[120]

Praxistipp

Sind wesentliche Änderungen der Vergabeunterlagen, insbesondere der Leistungsbeschreibung beabsichtigt, muss der Auftraggeber das Vergabeverfahren faktisch neu beginnen. Die wesentliche Änderung ist EU-weit bekannt zu machen, die Angebotsfrist ist neu zu eröffnen bzw. um den bereits abgelaufenen Zeitraum zu verlängern. Damit wird den Marktteilnehmern die Gelegenheit eröffnet, ihre ursprüngliche Entscheidung für oder gegen eine Verfahrensteilnahme neu zu treffen.

7.3.4 Angebotsabgabe

Angebote in EU-Vergabeverfahren sind seit dem 18. Oktober 2018 **zwingend elektronisch** abzugeben. Ausnahmen sind nur möglich, wenn die zur Einreichung erforderlichen elektronischen Mittel

- aufgrund der besonderen Art der Auftragsvergabe nicht mit allgemein verfügbaren oder verbreiteten Geräten und Programmen der Informations- und Kommunikationstechnologie kompatibel sind,
- Dateiformate zur Beschreibung der Angebote verwenden, die nicht mit allgemein verfügbaren oder verbreiteten Programmen verarbeitet werden können oder die durch andere als kostenlose und allgemein verfügbare Lizenzen geschützt sind, oder
- die Verwendung von Bürogeräten voraussetzen, die nicht allgemein zur Verfügung stehen, oder
- wenn physische oder maßstabsgetreue Modelle einzureichen sind, die nicht elektronisch übermittelt werden können.

119 EuGH, Urt. v. 20.12.2017, Rs. C-677/15P, Rn. 33.
120 EuGH, Urt. v. 10.5.2012, Rs. C-368/10, Max Havelaar, Rn. 55.

Nur in diesen in §§ 53 Abs. 2, 41 Abs. 2 VgV, 11b EU Abs. 1 und 3 VOB/A abschließend genannten Fällen können Angebote auf dem Postweg oder auf einem anderen geeigneten Weg oder in Kombination von postalischem oder einem anderen geeigneten Weg und Verwendung elektronischer Mittel eingereicht werden. Die Gründe, die eine Abweichung vom Gebot der elektronischen Angebotsabgabe rechtfertigen, sind sorgfältig zu dokumentieren.

Für die Abgabe eines elektronischen Angebots ist die **Textform gemäß § 126b BGB** grundsätzlich ausreichend. Fortgeschrittene oder qualifizierte elektronische Signaturen nach Maßgabe des Signaturgesetzes sind nur erforderlich, wenn der Auftraggeber ein bestimmtes Sicherheitsniveau verlangt, was gesondert zu begründen und zu dokumentieren ist.

Im Unterschwellenbereich werden Angebote seit dem 1. Januar 2020 ausschließlich in elektronischer Form akzeptiert. Diese Regeln gelten nach § 38 Abs. 2 und 3 UVgO allerdings nur für die Vergabe von Liefer- und Dienstleistungsaufträgen. Einige Bundesländer sehen zum Teil abweichende Regelungen vor. Ausnahmen gelten ferner aus denselben oben genannten Gründen wie für EU-Vergaben, außerdem bei Verhandlungsvergaben und Beschränkten Ausschreibungen ohne Teilnahmewettbewerb sowie generell bei Aufträgen unterhalb eines geschätzten Auftragswerts von 25.000,00 EUR (netto).

Bei Bauvergaben nach der VOB/A unterhalb der Schwellenwerte legt der Auftraggeber fest, ob die Angebote in schriftlicher oder elektronischer Form einzureichen sind (§ 13 Abs. 1 Nr. 1 S. 1 VOB/A).

7.4 Angebotsöffnung

Die Angebotsöffnung ist in den Verfahrensordnungen unterschiedlich ausgestaltet, zum Teil (SektVO, VSVgV) ist sie gar nicht gesondert geregelt.

Die Öffnung schriftlicher Angebote erfolgt, sofern sie noch zulässig ist, durch Aufschneiden des ersten Umschlags. Bis dahin sind die Angebote beim Eingang auf dem ungeöffneten Umschlag zu kennzeichnen und unter Verschluss zu halten. Die Unversehrtheit und Vertraulichkeit elektronischer Angebote ist durch organisatorische und technische Lösungen, in der Regel durch Verschlüsselung, herzustellen, die durch gängige Vergabeplattformen gewährleistet wird. Im „Eröffnungstermin" werden die Angebote dann zentral entschlüsselt. Die Angebotsöffnung erfolgt stets in einem gesonderten **Eröffnungstermin**, bei dem Bieter – mit Ausnahme von unterschwelligen Verfahren nach der VOB/A, bei denen schriftliche Angebote zugelassen sind (§ 14a VOB/A) – nicht teilnahmeberechtigt sind.

Der Eröffnungstermin nach den einschlägigen Bestimmungen der Verfahrensordnungen ist unterhalb wie oberhalb der EU-Schwellenwerte von mindestens zwei „Vertretern" des öffentlichen Auftraggebers durchzuführen. Nur für die Vergabe von Bauaufträgen ist eine Verhandlungsleitung ausdrücklich vorgeschrieben. Nach den Bestimmungen des Vergabehandbuchs des Bundes (VHB 2017: RL 313 Ziffer 2.2, Stand 2019) sollen die Vertreter an der Bearbeitung der Vergabeunterlagen und der Vergabe- und Vertragsabwicklung nicht beteiligt sein.

Praxistipp

Nach einer Entscheidung der VK Südbayern handelt es sich bei der Angebotsöffnung um eine ureigene Aufgabe des öffentlichen Auftraggebers, die nicht auf Dritte delegiert werden darf.[121] Vertreter des öffentlichen Auftraggebers sind demnach nur Bedienstete des öffentlichen Auftraggebers selbst, nicht jedoch Dritte, die für den Auftraggeber im Vergabeverfahren auf individualvertraglicher Grundlage tätig sind. Das OLG Düsseldorf und die VK Lüneburg halten es dagegen für zulässig, wenn die Öffnung auch durch externe Vertreter des öffentlichen Auftraggebers vorgenommen werden darf. Diese Auffassung orientiert sich am Wortlaut der Vorschriften.[122] Das für die Auffassung der VK Südbayern vorgebrachte Argument, wonach Manipulationsgefahr größer sei, wenn beispielsweise Ingenieurbüros, bei denen eine gewisse Nähe zu Bietern nicht ausgeschlossen werden könne, ist jedenfalls bei Verwendung elektronischer Vergabeplattformen nicht überzeugend. Entscheidungen aus anderen Bundesländern sind hierzu noch nicht bekannt. Jedenfalls öffentliche Auftraggeber im Zuständigkeitsbereich der VK Südbayern sind bis zu einer anders lautenden Entscheidung des OLG München gut beraten, Angebotsöffnungen stets selbst, d.h. durch eigene Mitarbeiter und Bedienstete vorzunehmen.

Über den Eröffnungstermin ist ein **Protokoll** anzufertigen. Geeignete Muster für ein Eröffnungsprotokoll enthalten die Vergabehandbücher des Bundes und der Länder.

Nach Abschluss des Eröffnungstermins sind die Angebote mit ihren Anlagen sowie die Niederschrift aufzubewahren und vertraulich zu behandeln. Nur bei Bauvergaben haben die Bieter Anspruch auf Einsichtnahme in die Niederschrift des Eröffnungstermins. Hintergrund der Verpflichtung des Auftraggebers, Angebote und Anlagen vertraulich zu behandeln, ist es, den Wettbewerb zu sichern und auch nach der Öffnung der Angebote durch ihre vertrauliche Behandlung zu verhindern, dass Außenstehende Einfluss auf Entscheidungen im Vergabeverfahren nehmen können.

Praxistipp

Im Rahmen parlamentarischer Beteiligungsrechte müssen Vergabeinhalte und Wertungsergebnisse vorgestellt werden. Zur Wahrung des vergaberechtlichen Vertraulichkeitsgrundsatzes sollten konkrete Angebotsinhalte nicht offengelegt, sondern nur anonymisiert vorgestellt werden. Entsprechende Sitzungen sollten nichtöffentlich abgehalten werden. Die Beteiligten sollten über die Pflicht des öffentlichen Auftraggebers zur vertraulichen Behandlung von Angeboten aufgeklärt werden.

Das **Vertraulichkeitsgebot** ist im Vergabeverfahren eine Regelung mit bieterschützender Wirkung, und seine Einhaltung kann daher im konkreten Einzelfall zum Gegenstand eines Nachprüfungsverfahrens gemacht werden. Ein entsprechender Nachprüfungsantrag ist je-

121 VK Südbayern, Beschl. v. 2.1.2018, Z3-3-3194-1-47-08/17.
122 OLG Düsseldorf, Beschl. v. 14.11.2018, VII-Verg 31/18; VK Lüneburg, Beschl. v. 8.5.2018, VgK-10/2018.

doch nur dann begründet, wenn sich die entsprechenden Mängel gerade auch auf die Rechtsstellung des Antragstellers im Vergabeverfahren nachteilig ausgewirkt haben.[123]

Das Vertraulichkeitsgebot gilt auch über den Zeitpunkt der Zuschlagserteilung hinaus. Damit soll zusätzlich zu dem genannten Zweck erreicht werden, dass das geistige Eigentum der Bieter an ihren Angebotsinhalten geschützt, ihre Betriebs- und Geschäftsgeheimnisse gewahrt und der Wettbewerb auch nach Öffnung der Angebote gewährleistet werden.[124]

Unter Berücksichtigung von Betriebs- und Geschäftsgeheimnissen der Bieter können Informationsansprüche aus den Informationsfreiheitsgesetzen des Bundes und der Länder für „jedermann“ bestehen.[125] Insofern besteht zwischen den Informationsrechten nach den Informationsfreiheitsgesetzen des Bundes und der Länder und dem vergaberechtlichen Vertraulichkeitsgebot nach Abschluss des Vergabeverfahrens jedoch kein Widerspruch. Im Gegenteil begrenzen sich die entsprechenden Vorschriften und die dahinter stehenden Interessen gegenseitig. Der Zugang zu Angebotsinhalten, die aufgrund vergaberechtlicher Bestimmungen vertraulich zu behandeln sind, ist durch die einschlägigen Bestimmungen der Informationsfreiheitsgesetze unmittelbar ausgeschlossen. Eine gesonderte Abwägung im Einzelfall ist nicht erforderlich.[126]

7.5 Prüfung und Wertung der Angebote

Bei der Prüfung und Wertung der Angebote durchläuft der Auftraggeber grundsätzlich **vier Stufen**:

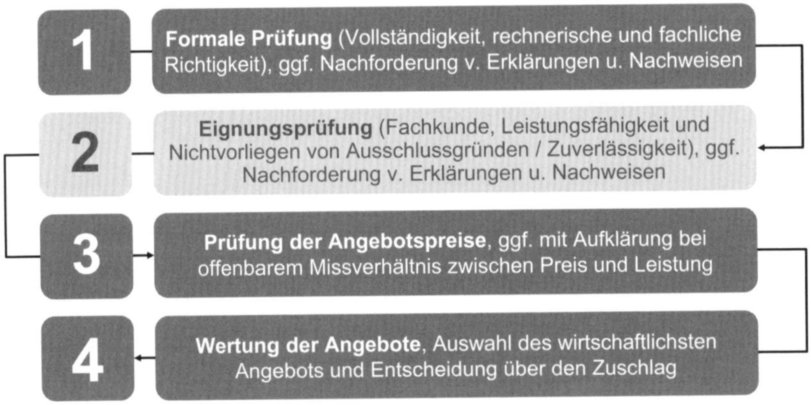

Abb. 30: Prüfung und Wertung der Angebote

---

123 VK Lüneburg, Beschl. v. 4.10.2011, VgK-26/2011.
124 VK Lüneburg, Beschl. v. 4.10.2011, VgK-26/2011.
125 Vgl. z.B. VG Stuttgart, Urt. v. 17.5.2011, 13 K 3505/09.
126 OVG Berlin-Brandenburg, Urt. v. 12.7.2018, 12 B 8.17, sowie die Vorinstanz VG Berlin, Urt. v. 9.3.2017, 2 K 111.15 m.w.N.

7.5.1 Allgemeines

Die vier Wertungsstufen sind formal getrennt, unabhängig voneinander und grundsätzlich in chronologischer Reihenfolge zu durchlaufen. Insbesondere gilt das bereits angesprochene grundsätzliche Gebot, die Eignungsprüfung von der Angebotswertung zu trennen. Der chronologische Ablauf soll dazu beitragen, dass der Bestbieter nur unter den tatsächlich geeigneten Unternehmen ausgewählt wird. Die Eignungsprüfung soll vor Eintritt in die vierte Wertungsstufe abgeschlossen sein. In Verfahren mit vorgeschaltetem Teilnahmewettbewerb wird die Eignungsprüfung vorgezogenen, um nur die geeigneten Unternehmen zur Angebotsabgabe auffordern zu müssen. Auftraggeber müssen dementsprechend nur Angebote von Unternehmen prüfen und werten, die sich im Rahmen des Teilnahmewettbewerbs qualifiziert haben und dementsprechend zur Angebotsabgabe aufgefordert worden sind.

Der grundsätzlich vorgesehene chronologische Ablauf bei der Angebotsprüfung und -wertung wird in der Praxis oftmals durchbrochen, was vergaberechtlich erlaubt ist. So muss der Auftraggeber bei der Vergabe öffentlicher Bauaufträge Fremdnachweise zur Bestätigung zuvor abgegebener Eigenerklärungen erst und nur von den Bietern fordern, die in die engere Wahl gelangt sind (§§ 16b EU und 16b VOB/A). Die Eignungsprüfung wird für diesen Bieterkreis also nach Eintritt in die vierte Wertungsstufe wiedereröffnet. Auf diesen zusätzlichen Schritt kann verzichtet werden, wenn der Auftraggeber, was ihm freisteht (§§ 6b EU Abs. 1 S. 1 Nr. 2 S. 1, 6 Abs. 2 S. 1 VOB/A), von allen Bewerbern oder Bietern von vornherein Fremdnachweise verlangt.

Praxistipp

▶ *Aus arbeitsökonomischen Gründen ist es möglich, von der durch die Verfahrensordnungen grundsätzlich vorgegebenen chronologischen Prüfungsreihenfolge ganz oder teilweise abzuweichen und die vierte Wertungsstufe vorzuziehen, solange die Stufen unabhängig voneinander geprüft werden und keine Vermischung von Eignungs- und Zuschlagskriterien erfolgt. So kann beispielsweise auf die Nachforderung fehlender Nachweise bei Bietern verzichtet werden, deren Angebote nicht für den Zuschlag in Betracht kommen.*

Ausnahmsweise kann und muss ggf. aus Gründen der Gleichbehandlung die Eignungsprüfung wieder aufgenommen werden, wenn die Vergabestelle Erkenntnisse erlangt, die die zuvor positiv festgestellte Eignung eines Bieters oder Bewerbers in Frage stellen.[127] Denn auch nach einer formal bereits abgeschlossenen Eignungsprüfung darf ein Bieter oder Bewerber nicht darauf vertrauen, dass zunächst nicht bekannte nachteilige Tatsachen nicht verwertet werden. Der Grundsatz, dass der Zuschlag nicht auf das Angebot eines Bieters erteilt werden darf, der die für die Ausführung der Leistungen erforderliche Eignung nicht besitzt, gilt unabhängig vom formalen Ablauf der Prüfung und Wertung der Angebote.

127 VK Sachsen, Beschl. v. 20.10.2016, 1/SVK/020-16.

Bei der **Reihenfolge der einzelnen Prüfungsschritte** sind Unterschiede zwischen den Verfahrensordnungen zu verzeichnen. Während die Angebote nach der VgV und nach der UVgO (ebenso nach der VSVgV; die SektVO und die KonzVgV machen hierzu keine Vorgaben) zuerst auf ihre fachliche und rechnerische Richtigkeit zu überprüfen sind, erfolgt dieser Prüfungsschritt in der normativen Abfolge der §§ 16c EU, 16c VOB/A erst nach der Ausschluss- und der Eignungsprüfung. Während die Preisprüfung bei Vergaben nach der VgV und nach der UVgO als „klassische" dritte Wertungsstufe vor der Ermittlung des wirtschaftlichsten Angebots durchgeführt wird (ebenso in der Systematik der VSVgV; ohne Vorgaben wiederum die SektVO und die KonzVgV), erfolgt dieser Schritt bei Bauvergaben unter der Überschrift „Wertung" (§§ 16d EU und 16d VOB/A).

In allen Verfahrensordnungen ist festgelegt, dass Personen an der Angebotsprüfung und -wertung nicht mitwirken dürfen, bei denen ein Interessenkonflikt feststellbar ist.[128]

7.5.2 Erste Wertungsstufe

7.5.2.1 Formale Angebotsprüfung und Nachforderung fehlender Erklärungen und Nachweise

Nach Ablauf der Angebotsfrist werden die rechtzeitig eingegangenen Angebote zunächst auf ihre Vollständigkeit und die Erfüllung der festgelegten **formalen Anforderungen** (z.B. Schriftform, elektronische Form) überprüft. Nicht fristgerecht eingegangene Angebote werden grundsätzlich ebenso ausgeschlossen wie Angebote, die nicht unterschrieben oder elektronisch signiert sind oder sonst nicht formgerecht eingegangen sind. Grundsätzlich trägt der Bieter das Risiko der Übermittlung des eigenen Angebots. Verspätet eingegangene Angebote dürfen daher nur ausnahmsweise nicht ausgeschlossen werden, wenn der Bieter die Verspätung nicht zu vertreten hat. Hierfür muss der Bieter den Beweis erbringen.

Praxistipp

Auch bei Nutzung elektronischer Vergabeplattformen müssen Bieter frühzeitig mit dem Upload der Angebotsdateien beginnen. Anbieterabhängig sind vorab Bieterclients, Upload Assistenten o.ä. zu installieren und alle sonstigen bieterseitigen technischen Rahmenbedingungen zu prüfen (z.B. Internetverbindung, Firewall Einstellungen o.ä.). Die elektronische Vergabe ermöglicht zwar eine schnellere und effizientere Abgabe von Angeboten und Teilnahmeanträgen. Ein Start des Abgabeprozesses „fünf Minuten" vor Ablauf der jeweiligen Frist ist aber fahrlässig und kann dazu führen, dass der Prozess nicht rechtzeitig beendet werden kann. Entscheidend für den fristgemäßen Eingang ist, dass alle Dateien auf dem Server der Vergabeplattform eingegangen sind.

Ausgeschlossen werden auch solche Angebote, die nicht die geforderten Preise enthalten oder nicht die geforderten oder nachgeforderten Erklärungen sowie nicht zugelassene

128 Siehe oben, Kap. 7.3.2.

oder nicht auf gesonderter Anlage erstellte und als solche eindeutig gekennzeichnete Nebenangebote.

Bei fehlenden Erklärungen und Nachweisen besteht vor einem Ausschluss aber die Möglichkeit und bei der Vergabe von Bauleistungen die grundsätzliche Pflicht zur Nachforderung von fehlenden Erklärungen und Nachweisen innerhalb einer festzulegenden angemessenen Frist, die für die Vergabe von Bauleistungen bereits mit sechs Kalendertagen definiert ist. Ausgenommen hiervon sind Preisangaben, es sei denn, es handelt sich dabei um unwesentliche Einzelpositionen, deren Einzelpreise den Gesamtpreis nicht verändern oder die Wertungsreihenfolge und den Wettbewerb nicht beeinträchtigen.

a) Hintergrund der Nachforderungsregelungen

Bei der **Nachforderung** fehlender Erklärungen und Nachweise prallen unterschiedliche Interessen aufeinander:

Der Bestbieter, dessen Angebot unvollständig ist oder einen formalen Fehler aufweist, hat das Interesse, vermeintlich geringfügige Fehler auch nach Ablauf der Angebotsfrist noch korrigieren und seine Chance auf den Zuschlag wahren zu können. Ebenso hat der öffentliche Auftraggeber ein Interesse daran, wirtschaftliche Angebote nicht wegen vermeintlich kleinerer formaler Fehler ausschließen zu müssen, die jedem Bieter einmal passieren können. Andere Bieter, die vollständige und formal fehlerfreie Angebote eingereicht haben, sehen sich dagegen durch eine Nachforderung benachteiligt, weil ihre Zuschlagschance schwindet oder sogar gegen Null geht, wenn der Bestbieter bei Nachreichung der Unterlagen im Wettbewerb verbleibt und sein Angebot nicht ausgeschlossen wird.

Nach der früheren, auf die Rechtsprechung des BGH zurückgehenden Praxis war dieses Spannungsverhältnis zulasten des Bestbieters und seines formal fehlerhaften Angebots aufzulösen. Aus Gründen der Gleichbehandlung war sein Angebot zwingend auszuschließen.[129] Da diese bisherige Praxis oftmals als sehr formalistisch empfunden wurde und weil sie dazu führen konnte, dass der Auftraggeber nicht das wirtschaftlichste Angebot beauftragen darf,[130] gilt seit dem Jahr 2009 bei Bauvergaben, dass fehlende Nachweise nicht mehr zum Verfahrensausschluss führen und Erklärungen grundsätzlich nachzufordern sind. Bei der Vergabe von Liefer- und Dienstleistungsaufträgen ober- und unterhalb der Schwellenwerte, in den Versorgungssektoren Energie, Trinkwasser und Verkehr sowie in den Bereichen Verteidigung und Sicherheit steht die Entscheidung über Nachforderung oder Ausschluss im Ermessen des Auftraggebers. Es besteht für Auftraggeber die Möglichkeit, die Nachforderung von Unterlagen oder Preisangaben in der Auftragsbekanntmachung oder in den Vergabeunterlagen auszuschließen. Bei der Vergabe von Bauaufträgen besteht dann ausnahmsweise keine Nachforderungspflicht, wenn der Auftraggeber von dieser Möglichkeit Gebrauch macht.

129 BGH, Beschl. v. 18.2.2003, X ZB 43/02.
130 Vgl. OLG München, Beschl. v. 22.1.2009, Verg 26/08.

b) Anwendungsbereich der Nachforderungsregelungen

In der Praxis hat sich ein sehr weites Verständnis des Anwendungsbereichs der Nachforderungsregelungen herausgebildet.

Erklärungen und Nachweise i.S.d. Nachforderungsregelungen sind sämtliche unternehmensbezogenen Eigen- und Fremderklärungen sowie alle leistungsbezogenen Erklärungen und Nachweise zum Leistungsangebot, soweit sie nicht die Zuschlagskriterien betreffen. Alle nachforderungsfähigen unternehmens- und leistungsbezogenen Nachweise und Erklärungen werden begrifflich in den Verfahrensordnungen auch als „Unterlagen" (vgl. §§ 56 Abs. 2 VgV, 16a EU VOB/A) bezeichnet. Neben der Nachreichung körperlich zum Ende der Angebotsfrist nicht vorliegender Erklärungen und Nachweisen soll nach dem Wortlaut der Nachforderungsregelungen auch die Korrektur inhaltlich fehlerhafter unternehmensbezogener Unterlagen möglich sein. Unternehmens- und leistungsbezogene Unterlagen können, wenn sie lückenhaft sind, vervollständigt werden.

In der Praxis bestehen hinsichtlich der Möglichkeit, inhaltlich fehlerhafte unternehmensbezogene Unterlagen zu korrigieren, jedoch Unsicherheiten. Eine strenge Sichtweise vertritt hierzu das OLG Düsseldorf, das inhaltliche Korrekturen generell als unzulässig ansieht.[131] Das OLG Koblenz hat es als unzulässig angesehen, einen Versicherungsnachweis zu korrigieren, der nicht Versicherungssummen in der geforderten Höhe nachweist.[132] Zum Teil wird es jedenfalls als zulässig angesehen, Nachweise austauschen zu können, die nicht die geforderte Aktualität aufweisen.[133]

Praxistipp

▶ *Bieter sind gut beraten, sich die inhaltlichen Anforderungen an die Eignung genau zu beachten. Es ist in der Praxis leider immer wieder zu beobachten, dass Nachweise nicht die geforderte Aktualität aufweisen oder inhaltlich unzureichend sind. Während der Austausch eines veralteten Nachweises durch einen Nachweis mit der geforderten Aktualität möglich ist, wird eine Korrektur eines inhaltlich unzureichenden Eignungsnachweises nur in Ausnahmefällen im Wege der Aufklärung in Betracht kommen, wenn in den eingereichten Unterlagen Anhaltspunkte dafür enthalten sind, dass die inhaltlichen Anforderungen erfüllt sind. Dann erscheint es vergaberechtlich möglich bzw. geboten, den Sachverhalt aufzuklären.*

Beispiel: Bieter B erklärt auf einem Formblatt über eine Haftpflichtversicherung mit den geforderten Versicherungssummen zu verfügen. Aus der beigefügten Versicherungsbestätigung ergeben sich jedoch geringere als die tatsächlich geforderten Summen. Da nicht ausgeschlossen werden kann, dass der Bieter über einen weiteren Vertrag verfügt, mit dem er die Deckungslücke schließt, muss der Auftraggeber vor einem etwaigen Ausschluss den Sachverhalt vollständig ermitteln und, sofern vor-

131 OLG Düsseldorf, Beschl. v. 28.3.2018, VII-Verg 42/17: Keine Korrektur einer inhaltlichen unzureichenden Verpflichtungserklärung eines eignungsverleihenden Unternehmens nach § 47 Abs. 1 S. 1 VgV.

132 OLG Koblenz, Beschl. v. 11.9.2018, Verg. 3/18.

133 OLG München, Beschl. v. 27.7.2018, Verg 2/18: Veraltetes polizeiliches Führungszeugnis darf ausgetauscht werden.

handen, einen Nachweis über eine ggf. bestehende ergänzende Versicherung nachfordern, wenn er die Nachforderung nicht von vornherein ausgeschlossen hat.

Nicht erlaubt ist es, körperlich vorhandene, formal fehlerfreie und inhaltlich eindeutige leistungsbezogene Unterlagen, die aber nicht den festgelegten Anforderungen der Vergabeunterlagen entsprechen, zu korrigieren.[134] In Abgrenzung zu unternehmensbezogenen Unterlagen sind leistungsbezogenen Unterlagen nur solche, die den Inhalt der angebotenen Leistung belegen.[135] Schließlich bieten die Nachforderungsregelungen für Bieter eine allerletzte Chance ein fehlerfreies Angebot einzureichen. Eine erneute Nachforderung bereits nachgeforderter Unterlagen ist unzulässig.[136]

Für den Baubereich ist nunmehr klargestellt worden, dass die Nachforderungspflicht nicht für solche Erklärungen und Nachweise gilt, die erst nach der Angebotsfrist von Bietern in der engeren Wahl auf gesondertes Verlangen des Auftraggebers eingereicht werden müssen.[137] Wenn Bieter nach Ablauf der Angebotsfrist fehlende Erklärungen und Nachweise auf eigene Initiative nachreichen, ohne dass der Auftraggeber sie nachgefordert hat, sind diese bei der Angebotsprüfung und -wertung vom Auftraggeber zwingend zu berücksichtigen.[138] Eine Ausnahme besteht nur, wenn der Auftraggeber auf Nachforderungen in der Auftragsbekanntmachung oder in den Vergabeunterlagen ermessensfehlerfrei verzichtet hat.

Praxistipp

▶ *Bieter in der engeren Wahl einer Bauauftragsvergabe, die nach Ablauf der Angebotsfrist auf gesondertes Verlangen des Auftraggebers Erklärungen und Nachweise einreichen müssen, sollten nicht darauf vertrauen, dass sie diese Erklärungen und Nachweise auch nach Ablauf einer für die Einreichung gesetzten Frist noch nachreichen dürfen. Die im Jahr 2019 neu gefassten Nachforderungsregelungen der VOB/A schließen dies ausdrücklich aus. Eine ggf. bestehende anderweitige „großzügigere" Nachforderungspraxis sollten Auftraggeber kritisch überprüfen.*

Grundvoraussetzung für eine Nachforderung von Erklärungen und Nachweisen bleibt, dass die Erklärung oder der Nachweis eindeutig gefordert waren. Da die Nachforderungsregelungen nicht den Zweck verfolgen, Versäumnisse des Auftraggebers bei der Formulierung der Anforderungen an die einzureichenden Erklärungen und Nachweise nach Ablauf der Angebotsfrist zu heilen, ist eine Nachforderung fehlender, aber nicht eindeutig geforderter Unterlagen nicht möglich.[139] Wenn Eignungsnachweise nicht in der Bekanntmachung angegeben und daher nicht wirksam gefordert worden sind, ist eine Nachforderung ebenfalls nicht möglich.

---

134 OLG Koblenz, Beschl. v. 30.3.2012, 1 Verg 1/12; VK Südbayern, Beschl. v. 12.8.2019, Z3-3-3194-1-11-03/19; VK Westfalen, Beschl. v. 9.6.2017, VK 1-12/17.
135 VK Westfalen, Beschl. v. 9.6.2017, VK 1-12/17.
136 VK Südbayern, Beschl. v. 12.8.2019, Z3-3-3194-1-11-03/19.
137 Siehe hierzu bereits OLG Düsseldorf, Beschl. v. 17.02.2016, VII-Verg 37/14.
138 OLG Düsseldorf, Beschl. v. 10.8.2011, VII-Verg 66/11.
139 Vgl. OLG Naumburg, Beschl. v. 23.2.2012, 2 Verg 15/11.

Eine „fehlende" Erklärung oder ein „fehlender" Nachweis im Sinne der Nachforderungsregelungen liegen auch dann nicht vor, wenn die Unterlage zwar formell eindeutig gefordert war, inhaltlich aber im konkreten Fall nicht gefordert werden durfte.

Praxisbeispiel

Es ist vergaberechtlich unzulässig, von den Bietern oder Bewerbern zu fordern, bereits mit dem Angebot nachzuweisen, dass sie über das im Auftragsfall einzusetzende Personal oder das erforderliche technische Gerät verfügen. Es ist stattdessen ausreichend, wenn die Bieter oder Bewerber sich verpflichten, die entsprechenden technischen oder personellen Ressourcen im Auftragsfall zu beschaffen. Die Nachforderung eines gleichwohl schon mit dem Angebot geforderten, aber nicht gelieferten Verfügbarkeitsnachweises scheidet aus.

c) Sonderfall: Fehlende Preisangaben

Preisangaben sind ebenfalls Erklärungen i.S.d. Nachforderungsregelungen.[140] Wenn sie fehlen, müssen sie bei Bauvergaben grundsätzlich bzw. können bei allen anderen Vergaben nachgefordert werden. Voraussetzung ist jedoch, dass es sich um unwesentliche Einzelpositionen handelt, deren Einzelpreise den Gesamtpreis nicht verändern oder die Wertungsreihenfolge und den Wettbewerb nicht beeinträchtigen. Die Wesentlichkeit der fehlenden Preisposition richtet sich nach dem fraglichen Leistungsgegenstand und seiner Bedeutung, seines wertmäßigen Anteils für die Gesamtleistung sowie für den Gesamtpreis.[141]

d) Rechtsfolge

Bei der Vergabe von Bauaufträgen sind fehlende Erklärungen und Nachweise zwingend nachzufordern, wenn der Auftraggeber nicht in der Auftragsbekanntmachung oder in den Vergabeunterlagen eine Nachforderung vorab ausdrücklich ausgeschlossen hat.

Bei der Vergabe von Liefer- und Dienstleistungsaufträgen, in den Versorgungssektoren Energie, Trinkwasser und Verkehr und in den Bereichen Verteidigung und Sicherheit entscheidet der Auftraggeber über die Nachforderung fehlender Erklärungen und Nachweise nach Ausübung pflichtgemäßen Ermessens („können nachgefordert werden"). Das bedeutet, dass der Auftraggeber im Einzelfall auf der Basis eines zutreffend und vollständig ermittelten Sachverhalts und unter Abwägung aller widerstreitenden Interessen entscheiden muss. Auf die pflichtgemäße Ermessensausübung haben die Bieter und Bewerber einen Anspruch, auf eine bestimmte Ermessensentscheidung für oder gegen die Nachforderung haben sie dagegen grundsätzlich keinen Anspruch.[142] Eine ermessensfehlerfreie Entscheidung für oder gegen eine Nachforderung erfordert einen vollständig ausermittelten Sachverhalt. Die Entscheidung muss unter Beachtung der allgemeinen Grundsätze der Gleichbehandlung, des Wettbewerbs, der Transparenz und der wirtschaftlichen Auftrags-

140 OLG Düsseldorf, Beschl. v. 7.11.2012, VII-Verg 12/12.
141 OLG München, Beschl. v. 7.11.2017, Verg 8/17.
142 OLG Karlsruhe, Beschl. v. 23.3.2011, 15 Verg 2/11.

vergabe getroffen werden. Nachforderungsentscheidungen und die tragenden Gründe müssen dokumentiert werden.

Es ist auch bei Liefer- und Dienstleistungsvergaben ausdrücklich zulässig, vorab auf Nachforderungen zu verzichten, wenn diese Entscheidung den interessierten Unternehmen in der Auftragsbekanntmachung oder in den Vergabeunterlagen mitgeteilt wird, damit sie sich entsprechend darauf einstellen können. Obwohl eine entsprechende Klarstellung in die VSVgV nicht aufgenommen wurde, sind keine Gründe ersichtlich, weshalb insoweit zwischen Vergaben nach der VgV, der SektVO und der VSVgV unterschieden werden sollte. Dasselbe gilt im Unterschwellenbereich. Daneben ist es weiterhin möglich, auch ohne generellen Vorabverzicht auf Nachforderungen, im Einzelfall von einer Nachforderung abzusehen. Ein fehlender Vorabverzicht bedeutet daher keine Nachforderungspflicht in jedem Einzelfall wie im Bereich der Bauauftragsvergaben nach der VOB/A. Klar ist aber auch, dass der Normgeber der Verfahrensordnungen im Interesse eines größtmöglichen Wettbewerbs und einer wirtschaftlichen Auftragsvergabe eine möglichst bieterfreundliche Nachforderungspraxis beabsichtigt. Die Anforderungen an die Begründung und die Dokumentation eines Verzichts auf eine Nachforderung sind daher in aller Regel höher als eine insbesondere unter Beachtung des Gleichbehandlungsgrundsatzes getroffene positive Nachforderungsentscheidung.

Als Ausprägung des Gleichbehandlungsgrundsatzes gilt für das offene und das nicht offene Verfahren ein striktes Nachverhandlungsverbot. Dasselbe gilt für Öffentliche und Beschränkte Ausschreibungen unterhalb der EU-Schwellenwerte. Daraus folgt, dass eine Nachforderung von leistungsbezogenen Unterlagen nur ausnahmsweise und nur dann zulässig ist, wenn gerade daraus keine Angebotsänderung resultiert. Der EuGH entschied zum Spannungsverhältnis zwischen zulässigen Nachforderungen und unzulässigen Angebotsänderungen im Anwendungsbereich des EU-Vergaberechts:[143]

„Jedoch verbietet Art. 2 der Richtlinie 2004/18 insbesondere nicht, dass die Angebote ausnahmsweise in einzelnen Punkten […] ergänzt werden, insbesondere wegen einer offensichtlich gebotenen bloßen Klarstellung oder zur Behebung sachlicher Fehler – vorausgesetzt diese Änderung läuft nicht darauf hinaus, dass in Wirklichkeit ein neues Angebot eingereicht wird."

Diese Grundsätze sind auch in Vergabeverfahren unterhalb der EU-Schwellenwerte zu beachten.

Der Sinn und Zweck der Nachforderungsregelungen besteht nicht darin, die im Interesse der Gleichbehandlung und eines fairen Wettbewerbs bestehenden Angebots- und Ausschlussfristen aufzuweichen.[144] Ihre Anwendung darf nicht den allgemeinen Grundsätzen des Vergabeverfahrens zuwiderlaufen. Obwohl die Nachforderung fehlender und die Ergänzung unvollständiger leistungsbezogener Unterlagen ausdrücklich erlaubt ist, darf die Nachreichung leistungsbezogener Unterlagen nicht dazu führen, dass das Nachverhandlungsverbot umgangen wird. Neben der Frage, ob eine Nachreichung Auswirkungen auf den Bieterwettbewerb hat, ist daher stets sorgfältig zu prüfen, ob eine nachgereichte leis-

143 EuGH, Urt. v. 29.3.2012, Rs. C-599/10, SAG ELV u.a., Rn. 40.
144 OLG Naumburg, Beschl. v. 23.2.2012, 2 Verg 15/11.

tungsbezogene Unterlage zu einer inhaltlichen Angebotsänderung führen kann. Daher kann es, soweit Nachforderungen im Ermessen des Auftraggebers stehen, angezeigt sein, von der Nachforderungsmöglichkeit nur zurückhaltend Gebrauch zu machen.[145] Auch im Anwendungsbereich der VOB/A gilt die nach dem Wortlaut der Nachforderungsregelungen bestehende grundsätzliche Pflicht des Auftraggebers zur Nachforderung ausnahmsweise nicht, wenn die Nachreichung das Nachverhandlungsverbot verletzen und zu einer inhaltlichen Angebotsänderung führen würde.[146]

Praxistipp

▶ *Angebotsändernden Nachreichungen steht in offenen und nicht offenen Verfahren sowie in Öffentlichen und Beschränkten Ausschreibungen das Nachverhandlungsverbot als Ausprägung des Gleichbehandlungsgrundsatzes entgegen. Daher erscheint es aus Auftraggebersicht sicherer, fehlende Nachweise und Erklärungen zum Angebot nur ausnahmsweise und nur dann nachzufordern, wenn sicher ausgeschlossen werden kann, dass die Nachforderung das Angebot inhaltlich verändert.*

7.5.2.2 Prüfung der fachlichen und rechnerischen Richtigkeit

Weiterhin werden die Angebote im Rahmen der ersten Wertungsstufe auf ihre fachliche und rechnerische Richtigkeit überprüft.

Bei der Prüfung der rechnerischen Richtigkeit der Angebote wird in erster Linie geprüft, ob der Bieter Einzelpreise richtig addiert und Gesamtpreise richtig gebildet hat. Die fachliche Prüfung erfolgt auf Schlüssigkeit, Plausibilität und Nachvollziehbarkeit. Sie beinhaltet die Prüfung, ob die angebotene Leistung den Anforderungen der Leistungsbeschreibung und den technischen Spezifikationen entspricht.[147] Eine Angebotsprüfung kann auch geboten sein, wenn das Angebot Einzelpreise vorsieht, die sowohl von den eigenen Preisen des Bieters zu ähnlichen Positionen als auch von den Preisen der Konkurrenten exorbitant abweichen, und wenn diese Abweichungen weder durch einen höheren Leistungsumfang noch durch Marktgegebenheiten oder -besonderheiten zu erklären sind.[148]

Ein vollständig ausermittelter in fachlicher Hinsicht klarer und eindeutiger Angebotsinhalt ist erforderlich, weil Angebote, bei denen Änderungen an den Vergabeunterlagen vorgenommen worden sind, d.h. Angebote, die von zwingenden Anforderungen der Vergabeunterlagen abweichen, und Angebote mit zweifelhaften Änderungen an den Eintragungen des Bieters nach den Vorschriften der Verfahrensordnungen ausgeschlossen werden müssen.

In der Vergangenheit immer wieder zum Ausschluss führende Änderungen an den Vergabeunterlagen lagen vor, wenn ein Bieter seinem Angebot die eigenen Allgemeinen Geschäftsbedingungen beifügte, die von den vorgegebenen Vertragsbedingungen des öffentlichen Auftraggebers abwichen. Nach neuester Rechtsprechung des BGH führen

---

145 Vgl. OLG Brandenburg, Beschl. v. 20.9.2011, Verg W 11/11.
146 OLG Naumburg, Beschl. v. 23.2.2012, 2 Verg 15/11.
147 VK Münster, Beschl. v. 13.7.2011, VK 08/11.
148 OLG Koblenz, Beschl. v. 4.1.2018, Verg 3/17.

abweichende Vertragsbedingungen des Bieters nicht immer zwingend zum Angebotsausschluss. Gibt der öffentliche Auftraggeber in den Vergabeunterlagen vor, dass Geschäftsbedingungen des Auftragnehmers nicht Vertragsbestandteil werden, und stellt ein Bieter mit seinem Angebot abweichende Bedingungen, können diese infolge einer sogenannten „Abwehrklausel" des Auftraggebers im Falle der Auftragserteilung keine rechtliche Wirkung entfalten. Ein Ausschluss des Angebots wegen Änderungen an den Vergabeunterlagen ist deshalb nicht erforderlich und auch nicht zulässig.[149]

Praxisbeispiel

Der Auftraggeber beabsichtigt die Beschaffung einer auf der Basis eines Standardprodukts anzupassenden Software. Grundlage und Bestandteil der Vergabeunterlagen ist der vorausgefüllte EVB-IT Erstellungsvertrag[150]. Darin ist folgende „Abwehrklausel" enthalten:

„Soweit Allgemeine Geschäftsbedingungen im Sinne von § 305 BGB in den hier referenzierten Dokumenten des Auftragnehmers bzw. den sonstigen vom Auftragnehmer beigefügten Anlagen zu diesem Vertrag Regelungen in den EVB-IT Erstellungs-AGB widersprechen, sind sie ausgeschlossen, soweit nicht eine anderweitige Vereinbarung in den EVB-IT Erstellungs-AGB zugelassen ist.

Weitere Geschäftsbedingungen sind ausgeschlossen, soweit in diesem Vertrag nichts anderes vereinbart ist."

Bieter B fügt seinem Angebot eigene Geschäftsbedingungen bei, die – im Widerspruch zu den Regelungen der EVB-IT Erstellungsvertrages – eine Haftung bei Verzug ausschließen. Aufgrund der „Abwehrklausel" ist die Abweichung vergaberechtlich bedeutungslos. Das Angebot kann in der Wertung verbleiben. Ein Ausschluss wäre unzulässig.

Auch ohne eine Abwehrklausel kann ein Angebot, dem der Bieter eigene Vertragsbedingungen beigefügt hat, in der Wertung verbleiben, wenn nach Streichung des Hinzugefügten ein dem maßgeblichen Inhalt der Vergabeunterlagen vollständig entsprechendes Angebot vorliegt. Bei Zweifeln kann der Auftraggeber eine Aufklärung durchführen. Die Aufklärung steht nach dem Wortlaut der einschlägigen Regelungen der Verfahrensordnungen zwar im Ermessen des öffentlichen Auftraggebers. Ein Anspruch des Bieters, der ein unklares Angebot eingereicht hat, auf Einräumung einer Klarstellungsmöglichkeit besteht daher zwar grundsätzlich nicht.[151] Es ist in erster Linie Aufgabe des Bieters, ein Angebot abzugeben, das die Anforderungen des Auftraggebers zweifelsfrei erfüllt. Auf der anderen Seite kann ein Angebotsausschluss wegen Änderung oder Ergänzung der Vertragsunterlagen unverhältnismäßig und damit rechtswidrig sein, wenn nicht eindeutig ist, dass der jeweilige Bieter mit seinem Angebot tatsächlich von zwingenden Vorgaben abgewichen ist.

Nach der Rechtsprechung entspricht es der Intention der Verfahrensordnungen, Ausschlüsse aus lediglich formalen Gründen zu vermeiden. Derartige formale Gründe sollen

149 BGH, Urt. v. 18.6.2019, X ZR 86/17.
150 https://bit.ly/2LidwNA, abgerufen am 1.2.2021.
151 EuGH, Urt. v. 29.3.2012, Rs. C-599/10, SAG ELV u.a., Rn. 38 ff.

nicht nur bei Angebotslücken, sondern auch bei inhaltlichen Widersprüchen vorliegen. Zwar gibt es keine Auslegungsregel, nach der zu unterstellen ist, dass ein Bieter stets das vom Auftraggeber Nachgefragte anbieten will, auch wenn ihm redliche und interessensgerechte Absichten zu unterstellen sind.[152] Allerdings sollen Angebote, die aufgrund widersprüchlicher Angaben an sich „ausschlusswürdig" sind, nicht ohne Weiteres von der Wertung ausgenommen werden. Öffentliche Auftraggeber müssen Bietern vielmehr Gelegenheit geben, im Wege der Aufklärung den Tatbestand der Widersprüchlichkeit nachvollziehbar auszuräumen.[153] Voraussetzung für die Möglichkeit, ein an sich „ausschlusswürdiges" Angebot im Wege der Aufklärung zu korrigieren, ist aber stets, dass ein aufklärungsfähiger Widerspruch als Anknüpfungspunkt für die Aufklärung vorliegt. In jedem Fall ist im offenen und im nicht offenen Verfahren sowie bei Öffentlichen und Beschränkten Ausschreibungen das **strikte Nachverhandlungsverbot** zu beachten. Aufklärungen dürfen nur zu Klarstellungen, nicht jedoch zu Änderungen an Angebotsinhalten führen.[154]

Unzulässig ist daher weiterhin folgendes Vorgehen:

Praxisbeispiel

Vergabe eines öffentlichen Auftrags über Ausstellungsbauten für ein Museum im Wege einer Öffentlichen Ausschreibung: Im Leistungsverzeichnis ist ein Bodenbelag aus Vinyl gefordert. Bieter B bietet einen Bodenbelag aus einem anderen Material an. Im Angebot findet sich sonst kein Anknüpfungspunkt dafür, dass B eigentlich ausschreibungskonform einen Bodenbelag aus Vinyl anbieten wollte. Eine Aufklärung ist unzulässig, das Angebot ist auszuschließen. Erklärt der Bieter auf eine dennoch gestellte Aufklärungsfrage, dass er den tatsächlich angebotenen Bodenbelag „zurückziehe" und stattdessen einen Vinylbelag anbiete, liegt eine vergaberechtlich verbotene unzulässige Nachverhandlung vor.

Bei der Aufklärung ist der Auftraggeber grundsätzlich frei in seiner Vorgehensweise. Er kann schriftliche Fragen stellen, zu einem Aufklärungsgespräch oder zu einer Teststellung einladen, um die angebotene Leistung einer Praxisprüfung zu unterziehen. Die Fristen und Zeiträume, in denen dem Bieter Gelegenheit zur Aufklärung seines Angebots gegeben wird, müssen angemessen sein, wobei sich die Angemessenheit nach den Umständen des Einzelfalls, d.h. nach dem Umfang und der Komplexität der aufzuklärenden Fragen im Angebot bemisst.[155] Verweigert der betreffende Bieter die erbetenen Auskünfte, kann sein Angebot ausgeschlossen werden.[156]

Die fachliche und rechnerische Angebotsprüfung erfolgt außerdem zur Ermittlung des wertungsrelevanten Angebotsinhalts über die auf der ersten Wertungsstufe zu prüfende Einhaltung der (Mindest-)Anforderungen der Leistungsbeschreibung hinaus. Auftraggeber verfügen bei der Bewertung von Angeboten zwar grundsätzlich über einen Beurteilungsspielraum. Dennoch wäre es vergabefehlerhaft, wenn die Wertungsentscheidung auf

---

152 OLG München, Beschl. v. 20.1.2020, Verg 19/19; OLG Düsseldorf, Beschl. v. 22.3.2017, VII-Verg 54/16; OLG Koblenz, Beschl. v. 30.3.2012, 1 Verg 1/12.
153 BGH, Urt. v. 18.6.2019, X ZR 86/17; OLG Düsseldorf, Beschl. v. 21.10.2015, VII-Verg 35/15.
154 EuGH, Urt. v. 29.3.2012, Rs. C-599/10, SAG ELV u.a., Rn. 40.
155 OLG Düsseldorf, Beschl. v. 22.3.2017, VII-Verg 54/16, Beschl. v. 21.10.2015, VII-Verg 35/15.
156 OLG München, Beschl. v. 29.10.2013, Verg 11/13.

einen falschen oder unvollständigen Sachverhalt gestützt würde.[157] Ein Auftraggeber ist verpflichtet, ggf. sogar sachverständigen Rat hinzuziehen, soweit er aus praktischen oder fachlichen Gründen selbst nicht in der Lage ist, die geforderte Beschaffenheit eines Angebots in der für seine Wertungsentscheidung erheblichen fachlichen Hinsicht zu überprüfen.

Bei Zweifeln über die fachliche Richtigkeit wertungsrelevanter Angebotsinhalte besteht wiederum die Möglichkeit, eine Aufklärung durchzuführen. Das auch insoweit nach den einschlägigen Vorschriften bestehende Aufklärungsermessen kann sich wiederum zu einer Aufklärungspflicht reduzieren, weil öffentliche Auftraggeber verpflichtet sind, ihre Wertungsentscheidung auf einem vollständig ausermittelten Sachverhalt zu treffen. Zwar gilt auch hier, dass es in erster Linie Aufgabe des Bieters ist, sein Leistungsangebot so zu präsentieren, dass es Aussichten auf den Zuschlag hat. Öffentliche Auftraggeber sind daher nicht verpflichtet, eigentlich vielversprechenden Bietern im Wege der Aufklärung die Möglichkeit zu geben, ihre Angebote so „anzureichern", dass sie bessere Aussichten auf den Zuschlag haben. Auch das wäre vielmehr sogar vergaberechtlich angreifbar. Wenn das Angebot aber Anhaltpunkte für ein positiv zu bewertendes Leistungsversprechen enthält, dann muss der öffentliche Auftraggeber diesen Anhaltspunkten auch nachgehen, um auf der Grundlage eines vollständig ausermittelten Sachverhalts eine belastbare Wertungsentscheidung treffen zu können.

Hat ein Auftraggeber Angebotsinhalte detailliert und ggf. unter Hinzuziehung sachverständiger Expertise geprüft und Aufklärungen durchgeführt und den betreffenden Bieter für den Zuschlag vorgesehen, haben die nachrangig platzierten Bieter, die die fachlich-technische Umsetzbarkeit des bestplatzierten Angebots weiter in Zweifel ziehen, keinen Anspruch auf nochmalige Überprüfung. Insoweit ist auch das Interesse des Auftraggebers an einer zügigen Umsetzung von Beschaffungsabsichten und einem raschen Abschluss des Vergabeverfahrens zu berücksichtigen. Die **Grenzen der Zumutbarkeit** weiterer Prüfungen oder Aufklärungen werden durch den kurzen Zeitraum bestimmt, in dem die Entscheidung über die Auftragsvergabe zu treffen ist, sowie durch die begrenzten Ressourcen und administrativen Möglichkeiten des Auftraggebers.[158]

7.5.3 Zweite Wertungsstufe

7.5.3.1 Grundlagen der Eignungsprüfung

Aufträge dürfen nur an geeignete Bieter vergeben werden. Ein Bieter oder Bewerber ist gemäß § 122 Abs. 1 GWB geeignet, wenn er **fachkundig und leistungsfähig** ist und wenn er nicht nach den §§ 123, 124 GWB ausgeschlossen worden ist. Das bedeutet, dass Bieter und Bewerber die durch den Auftraggeber im Einzelnen zur ordnungsgemäßen Ausführung des Auftrags oder der Konzession festgelegten Kriterien (Eignungskriterien) erfüllen müssen. Die Eignungskriterien dürfen ausschließlich die Befähigung und Erlaubnis zur

157 VK Bund, Beschl. v. 12.1.2012, VK1-165/11.
158 OLG Düsseldorf, Beschl. v. 5.7.2012, VII-Verg 13/12.

Berufsausübung, die wirtschaftliche und finanzielle Leistungsfähigkeit und die technische und berufliche Leistungsfähigkeit betreffen.

Die Eignungsprüfung ist eine unternehmensbezogene Untersuchung, ob ein Unternehmen nach seiner personellen, finanziellen und technischen Ausstattung in der Lage sein wird, vertragsgerecht zu leisten.

Der eigentlichen Eignungsprüfung vorgelegt ist die Prüfung von Ausschlussgründen. Da es auch Ausschlussgründe gibt, die auf der ersten Wertungsstufe zu prüfen sind (vgl. §§ 57 Abs. 1 VgV, 42 Abs. 1 UVgO), ist die Begrifflichkeit an dieser Stelle („Ausschlussgründe") etwas unpräzise. Die auf der zweiten Wertungsstufe zu prüfenden Ausschlussgründe sind – wie die Eignungskriterien auch – ausschließlich unternehmensbezogen, während die auf der ersten Wertungsstufe zu prüfenden Ausschlussgründe ausschließlich angebotsbezogene Gründe sind. Die unternehmensbezogenen Ausschlussgründe betreffen die Frage, ob der Bieter seinen gesetzlichen, insbesondere steuer- und sozialversicherungsrechtlichen Pflichten in der Vergangenheit nachgekommen ist und insoweit eine einwandfreie Ausführung des ausgeschriebenen Auftrags erwarten lässt. Zu prüfen sind gemäß § 122 Abs. 1 GWB in diesem Zusammenhang die in §§ 123, 124 GWB genannten Ausschlussgründe; zu prüfen ist auch, ob ggf. trotz Vorliegen eines Ausschlussgrundes aufgrund einer erfolgreichen sogenannten Selbstreinigung eines Bieters oder Bewerbers gemäß § 125 GWB von einem Ausschluss abgesehen werden kann. Die Ausschlusstatbestände werden auch im Unterschwellenbereich bei der Vergabe von Liefer- und Dienstleistungsaufträgen entsprechend angewendet (§ 31 UVgO). Ein Teil der in §§ 123, 124 GWB normierten Ausschlusstatbestände ist in den Ausschlussgründen des § 16 VOB/A für Bauauftragsvergaben unterhalb der Schwellenwerte abgebildet.

Maßgeblicher Zeitpunkt für die Feststellung der Eignung und für das Nichtvorliegen von Ausschlussgründen ist derjenige der rechtswirksamen Zuschlagserteilung.[159] Das bedeutet aber nicht, dass der Bieter oder Bewerber zum Zeitpunkt der Eignungsprüfung bereits über die Ressourcen verfügen muss, die zur Erbringung der vertraglichen Leistungen erforderlich sind. So muss beispielsweise das für die Auftragsdurchführung erforderliche Personal nicht bereits im Zeitpunkt der Angebotsabgabe vorhanden sein; es genügt, wenn der Bieter nachweist, dass dieses zum Zeitpunkt des Leistungsbeginns zur Verfügung stehen wird.[160]

Praxistipp

▶ *Insbesondere in lang andauernden Verfahren mit vorgeschaltetem Teilnahmewettbewerb sind öffentliche Auftraggeber gut beraten, wenn sie die Eignungsprüfung und die Prüfung, ob Ausschlussgründe vorliegen, nicht vorschnell zu den Akten legen, sondern neue Tatsachen, die sich möglicherweise erst im Laufe von Vertragsverhandlungen ergeben und die geeignet sind, die einmal positiv festgestellte Eignung eines Bieters in Frage zu stellen, prüfen und die Eignung ergebnisoffen neu bewerten.*

159 OLG Düsseldorf, Beschl. v. 14.11.2018, VII-Verg 31/18; VK Saarland, Beschl. v. 7.2.2018, 3 VK 04/17; VK Südbayern, Beschl. v. 8.8.2018, Z3-3-3194-1-21-06/18.

160 VK Bund, Beschl. v. 27.8.2018, VK 2-74/18.

Dasselbe, wenn neue Tatsachen bekannt werden, die für das Vorliegen eines Ausschlussgrundes nach §§ 123, 124 GWB sprechen.

a) Nichtvorliegen von Ausschlussgründen

Nach der Konzeption des Gesetzgebers ist zwischen zwingenden und fakultativen Ausschlussgründen zu unterscheiden. Die Tatbestände sind im Einzelnen in §§ 123, 124 GWB normiert.

(1) Zwingende und fakultative Ausschlussgründe im Überblick

Bieter und Bewerber sind gemäß § 123 Abs. 1 GWB zu jedem Zeitpunkt des Vergabeverfahrens **zwingend** von der Teilnahme ausgeschlossen, wenn Auftraggeber Kenntnis davon haben, dass eine Person, deren Verhalten dem betroffenen Bieter oder Bewerber zuzurechnen ist, wegen einer der in § 123 Abs. 1 Nr. 1 bis 10 GWB aufgeführten Katalogtaten rechtskräftig verurteilt oder gegen das Unternehmen eine Geldbuße nach § 30 OWiG rechtskräftig festgesetzt worden ist. Hierbei handelt es sich um Straftaten wie etwa die Bildung terroristischer Vereinigungen (§ 129a StGB), Subventionsbetrug (§ 264 StGB) oder Vorteilsgewährung und Bestechung (§§ 333, 334 StGB), mithin um Straftaten, die insbesondere die Allgemeinheit schädigen. § 123 Abs. 4 GWB sieht dieselbe Rechtsfolge vor, wenn der Bewerber bzw. Bieter beispielsweise keine Steuern zahlt oder keine Sozialversicherungsbeiträge abführt.

Die **fakultativen** Ausschlussgründe sind in § 124 GWB abschließend definiert.

§ 124 GWB ist eine **Ermessensregelung**. Die Entscheidung über den Ausschluss oder Nichtausschluss eines Bieters oder Bewerbers muss unter Berücksichtigung des Verhältnismäßigkeitsgrundsatzes ermessensfehlerfrei getroffen werden. Ermessensfehler liegen vor bei Ermessensnichtgebrauch, Ermessensfehlgebrauch und bei Ermessensüberschreitung.

1.	Verstoß gegen umwelt-, sozial- und arbeitsrechtliche Verpflichtungen bei der Ausführung öffentlicher Aufträge	7.	Erhebliche oder fortdauernde Mängel im Rahmen früherer öffentlicher Aufträge mit Beendigung, Schadensersatz o.ä. Rechtsfolge
2.	Zahlungsunfähigkeit, Insolvenzverfahren, Nichteröffnung mangels Masse, Liquidation, Einstellung der Tätigkeit	8.	Schwerwiegende Täuschung in Bezug auf Ausschlussgründe oder Eignungskriterien
3.	Nachweislich schwere Verfehlung im Rahmen der beruflichen Tätigkeit, die die Integrität infrage stellt	9.	Versuch der Beeinflussung des öff. Auftraggebers bei Entscheidungsfindung
4.	Wettbewerbsbeschränkende Abreden	10.	Versuch, vertrauliche Information zur Vorteilsgewinnung zu erlangen
5.	Interessenkonflikt einer für den öff. Auftraggeber tätigen Person	11.	Übermittlung irreführender Informationen zur Beeinflussung der Vergabeentscheidung
6.	Wettbewerbsverzerrung aufgrund Projektantentätigkeit eines Unternehmens	Abs. 2	§§ 21 AEntG, 98c AufenthG, 19 MiLOG, 21 SchwarzArbG

Abb. 31: Fakultative Ausschlussgründe gemäß § 124 GWB im Überblick

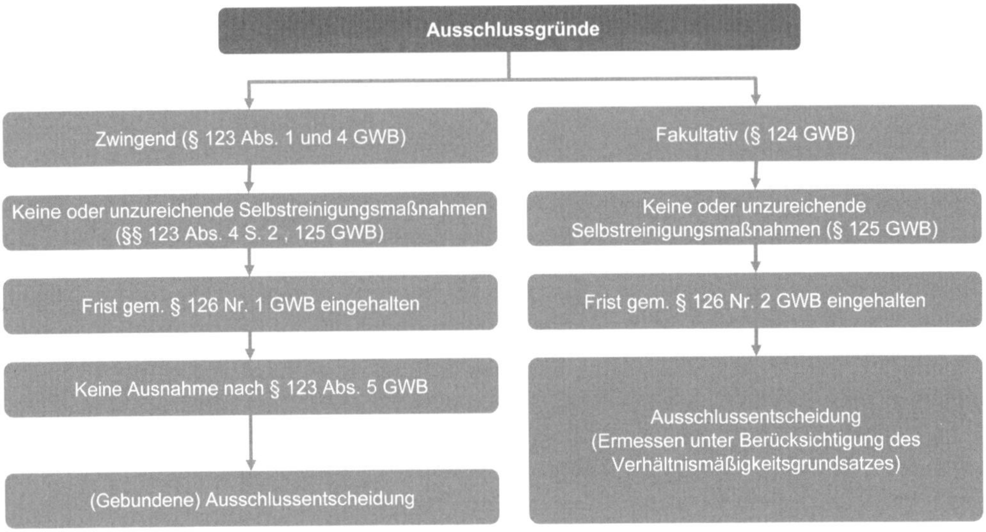

Abb. 32: Prüfung von Ausschlussgründen im Überblick

Von einem Ermessensnichtgebrauch spricht man, wenn der Auftraggeber gar nicht erkennt, dass er mehrere Handlungsoptionen hat, d.h., er geht fälschlicherweise von einem zwingenden Ausschluss bei Vorliegen bestimmter Umstände aus. So ist es ermessensfehlerhaft und damit rechtswidrig, wenn ein Auftraggeber bei Eröffnung eines Insolvenzverfahrens über das Vermögen eines Bieters von einem zwingenden Ausschluss ausgeht.[161] Ermessensfehlgebrauch liegt vor, wenn ein Auftraggeber seiner Entscheidung einen unvollständig oder nicht zutreffend ermittelten Sachverhalt zugrunde legt. Ermessensüberschreitung liegt schließlich vor, wenn der Auftraggeber den Ausschluss auf einen nicht in § 124 GWB genannten Ausschlussgrund stützt. Eine Ermessensüberschreitung liegt auch vor, wenn der Auftraggeber einen Ausschluss mit einem länger als drei Jahre zurückliegenden Ereignis begründet. § 126 Nr. 2 GWB wirkt insoweit in zeitlicher Hinsicht als Ermessensgrenze.

Auch die zwingenden Ausschlussgründe nach § 123 GWB sind entgegen ihrer Bezeichnung nicht immer zwingend. In zeitlicher Hinsicht darf ein Ausschluss gemäß § 126 Nr. 1 GWB nicht mit einer länger als fünf Jahre zurückliegenden rechtskräftigen Verurteilung wegen eines der in § 123 GWB genannten Tatbestände gestützt werden.

(2) Insbesondere § 124 Abs. 1 Nr. 7 GWB

Besonderes Streitpotential ist mit dem Ausschlussgrund des § 124 Abs. 1 Nr. 7 GWB verbunden. Öffentliche Auftraggeber sind bei schlechten Erfahrungen mit Bietern oftmals geneigt, allein aufgrund dieser schlechten Erfahrungen zukünftig nicht mit den betreffenden Unternehmen zusammenarbeiten zu wollen. Die vergaberechtlichen Anforderungen an einen vergaberechtskonformen Ausschluss sind jedoch hoch.

161 OLG Düsseldorf, Beschl. v. 2.5.2012, VII-Verg 68/11.

Es bedarf einer erheblichen oder dauerhaften mangelhaften Erfüllung von wesentlichen Anforderungen des früheren öffentlichen Auftrags. Der Auftraggeber des früheren Auftrags muss nicht zwingend identisch mit dem Auftraggeber sein, der das aktuelle Verfahren führt, in dem ein Ausschluss in Frage steht.

Wesentlich in diesem Sinne sind die in erster Linie die Hauptleistungspflichten.[162] Bei vertraglichen Nebenpflichten bedarf die Annahme der Wesentlichkeit einer besonderen Begründung. Die Verletzung dieser Pflichten muss erheblich sein. Der Erwägungsgrund 101 der zugrunde liegenden Richtlinie 2014/24/EU spricht insoweit von einem Lieferungs- oder Leistungsausfall oder erheblichen Defiziten der gelieferten Waren oder Dienstleistungen, die sie für den beabsichtigten Zweck unbrauchbar machen. Daraus lässt sich ableiten, dass beispielsweise ein Lieferverzug in der Regel nicht als so erheblich angesehen werden kann, dass sich damit ein Ausschluss tatbestandlich begründen lässt, wenn die Leistung durch den Verzug allein für den beabsichtigten Zweck nicht unbrauchbar wird. Ein Leistungsausfall bzw. eine unbrauchbare Leistung dürften daher allenfalls im Rahmen eines absoluten Fixgeschäftes begründbar sein, wenn die Leistung nach Ablauf nicht mehr nachgeholt werden kann.

Eine fortlaufende mangelhafte Erfüllung liegt vor, wenn sich im Rahmen eines Auftrages wiederholt Leistungsstörungen ergeben. Diese Aneinanderreihung von Schlechtleistungen muss in der Gesamtschau zu entsprechend gravierenden Auswirkungen geführt haben wie die einmalige erhebliche Schlechterfüllung. Schließlich muss es aufgrund der Schlechtleistung zu einer vorzeitigen Beendigung, zu Schadensersatz oder zu einer vergleichbaren Rechtsfolge (z.B. Ersatzvornahme) gekommen sein. Es kommt also nicht auf die materielle Rechtslage an. Der Auftraggeber muss eine z.B. Kündigung auch ausgesprochen oder Schadensersatz geltend gemacht haben. Bei Vergaben von Liefer- und Dienstleistungsaufträgen im Unterschwellenbereich entfällt diese Voraussetzung. Hier kommt es nur auf die erhebliche oder fortdauernd mangelhafte Erfüllung eines früheren öffentlichen Auftrags an (§ 31 Abs. 2 S. 4 UVgO).

Liegen alle Voraussetzungen vor, hat die Vergabestelle eine Prognoseentscheidung zu treffen, ob von dem Unternehmen trotz der festgestellten mangelhaften Erfüllung eines früheren öffentlichen Auftrags im Hinblick auf die Zukunft zu erwarten ist, dass es den nunmehr zu vergebenden öffentlichen Auftrag vertragsgerecht ausführt. Hierbei sind insbesondere auch etwaige Selbstreinigungsmaßnahmen im Sinne von § 125 GWB zur prüfen. Dem betreffenden Bieter oder Bewerber ist Gelegenheit zu geben, darzulegen, dass und ggf. welche Maßnahmen er ergriffen hat, die das für die Vergangenheit festgestellte Fehlverhalten für die Zukunft ausschließen.

Die Anforderungen an einen rechtmäßigen Ausschluss sind für öffentliche Auftraggeber auch deshalb hoch, weil ein hoher Dokumentationsaufwand besteht. Sie müssen vertragswidriges Verhalten ihrer Auftragnehmer zeitnah und umfassend dokumentieren, um in einem späteren Nachprüfungsverfahren das Vorliegen der Tatbestandsvoraussetzungen des Ausschlusstatbestandes nachweisen zu können. Ob die Kündigung, Schadensersatzansprüche oder vergleichbare Maßnahmen – zivilrechtlich betrachtet – zu Recht ergriffen

162 OLG Düsseldorf, Beschl. v. 11.7.2018, VII-Verg 7/18.

worden sind, ist vergaberechtlich nicht entscheidend. Unerheblich ist es grundsätzlich, wenn ein Rechtsstreit vor den zuständigen Zivilgerichten noch andauert. Wenn allerdings bereits gerichtliche Entscheidungen vorliegen, die für oder gegen die Rechtmäßigkeit der ergriffenen Maßnahmen sprechen, sind diese im Rahmen des auszuübenden Ermessens zu berücksichtigen. Liegt beispielsweise eine erstinstanzliche gerichtliche Entscheidung vor, die Mängel im Rahmen des betreffenden früheren Auftrags nicht bestätigt oder die ausgesprochene Kündigung oder Schadensersatz für ungerechtfertigt hält, kann der öffentliche Auftraggeber trotzdem noch eine ermessensfehlerfreie Ausschlussentscheidung treffen. Die Anforderungen an die ordnungsgemäße Ermessensbetätigung und an die Dokumentation sind in einer solchen Situation jedoch ungleich höher.

Praxistipp

Im 1. Abschnitt der VOB/A ist der Ausschlussgrund des § 124 Abs. 1 Nr. 7 GWB – anders als in § 31 Abs. 2 UVgO – nicht in Bezug genommen. Schlechte Erfahrungen mit Bietern und Bewerbern aufgrund früherer öffentlicher Aufträge können gleichwohl unter dem Tatbestand der „schweren Verfehlungen" berücksichtigt werden (§ 16 Abs. 2 Nr. 3 VOB/A). Erforderlich ist, dass durch die Schlechtleistung die Zuverlässigkeit des Bieters oder Bewerbers in Frage gestellt wird. Hinsichtlich der Anforderungen an einen vergaberechtlich zulässigen Ausschluss kann auf die beschriebenen Grundsätze zu § 124 Abs. 1 Nr. 7 GWB zurückgegriffen werden. Ähnlich wie bei Liefer- und Dienstleistungsvergaben im Unterschwellenbereich nach § 31 Abs. 2 S. 4 UVgO wird auch hier für eine ermessensfehlerfreie Ausschlussentscheidung eine Kündigung, Schadensersatz oder eine vergleichbare Rechtsfolge in der Regel nicht erforderlich sein.

(3) Zurechnung persönlichen Fehlverhaltens zum Bieter oder Bewerber

Da Unternehmen nicht wegen der in § 123 Abs. 1 GWB genannten Straftaten verurteilt werden können, ist eine Zurechnung des Fehlverhaltens bestimmter Personen zum Unternehmen des Bieters oder Bewerbers erforderlich. Die verurteilte Person muss nach der Zurechnungsnorm des § 123 Abs. 3 GWB als für die Leitung Verantwortlicher gehandelt haben; dazu gehört auch die Überwachung der Geschäftsführung oder die sonstige Ausübung von Kontrollbefugnissen in leitender Position.

Auch im Rahmen der fakultativen Ausschlussgründe des § 124 GWB kann eine Zurechnung des individuellen Fehlverhaltens von Mitarbeitern des Bieters oder Bewerbers erforderlich sein, soweit die Ausschlussgründe selbst an individuelles Fehlverhalten anknüpfen, wie z.B. im Falle einer schwerwiegenden Täuschung in Bezug auf Ausschlussgründe oder Eignungskriterien. Allerdings fehlt eine übergreifende Zurechnungsnorm. Allein in § 124 Abs. 1 Nr. 3 GWB (Fall der nachweislich schweren Verfehlung im Rahmen der beruflichen Tätigkeit) wird auf § 123 Abs. 3 GWB Bezug genommen. Bei § 123 Abs. 3 GWB besteht darüber hinaus das Praxisproblem, dass diese Regelung keine Zurechnung des Verhaltens anderer Mitarbeiter über ein Organisationsverschulden leitender Mitarbeiter ermöglicht. Die Zurechnung von Fehlverhalten „einfacher Mitarbeiter" über allgemeines Zivilrecht

(§§ 31, 278, 831 BGB) wäre möglicherweise interessengerecht, ist nach dem Gesetzeswortlaut aber kaum begründbar.

Praxistipp

Angesichts fehlender Regelungen für die Zurechnung persönlichen Fehlverhaltens im Rahmen der fakultativen Ausschlussgründe im Sinne von § 124 GWB sind Auftraggeber gut beraten, wenn sie ihr Ausschlussermessen unter Beachtung des Verhältnismäßigkeitsgrundsatzes zurückhaltend ausüben. Für das Vorliegen der Ausschlussgründe sind Auftraggeber beweispflichtig. Bieter und Bewerber müssen bei Zweifeln aber aktiv an einer Aufklärung mitwirken. Eine restriktive Anwendung der Ausschlussregelungen können ausgeschlossene Bieter oder Bewerber durch die Nachprüfungsinstanzen überprüfen lassen.

(4) Selbstreinigung von Bietern und Bewerbern

Darüber hinaus besteht bei zwingenden ebenso wie bei fakultativen Ausschlussgründen die Möglichkeit der sogenannten Selbstreinigung nach § 125 GWB. Hierfür bestehen folgende Voraussetzungen, die kumulativ erfüllt sein müssen:

- *Schadenswiedergutmachung*: Dabei besteht insbesondere bei umfangreichen Kartellschadensfällen das Problem, dass der Schaden nicht oder nur sehr schwer beziffert werden kann. Daher kann in derartigen komplexen Fällen bereits eine Anerkennung dem Grunde nach ausreichend sein.
- *Aktive Sachverhaltsaufklärung und Zusammenarbeit mit Behörden*: Sie umfasst auch die Zusammenarbeit mit dem Auftraggeber selbst und setzt eine unternehmensinterne Aufklärung voraus; die Pflicht zur Zusammenarbeit mit dem Auftraggeber ist allerdings durch den Verhältnismäßigkeitsgrundsatz beschränkt und umfasst nur solche Mitwirkungshandlungen, die unbedingt für die Prüfung der Zuverlässigkeit des Wirtschaftsteilnehmers und für die Bewertung von Selbstreinigungsmaßnahmen erforderlich sind.[163]
- Konkrete geeignete technische, organisatorische und personelle Maßnahmen, um zukünftiges Fehlverhalten zu verhindern wie z. B. Personalreorganisation, Berichts- und Kontrollsystem, Audit-Struktur, interne Haftungs- und Entschädigungsregelungen.

Ein Sonderfall der Selbstreinigung stellt § 123 Abs. 4 GWB dar. Danach erfolgt kein Ausschluss, wenn das betroffene Unternehmen ausstehende Steuern, Abgaben oder Sozialversicherungsbeiträge inzwischen gezahlt hat oder sich dazu (einschließlich Zinsen, Säumnis- und Strafzuschlägen) verpflichtet hat. Das betroffene Unternehmen hat in diesem Fall einen Anspruch darauf, nicht ausgeschlossen zu werden. Ausnahmsweise darf im Falle des § 123 Abs. 4 S. 1 GWB gemäß § 123 Abs. 5 S. 2 GWB auch von einem Ausschluss abgesehen werden, wenn dies aus zwingenden Gründen des öffentlichen Interesses geboten ist oder wenn ein Ausschluss offensichtlich unverhältnismäßig wäre, d.h. es muss „auf den

---

163 VK Südbayern, Beschl. v. 11.12.2018, Z-3-3-3194-1-45-11/16; vgl. auch EuGH, Urt. v. 24.10.2018, Rs. C-124/17 Vossloh-Laeis.

ersten Blick" (ohne vertiefte Prüfung des Einzelfalls) unverhältnismäßig erscheinen, wenn es z.B. um vergleichsweise geringe Sozialversicherungsbeiträge oder Steuerschulden geht oder wenn es sich um einen Einzelfall handelt. Schließlich darf im Falle des § 123 Abs. 1 GWB gemäß § 123 Abs. 5 S. 1 GWB von einem Ausschluss abgesehen werden, wenn dies aus zwingenden Gründen des öffentlichen Interesses geboten ist. Dabei handelt es sich um einen eng auszulegenden Ausnahmetatbestand. Die Erwägungsgründe der EU-Vergaberichtlinie 2014/24/EU nennen als Beispiel die Beschaffung dringend benötigter Impfstoffe oder Notfallausrüstungen, die nur von einem Wirtschaftsteilnehmer erworben werden können.

Bei Bauvergaben unterhalb der EU-Schwellenwerte gelten weitgehend identische Maßstäbe im Rahmen der Zuverlässigkeitsprüfung. Allein die als zwingende Ausschlussgründe definierten Katalogstraftaten und Ordnungswidrigkeitentatbestände des § 123 GWB führen nicht zwingend zu einem Ausschluss. Sie können aber gemäß § 16 Abs. 2 Nr. 3 VOB/A als schwere Verfehlung zum Ausschluss führen, wenn nicht Selbstreinigungsmaßnahmen erfolgreich umgesetzt worden sind, die im Rahmen der zu treffenden Ermessensentscheidung des Auftraggebers berücksichtigt werden müssen.

b) Eignungsprüfung

Die Eignung ist ein unbestimmter Rechtsbegriff. Die Eignungsprüfung unterliegt insgesamt einem **Beurteilungsspielraum** des Auftraggebers und damit nur eingeschränkt einer Kontrolle durch die Vergabenachprüfungsinstanzen. Überprüfbar ist lediglich, ob die Grenzen des Beurteilungsspielraums überschritten worden sind. Der Auftraggeber muss seine Entscheidung auf der zweiten Wertungsstufe daher insbesondere auf der Grundlage eines vollständig und zutreffend ermittelten Sachverhalts treffen. Die Sachverhaltsermittlung erfolgt grundsätzlich auf der Grundlage der geforderten und vollständig eingereichten oder nachgereichten Erklärungen und Nachweise. Der Entscheidung dürfen ferner keine willkürlichen, sachfremden Erwägungen zugrunde gelegt werden und die festgelegten Kriterien müssen einheitlich auf alle Bieter angewendet werden.

Auftraggeber sind allerdings nicht an den Inhalt der vorgelegten Nachweise gebunden, sie dürfen **auch eigene Nachforschungen** anstellen und der Eignungsprüfung dabei gewonnene Erkenntnisse zugrunde legen, solange diese gesichert sind und nicht lediglich auf Gerüchten beruhen.[164]

Die Eignungsprüfung darf sich nicht auf eine Vollständigkeitsprüfung der Eignungsnachweise beschränken. Da der Zuschlag nur auf Angebote geeigneter Bieter erteilt werden darf, müssen die Nachweise müssen auch materiell gewürdigt werden, d.h. der Auftraggeber muss auf der Grundlage der eingereichten Nachweise und – bei Zweifeln – im Ergebnis einer durchzuführenden Aufklärung eine begründete Entscheidung treffen und diese auch entsprechend dokumentieren. Eine ohne dokumentierte Eignungsprüfung getroffene Zuschlagsentscheidung ist vergaberechtlich angreifbar. Etwaige Mindestanforderungen an die Eignung müssen eindeutig sein. Ein Ausschluss, der mit einer Verletzung von Mindest-

164 OLG Frankfurt, Beschl. v. 30.3.2004, 11 Verg 4/04; VK Südbayern, Beschl. v. 5.6.2018, Z3-3-3194-1-12-04/18.

anforderungen begründet wird, ist vergaberechtlich angreifbar, wenn die Mindestanforderung nicht zweifelsfrei formuliert ist.

§ 122 Abs. 2 S. 2 GWB		Nachweise
1 Befähigung und Erlaubnis zur Berufsausübung	Der Bieter ist zur ordnungsgemäßen Ausführung des öffentlichen Auftrags insoweit in der Lage, als er über die hierfür erforderliche Befähigung und eine ggf. erforderliche Erlaubnis zur Berufsausübung verfügt.	§§ 44 VgV, 6a EU Nr. 1 VOB/A – Eintragung in ein Handels- oder Berufsregister – Erlaubnis zur Ausübung der auftragsgegenständlichen Dienstleistung (z.B. Rechtsdienstleistungen)
2 Wirtschaftliche und finanzielle Leistungsfähigkeit	Der Bieter ist zur ordnungsgemäßen Ausführung des öffentlichen Auftrags insoweit in der Lage, als er über die hierfür erforderlichen wirtschaftlichen und finanziellen Mittel verfügt.	§§ 45 Abs. 4 VgV, 6a EU Nr. 2 VOB/A – Bankerklärungen – Haftpflichtversicherungsnachweis – Jahresabschlüsse – Umsatzangaben
3 Technische und berufliche Leistungsfähigkeit	Der Bieter ist zur ordnungsgemäßen Ausführung des öffentlichen Auftrags insoweit in der Lage, als er über die hierfür erforderlichen technischen und personellen Ressourcen verfügt.	§§ 46 Abs. 3 VgV, 6a EU Nr. 3 VOB/A – Referenzen – Angaben zum Personal – Beschreibung der techn. Ausrüstung – Nachweise der berufl. Qualifikation – Durchschnittliche Mitarbeiterzahlen – Angaben zu Unterauftragsvergaben

Abb. 33: Prüfung der Eignungskriterien

Praxisbeispiel

EU-weite Vergabe eines Auftrags zur Beschaffung und zum Betrieb einer Grundwasservorbehandlungsanlage im offenen Verfahren: Der Auftraggeber verlangt nach der Auftragsbekanntmachung u.a. den Nachweis von mindestens einer Referenzanlage mit einem „hydraulischen Durchsatz von mindestens 50 ^{3}/h". Nähere Angaben zu dieser Anforderung enthält die Bekanntmachung nicht. Bieter B weist eine Referenzanlage nach, die eine Durchsatzkapazität von mehr als 50 ^{3}/h hat. Die tatsächlichen Durchsätze dieser Anlage erreichten diesen Wert im Rahmen des Referenzauftrags jedoch nicht. Der Auftraggeber schließt ihn daraufhin wegen mangelnder Eignung aus. Da der Auftraggeber nicht eindeutig festgelegt hatte, dass es ihm nicht auf die Durchsatzkapazität der Referenzanlagen ankommt, sondern auf den tatsächlichen Durchsatz bezogen auf einen Referenzzeitraum, ist der Ausschluss des Bieters vergaberechtlich unzulässig.[165]

Enthält die Bekanntmachung schon nicht die geforderten Eignungsnachweise, so kann ein Bieter nicht allein mit dem formellen Hinweis ausgeschlossen werden, dass das Angebot oder der Teilnahmeantrag unvollständig sei.[166] Unklar ist jedoch, auf welcher Grundlage dann die materiell Eignung zu prüfen ist, wenn der Auftraggeber die Eignungsnachweise

165 Vgl. VK Sachsen-Anhalt, Beschluss vom 17.5.2016, 1 VK LSA 02/16.
166 OLG Düsseldorf, Beschl. v. 28.11.2012, VII-Verg 8/12; VK Südbayern, Beschl. v. 5.6.2018 – Z3-3-3194-1-12-04/18; VK Nordbayern, Beschl. v. 15.2.2018, RMF-SG-3194-3-1.

und ggf. inhaltliche Mindestanforderungen fehlerhaft nicht bereits in der Bekanntmachung genannt hat. Ein Verzicht auf die Eignungsprüfung ist nicht möglich.[167]

Einige Nachprüfungsinstanzen nehmen an, dass Bieter oder Bewerber, die die geforderten, aber in der Bekanntmachung nicht genannten Nachweise nicht eingereicht haben, trotz eines vergleichsweise niedrigeren „Eignungsniveaus" als geeignet zu gelten haben.[168] Das Spannungsverhältnis zum Gleichbehandlungsgrundsatz wird zum Teil dadurch aufgelöst, dass die Eignung aller Bieter oder Bewerber positiv bejaht wird, wenn die Eignungsnachweise fehlerhaft nicht bereits in der Bekanntmachung aufgeführt sind.[169] Andere Nachprüfungsinstanzen nehmen an, dass die Eignungsprüfung anhand der „bekannten Umstände" durchzuführen sei.[170] Dabei sei es auch möglich, der Prüfung außerhalb des Vergabeverfahrens gewonnene Erkenntnisse zugrunde zu legen.[171]

Schließlich bleibt die Möglichkeit, die Angebotsfrist bzw. die Frist zur Einreichung von Teilnahmeanträgen wiederzueröffnen und eine korrigierte Vergabebekanntmachung zu versenden, die die geforderten Eignungsnachweise enthält.[172] Eine Pflicht des Auftraggebers zur Zurückversetzung besteht nach Auffassung der Vergabekammer Südbayern allerdings nicht, wenn der Auftraggeber die zwar nicht in der Bekanntmachung, jedoch in den Vergabeunterlagen enthaltenen Kriterien unter Beachtung der allgemeinen vergaberechtlichen Grundsätze anwendet.[173]

Praxistipp

Wenn die Bekanntmachung nicht die geforderten Eignungsnachweise enthält, erscheint es aus Auftraggebersicht zur Heilung des Transparenzmangels und zur Vermeidung einer Ungleichbehandlung bei der Eignungsprüfung am sichersten, die Angebotsfrist bzw. die Frist zur Einreichung von Teilnahmeanträgen wiederzueröffnen und eine korrigierte Vergabebekanntmachung zu versenden, die die geforderten Eignungsnachweise und ggf. inhaltlichen Mindestanforderungen an die Eignung enthält. Die Auffassung, nach der die Zurückversetzung ein unnötiger Formalismus sei, solange die (nicht bekannt gemachten) Kriterien einheitlich angewendet werden, ist nicht zweifelsfrei und soweit ersichtlich vereinzelt geblieben. Es kann nicht ausgeschlossen werden, dass ein Bekanntmachungsdefizit Auswirkungen auf das Teilnehmerfeld im Vergabeverfahren hatte. Am rechtssichersten erscheint daher eine Korrektur über eine Zurückversetzung des Vergabeverfahrens.

167 VK Thüringen, Beschl. v. 2.11.2010, 250-4003.20-4299/201-018-SM.
168 OLG Düsseldorf, Beschl. v. 28.11.2012, VII-Verg 8/12, allerdings mit der Besonderheit, dass der betreffende Bewerber zugesichert hatte, sich die für die Auftragsausführung erforderlichen Kenntnisse bis zum Vertragsbeginn anzueignen.
169 VK Düsseldorf, Beschl. v. 17.2.2011, VK-44/2010-L.
170 OLG Jena, Beschl. v. 18.5.2009, 9 Verg 4/09.
171 OLG Jena, Beschl. v. 18.5.2009, 9 Verg 4/09; OLG Brandenburg, Beschl. v. 14.9.2010, Verg W 8/10; OLG München, Beschl. v. 5.10.2012, Verg 15/12 und Beschl. v. 1.7.2013, Verg 8/13.
172 VK Thüringen, Beschl. v. 2.11.2010, 250-4003.20-4299/201-018-SM.
173 VK Südbayern, Beschl. v. 5.6.2018, Z3-3-3194-1-12-04/18.

7.5.3.2 Eignungsprüfung bei besonderen Beteiligungsformen

Grundsätzlich benötigt der Bieter oder Bewerber die für die Auftragsausführung erforderliche Leistungsfähigkeit nicht in eigener Person. Es ist auch möglich, sich bei der Erfüllung des Auftrags ganz oder teilweise anderer Unternehmen zu bedienen. Hierbei sind verschiedene Konstellationen vorstellbar und in der Praxis zu beobachten.

Unternehmen können sich als Bieter- oder Bewerbergemeinschaften am Wettbewerb beteiligen. Sie können als Generalunter- oder als Generalübernehmer den Einsatz von Unterauftragnehmern, in den Verfahrensordnungen teilweise auch als Nachunternehmer bezeichnet, für die Erbringung der vertraglichen Leistungen vorsehen.[174] Die Forderung nach einem Eigenleistungsanteil ist – von Ausnahmen bei der Vergabe von ÖPNV-Leistungen abgesehen – vergaberechtlich unzulässig. Vergabeunterlagen, die die Übertragung wesentlicher Leistungsteile an Unterauftragnehmer verbieten, verstoßen gegen das Recht der Europäischen Union.[175] Im Unterschwellenbereich können dagegen weitergehende Vorgaben für eine Selbstausführung der Leistungen gemacht werden, wenn ausgeschlossen werden kann, dass der Auftrag für Unternehmen in anderen EU-Mitgliedstaaten von Interesse ist (sog. Binnenmarktrelevanz).

a) Bieter- oder Bewerbergemeinschaften

Mehrere Unternehmen können sich, um ihre Leistungsfähigkeit im Hinblick auf einen konkreten Auftrag zu erhöhen, zu Bieter- oder Bewerbergemeinschaften zusammenschließen.

Im Ausgangspunkt besteht keine unternehmerische Pflicht, z.B. durch Einstellung von Personal die eigenen Ressourcen aufzustocken, um die geforderte Leistungsfähigkeit für einen ausgeschriebenen Auftrag zu erlangen. Ebenso besteht kein Vorrang andere Unternehmen als Unterauftragnehmer einzubinden, um auf diesem Wege die erforderlichen Kapazitäten für einen öffentlichen Auftrag zu schaffen.[176] Bieter- oder Bewerbergemeinschaften sind vielmehr generell zulässig und Einzelbietern und -bewerbern gleichgestellt. Dies gilt selbst dann, wenn sich in einer Bieter- oder Bewerbergemeinschaft zwei Unternehmen zusammenschließen, von denen eines zur Durchführung des Auftrags auch allein in der Lage ist, das andere aber nicht. In diesem Fall führt die gemeinschaftliche Verfahrensteilnahme in der Regel nicht zur Beeinträchtigung des Wettbewerbs, weil auch ohne Bieter- oder Bewerbergemeinschaft nur ein Unternehmen in der Lage wäre, teilzunehmen.[177]

Eine gemeinschaftliche Verfahrensteilnahme begründet also keinen „bösen Schein", der die Mitglieder einer Bieter- oder Bewerbergemeinschaft verpflichten würde, bereits mit Abgabe eines Angebots oder Teilnahmeantrags nachzuweisen, dass der Zusammenschluss nicht auf wettbewerbsbeschränkenden, sondern auf vernünftigen unternehmerischen Erwägungen beruht.

---

174 OLG München, Beschl. v. 9.8.2012, Verg 10/12.
175 EuGH, Urt. v. v. 2.12.1999, Rs. C-176/98, Holst Italia.
176 OLG Celle, Beschl. v. 8.7.2016, 13 Verg 2/16.
177 OLG Düsseldorf, Beschl. v. 17.1.2018, Verg 39/17; OLG Saarbrücken, Beschl. v 27.6.2016, 1 Verg 2/16.

Nur wenn konkrete Anhaltspunkte dafür vorliegen, dass mit einer gemeinschaftlichen Verfahrensbeteiligung wettbewerbsbeschränkende Zwecke verfolgt werden, müssen öffentliche Auftraggeber den Sachverhalt ermitteln und die beteiligten Unternehmen auffordern, die Gründe für die Bildung der Bieter- oder Bewerbergemeinschaft darzulegen.

Praxistipp

Die bisweilen zu beobachtende Praxis, dass Bieter- und Bewerbergemeinschaften bereits mit den Angeboten oder Teilnahmeanträgen die kartellrechtliche Zulässigkeit einer gemeinschaftlichen Verfahrensteilnahme (z.B. durch ein Rechtsgutachten o.ä.) nachweisen müssen, ist vergaberechtlich unzulässig. Wird ein solcher Nachweis nicht vorgelegt, ist ein Ausschluss vom Vergabeverfahren aus diesem Grund nicht zulässig. Auch ein unabhängig davon erklärtes Aufklärungsverlangen geht ohne konkrete Anhaltspunkte dafür, dass die gemeinschaftliche Teilnahme wettbewerbsbeschränkende Zwecke verfolgt, vergaberechtlich ins Leere.

Bewerber- und Bietergemeinschaften sind wie Einzelbewerber und -bieter zu behandeln. Im Falle einer gemeinschaftlichen Verfahrensteilnahme muss nicht jedes Mitglied der Bieter- oder Bewerbergemeinschaft die festgelegten Anforderungen an die Leistungsfähigkeit erfüllen, sondern die Bieter- oder Bewerbergemeinschaft insgesamt. Dementsprechend sind die geforderten Nachweise auch nur für die Gemeinschaft insgesamt vorzulegen.[178] Eine Ausnahme hiervon gilt nur für das Nichtvorliegen von Ausschlussgründen bzw. die Zuverlässigkeit, die unabhängig von der Aufteilung der Anteile im Innenverhältnis für alle Mitglieder individuell nachgewiesen werden müssen.[179]

Die Änderung in der Zusammensetzung einer Bietergemeinschaft nach Ablauf der Angebotsfrist ist nach einer strengen Auffassung des OLG Düsseldorf nicht zulässig, weil damit im offenen und im nicht offenen Verfahren stets eine Änderung des Angebots und damit ein unzulässiges Nachverhandeln gegeben sei.[180] Nach der Auffassung des OLG Celle existiert dagegen kein Rechtssatz, nach dem im offenen und nicht offenen Verfahren stets von einer unzulässigen Angebotsänderung auszugehen ist. Stattdessen ist insoweit erneut in die Eignungsprüfung einzutreten.[181] Ferner darf der Auftraggeber nicht verlangen, dass Bewerber- und Bietergemeinschaften eine bestimmte Rechtsform haben, um Teilnahmeanträge oder Angebote abzugeben. Dies schließt allerdings nicht aus, dass der Auftraggeber die Annahme einer bestimmten Rechtsform der Bietergemeinschaft nach der Erteilung des Zuschlags verlangt, wenn dies für die ordnungsgemäße Durchführung des Auftrages erforderlich ist.

Praxistipp

Aufgrund der nicht einheitlichen Rechtsprechung zu den Möglichkeiten, die Zusammensetzung einer Bietergemeinschaft im laufenden Vergabeverfahren zu ändern, besteht aus Bietersicht die Gefahr, dass Auftraggeber der strengen Auffassung des

178 OLG München, Beschl. v. 15.3.2012, Verg 2/12; VK Lüneburg, Beschl. v. 10.7.2012, VgK-21/2012.
179 VK Nordbayern, Beschl. v. 18.9.2003, 320.VK-3194-31/03; VK Sachsen, Beschl. v. 24.5.2007, 1/SVK/029-07.
180 OLG Düsseldorf, Beschl. v. 24.5.2005, VII-Verg 28/05; Beschl. v. 26.1.2005, VII-Verg 45/04.
181 OLG Celle, Beschl. v. 5.9.2007, 13 Verg 9/07.

OLG Düsseldorf folgen und (im offenen und nicht offenen Verfahren) eine unzulässige Angebotsänderung annehmen, was zwingend zum Ausschluss führt. Aus Auftraggebersicht ist genau zu prüfen, welcher Auffassung der jeweils zuständige Vergabesenat folgt.

b) Einsatz von Unterauftragnehmern und „Eignungsleihe"

Sofern der Bieter oder Bewerber die vom Auftraggeber gestellten Eignungsanforderungen nicht selbst erfüllen kann, hat er die Möglichkeit, sich auf die **Eignung eines Dritten** zu berufen, auf dessen Ressourcen er bei der Auftragsausführung zurückgreifen möchte. Im Wege der sogenannten Eignungsleihe ist es auch als Mitglied einer Bieter- oder Bewerbergemeinschaft möglich, im Hinblick auf die erforderliche wirtschaftliche und finanzielle sowie die technische und berufliche Leistungsfähigkeit die Kapazitäten anderer Unternehmen in Anspruch zu nehmen. Das Nichtvorliegen von Ausschlussgründen bzw. die Zuverlässigkeit muss dagegen sowohl durch den Bieter oder Bewerber als auch den jeweiligen Dritten individuell nachgewiesen werden.

Dritte in diesem Sinne sind in der Praxis meist Unterauftragnehmer, können aber auch solche Unternehmen sein, die mit dem Bieter oder Bewerber konzernverbunden sind, ohne ausdrücklich als Unterauftragnehmer in die Auftragserfüllung eingebunden zu sein.[182]

Besonders praxisrelevant ist die Abgrenzung zwischen Unterauftragnehmerleistungen und einfachen Unterstützungstätigkeiten. Der beabsichtigte Einsatz von Unterauftragnehmern ist auf Verlangen des Auftraggebers im Rahmen der Eignungsprüfung immer anzugeben, auch wenn keine Eignungsleihe vorgesehen ist. Eine namentliche Nennung von Unterauftragnehmern ist hierbei jedoch nicht zwingend erforderlich. Dritte, die den Bieter bei der Auftragserfüllung lediglich unterstützen, sind nur dann zu benennen, wenn der Bieter sich im Wege der Eignungsleihe auf die Kapazitäten des Dritten in wirtschaftlicher und finanzieller oder in technischer und beruflicher Hinsicht berufen möchte.[183] Entscheidend für die Abgrenzung ist, ob der Dritte im Pflichtenkreis des zukünftigen Auftragnehmers tätig werden und einen Teil der vertraglichen Leistungen für diesen erbringen soll.[184]

Praxisbeispiel

Bei einem Auftrag über die Herstellung von Dienstuniformen ist das Unternehmen, das die hierfür erforderlichen Knöpfe herstellt und liefert, kein Unterauftragnehmer, wenn die Herstellung und die Lieferung von Knöpfen keine vertraglichen Leistungen sind. Will der Bieter oder Bewerber dagegen bei der Herstellung der Uniformen auf einen Dritten zurückgreifen, handelt es sich um einen Unterauftragnehmer, dessen Eignung nachgewiesen werden muss.

Die Möglichkeit im Wege der Eignungsleihe auf die Kapazitäten Dritter zurückzugreifen ist nicht grenzenlos. Öffentliche Auftraggeber dürfen diese Möglichkeit dadurch beschrän-

182 OLG Düsseldorf, Beschl. v. 17.4.2019, VII-Verg 36/18.
183 Vgl. OLG Koblenz, Beschl. v. 4.10.2010, 1 Verg 8/10.
184 OLG Saarbrücken, Beschl. v. 2.4.2013, 1 Verg 1/13.

ken, dass bestimmte „kritische Aufgaben" bei Dienstleistungsaufträgen oder kritische Verlege- oder Installationsarbeiten im Zusammenhang mit einem Lieferauftrag direkt vom Bieter selbst oder im Fall einer Bietergemeinschaft von einem Teilnehmer der Bietergemeinschaft ausgeführt werden müssen.

Praxistipp

Öffentliche Auftraggeber haben grundsätzlich einen Beurteilungsspielraum, was sie im Rahmen eines Dienstleistungsauftrages als kritische Aufgabe ansehen, für deren Erledigung nicht auf die Kapazitäten Dritter zurückgegriffen werden darf. Da es sich hierbei um einen Ausnahmetatbestand handelt, der die Ausführungsfreiheit der Bieter einschränkt, ist eine restriktive Handhabung geboten. Daher werden nur solche Aufgaben als „kritisch" angesehen werden können, die für das Gelingen des Auftrags von zentraler Bedeutung sind (z.B. Fahrbetriebsleistung mit Schienenfahrzeugen im SPNV). Was der Auftraggeber als „kritisch" ansieht, sollte in der Auftragsbekanntmachung offengelegt werden. Der Beurteilungsspielraum des Auftraggebers muss ausgeübt und die Festlegung begründet und dokumentiert werden. Nicht ausreichend ist eine pauschale und intransparente Festlegung, nach der „wesentliche" Leistungsteile nicht auf Unterauftragnehmer übertragen werden dürfen.[185]

Der Grundsatz der Ausführungsfreiheit beinhaltet auch die Freiheit zu entscheiden, dass ein Dritter, auf den sich der Bieter im Vergabeverfahren im Wege der Eignungsleihe berufen hat, zwar in die Auftragsausführung eingebunden werden kann, eine Pflicht hierzu besteht aber – vorbehaltlich abweichender vertraglicher Vereinbarungen – grundsätzlich nicht. Wird jedoch die berufliche Leistungsfähigkeit verliehen, z.B. über Ausbildungs- oder Befähigungsnachweise oder über die Erfahrung von Mitarbeitern, so muss der Verleiher die entsprechende Leistung erbringen (§§ 47 Abs. 1 S. 3 VgV, 6d EU Abs. 1 UAbs. 3 VOB/A).

Der Auftraggeber fordert von den Bietern oder Bewerbern, die von der Möglichkeit der Eignungsleihe Gebrauch machen, den Nachweis darüber, dass ihnen die erforderlichen Mittel zur Verfügung stehen, indem sie beispielsweise entsprechende Verpflichtungserklärungen dieser Unternehmen vorlegen. Die Vorgabe einer bestimmten Form des Nachweises der Verfügbarkeit ist hierbei unzulässig (z.B. Pflicht, einen abgeschlossenen Kooperationsvertrag oder die Gründung einer Personengesellschaft nachzuweisen).[186] Entscheidend ist aber, dass sich der Dritte verbindlich verpflichtet, dem Bieter oder Bewerber die erforderlichen Kapazitäten zur Verfügung zu stellen. Absichtserklärungen oder „Gentlemans Agreements" reichen nicht aus.[187]

Unklar ist, ob und ggf. welche Eignungsnachweise für einfache Unterauftragnehmer vorzulegen sind, auf deren Eignung sich ein Bieter oder Bewerber nicht im Wege der Eignungsleihe berufen möchte. Die Unklarheit wird verstärkt durch uneinheitliche Regelungen für Liefer- und Dienstleistungsaufträge einerseits und für Bauaufträge andererseits.

185 OLG Rostock, Beschl. v. 23.4.2018, 17 Verg 1/18.
186 EuGH, Urt. v. 14.1.2016, Rs. C-234/14, Ostas celtnieks SIA, Rn 32 f.
187 OLG Düsseldorf, Beschl. v. 28.3.2018, VII-Verg 42/17.

§ 36 VgV regelt den Unterauftragnehmereinsatz ausdrücklich nur für Liefer- und Dienstleistungsvergaben. § 26 UVgO enthält eine entsprechende Regelung für den Unterschwellenbereich. Für Bauauftragsvergaben fehlen vergleichbar ausführliche Regelungen sowohl für EU-weite Vergaben als auch im Unterschwellenbereich.

Gegen eine Pflicht zur Vorlage von Eignungsnachweisen für einfache Unterauftragnehmer spricht, dass die Pflicht zur Eignungsprüfung ausdrücklich nur im Falle der Eignungsleihe gilt. Gemäß § 36 Abs. 5 S. 1 VgV besteht jedoch eine Pflicht zur Prüfung von Gründen für den Ausschluss; das umfasst nach Auffassung des Gesetzgebers auch einen Ausschluss wegen fehlender Eignung.[188] Die entsprechende Regelung für den Unterschwellenbereich nimmt dagegen ausdrücklich nur Bezug auf die Ausschlussgründe nach §§ 123, 124 GWB.

Nach einer etwas älteren Entscheidung des OLG Düsseldorf für eine Bauauftragsvergabe, verstehe es sich „von selbst, dass der Nachunternehmer für die von ihm zu übernehmenden Teile der Leistung in fachlicher, persönlicher und wirtschaftlicher Hinsicht denselben Eignungsanforderungen zu genügen [habe] wie der Auftragnehmer für jenen Leistungsteil [...]. Der Umstand, dass der Nachunternehmer [...] der gestellten Mindestanforderung nicht [entspreche], [schlage] [...] auf [den Bieter] durch."[189]

Praxistipp

▶ *Solange es nicht gefestigter Rechtsprechung entspricht, dass auch außerhalb der Eignungsleihe für Unterauftragnehmer die Eignung für den Leistungsteil nachgewiesen werden muss, für den sie vorgesehen sind, sprechen überwiegende rechtliche und im Übrigen auch praktische Gründe gegen eine derart weit reichende Erstreckung der Eignungsprüfung auf Unterauftragnehmer. Der Hauptauftragnehmer haftet uneingeschränkt selbst. Wenn er selbst die festgelegten Eignungskriterien vollumfänglich erfüllt, rechtfertigt dies die Prognose, dass er insbesondere auch bei Ausfall des vorgesehen Unterauftragnehmers die vertraglichen Leistungen ordnungsgemäß erfüllt. Einer weiteren Absicherung durch ein zweites geeignetes Unternehmen bedarf es nicht. Hierfür besteht weder ein Sicherungsinteresse des öffentlichen Auftraggebers noch eine rechtliche Grundlage in den Verfahrensordnungen. Im Gegenteil würde ein vollständig geeigneter Bieter in dieser Konstellation mit einem einfachen Unterauftragnehmer einer Bietergemeinschaft sogar schlechter gestellt.*

Ein Austausch von Unterauftragnehmern kann – abhängig vom Zeitpunkt des Austausches – unterschiedliche vergaberechtliche Folgen haben. Analog zur Änderung der Zusammensetzung einer Bietergemeinschaft könnte die Meinung vertreten werden, dass ein solcher Austausch in einem offenen oder nicht offenen Verfahren nach Ablauf der Angebotsfrist wegen des Nachverhandlungsverbots auch dann unzulässig ist, wenn sich der Bieter nicht auf die Leistungsfähigkeit eines Unterauftragnehmers berufen hat und seinerseits selbst vollständig geeignet ist. In einem Verhandlungsverfahren wäre ein Austausch dagegen zulässig. Gegen diese Sichtweise spricht jedoch, dass jedenfalls nach Zuschlagserteilung ein Unterauftragnehmeraustausch nur ausnahmsweise eine vergaberechtlich rele-

188 BRDrs. 87/16, S. 189.
189 OLG Düsseldorf, Beschl. v. 16.11.2011, VII-Verg 60/11.

vante Änderung der wesentlichen Vertragsbestandteile darstellt, wenn der ursprünglich angebotene und später geänderte Unterauftragnehmereinsatz „ausschlaggebendes Element für den Abschluss des Vertrags" war.[190] Unter Zugrundelegung dieser Rechtsprechung überzeugt es nicht, wenn für einen Unterauftragnehmerwechsel vor Zuschlagserteilung strengere Regeln gelten sollten.

7.5.4 Dritte Wertungsstufe

7.5.4.1 Unangemessen niedrig oder hoch erscheinende Preise oder Kosten

Auf der dritten Wertungsstufe ist der Auftraggeber verpflichtet, unangemessen niedrig erscheinende Angebote aufzuklären. Anders als die VOB/A sprechen die VgV und die UVgO insoweit, ohne dass ein inhaltlicher Unterschied erkennbar ist, von „ungewöhnlich" niedrig erscheinenden Angeboten.

Hintergrund der Aufklärungspflicht ist, dass auf unangemessen niedrige Angebote ein Zuschlag nicht erteilt werden darf. Hier besteht nach dem Wortlaut der einschlägigen Regelungen der VOB/A sowie der VgV und der UVgO wiederum ein Unterschied. Bei Bauvergaben gilt dasselbe für ungewöhnlich hohe Angebote. Bei Liefer- und Dienstleistungsvergaben „darf" der öffentliche Auftraggeber Angebote ablehnen, deren geringe Höhe nicht zufriedenstellend aufgeklärt werden konnte. Nach der Rechtsprechung des BGH besteht hier aber ein rechtlich gebundenes Ermessen, d.h. bei nicht zufriedenstellender Aufklärung darf der Zuschlag auf das betreffende Angebot nicht erteilt werden.[191]

Praxistipp

Ein gewichtiges, aber nicht allein entscheidendes Anzeichen dafür, dass das Angebot des Bestbieters unangemessen bzw. ungewöhnlich niedrig erscheint, besteht in einem Preisabstand von ca. 20 % zum zweitplatzierten Bieter. Anknüpfungspunkt ist stets der Gesamtpreis des Angebots (Angebotssumme). Bei Erreichen der ***Aufgreifschwelle*** *nimmt die Rechtsprechung eine Aufklärungspflicht des öffentlichen Auftraggebers an. Landesvergaberechtliche Regelungen sehen zum Teil bereits bei niedrigeren Aufgreifschwellen eine ausdrückliche Pflicht zur Preisaufklärung vor. Bieter haben im Rahmen EU-weiter Vergabeverfahren einen durchsetzbaren Anspruch darauf, dass der Auftraggeber seine Pflicht zur Preisaufklärung erfüllt.*

Der Bieter, der einen ungewöhnlich niedrig erscheinenden Preis anbietet, hat in jedem Fall vor einem Ausschluss einen vergaberechtlichen Anspruch darauf, dass der Auftraggeber eine Angemessenheitsprüfung durchführt und ihn anhört.[192]

190 Vgl. EuGH, Urt. v. 13.4.2010, Rs. C-91/08, Wall AG, Rn. 39; VK Bund, Beschl. v. 26.6.2019, VK 2-34/19.
191 BGH, Beschl. v. 31.1.2017, X ZB 10/16.
192 EuGH, Urt. v. 29.3.212, Rs. C-599/10, SAG ELV, Rn. 29.

7.5.4.2 Prüfungsinhalt und Prüfungsgrundlage

Der öffentliche Auftraggeber benötigt für seine anschließend zu treffende Entscheidung über den Ausschluss des betreffenden Angebots eine belastbare Tatsachengrundlage.[193] Hier ist der Auftraggeber grundsätzlich frei, welche Informationen und Unterlagen er von dem betroffenen Bieter verlangt, um die erforderliche Entscheidung treffen zu können.[194] § 60 Abs. 2 Satz 2 VgV enthält eine nicht abschließende Aufzählung möglicher Punkte, an denen sich der öffentliche Auftraggeber bei der Prüfung orientieren kann. Ausgangspunkt einer Preisaufklärung kann zudem eine nachvollziehbare und vertretbare Kostenschätzung sein. Daneben sind die Angebotssummen anderer Bieter ebenso zu berücksichtigen wie Erfahrungswerte aus vergleichbaren Ausschreibungen in der Vergangenheit. Zu berücksichtigen sind schließlich die vom Bieter im Zuge der Aufklärung abgegebenen Erklärungen.[195]

Landesvergaberechtliche Regelungen konkretisieren zum Teil die Art und Weise der Nachweisführung. § 6 des Berliner Ausschreibungs- und Vergabegesetzes (BerlAVG) bestimmt beispielsweise, dass die Vergabestelle sich von dem betroffenen Bieter die Kalkulationsunterlagen vorlegen lässt. Wenn der öffentliche Auftraggeber bereits auf der Grundlage der vorliegenden Informationen und Unterlagen, die bei Erreichen der Aufgreifschwelle gebotene Prüfung durchführen kann, ist ein weitergehendes Aufklärungsverlangen beim Bieter nicht erforderlich.[196]

Konkurrierende Bieter können vor diesem Hintergrund nicht verlangen, dass so lange geprüft wird, bis die Unangemessenheit des Angebotspreises erwiesen ist. Mit Blick auf den Grundsatz der Zumutbarkeit, der seinen Prüfungsaufwand begrenzt, ist der öffentliche Auftraggeber nicht gezwungen, entsprechende Testate eines Wirtschaftsprüfers einer methodenkritischen Analyse zu unterziehen.[197]

7.5.4.3 Mitwirkungsobliegenheit des Bieters

Im Rahmen der Preisaufklärung trifft den betroffenen Bieter eine Pflicht zur Mitwirkung. Er muss, will er keinen Ausschluss riskieren, die Zweifel an der Angemessenheit seines Angebotspreises aktiv ausräumen und zu diesem Zweck die vom öffentlichen Auftraggeber gestellten Fragen vollständig beantworten und alle geforderten zusätzlichen Unterlagen innerhalb einer gesetzten Frist vorlegen. Kommt der Bieter innerhalb der von der Vergabestelle festgelegten Frist dieser Vorlagepflicht nicht nach, so ist er von dem weiteren Verfahren ausgeschlossen. Der Nachweis ist nicht dadurch geführt, dass Angaben und Erklärungen allein wertenden Inhalts abgegeben werden.[198] Öffentliche Auftraggeber sind im Rahmen der Aufklärung verpflichtet, sich an das festgelegte Verfahren zu halten. Ein nachträglicher Verzicht einer im Rahmen der Aufklärung geforderten, aber vom Bieter nicht

193 OLG Düsseldorf, Beschl. v. 11.7.2018, VII-Verg 19/18.
194 VK Brandenburg, Beschl. v. 11.5.2020, VK 4/20.
195 OLG Düsseldorf, Beschl. v. 11.7.2018, VII-Verg 19/18.
196 VK Bund, Beschl. v. 13.2.2019, VK 2-118/18; offenlassend OLG Düsseldorf, Beschl. v. 11.7.2018, VII-Verg 19/18.
197 OLG Düsseldorf, Beschl. v. 11.7.2018, VII-Verg 19/18.
198 Vgl. VK Thüringen, Beschl. v. 11.2.2010, 250-4002.20-253/2010-001-EF; Beschl. v. 9.9.2005, 360-4002.20-009/05-SON und Beschl. v. 28.11.2002, 216-4002.20-057/02-EF-S.

oder nicht fristgemäß gelieferten Information macht eine auf dieser Grundlage getroffene Entscheidung angreifbar.[199]

Praxistipp

Mit pauschalen, nichts sagenden Aussagen (z.B. „Wir verfügen über eine hochmoderne Fertigungstechnologie." – „Wir stehen zu dem Preis." – „Der Preis ist angemessen.") ist der Nachweis eines angemessenen Angebotspreises nicht erbracht; das Angebot darf dann auf der vierten Wertungsstufe nicht mehr weiter geprüft werden.

7.5.4.4 Entscheidung

Die zu treffende Entscheidung des öffentlichen Auftraggebers, das geprüfte Angebot von der Wertung auszuschließen oder in der Wertung zu belassen, ist eine Abwägung zwischen dem berechtigten Interesse des Bestbieters, im Ergebnis des Vergabewettbewerbs den Zuschlag auf sein Angebot zu erhalten, und dem Interesse des Auftraggebers an einer vertragsgemäßen Leistungserbringung. Dabei spielt die Frage, ob der Bieter unter seinen Kosten anbietet, nur eine untergeordnete Rolle. Es ist nicht verboten, unter Kosten anzubieten, um Marktanteile zu erhöhen, wenn das Unternehmen aufgrund seiner Struktur und seiner Aufstellung und wirtschaftlichen Stärke in der Lage ist, das Verlustgeschäft zu kompensieren und gleichwohl vertragsgemäß zu leisten. Das nachvollziehbar und überzeugend zu erklären, obliegt dem betroffenen Bieter im Rahmen der Aufklärung. Wenn ihm dies nicht gelingt und wenn dem Auftraggeber im Ergebnis der Prüfung bei Eintritt bestimmter, zumindest nicht vollständig unwahrscheinlicher Umstände erhebliche wirtschaftliche Nachteile drohen, ist das betreffende Angebot nicht zuschlagsfähig.[200]

Eine mögliche Erklärung für eine ungewöhnlich niedrig erscheinende Preisgestaltung ist auch, wenn dem Bieter eine **staatliche Beihilfe** gewährt worden ist. In diesem Fall muss der Bieter nicht nur die Beihilfe an sich offenlegen, er muss auch nachweisen, dass die Beihilfe rechtmäßig gewährt worden ist. Gelingt ihm der Nachweis nicht oder nicht innerhalb der vom Auftraggeber gesetzten Frist, ist sein Angebot auf der dritten Wertungsstufe auszuschließen.

7.5.5 Vierte Wertungsstufe

Die vierte Wertungsstufe dient der **Ermittlung des wirtschaftlichsten Angebots**.

Wirtschaftlichkeitsmaßstab ist entweder der Preis oder eine Kombination preislicher und qualitativer Kriterien, die der Auftraggeber zuvor festgelegt und bekannt gegeben hat. Innerhalb des vom Auftraggeber in den Vergabeunterlagen gezogenen Rahmens sind alle mit dem Angebot abgegebenen leistungsbezogenen Erklärungen des Bieters relevant, die aus dem Blickwinkel des Preis-Leistungsverhältnisses einer vergleichenden Bewertung zu-

199 Vgl. VK Nordbayern, Beschl. v. 14.3.2019, RMF-SG21-3194-4-5.
200 Vgl. BGH, Urt. v. 19.6.2018, X ZR 100/16.

gänglich sind. Sofern das individuelle und konkrete Leistungsversprechen eines Bieters nach Maßgabe der Zuschlagskriterien aus Auftraggebersicht einen Mehrwert gegenüber dem Leistungsversprechen eines anderen Bieters bedeutet, ist eine bessere Bewertung gerechtfertigt.[201]

Bei der Durchführung der Angebotswertung verfügt der Auftraggeber über einen durch die Anforderungen an die Leistung und die Zuschlagskriterien definierten und zugleich begrenzten **Beurteilungsspielraum**, der nur einer eingeschränkten Überprüfung durch die Nachprüfungsinstanzen unterliegt.[202] Je mehr Spielraum die Leistungsbeschreibung den Bietern für die Ausgestaltung ihrer Angebote eröffnet, desto größer ist auch der Beurteilungsspielraum des Auftraggebers bei der Angebotswertung.[203] Der Beurteilungsspielraum bei der Angebotswertung ist – wie bei der Eignungsprüfung – wiederum nur begrenzt durch das Verbot, der Entscheidung sachfremde, willkürliche oder diskriminierende Erwägungen außerhalb der festgelegten Kriterien zugrunde zu legen, und das Gebot, den Beurteilungssachverhalt vollständig und zutreffend auszuermitteln. Eine Anwendung anderer als der einmal festgelegten und bekannt gegebenen Zuschlagskriterien nach Ablauf der Angebotsfrist in Kenntnis der eingereichten Angebote ist aus Gründen der Bietergleichbehandlung unzulässig. Dies gilt auch für den zugrunde gelegten Beurteilungsmaßstab. Der Beurteilungsspielraum kann durch gesetzliche Rahmenbedingungen für die jeweilige Leistung eingeschränkt sein.[204] Den durch die Leistungsbeschreibung und die Zuschlagskriterien eröffneten Beurteilungsspielraum muss der Auftraggeber jedoch auch ausnutzen. Anderenfalls kann der Vorwurf begründet sein, dass die Zuschlagsentscheidung gerade nicht anhand der zuvor festgelegten „Spielregeln", sondern auf der Grundlage anderer sachfremder Kriterien getroffen wurde.

Praxistipp

Der Auftraggeber muss sich an seine eigenen „Spielregeln" halten. Er muss die zuvor festgelegten Kriterien bei der Angebotswertung auch tatsächlich anwenden und darf sich nicht von sachfremden Erwägungen leiten lassen. Unabhängig davon muss er Klarheit über das Angebot haben; es muss eindeutig sein, was der Bieter zu welchem Preis zu leisten verspricht (vollständig und zutreffend ermittelter Sachverhalt). Es obliegt zwar den Bietern, sich und ihr Leistungsversprechen im Angebot klar und widerspruchsfrei in das „bestmögliche Licht" zu stellen. Bei Unklarheiten oder Zweifeln über wertungsrelevante Aspekte sind Auftraggeber aber gut beraten, eine Angebotsaufklärung durchzuführen.

201 Siehe oben zur Festlegung der Zuschlagskriterien, s. Kap. 7.1.1.2.
202 OLG Koblenz, Beschl. v. 2.10.2012, 1 Verg 4/12.
203 OLG Koblenz, Beschl. v. 2.10.2012, 1 Verg 4/12.
204 Vgl. VK Lüneburg, Beschl. v. 27.4.2020, VgK-04/2020: Gesetz über Tageseinrichtungen für Kinder des Landes Niedersachsen (KiTaG).

Praxisbeispiel

Im Rahmen einer Ausschreibung von SPNV-Leistungen legt der Auftraggeber als Zuschlagskriterium das Alter der für die Leistungserbringung vorgesehenen Fahrzeuge fest. In den Vergabeunterlagen ist gefordert, dass die Leistungen mit Fahrzeugen zu erbringen sind, die ab Zulassungsdatum nicht älter als zehn Jahre sind (Mindestanforderung). Angebote, die den Einsatz von Fahrzeugen vorsehen, die zehn Jahre und jünger sind, werden positiv bewertet. Dabei erhalten Neufahrzeuge auf einer Skala von null bis zehn Punkten zehn und Fahrzeug mit einem Alter von zehn Jahren null Punkte. Unter diesen Voraussetzungen würde der Auftraggeber seinen Beurteilungsspielraum überschreiten, wenn er ein zehn Jahre altes Fahrzeug besser als mit null Punkten bewertet, etwa, weil es eine besonders niedrige Laufleistung aufweist oder über eine besonders hochwertige Innenausstattung verfügt.

Praxisbeispiel

Ausschreibung von SPNV-Leistungen wie im Praxisbeispiel zuvor. Der Auftraggeber legt als Zuschlagskriterium die Fahrzeugqualität fest. Als Wertungsmaßstab gelten das Fahrzeugalter wie oben sowie zusätzlich die Laufleistung und die Innenausstattung. Zehn Punkte erhält ein Angebot, das den Einsatz von Neufahrzeugen mit einer besonders hochwertigen, über das marktübliche Niveau hinausgehenden Innenausstattung vorsieht. Null Punkte erhält ein Angebot mit Fahrzeugen mit einem Alter von zehn Jahren, einer Laufleistung von durchschnittlich 1 Mio. Zugkilometer pro Jahr und einer minderwertigen Innenausstattung. Unter diesen Voraussetzungen würde der Auftraggeber seinen Beurteilungsspielraum überschreiten, wenn er ein Angebot nur deswegen mit null Punkten bewertet, weil es den Einsatz von Gebrauchtfahrzeugen mit einem Alter von zehn Jahren vorsieht, obwohl diese Fahrzeuge eine sehr geringe Laufleistung aufweisen und über eine neuwertige Innenausstattung verfügen.

Unter Beachtung der aufgezeigten Grenzen des Beurteilungsspielraums ist es nicht zu beanstanden, wenn auch subjektive Komponenten des Entscheidungsträgers eine Rolle spielen.[205] Ein wichtiges Instrument zur Verhinderung willkürlicher Wertungsentscheidungen ist das Vier-Augen-Prinzip. Danach sollen an der Entscheidung über den Zuschlag in der Regel mindestens zwei Vertreter des öffentlichen Auftraggebers mitwirken (vgl. §§ 58 Abs. 5 VgV, 43 Abs. 8 UVgO). Das Vier-Augen-Prinzip bei der Angebotswertung ist nicht in allen Verfahrensordnungen vorgesehen, aber auch überall dort, wo Zuschlagskriterien mit Beurteilungsspielraum festgelegt sind und angewendet werden müssen, sinnvoll und empfehlenswert.

205 OLG München, Beschl. v. 10.8.2017, Verg 3/17; VK Nordbayern, Beschl. v. 1.3.2019, RMF-SG21-3194-4-3.

Praxisbeispiel

Ausschreibung von Verpflegungsleistungen für Kindertagesstätten: Der Auftraggeber legt als Zuschlagskriterium die „Speisenqualität" fest, die im Rahmen eines Probe-Essens geprüft und bewertet werden soll. In der Leistungsbeschreibung ist – nicht als Mindestanforderung – definiert, dass das Leistungsangebot nach Speisenauswahl, Zutaten und Zubereitung möglichst ausgewogen, altersgerecht, mit unter Verwendung von möglichst vielen Bio-Produkten und unter größtmöglichem Verzicht auf Fleischgerichte sein soll. Für ein Probe-Essen müssen die Bieter vier exemplarische Gerichte liefern, die von vier Testern beim Auftraggeber verkostet und anschließend nach Schulnotensystematik von null bis zehn Punkten bewertet werden.

7.6 Besonderheiten des Verhandlungsverfahrens

Das allen Verfahrensarten immanente Ziel ist die Bezuschlagung des wirtschaftlichsten Angebots. Dieses Ziel wird je nach Verfahrensart jedoch mit unterschiedlichen Konzepten verfolgt.

Während in einem offenen und in einem nicht offenen Verfahren von Anfang an klar definiert ist, welche konkrete Leistung der Auftraggeber zu welchen Rahmenbedingungen beschaffen möchte, muss diese Frage im Laufe eines Verhandlungsverfahrens erst noch abschließend beantwortet werden.

Dieser grundlegend andere Ansatz des Verhandlungsverfahrens spiegelt sich in der besonderen Flexibilität seines Ablaufs im Vergleich zum offenen und zum nicht offenen Verfahren wider. Dasselbe gilt für die Verhandlungsvergabe bzw. Freihändige Vergabe im Vergleich zur Öffentlichen und zur Beschränkten Ausschreibung im Unterschwellenbereich.

7.6.1 Eignungsprüfung / Teilnehmerauswahl

Diese besondere Verfahrensflexibilität zeigt sich im Ergebnis des Teilnahmewettbewerbs bereits dadurch, dass der Auftraggeber nicht alle interessierten Unternehmen zur Angebotsabgabe auffordern muss, sondern – ausnahmsweise – unter den geeigneten Unternehmen diejenigen auswählen darf, die ihm ein Angebot unterbreiten dürfen.

Hinsichtlich der Anzahl der aufzufordernden Unternehmen ist der Auftraggeber ebenfalls weitgehend frei. Als Untergrenze wird in einigen Verfahrensordnungen eine Teilnehmeranzahl von drei Unternehmen festgelegt. In anderen Verfahrensordnungen fehlen derartige Festlegungen. Insoweit ist lediglich der übergeordnete Wettbewerbsgrundsatz gemäß § 97 Abs. 1 GWB zu berücksichtigen.

7.6.1.1 Verfahren mit Teilnahmewettbewerb

In Verfahren mit Teilnahmewettbewerb ist die Eignungsprüfung dem eigentlichen Wettbewerb um die Auftragserteilung vorgelagert. Für die Eignungsprüfung gelten die allgemeinen Grundsätze.

Aus dem Begriff des Teilnahmewettbewerbs folgt aber auch, dass sich dieser Verfahrensabschnitt i.d.R. nicht auf die Eignungsprüfung beschränkt. Vielmehr stehen die Bewerber um die Teilnahme im Wettbewerb, sie müssen sich hierfür erst – über den Nachweis ihrer Eignung hinaus – gesondert qualifizieren.

Zweck des Teilnahmewettbewerbs ist es, die Zahl der zur Angebotsabgabe aufzufordernden Unternehmen zu begrenzen und dadurch sowohl den Aufwand der Unternehmen als auch den Aufwand des Auftraggebers zu verringern. Den im Teilnahmewettbewerb nicht erfolgreichen Unternehmen wird der insbesondere bei großvolumigen und komplexen Vergabeverfahren sehr große Aufwand bei der Angebotserstellung erspart. Diese nach der Eignungsprüfung durchzuführende Auswahl wird allerdings nur dann erforderlich, wenn die Zahl der geeigneten Bewerber die zuvor in der Bekanntmachung für die Zulassung zur Angebotsphase festgelegte Teilnehmerzahl überschreitet. Ein Anspruch eines grundsätzlich geeigneten Bewerbers auf Aufforderung zur Angebotsabgabe besteht nicht.[206]

Grundlage der Auswahlentscheidung sind objektive, transparente und nichtdiskriminierende Kriterien, die der öffentliche Auftraggeber ebenfalls bereits in der Bekanntmachung anzugeben hat.[207] Praxisbewährt ist eine vergleichende Bewertung der Leistungsfähigkeit der Bewerber, z.B. anhand der durch Referenzen nachgewiesenen Erfahrungen. Mögliche weitere objektive und nicht diskriminierende Kriterien in diesem Sinne sind Umsatzangaben, Angaben und Nachweise zur Qualifikation der für die Leistung verantwortlichen Mitarbeiter oder zur technischen Ausrüstung und zur Gewährleistung der Qualität im Unternehmen des Bewerbers.

Praxistipp

▶ *Sofern der Teilnehmerauswahl mehrere Kriterien zugrunde gelegt werden sollen, ist der Auftraggeber vergaberechtlich nicht verpflichtet, die Kriterien zu gewichten. Wenn er gleichwohl eine Gewichtung vornimmt, ist es aus Gründen der Transparenz auch geboten, die Gewichtung in der Bekanntmachung anzugeben.*

7.6.1.2 Verfahren ohne Teilnahmewettbewerb

In Verfahren ohne Teilnahmewettbewerb werden die Bewerber die zur Angebotsabgabe aufgefordert werden, anders als in Verfahren mit Teilnahmewettbewerb nicht auf der Grundlage vorher bekannt gemachter Kriterien ausgewählt.

Die interessierten Unternehmen haben daher keine Möglichkeit, die Auftraggeberentscheidung in ihrem Sinne etwa durch Angabe besonders geeigneter Referenzen zu beein-

206 VK Bund, Beschl. v. 25.6.2003, VK1-45/03.
207 BayObLG, Beschl. v. 20.4.2005, Verg 26/04; OLG Naumburg, Beschl. v. 15.1.2002, 1 Verg 5/00.

flussen. Der Auftraggeber entscheidet vielmehr autonom aufgrund eigener Kenntnisse über die Eignung, und die potenziellen Bieter wissen oftmals gar nicht, dass sie an einem solchen internen Auswahlprozess teilnehmen, insbesondere dann nicht, wenn sie nicht zur Angebotsabgabe aufgefordert werden. Eigene **Erkenntnisse** über die Eignung potenziell in Betracht kommender Bieter sammelt der Auftraggeber **aus öffentlichen Quellen** wie etwa dem Handelsregister, dem Gewerbezentralregister, einer Creditreform-Auskunft, dem Bundesanzeiger oder auch aus Erfahrungen mit den betreffenden Unternehmen aus früheren Projekten.

Praxistipp

Auch bei Verfahren ohne Teilnahmewettbewerb gilt, dass der Zuschlag nicht auf das Angebot eines Unternehmens erteilt werden darf, das nicht die erforderliche Eignung besitzt. Auftraggeber müssen daher die Eignung der ausgewählten Bieter nicht nur prüfen, sie müssen die Eignungsprüfung auch dokumentieren. Eine ohne Eignungsprüfung getroffene Zuschlagsentscheidung ist angreifbar und kann im Anwendungsbereich des EU-Vergaberechts durch die Nachprüfungsinstanzen aufgehoben werden.

Das per se wettbewerbsfremde Vorgehen eines Vergabeverfahrens ohne Teilnahmewettbewerb ist gerechtfertigt, wenn und weil ein Wettbewerb aus den in den Verfahrensordnungen genannten Gründen ohnehin nicht oder nur sehr eingeschränkt zu erwarten ist (z.B. technische oder rechtliche Besonderheiten im Zusammenhang mit der Leistung). In Notsituationen („dringliche zwingende Gründe") kann auf einen Teilnahmewettbewerb selbst dann verzichtet werden, wenn mehrere Unternehmen für den Auftrag in Betracht gezogen werden könnten.[208]

Praxistipp

Die Möglichkeit, bei Vorliegen dringlicher zwingender Gründe auf einen Teilnahmewettbewerb zu verzichten, bedeutet nicht, dass es zulässig wäre, lediglich ein Unternehmen zur Angebotsabgabe aufzufordern. Stattdessen ist es aus Auftraggebersicht auch in solchen Verfahren sicherer, zumindest einen „kleinen Wettbewerb" durchzuführen und mehr als ein Unternehmen zur Angebotsabgabe aufzufordern. Das gilt auch für haushaltsrechtlich gebundene Auftraggeber bei Unterschwellenvergaben. Direktverhandlungen mit nur einem Bieter sind immer gesondert zu begründen. In besonderen Ausnahmesituationen wie der Corona-Krise sind – abhängig von Auftragsgegenstand – Direktverhandlungen mit nur einem Bieter möglich.

Schließlich kann auf einen Teilnahmewettbewerb verzichtet werden, wenn der Teilnehmerkreis aufgrund eines vorangegangenen, aber erfolglosen offenen oder nicht offenen Verfahrens bzw. einer erfolglosen Öffentlichen oder Beschränkten Ausschreibung bereits feststeht.

208 Siehe Kap. 6.3.2.

7.6.2 Strukturiertes Verhandlungsverfahren

Verfahrensregeln für den Ablauf des Verhandlungsverfahrens finden sich nur insoweit, als die grundlegenden Bestimmungen über die Vergabeunterlagen, Formen, Fristen sowie die Prüfung und Wertung der Angebote auch im Verhandlungsverfahren gelten. Hinsichtlich der Ausgestaltung der Verhandlungen selbst ist der Auftraggeber jedoch weitgehend frei von konkreten Vorgaben.

Dieser Umstand und die damit wiederum verbundene Verfahrensflexibilität machen das Verhandlungsverfahren zwar einerseits für öffentliche Auftraggeber attraktiv. Wegen der zwangsläufig mit ihm einhergehenden Rechtsunsicherheit ist das Verhandlungsverfahren aber auch fehleranfällig. Die Rechtsprechung hat daher in der Vergangenheit auf der Grundlage der allgemeinen Verfahrensgrundsätze Eckpfeiler herausgearbeitet, die im Einzelfall zu beachten sind.

In der Praxis hat es sich bewährt, ein Verhandlungsverfahren nach Abschluss des Teilnahmewettbewerbs in **zwei Phasen** aufzuteilen (sogenanntes strukturiertes Verhandlungsverfahren): die Angebots- und die Verhandlungsphase.

Die nachfolgende Darstellung gilt wiederum entsprechend für die Verhandlungsvergabe bzw. Freihändige Vergabe unterhalb der EU-Schwellenwerte, wenn der Auftraggeber die ausgewählten Bewerber zur Abgabe von Erstangeboten auffordert.

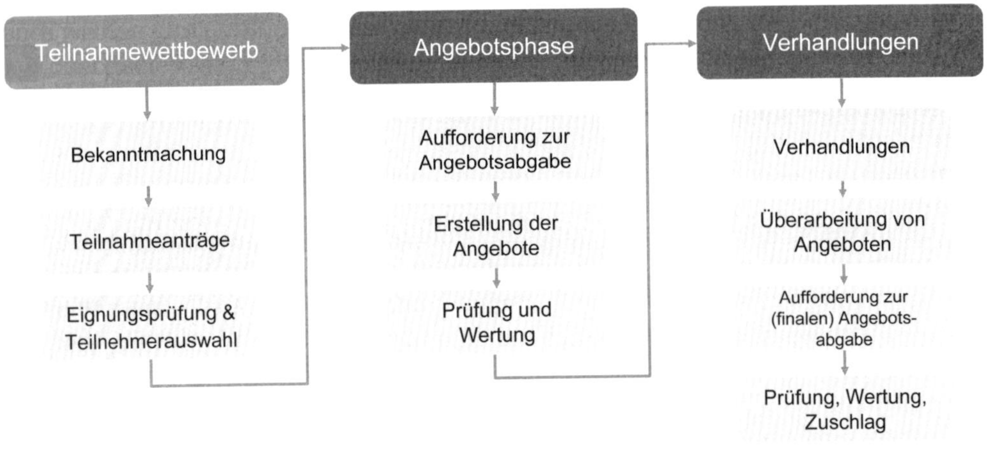

Abb. 34: Strukturiertes Verhandlungsverfahren im Überblick

Praxistipp

Unterhalb der EU-Schwellenwerte besteht zudem die Möglichkeit, ohne Erstangebote in Verhandlungen einzutreten. In diesem Fall werden die ausgewählten Bewerber zunächst zu Gesprächen über die Anforderungen an die Leistung eingeladen, ggf. verbunden mit der Aufforderung, erste Lösungsvorschläge und Preisindikationen vorzustellen. Anschließend erstellt bzw. finalisiert der Auftraggeber die Vergabeunterlagen und fordert die Bewerber zur Angebotsabgabe auf. Das ist im Unter-

schwellenbereich eine zusätzliche Möglichkeit zur Flexibilisierung des Verfahrens und kann ein geeignetes Mittel sein, das Feedback des Marktes bereits vor Aufforderung zur Abgabe von Erstangeboten einzuholen, um dieses bei der Gestaltung der Vergabeunterlagen berücksichtigen zu können.

7.6.2.1 Angebotsphase

In der Angebotsphase werden die ausgewählten Bewerber zunächst aufgefordert, Erstangebote einzureichen. Diese Erstangebote werden in der Praxis auch indikative Angebote genannt; indikativ deshalb, weil sie im Laufe der anschließenden Verhandlungsphase regelmäßig noch verändert werden können.

Indikativ bedeutet dagegen nicht, dass sie nicht verbindlich im zivilrechtlichen Sinne sind. Nur verbindliche Angebote sind wirksame Angebote, über die die Verfahrensbeteiligten in Verhandlungen eintreten können. Darin besteht ein maßgeblicher Unterschied im Vergleich zum wettbewerblichen Dialog, in dem sich die Teilnehmer mit ihren Lösungsvorschlägen in der Dialogphase gerade noch nicht binden.

Auftraggeber können sich auch vorbehalten, den Zuschlag bereits auf die Erstangebote zu erteilen. Diese Entscheidung muss in der Auftragsbekanntmachung oder in der Aufforderung zur Interessenbestätigung mitgeteilt werden, damit die Bieter sich bei der Ausarbeitung ihrer Erstangebote entsprechend darauf einrichten können. Obwohl nicht ausdrücklich geregelt, besteht die Möglichkeit der Zuschlagserteilung auf die Erstangebote auch in Verhandlungsverfahren bzw. Verhandlungsvergaben ohne Teilnahmewettbewerb. In diesem Fall muss auf den Vorbehalt in der Aufforderung zur Angebotsabgabe hingewiesen werden.

Praxistipp

▶ *Die verbreitete Auffassung, (indikative) Erstangebote seien unverbindlich, ist irreführend. Auch indikative Angebote sind zivilrechtlich verbindlich. Vergaberechtlich besteht allerdings ein Anspruch der Bieter auf mindestens eine Verhandlungsrunde. Die Zuschlagserteilung auf Erstangebote ist unzulässig, wenn der Auftraggeber sich diese Möglichkeit der Zuschlagserteilung auf die Erstangebote nicht ausdrücklich vorbehalten hat.*

Grundlage der Angebotserstellung sind – wie stets – die den Bietern übersandten Vergabeunterlagen mit Bewerbungsbedingungen, Vertragsbedingungen (Vertragsentwurf) und Leistungsbeschreibung.

Der Grundsatz der eindeutigen und erschöpfenden Leistungsbeschreibung bindet den Auftraggeber zwar auch im Verhandlungsverfahren,[209] da auch Erstangebote miteinander vergleichbar sein müssen. Dabei ist aber zu berücksichtigen, dass der Vertrag und die Leistungsbeschreibung einschließlich aller fachlich-technischen, kommerziellen und rechtli-

209 OLG Düsseldorf, Beschl. v. 2.8.2002, VII-Verg 25/02.

chen Rahmenbedingungen in dem vom Auftraggeber vorher festgelegten Umfang Gegenstand von Verhandlungen sein werden.

Um die Vergleichbarkeit der Angebote gleichwohl zu gewährleisten, ist es ist aus Auftraggebersicht möglich und geboten, für die Erstangebote in den Vergabeunterlagen und insbesondere in der Leistungsbeschreibung einen Rahmen an (nicht verhandelbaren) Mindestanforderungen vorzugeben.[210] In Abhängigkeit von dem konkreten Auftragsgegenstand eröffnet und nutzt der Auftraggeber dadurch gleichzeitig den Spielraum für die Bieter bei der Erstellung ihrer Erstangebote. Über diesen Auftragskern hinaus kann sich der Auftraggeber Vorschläge unterbreiten lassen, diese prüfen und zum Gegenstand der weiteren Verhandlungs- und Angebotsrunden machen.

Die Prüfung und Wertung der Erstangebote erfolgt nach allgemeinen Regeln. Auch Erstangebote müssen alle geforderten oder nachgeforderten Erklärungen enthalten. Sie müssen fristgerecht eingehen[211] und unterschrieben oder elektronisch signiert sein. Änderungen des Bieters an seinen Eintragungen müssen zweifelsfrei sein. Sie dürfen die Vergabeunterlagen nicht ändern oder ergänzen.[212] Nebenangebote müssen zugelassen sein und die festgelegten Mindestanforderungen erfüllen.

Praxistipp

Das Verhältnis von nicht verhandelbaren Mindestanforderungen und verhandelbaren Anforderungen sollte für die Erstangebote gut austariert sein. Denn eine Verletzung von Mindestanforderungen führt auch im Verhandlungsverfahren immer zum Ausschluss vom Vergabeverfahren. Es besteht keine Pflicht, Mindestanforderungen für die Erstangebote festzulegen. Insbesondere dann, wenn die Zahl der zu verhandelnden Angebote nicht bereits nach Eingang der Erstangebote reduziert werden soll, sind öffentliche Auftraggeber gut beraten, möglichst niedrigschwellige Anforderungen an die Erstangebote aufzustellen, um Bieter nicht bereits in einem früheren Stadium zu „verlieren". Auf diesem Wege ist gewährleistet, sich von den Bietern möglichst unterschiedliche Lösungswege vorschlagen zu lassen. Spätestens für die endgültigen Angebote muss der Auftraggeber sich jedoch auf einen bestimmten Lösungsweg festlegen, um die Vergleichbarkeit der endgültigen Angebote zu gewährleisten. Hierfür sind Mindestanforderungen ein geeignetes Mittel. Verbleibender Spielraum kann durch individuelle Konzepte der Bieter ausgefüllt und vom Auftraggeber bei der Bewertung der Angebotsqualität entsprechend berücksichtigt werden.

Eine Wertung von Erstangeboten ist entbehrlich, wenn der Auftraggeber alle nicht ausgeschlossenen Angebote verhandeln und den Bieterkreis nicht bereits aufgrund der Erstangebote reduzieren will. Wenn er die Zahl der zu verhandelnden Angebote reduzieren will, ist eine Zwischenwertung anhand der bekannt gemachten Zuschlagskriterien zwingend.

210 OLG Naumburg, Beschl. v. 12.4.2012, 2 Verg 1/12.
211 VK Bund, Beschl. v. 29.5.2020, VK2-19/20.
212 EuGH, Urt. v. 5.12.2013, Rs. C-561/12, Nordecon und Ramboll Eesti, Rn. 37 f.

Nach Prüfung und ggf. Wertung der Erstangebote tritt der Auftraggeber in Verhandlungen über diese Angebote ein, die Verhandlungsphase beginnt.

7.6.2.2 Verhandlungsphase

Die Verhandlungen sind ein „dynamischer Prozess“, in dem Auftraggeber und Bieter den Auftragsinhalt und die Auftragsbedingungen so lange besprechen, bis klar ist, was der Auftraggeber zu welchen Konditionen einkaufen will und was der Bieter zu leisten bereit ist.

a) Zahl der zu verhandelnden Angebote

Aus Gründen des Wettbewerbs sollte der Auftraggeber grundsätzlich alle zuschlagsfähigen Angebote verhandeln. Zwar wird in der vergaberechtlichen Spruchpraxis vertreten, dass es zulässig sei, nach der Wertung der Erstangebote weit zurückliegende Bieter ohne echte Chance auf den Zuschlag nicht zu Verhandlungen aufzufordern.[213] Daran ist richtig, dass Verhandlungen kein Selbstzweck sind und Bieter nicht darauf vertrauen dürfen, dass der Auftraggeber so lange mit ihnen verhandelt, bis ihr Angebot erstplatziert ist.

Eine solche Entscheidung ist aber im Einzelfall sorgfältig abzuwägen. Wenn und soweit (auch in Abhängigkeit der Zahl der vorgesehenen Verhandlungsrunden) bedeutsame Änderungen, insbesondere der fachlich-technischen und der rechtlichen Auftragsbedingungen, möglich sind, kann auch ein nach einer ersten Wertung abgeschlagen erscheinender Bieter noch ein aussichtsreicheres überarbeitetes Angebot abgeben. Die durchgehende Aufrechterhaltung eines größeren Bieterkreises kann daher auch und gerade im Interesse des Auftraggebers sein.

Fraglich ist die Zulässigkeit der verbreiteten Praxis, auf zunächst weit abgeschlagene Bieter erst und nur dann zurückzugreifen, wenn die Verhandlungen mit den zunächst präferierten Bietern nicht erfolgreich sind. Eine derartige lineare Verhandlungsstrategie erscheint jedenfalls nur dann möglich, wenn mit **mindestens zwei Bietern** verhandelt wird. Zwar wird das Verhandlungsverfahren allgemein in § 119 Abs. 5 GWB als Verfahren mit „einem oder mehreren“ Unternehmen definiert. Aus den Verfahrensordnungen ergibt sich für EU-Vergabeverfahren jedoch, dass in jedem Verfahrensstadium noch so viele Angebote vorliegen müssen, dass ein Wettbewerb gewährleistet ist. Dieser Grundsatz kann auch auf Verhandlungsvergaben bzw. Freihändige Vergaben im Unterschwellenbereich übertragen werden.

Verhandlungen mit nur einem „Preferred Bidder“ sind vergaberechtlich angreifbar.[214] Voraussetzung ist dabei, dass überhaupt eine ausreichende Anzahl an geeigneten Bewerbern vorhanden ist. Wenn nur ein Unternehmen ein Erstangebot abgegeben hat, darf der Auftraggeber auch nur mit diesem einen Unternehmen verhandeln; er muss das Verfahren nicht etwa aufheben und darf dies mangels Aufhebungsgrunds im Übrigen auch nicht.[215]

---

213 OLG Frankfurt, Beschl. v. 10.4.2001, 11 Verg 1/01; vgl. auch OLG Düsseldorf, Beschl. v. 14.5.2009, Verg 6/09.
214 VK Lüneburg, Beschl. v. 4.1.2012, VgK 54/2011.
215 OLG München, Beschl. v. 3.11.2011, Verg 14/11; OLG Koblenz, Beschl. v. 23.12.2003, 1 Verg 8/03.

b) Verfahrensgestaltung und Verfahrensablauf

Im Verhandlungsverfahren ist der Auftraggeber grundsätzlich an die bekannt gegebenen Verfahrensregeln, insbesondere in Bezug auf den Fristenplan, die Zahl der Verhandlungsrunden und die Verhandlungsthemen, gebunden, die er unter Beachtung der allgemeinen Grundsätze der Transparenz, des Wettbewerbs und der Gleichbehandlung festgelegt hat.

Für alle Teilnehmer sind **gleiche Fristen** zur Vorbereitung, Durchführung und Nachbereitung der Verhandlungsgespräche vorzusehen. Insbesondere müssen den Bietern im Nachgang zu Verhandlungsterminen einheitliche und angemessene Fristen zur Angebotsüberarbeitung gesetzt werden.[216]

Außerdem sind alle Bieter zeit- und inhaltsgleich über den Stand, Gegenstand und den Ablauf des weiteren Verfahrens zu informieren. Zur Gewährleistung eines gleichmäßigen Informationsflusses sind Bieterrundschreiben zweckmäßig. Zentrale Informationsveranstaltungen sind dagegen nicht zu empfehlen, da über die gegenseitige Kenntnis der Bieter voneinander auf mögliche Angebotsinhalte und das Wettbewerbsverhalten geschlossen werden kann.

Praxistipp

▶ *Es ist aus Gründen der Transparenz und der Gleichbehandlung geboten, dass alle Bieter zu jedem Zeitpunkt Kenntnis über den Stand der Verhandlungen und über die nächsten Schritte haben. Bieter können daraus jedoch keinen Anspruch ableiten, zu erfahren, wie ihr Erstangebot im Vergleich zu den anderen Angeboten bewertet wurde.*

Sofern der Auftraggeber sich hinsichtlich der Zahl der Verhandlungsrunden nicht festgelegt hat, was ihm freisteht, und wenn er sich die Möglichkeit der Zuschlagserteilung auf Erstangebote nicht vorbehalten hat, müssen die Bieter in einem Verhandlungsverfahren grundsätzlich darauf vertrauen können, dass mindestens eine Verhandlungsrunde stattfindet.[217]

Praxistipp

▶ *Zur Erhöhung der Verfahrensflexibilität kann es aus Auftraggebersicht sinnvoll sein, sich hinsichtlich der Zahl der Verhandlungsrunden nicht festzulegen.*

Der Auftraggeber darf, einen entsprechenden sachlich zu begründenden Verhandlungsbedarf vorausgesetzt, einer angekündigten letzten Verhandlungsrunde noch eine allerletzte Runde anschließen. Voraussetzung ist hierbei, dass allen Bietern transparent mitgeteilt wird, dass (entgegen früherer Ankündigungen) eine weitere Runde stattfindet und dass allen Bietern unter gleichen Rahmenbedingungen die Teilnahme an dieser allerletzten Runde ermöglicht wird.[218] Für die Behauptung, der Auftraggeber habe die weitere Runde

216 OLG Naumburg, Beschl. v. 12.4.2012, 2 Verg 1/12.
217 OLG Naumburg, Beschl. v. 12.4.2012, 2 Verg 1/12.
218 KG, Beschl. v. 17.5.2013, Verg 2/13.

mit dem – gleichheitswidrigen – Ziel eröffnet, bestimmten, von ihm favorisierten Bietern, die im Ergebnis der vorherigen Verhandlungsrunde keinen Zuschlag erhalten hätten, die Möglichkeit zu schaffen, mit der Abgabe eines weiteren Angebots den bisherigen Bestbieter noch zu überbieten, ist der Bieter im Nachprüfungsverfahren darlegungs- und beweispflichtig. Insoweit besteht keine böse Vermutung gegen den Auftraggeber.[219] Im Übrigen gilt auch im Verhandlungsverfahren nach Abschluss der letzten Verhandlungs- und Angebotsrunde und Prüfung und Wertung der finalen Angebote das Nachverhandlungsverbot. Der Auftraggeber darf daher nicht mit dem für den Zuschlag vorgesehenen Bieter nochmals in Verhandlungen über den Auftrag eintreten.[220] Dementsprechend stellt auch eine Bestimmung, wesentliche Vertragsbestandteile erst nach Zuschlag zu verhandeln, einen schwerwiegenden Vergabeverstoß dar.[221]

Hinsichtlich der Verfahrenskommunikation im Verhandlungsverfahren bestehen keine wesentlichen Unterschiede im Vergleich zu anderen Verfahrensarten. Auftraggeber und Verfahrensteilnehmer kommunizieren unter Verwendung elektronischer Mittel. Wenngleich es aus technischer Sicht möglich und vergaberechtlich durchaus erlaubt wäre, besteht keine Pflicht zur elektronischen Kommunikation im Rahmen von Verhandlungsgesprächen.

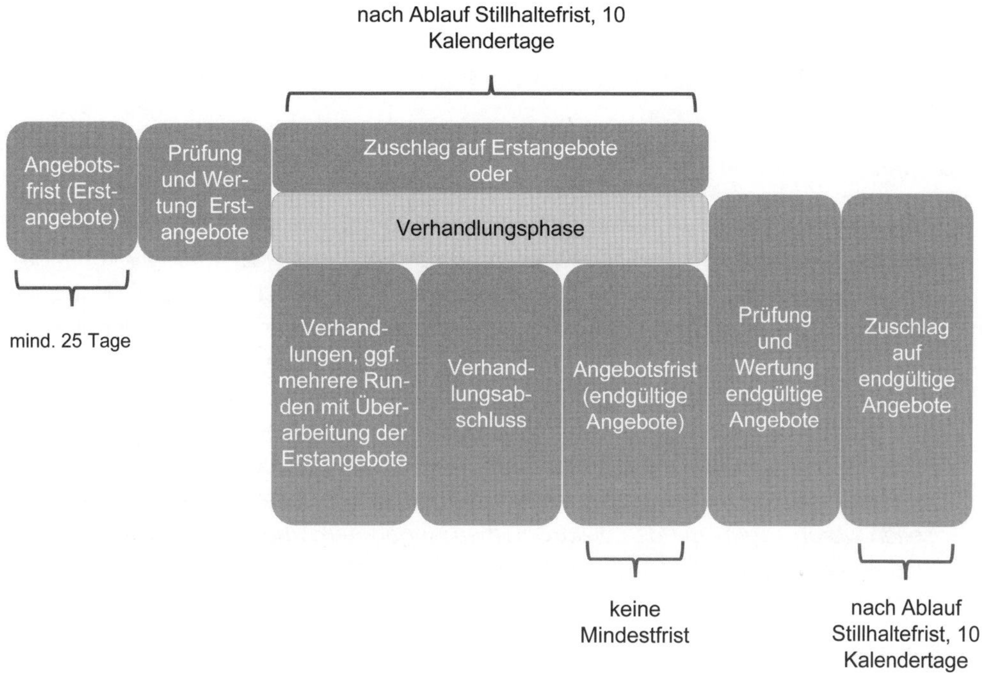

Abb. 35: Angebots- und Verhandlungsphase im Überblick (mit Fristen EU-Vergabeverfahren)

219 KG, Beschl. v. 17.5.2013, Verg 2/13.
220 VK Lüneburg, Beschl. v. 4.1.2012, VgK 54/2011.
221 VK Südbayern, Beschl. v. 3.1.2018, Z-3-3-3194-1-46-08/17.

Besonders praxisrelevant, u.a. für die Vergabe von Planungsleistungen, ist ferner auch die Frage, ob und unter welchen Voraussetzungen es möglich ist, mündlich vorgetragene Bieterpräsentationen zu bewerten. Die Qualifikationen und Erfahrungen der für die Leistungen vorgesehenen Personen ist ein mögliches Zuschlagskriterium, wenn diese Aspekte erheblichen Einfluss auf die Auftragsausführungen haben können. Das ist bei der Vergabe von Planungsleistungen, aber auch bei anderen geistig-schöpferischen Leistungen regelmäßig der Fall. Dann ist es naheliegend, wenn der öffentliche Auftraggeber ein solches Kriterium nicht allein aufgrund der elektronischen Angebote anwenden, sondern die handelnden Personen auch sehen und ihre Qualifikation „live" prüfen möchte. Hier sind **Präsentationen** ein praxisübliches Mittel. Die Vergabekammer Südbayern hat diese gängige Praxis von Bieterpräsentationen aber durch Entscheidungen jedenfalls für EU-weite Vergabeverfahren dahingehend eingeschränkt, dass sie in einem Verhandlungsverfahren nur zulässig sei, wenn dem Bieter im Anschluss an eine Präsentation die Möglichkeit gegeben wird, sein Angebot einschließlich des Personaltableaus noch einmal überarbeiten zu können. Eine Zuschlagserteilung im Anschluss an eine Bieterpräsentation sei nur möglich, wenn der Auftraggeber sich die Zuschlagserteilung auf Erstangebote vorbehalten habe. Hinzu kämen ggf. Verstöße gegen die Vertraulichkeit der Angebote und gegen die Pflicht zur elektronischen Kommunikation im Vergabeverfahren, wenn die Inhalte der zu bewertenden Präsentation nicht bereits Bestandteil der zuvor eingereichten elektronischen Angebote waren.[222] Die Vergabekammer des Bundes hält eine Bewertung rein mündlich vorgetragener Angebotsinhalte dagegen für zulässig, wenn diese ausreichend dokumentiert werden.[223]

Praxistipp

Die unterschiedlichen Auffassungen in der vergaberechtlichen Spruchpraxis zur Wertbarkeit von ausschließlich mündlich im Rahmen einer Präsentation vorgetragenen Angebotsinhalten sorgt für große Rechtsunsicherheit in der Praxis. Öffentlichen Auftraggebern außerhalb des Zuständigkeitsbereichs der Vergabekammer des Bundes ist zur Vermeidung rechtlicher Risiken zu empfehlen, die strenge Entscheidungspraxis der Vergabekammer Südbayern bei der Gestaltung und bei der Durchführung von Vergabeverfahren zu beachten. Das bedeutet: Aufnahme eines Zuschlagsvorbehalts für Erstangebote in die Auftragsbekanntmachung, Pflicht zur Abgabe von Angebotsinhalten (z.B. Lösungen von Praxisaufgaben), die später präsentiert werden sollen, vorab bereits mit den elektronischen Angeboten, und spätere Präsentation und Bewertung ausschließlich dieser vorab eingereichten Angebotsinhalte.

c) Verhandlungsinhalte

Die Vergabeunterlagen auf der einen und das Angebot der Bieter auf der anderen Seite unterliegen in einem Verhandlungsverfahren einer fortlaufenden Entwicklung, bis der beschriebene Idealzustand erreicht ist und die Verhandlungspartner wissen, was der Auftraggeber zu welchen Konditionen beschaffen will und was der Bieter zu leisten bereit ist.

222 VK Südbayern, Beschl. v. 2.4.2019, Z3-3-3194-1-43-11/18, und Beschl. v. 2.1.2018, Z3-3-3194-1-47-08/17.
223 VK Bund, Beschl. v. 22.11.2019, VK 1-83/19.

Das ist es, was das Verhandlungsverfahren ausmacht: Ein wesentlicher Teil der Planungsarbeit und Entwicklungsarbeit wird aus der Phase der Verfahrensvorbereitung in das Verfahren selbst verlagert. Der Auftraggeber, der oftmals nicht über das Knowhow verfügt, um alle am Markt verfügbaren Lösungen für seinen Beschaffungsbedarf zu überblicken, zu kanalisieren und in eine alle Anforderungen abschließend definierende (konstruktive) Leistungsbeschreibung zu überführen, greift zu diesem Zweck auf die Bieter zurück und entwickelt mit ihnen gemeinsam die Lösung, die seinen Beschaffungsbedarf in fachlich-technischer, kaufmännischer und rechtlicher Hinsicht am besten deckt.

Daraus folgt aber auch, dass die Bieter in ihrem Vertrauen auf einen Bestand einmal getroffener Festlegungen nicht schutzwürdig sind. Es ist dem Verhandlungsverfahren wesensimmanent, ständig Veränderungen vorzunehmen.[224] Ein Bieter kann daher nicht mit Aussicht auf Erfolg beanstanden, eine Änderung der Rahmenbedingungen habe (vergaberechtlich unzulässig) dazu geführt, dass sein ursprünglich besser platziertes Angebot nunmehr keine oder nur wenige Chancen auf den Zuschlag hat.

Grenze der Verhandelbarkeit ist der Auftragsgegenstand selbst. Die Identität des Beschaffungsvorhabens, so wie es die Vergabestelle zum Gegenstand der Ausschreibung gemacht hat, muss auch im Verhandlungsverfahren gewahrt bleiben.[225] Trotz des gewollten weiten Verhandlungsspielraums und der Dynamik des Verhandlungsprozesses ist es nicht erlaubt, im Ergebnis andere Leistungen zu beschaffen als ursprünglich angekündigt. Dieser Grundsatz ist weiter dadurch konkretisiert, dass über einmal aufgestellte Mindestanforderungen nicht verhandelt werden darf.[226] Es ist also nicht möglich, dass ein Bieter sein nicht ausschreibungskonformes Produkt oder seine nicht ausschreibungskonforme Leistung in das Verfahren „hineinverhandelt".

Im Übrigen ist alles, d.h. alle fachlich-technischen, rechtlichen und kommerziellen Auftragsbedingungen, verhandelbar.[227] Da anders als in anderen Verfahrensarten das Nachverhandlungsverbot nicht gilt, sind sogar transparent vorgenommene Änderungen in der Person des Bieters während der Verhandlungsphase möglich.[228]

Praxistipp

▶ *Die Grenze zwischen einer zulässigen Änderung der fachlich-technischen Rahmenbedingungen für die Erbringung der auftragsgegenständlichen Leistung und einer unzulässigen Änderung des Auftragsgegenstands selbst können in der Praxis fließend sein. Aus Auftraggebersicht erscheint es daher am sichersten, derartige, auch aus Vorschlägen aus dem Bieterkreis entstandene Änderungen mit Blick auf den Beschaffungsbedarf sorgfältig zu prüfen und nur dann mit ebenso sorgfältiger fachlich-technischer Begründung in die Verhandlungen einzuführen, wenn ausgeschlossen werden kann, dass ein anderer als der mit der ursprünglichen Bekanntmachung adressierte Kreis an interessierten Unternehmen für die Auftragsausführung in Betracht kommt.*

224 EuGH, Urt. v. 5.10.2000, Rs. C-337/98, Matra, Rn. 50 f.
225 OLG Dresden, Beschl. v. 3.12.2003, WVerg 15/03.
226 OLG München, Beschl. v. 21.4.2017, Verg 1/17.
227 OLG Düsseldorf, Beschl. v. 3.8.2011, VII-Verg 16/11.
228 OLG Düsseldorf, Beschl. v. 3.8.2011, VII-Verg 16/11.

Im Rahmen lang andauernder Verhandlungsverfahren kann es zudem erforderlich werden, die Zuschlagskriterien an die Entwicklungen des Verfahrens anzupassen. Wenn der Auftraggeber die Leistung beispielsweise in Verhandlungen verändert oder die Leistungsmenge reduziert, ist es vergaberechtlich grundsätzlich nicht zu beanstanden, das auf die Leistung oder Teile der Leistung bezogene Zuschlagskriterium oder Unterkriterium und die hierzu festgelegten Wertungsmethoden und -maßstäbe entsprechend anzupassen. Im Verhandlungsverfahren ist es möglich und zulässig, die Leistungsbeschreibung im Verfahrensverlauf weiter auszugestalten und auf der Grundlage der Verhandlungsergebnisse neue Mindestanforderungen an die Leistung zu definieren. Das kann – spiegelbildlich dazu – auch Auswirkungen auf die Zuschlagskriterien und ihre Gewichtung haben.

Voraussetzung für die Anpassung von Zuschlagskriterien und ihrer Gewichtung im Laufe eines Verhandlungsverfahrens ist aber auch insoweit, dass durch die Anpassung keine Änderung der einmal bekannt gemachten Kriterien bewirkt wird.[229] Verhandlungen über Zuschlagskriterien selbst sind verboten.

d) Vertraulichkeit der Angebote im Verhandlungsverfahren

Die dem Verhandlungsverfahren innewohnende Innovationskraft erhöht allerdings auch die Anforderungen an den Geheimwettbewerb und an die Pflicht öffentlicher Auftraggeber, Angebotsinhalte vertraulich zu behandeln.

Die Vertraulichkeit der Angebote ist gerade im Verhandlungsverfahren von besonderer Bedeutung, da das Verhandlungsverfahren Nachträge und Nachbesserungen des abgegebenen Angebots bis zur Zuschlagsentscheidung zulässt. Vor der Zuschlagsentscheidung nach außen bekannt gemachte Angebotsinhalte ermöglichen den Konkurrenten, denen sie bekannt werden, die zielgerichtete Nachbesserung ihres Angebots und gefährden so den Wettbewerb.[230]

Um im Verhandlungsverfahren in gleicher Weise einen Geheimwettbewerb wie in den anderen wettbewerblichen Verfahren zu gewährleisten, ist es daher geboten, dass zumindest die Angebotsinhalte einschließlich der Angebotspreise vor den beteiligten Bietern wechselseitig geheim gehalten werden. Ein wesentliches Mittel der Geheimhaltung ist dabei, den Bietern einheitliche und parallel laufende Fristen zur Angebotsüberarbeitung zu gewähren.[231]

Absolute Geheimhaltung ist jedoch weder möglich noch gewollt. Vielmehr ist gerade typisch für Verhandlungsverfahren, dass der Auftraggeber Vorschläge aus dem Bieterkreis aufgreift und abstrakt zum Gegenstand der Verhandlungen macht,[232] solange es sich nicht um Betriebs- oder Geschäftsgeheimnisse handelt.

229 OLG Düsseldorf, Beschl. v. 2.5.2018, VII-Verg 3/18; siehe auch oben, Kap. 7.1.1.2.
230 VK Düsseldorf, Beschl. v. 4.8.2000, VK-14/2000-L.
231 Vgl. OLG Naumburg, Beschl. v. 12.4.2012, 2 Verg 1/12.
232 Vgl. KG, Beschl. v. 31.5.2000, KartVerg 1/00.

Praxistipp

Öffentliche Auftraggeber gewinnen hinsichtlich ihrer vergaberechtlichen Pflicht, schutzbedürftige Angebotsinhalte vertraulich zu behandeln, ein Mehr an Rechtssicherheit, wenn sie Bieter auffordern, Betriebs- und Geschäftsgeheimnisse in den Angeboten zu kennzeichnen. Bieter sind gut beraten, wenn sie dieser Aufforderung auch nachkommen. Anderenfalls haben Auftraggeber zwar nicht völlig freie Hand, was die Einbringung von Angebotsinhalten in Verhandlungen angeht. In Zweifelsfällen sollten sich Auftraggeber beim betroffenen Bieter noch einmal rückversichern. Aus Bietersicht ist es bei Nichtkennzeichnung im Nachhinein aber erheblich schwerer, einen Verstoß gegen die Pflicht zur vertraulichen Behandlung von Angebotsinhalten durch den Auftraggeber zu begründen. Umgekehrt wäre es auch zu leicht, wenn Bieter ihre Angebotsinhalte nach dem „Gießkannenprinzip" als vertraulich kennzeichnen. Im Zweifel müssen sie dann, wenn der Auftraggeber, einen bestimmten Punkt auch mit anderen Bietern verhandeln möchte, detailliert begründen, warum es sich dabei um ein schützenswertes Betriebs- oder Geschäftsgeheimnis handelt.

e) Verfahrensbeendigung

Das Verhandlungsverfahren wird wie alle anderen Verfahrensarten auch durch Zuschlag oder durch Aufhebung bzw. Einstellung beendet. Hierzu wird auf die Darstellung im folgenden Kapitel verwiesen.

Der Vertrag kommt zivilrechtlich wirksam durch ein Zuschlagsschreiben des Auftraggebers zustande, mit dem dieser erklärt, dass er das Angebot des für den Zuschlag vorgesehenen Bieters in der letztverhandelten Fassung annimmt. Wie sonst auch, ist eine gesonderte Vertragsunterzeichnung für das Zustandekommen des Vertrags grundsätzlich nicht erforderlich.

Praxistipp

Der Auftraggeber ist gut beraten, wenn er in dem Zuschlagsschreiben nicht bestimmte Vertragsinhalte, die ihm möglicherweise besonders wichtig erscheinen, nochmals besonders hervorhebt. Die Verhandlung über vertragliche Inhalte ist zu diesem Zeitpunkt beendet. Der Auftraggeber erklärt mit dem Zuschlag lediglich, dass er das finale Angebot annimmt. Wenn die Parteien eine gesonderte Vertragsunterzeichnung wünschen, ist bei der Erstellung oder Zusammenstellung der zu unterzeichnenden Vertragsurkunde darauf zu achten, dass der bereits abgeschlossene Vertrag dadurch nicht verändert wird.

7.7 Besonderheiten des wettbewerblichen Dialogs

Der wettbewerbliche Dialog kommt in Betracht, wenn entweder die technischen Mittel zur Deckung der Bedürfnisse des Auftraggebers oder aber die rechtlichen bzw. finanziellen Bedingungen des Vorhabens nicht abschließend festgelegt werden können. Es handelt sich dabei um ein Verfahren, das zum Ziel hat, die Mittel festzustellen und festzulegen, mit denen die Bedürfnisse des öffentlichen Auftraggebers am besten erfüllt werden können (§ 119 Abs. 6 GWB). Das Verfahren läuft in **drei Phasen** ab, dem Teilnahmewettbewerb (oder Aufforderungsphase), der Dialog- und der Angebotsphase. Auftraggeber können den wettbewerblichen Dialog alternativ zum Verhandlungsverfahren mit Teilnahmewettbewerb als Verfahrensart wählen, wenn die entsprechenden Zulässigkeitsvoraussetzungen erfüllt sind.[233]

Im Unterschwellenbereich gibt es keine vergleichbare Verfahrensart.

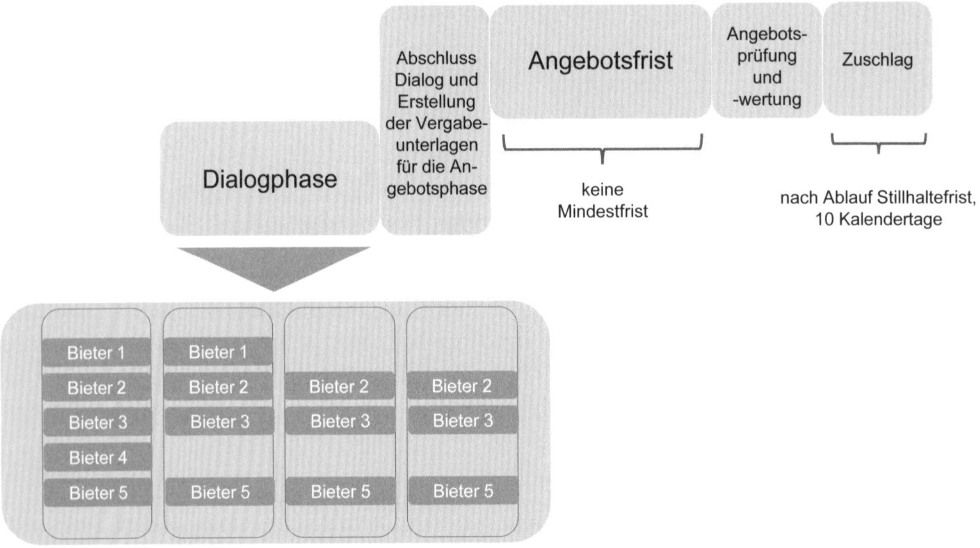

Abb. 36: Ablauf Dialog- und Angebotsphase

7.7.1 Teilnahmewettbewerb

Wählt der öffentliche Auftraggeber den wettbewerblichen Dialog als Vergabeverfahrensart, wird dem eigentlichen Vergabeverfahren ebenfalls ein Teilnahmewettbewerb mit einer Mindestfrist von 30 Tagen vorgeschaltet. Dieser wird mit der EU-weiten Auftragsbekanntmachung eröffnet. Der Auftraggeber kann seine Bedürfnisse und Anforderungen in der Bekanntmachung oder darüber hinaus in einer gesonderten Beschreibung näher erläutern. Der Begriff Beschreibung soll deutlich machen, dass es sich um ein Schriftstück handelt, das weniger detailliert und weniger festlegend und vorschreibend sein kann als die üb-

233 S. Kap. 6.3.2.

lichen Vergabeunterlagen.[234] Das Gebot der eindeutigen und erschöpfenden Leistungsbeschreibung gilt hier nicht, weil Gegenstand des Dialogs anders als im Verhandlungsverfahren keine Angebote, sondern lediglich Lösungsvorschläge sind, auf deren Grundlage der Auftraggeber nach Abschluss des Dialogs erst eine Leistungsbeschreibung erstellen wird.

Der Auftraggeber kann die Höchstzahl der zur Dialogphase einzuladenden Unternehmen begrenzen. Beabsichtigt er, von dieser Möglichkeit Gebrauch zu machen, muss er neben der Mindest- und Höchstzahl die objektiven, nicht diskriminierenden Kriterien zur Auswahl der Unternehmen in der Bekanntmachung angeben. Die Zahl der einzuladenden Dialogteilnehmer darf drei grundsätzlich nicht unterschreiten, es sei denn, es sind auf der Grundlage der Eignungskriterien tatsächlich weniger als drei Unternehmen geeignet. Will der Auftraggeber eine bestimmte Anzahl an Dialogrunden durchführen, um nach jeder Runde die Zahl der in Betracht kommenden Lösungen zu verringern, muss er dies den Bewerbern in der Bekanntmachung oder in der Beschreibung mitteilen.

Der Auftraggeber muss die Zuschlagskriterien in der Auftragsbekanntmachung, spätestens mit der Aufforderung zur Dialogteilnahme bekannt geben. Zulässig und im wettbewerblichen Dialog sinnvoll ist die spätere Konkretisierung durch Festlegung von Unterkriterien und Gewichtung der Zuschlagskriterien, wenn dies insbesondere wegen der Komplexität des Auftrags vorab nicht möglich ist. Voraussetzung ist dabei aber, dass die in den Vergabeunterlagen oder der Auftragsbekanntmachung genannten Zuschlagskriterien nicht geändert werden und die Unterkriterien und deren Gewichtung nichts enthalten, was, wenn es bei der Angebotserstellung bekannt gewesen wäre, diese hätte beeinflussen können, und sie nicht einen Bieter diskriminieren können.[235]

Praxistipp

Angesichts der Komplexität des im Einzelnen noch im Verfahren zu entwickelnden Auftragsgegenstands werden Auftraggeber regelmäßig mit den ersten Lösungsvorschlägen und Gesprächen in die Lage versetzt, die Konkretisierungen durch Untergliederung und Gewichtung der Zuschlagskriterien vorzunehmen. Insofern ist es gerechtfertigt, nicht schon mit der Aufforderung zur Dialogteilnahme eine ausführliche Matrix mit gewichteten Zuschlagskriterien und Unterkriterien bekanntzugeben.

Nach Eingang der Teilnahmeanträge interessierter Unternehmen und nach Ablauf der Frist für deren Einreichung wählt der öffentliche Auftraggeber die geeigneten Bewerber auf der Grundlage der bekannt gemachten Kriterien aus und fordert sie zur Teilnahme an Dialoggesprächen auf. Hinsichtlich der Eignungsprüfung bestehen keine Unterschiede zum Verhandlungsverfahren. Diejenigen Bewerber, die nicht für die Teilnahme am Dialog ausgewählt wurden, sind über ihre Nichtberücksichtigung zu informieren.

234 Erläuterungen der Kommission – Wettbewerblicher Dialog – Klassische Richtlinie, http://ec.europa.eu/internal_market/publicprocurement/docs/explain-notes/classic-dir-dialogue_de.pdf, Seite 4, Fußnote 9.
235 OLG Celle, Beschl. v. 16.5.2013, 13 Verg 13/12.

7.7.2 Dialogphase

7.7.2.1 Allgemeines

Ziel der Dialogphase ist die Konzeption des zu vergebenden Auftrags im Rahmen individueller Gespräche mit den Dialogpartnern. Nachdem der Auftraggeber seine bereits in der Beschreibung mitgeteilten Bedürfnisse und Anforderungen weiter präzisiert hat, soll ermittelt und festgelegt werden, wie die Bedürfnisse des öffentlichen Auftraggebers am besten erfüllt werden können.

Die Dialogphase ist ein dynamischer Prozess, in dessen Rahmen alle Einzelheiten des Auftrags erörtert werden können und sollen. Der Dialog kann sich auf technische, kommerzielle (Preis, Kosten, Einkünfte usw.) oder rechtliche (Risikoverteilung und -begrenzung, Garantien, mögliche Gründung von „Zweckgesellschaften" usw.) Aspekte erstrecken.[236]

Soweit vorab in der Bekanntmachung oder der Beschreibung angegeben, kann der Dialog in mehrere Runden gegliedert werden, um die Zahl der zu erörternden Lösungen zu verringern.

Bei der Ausgestaltung der Dialogphase hat der Auftraggeber wiederum die Grundsätze der Gleichbehandlung, der Vertraulichkeit, des Wettbewerbs und der Transparenz zu beachten.

7.7.2.2 Einleitung

Die Dialogphase wird durch eine Aufforderung an die ausgewählten Teilnehmer eingeläutet, am Dialog teilzunehmen. Dabei sollte das Aufforderungsschreiben einen Termin bzw. einen Terminplan für die Dialogphase enthalten sowie den Ort und die Sprache des Dialogs bestimmen.

Die Erstellung einer Leistungsbeschreibung ist anders als im Rahmen eines Verhandlungsverfahrens nicht gefordert. Allerdings muss der Auftraggeber jetzt, wenn noch nicht mit der Auftragsbekanntmachung geschehen, seine Bedürfnisse und Anforderungen formulieren und die Zuschlagskriterien und – soweit schon möglich – ihre Gewichtung bestimmen. Eine spätere Konkretisierung z.B. durch Unterkriterien ist möglich und sinnvoll.

Spätestens nach Abschluss der Dialogphase und mit der Aufforderung zur Angebotsabgabe muss der Auftraggeber die Gewichtung der Zuschlagkriterien offenlegen.

Zweckmäßigerweise wird der Auftraggeber zur Einleitung der Dialogphase zu einem Auftaktgespräch einladen, in dessen Rahmen bereits erste Lösungsansätze besprochen werden können. Der Auftraggeber kann von den Teilnehmern verlangen, derartige Lösungsansätze auf der Grundlage der Beschreibung seiner Bedürfnisse und Anforderungen bis zum Auftaktgespräch auszuarbeiten und vorzulegen. Denkbar ist jedoch auch, dass der Auftraggeber im Rahmen des Auftaktgesprächs seine Bedürfnisse und Anforderungen weiter konkretisiert und den weiteren Verfahrensablauf schildert.

236 Erläuterungen der Kommission – Wettbewerblicher Dialog – Klassische Richtlinie, Seite 7.

Die allgemeinen Grundsätze der Transparenz und der Gleichbehandlung sind auch während der Einleitung des Dialogs zu beachten. Selbst wenn in dem Auftakttermin noch keine Lösungsansätze präsentiert werden, erscheint es sinnvoll, die Gespräche bieterindividuell durchzuführen. Denn auch insoweit kann nicht ausgeschlossen werden, dass aus der bloßen Verfahrensteilnahme eines Unternehmens auf ein bestimmtes Wettbewerbsverhalten geschlossen werden kann.

7.7.2.3 Ablauf des Dialoges

Bei der weiteren Ausgestaltung des Dialoges ist der Auftraggeber relativ frei. So kann er beispielweise mit einigen ausgewählten Unternehmen alle Einzelheiten des Auftrags erörtern oder auch mit allen Teilnehmern Einzelaspekte des Auftrags. Zu beachten sind der Transparenz-, der Gleichbehandlungs- sowie außerdem der Vertraulichkeitsgrundsatz. Der Auftraggeber darf daher Lösungsvorschläge eines Unternehmens nicht an einen anderen Dialogteilnehmer weitergeben. Der Vertraulichkeit in diesem Sinne unterliegen nicht nur Betriebs- und Geschäftsgeheimnisse, sondern alle lösungs- und unternehmensspezifischen Daten und Informationen, soweit sie nicht allgemeiner Natur sind.

Gleichbehandlung während des Dialoges bedeutet beispielsweise auch, dass allen Dialogpartnern Gelegenheit gegeben werden muss, ihren Lösungsansatz zu überarbeiten, wenn der Auftraggeber einem Unternehmen diese Möglichkeit zugesteht.

Zeitliche oder andere Vorgaben im Sinne einer Höchstzahl an Dialogrunden gibt es nicht. Diese Flexibilität ist etwa im Bereich der Bauauftrags- oder der Baukonzessionsvergabe auch deswegen sinnvoll, weil bauplanungsrechtliche Aspekte in der Dialogphase eine wesentliche Rolle spielen können. So kann der Auftraggeber verlangen, dass die Teilnehmer eine genehmigungsfähige Lösung präsentieren müssen. Das Verfahren kann sich über Monate und Jahre hinziehen, sodass nicht auszuschließen ist, dass einige Teilnehmer von sich aus den Dialog beenden. Dies steht ihnen bis zur Angebotsphase frei. Erst dann gilt eine festgelegte Angebotsbindefrist.

Die Lösungswege werden schrittweise im Laufe des Verfahrens reduziert, wenn der Auftraggeber dies vorgesehen und entsprechend bekannt gemacht hat. Wenn nicht ein Unternehmen mehrere Lösungen vorschlägt, was möglich ist, hat ein Ausscheiden seiner Lösung zwangsläufig auch sein Ausscheiden als Unternehmen zur Folge. Ein sogenanntes „Preferred Bidder"-Verfahren, also ein Verfahren, in dem der Dialog nur noch mit einem Unternehmen geführt wird, ist ebenso wenig möglich wie im Rahmen eines Verhandlungsverfahrens.

Wenn eine oder mehrere Lösungen gefunden sind oder erkennbar ist, dass keine Lösung gefunden werden kann, hat der Auftraggeber den Dialog für abgeschlossen zu erklären. Im Erfolgsfall fordert er die Dialogpartner zur Abgabe eines Angebots auf der Grundlage der eingereichten und in der Dialogphase näher ausgeführten Lösungen auf.

7.7.2.4 Angebots- und Wertungsphase

In der Angebotsphase erstellen die Bieter auf der Grundlage der Ergebnisse des Dialogs und der anschließend vom öffentlichen Auftraggeber getroffenen Festlegungen auf eine oder mehrere Lösungen Angebote, die sie innerhalb der Angebotsfrist einzureichen haben.

Sinnvollerweise fasst der Auftraggeber das Ergebnis der Dialogrunden in einem (weiteren) Anschreiben zusammen und fordert zur Angebotsabgabe auf. Die Angebotsfrist muss ausreichend bemessen sein. Maßstab bei der Festlegung der Angebotsfrist ist – wie stets – der von den Bietern zu leistende Aufwand bei der Angebotserstellung. Bei Verfahren im wettbewerblichen Dialog sollte der Auftraggeber die Angebotsfrist eher großzügiger bemessen, da der Begründungsaufwand für einen dringenden Beschaffungsbedarf und eine entsprechend kürzere Frist angesichts der ohnehin tendenziell eher längeren Verfahrensdauer sehr hoch sein dürfte.

Nach Abschluss der Angebotsfrist prüft und bewertet der Auftraggeber die Angebote anhand der final festgelegten Zuschlagskriterien und wählt das danach wirtschaftlichste Angebot aus. Weitere Dialogrunden finden nicht statt, und etwaige Aufklärungen oder Nachforderungen fehlender Unterlagen dürfen nicht zu inhaltlichen Angebotsänderungen führen. Die für das Nachverhandlungsverbot im offenen und nicht offenen Verfahren geltenden Grundsätze sind insoweit auf den wettbewerblichen Dialog übertragbar.

Der Auftraggeber kann schließlich mit dem Unternehmen, dessen Angebot als das wirtschaftlichste ermittelt wurde, weitere Gespräche führen, um sich im Angebot enthaltene finanzielle Zusagen oder andere Bedingungen bestätigen zu lassen, die in den Auftragsbedingungen abschließend festgelegt werden. Dies darf allerdings wiederum nicht dazu führen, dass wesentliche Bestandteile des Angebots oder des Auftrags einschließlich der in der Auftragsbekanntmachung oder den Vergabeunterlagen festgelegten Bedürfnisse und Anforderungen grundlegend geändert werden, der Wettbewerb verzerrt wird oder andere am Verfahren beteiligte Unternehmen diskriminiert werden.

Das Vergabeverfahren endet – wie stets – mit dem Zuschlag.

7.8 Besonderheiten der Innovationspartnerschaft

Die Innovationspartnerschaft ist eine vergleichsweise neue Verfahrensart, die im Zuge der Vergaberechtsreform 2016 eingeführt wurde (§ 119 Abs. 7 GWB). Durch dieses Verfahren werden die Entwicklung innovativer Produkte oder (Bau-)Leistungen und deren anschließender Erwerb ohne erneute Ausschreibung ermöglicht. Im Gegensatz zum Verhandlungsverfahren oder zum wettbewerblichen Dialog, in denen gleichfalls „konzeptionelle oder innovative Lösungen" berücksichtigt werden können, setzt das Verfahren der Innovationspartnerschaft voraus, dass die zu entwickelnden Produkte noch nicht auf dem Markt verfügbar sind.

Das Verfahren der Innovationspartnerschaft trägt dem Umstand Rechnung, dass bei der Neuentwicklung von Produkten für den Auftraggeber, der möglicherweise als Einziger ein Interesse und eine Verwendung für den Auftragsgegenstand hat, in der Vergangenheit häufig ein gesonderter Auftrag über die Entwicklung von Prototypen (vorkommerzielle Auftragsvergabe) erforderlich war.

Der mit der Entwicklung des Prototyps befasste Auftragnehmer stand in der Folge nicht selten auf dem nachfolgenden Markt für die Belieferung des Auftraggebers mit den fertig entwickelten Produkten als einziger Anbieter zur Verfügung. Die Zusammenfassung von Entwicklung innovativer Lösungen und späterer Beschaffung der Produkte soll durch eine langfristige Partnerschaft der Marktverengung entgegenwirken und zugleich ein erneutes Vergabeverfahren nach der Entwicklung des Prototyps für dessen Beschaffung vermeiden.

Die Innovationspartnerschaft soll sich gemäß Erwägungsgrund 49 der Richtlinie 2014/24/EU auf die Regeln stützen, die auch für das Verhandlungsverfahren gelten. Diese Maßgabe hat der deutsche Vergabegesetzgeber umgesetzt. In seinem Ablauf ist die Innovationspartnerschaft daher ähnlich strukturiert wie das Verhandlungsverfahren. Dementsprechend wird mit den ausgewählten Unternehmen über die Auftragsbedingungen verhandelt. Die Innovationspartnerschaft ist wie das Verhandlungsverfahren und der wettbewerbliche Dialog ein dreistufiges Verfahren.

Abb. 37: Ablauf der Innovationspartnerschaft

Mit der Auftragsbekanntmachung wird regelmäßig ein Teilnahmewettbewerb mit einer Teilnahmefrist von mindestens 30 Tagen eingeleitet, in dem die Eignung der Bewerber anhand der in der Bekanntmachung festgelegten Kriterien geprüft wird. Aus der Gruppe der geeigneten Bewerber werden die Unternehmen ausgewählt, die zur Abgabe von Erstangeboten in Form von Forschungs- oder Innovationsprojekten aufgefordert werden, die anschließend verhandelt werden. Die Zuschlagskriterien und die definierten Mindestanforderungen sind unverhandelbar. Wenn der Auftraggeber in der Auftragsbekanntmachung oder in den Vergabeunterlagen darauf hingewiesen hat, kann er die Verhandlungen in verschiedenen aufeinanderfolgenden Phasen abwickeln, um die Zahl der Angebote, über die verhandelt wird, anhand der vorgegebenen Zuschlagskriterien zu verringern. Eine Erteilung des Zuschlags allein auf der Grundlage des niedrigsten Preises oder der niedrigsten Kosten ist im Gegensatz zu anderen Vergabeverfahrensarten nicht möglich.

Praxistipp

Ein weiterer Unterschied zum Verhandlungsverfahren besteht darin, dass Auftraggeber im Rahmen der Innovationspartnerschaft nicht die Möglichkeit haben, sich die Zuschlagserteilung auf die Erstangebote vorzubehalten. Bieter haben daher einen vergaberechtlichen Anspruch auf Verhandlungen, der ggf. auch im Wege des Nachprüfungsverfahrens geltend gemacht werden kann.

Mit der Zuschlagserteilung auf eines oder mehrere der Angebote im Anschluss an eine oder mehrere Verhandlungsrunden wird die dritte Phase eingeleitet, die Innovationspartnerschaft im engeren Sinne. Dabei handelt es sich nicht um vergaberechtliche Regeln, sondern um Vorgaben für die vertragliche Gestaltung und Abwicklung der Innovationspartnerschaft. Die Entscheidung, den Zuschlag auf ein oder mehrere Angebote zu wollen, muss der Auftraggeber vorab in der Auftragsbekanntmachung festlegen.

Die dritte Phase, die Innovationspartnerschaft im engeren Sinne, wird wiederum in aufeinanderfolgende Phasen gegliedert, die Forschungs- und Entwicklungsphase und die Leistungsphase, und es werden die von den Partnern zu erreichenden Zwischenziele der Forschungs- und Entwicklungsphase sowie die Zahlung der Vergütung in angemessenen Teilbeträgen festgelegt. Wenn einzelne Zwischenziele nicht erreicht werden, kann der Auftraggeber entscheiden, die Innovationspartnerschaft zu beenden. Das gilt insbesondere auch für den Fall, dass im Ergebnis der Forschungs- und Entwicklungsphase das vertraglich festgelegte Leistungsniveau und die Kostenobergrenze nicht eingehalten werden. In diesem Fall kann der Auftraggeber die Innovationspartnerschaft beenden, ohne zum Erwerb der innovativen Liefer- oder Dienstleistung verpflichtet zu sein. Er kann, wenn er dies in der Auftragsbekanntmachung so festgelegt hat, bei mehreren Innovationspartnern auch einzelne Verträge kündigen. Es besteht daher nur dann ein Anspruch der Innovationspartner auf Übergang in die Leistungsphase, wenn die Vertragsziele der Forschungs- und Entwicklungsphase erreicht werden.

8. Abschluss des Vergabeverfahrens

In diesem Kapitel werden die Möglichkeiten dargestellt, wie ein Vergabeverfahren beendet werden kann. In der Regel geschieht dies durch die Erteilung des Zuschlags auf das wirtschaftlich günstigste Angebot, da hiermit der Auftrag erteilt und das Ziel des Beschaffungsvorgangs erreicht wird. Allerdings besteht für den Auftraggeber grundsätzlich keine Pflicht, einen ausgeschriebenen Auftrag zu vergeben. Daher kann er ein Vergabeverfahren auch aufheben oder es einfach nicht fortsetzen. Sofern er allerdings keine sachlichen Gründe hierfür hat, muss er mit Schadensersatzansprüchen der Bieter rechnen, in seltenen Ausnahmefällen auch mit einer Verpflichtung durch die Nachprüfungsinstanzen, das Verfahren fortzusetzen oder sogar den Zuschlag zu erteilen.

8.1 Zuschlag

Der Regelfall der Beendigung eines Vergabeverfahrens ist die Erteilung des Zuschlags. Mit ihm wird der ausgeschriebene Auftrag an den Bestbieter vergeben und das Vergabeverfahren beendet. Zugleich stellt er die Annahme des Angebots dar, womit der Vertrag über die Erbringung der Leistung geschlossen wird. Der Zuschlag hat also gleichzeitig eine vergaberechtliche und eine zivilrechtliche Komponente. Die jeweiligen Anforderungen sind sorgfältig voneinander zu trennen und zu beachten. Denn gerade in dieser finalen Phase des Vergabeverfahrens geht es für die Bieter um alles oder nichts – und dementsprechend genau und kritisch wird das Vorgehen des Auftraggebers beobachtet.

8.1.1 Information vor Zuschlagserteilung

In Umsetzung des Transparenzgebots sieht das Vergaberecht bereits vor Zuschlagserteilung unterschiedlich umfangreiche **Informationspflichten** des Auftraggebers gegenüber den Bewerbern und Bietern über den Ausgang des Vergabeverfahrens vor. Sie unterscheiden sich maßgeblich bei Ober- und Unterschwellenvergaben.

8.1.1.1 Im Oberschwellenbereich

Bei EU-weiten Vergabeverfahren stellt § 134 Abs. 1 GWB die **zentrale Vorinformationspflicht** dar. VgV, SektVO, VSVgV, KonzVgV und VOB/A enthalten ergänzende Regelungen.

a) Informations- und Wartepflicht nach § 134 GWB

§ 134 Abs. 1 GWB verpflichtet den Auftraggeber, alle Bieter, deren Angebote bei der Zuschlagserteilung nicht berücksichtigt werden sollen, über den geplanten Zuschlag zu informieren und im Anschluss hieran eine gewisse Zeit abzuwarten (sog. „**Stillhalte- oder Wartefrist**"). Das Ergebnis seiner Prüfung und Wertung der Angebote kann er also nicht einfach im Zuschlag auf das wirtschaftlich günstigste Angebot umsetzen. Der Grund für diese etwas ungewöhnliche Anforderung – immerhin möchte der Auftraggeber nach einem langwierigen Vergabeverfahren möglichst schnell den Auftrag erteilen – liegt in der Systematik des Vergaberechts: So kann ein wirksam erteilter Zuschlag grundsätzlich auch dann nicht mehr rückgängig gemacht werden, wenn in dem Vergabeverfahren Fehler begangen wurden (§ 168 Abs. 2 Satz 1 GWB). Würden die Bieter daher erst nach Zuschlagserteilung von ihrer Nichtberücksichtigung erfahren, hätten sie keine Gelegenheit mehr, Verfahrensfehler, die in der letzten (und oftmals entscheidenden) Phase des Vergabeverfahrens begangen wurden, anzugreifen und vor den Nachprüfungsinstanzen eine Korrektur zu erreichen. Sie könnten allenfalls noch Schadensersatzansprüche geltend machen. Die Vorinformationspflicht geht zurück auf die „Alcatel Austria"-Entscheidung des EuGH aus dem Jahr 1999.[1] Darin hatte der Gerichtshof ausdrücklich gefordert, dass auch die dem Zuschlag vorangehende Entscheidung, an welchen Bieter der Auftrag vergeben werden soll, vollumfänglich dem Nachprüfungsverfahren zugänglich gemacht werden muss. Seit Inkrafttreten des Vergaberechtsmodernisierungsgesetzes am 18. April 2016 ist die Informations- und Wartepflicht nunmehr in den §§ 134 und 135 GWB geregelt. Die Informationspflicht nach § 134 GWB gilt bei Rahmenvereinbarungen nicht nur für den Abschluss der Rahmenvereinbarung, sondern auch für die Vergabe von Einzelaufträgen aus der Rahmenvereinbarung, wenn diese Einzelvergabe in einem Miniwettbewerb durchgeführt wird.[2]

Adressat der Vorinformation sind nach § 134 Abs. 1 Satz 1 GWB alle **Bieter**, deren Angebote nicht berücksichtigt werden sollen.[3] Zusätzlich sind nach Satz 2 auch diejenigen **Bewerber** zu informieren, die z.B. in einem vorgeschalteten Teilnahmewettbewerb nach der dort vorgenommenen Eignungsprüfung nicht weiter berücksichtigt wurden, bisher aber noch nicht hierüber informiert worden sind.

Praxistipp

▶ *Unternehmen, die in einer früheren Phase des Vergabeverfahrens ausscheiden (z.B. im Ergebnis eines vorgelagerten Teilnahmewettbewerbs oder der formalen Angebotsprüfung), sollten stets möglichst früh hierüber informiert werden – auch dann, wenn hierzu keine Pflicht besteht. Denn zum einen schafft dies für alle Beteiligten*

1 EuGH, Urt. v. 28.10.1999, C-81/98.
2 Vgl. zur Rahmenvereinbarung Kapitel 4.4.
3 Dafür muss der Bieter ein „echtes" Angebot abgegeben haben. Wer als Teilnehmer an einem Vergabeverfahren davon während des Verfahrens Abstand nimmt (etwa durch Nichtabgabe eines Angebots als im Teilnahmewettbewerb zugelassenes Unternehmen oder durch Nichtabgabe eines finalen Angebots als Bieter im Nachgang über Verhandlungen eines eingereichten Erstangebots), muss nicht vom Auftraggeber benachrichtigt werden. Ebenfalls nicht benachrichtigt werden muss der für den Zuschlag vorgesehene Bieter. Dieser wird aber in der Regel über seine Position und die beabsichtigte Zuschlagserteilung unterrichtet, verbunden mit dem Hinweis, dass zunächst noch die gesetzliche Wartefrist abgewartet werden muss.

frühzeitige (Rechts-)Sicherheit; zum anderen sind die Anforderungen an diese Information deutlich geringer als bei der Vorinformation nach § 134 GWB.

Der **Inhalt der Vorinformation** umfasst

- den Namen des Unternehmens, das für den Zuschlag vorgesehen ist,
- die (individuellen) Gründe für die Nichtberücksichtigung des Angebots des informierten Bieters sowie
- den frühestmöglichen Zeitpunkt der Zuschlagserteilung.

Die Vorinformation kann in **Textform** (§ 126b BGB) erfolgen, also per E-Mail, per Fax oder als elektronische Nachricht über den Kommunikationsbereich der verwendeten e-Vergabe-Plattform. Dies ist bei Durchführung eines elektronischen Vergabeverfahrens der übliche, da medienbruchfreie Weg. Zugleich ist es aber nach wie vor möglich, die Vorinformation auch schriftlich, also per Post zu versenden.

▶ *Die VK Südbayern geht in ihrem Beschluss vom 29.3.2019 (Z3-3-3194-1-07-03/19) davon aus, dass die Mitteilung nach § 134 GWB nicht wirksam dadurch erfolgen kann, dass die Informationen nach § 134 Abs. 1 Satz 1 GWB lediglich in einem internen Bieterbereich auf einer Vergabeplattform eingestellt wird, wo der Bieter ihn abrufen kann. Dies gilt auch dann, wenn er eine Hinweismail, die keine der notwenigen Informationen nach § 134 Abs. 1 Satz 1 GWB enthält, zugeschickt bekommt.*

Wenngleich sich gute Argumente gegen diese Rechtsauffassung anführen lassen, ist die Entscheidung rechtskräftig und der Sachverhalt wurde von anderen Vergabekammern bisher nicht entschieden. Daher ist den Auftraggebern zu raten, im Falle der Versendung der Vorinformation über die e-Vergabe-Plattform in jedem Falle auch noch parallel eine Übermittlung per Mail, Fax oder Brief vorzunehmen.

Weiterhin muss die Vorinformation **unverzüglich** nach Vorliegen der (internen) Zuschlagsentscheidung erfolgen. Der Auftraggeber darf also nicht ohne Weiteres längere Zeit verstreichen lassen.

Mit Absendung der Vorinformation an die nicht berücksichtigten Bieter beginnt die gesetzliche **Stillhalte- oder Wartepflicht**. Ihre Länge bestimmt sich danach, auf welche Weise die Bieter unterrichtet wurden:

- Wurde die Vorinformation schriftlich (also per Brief) übermittelt, beträgt die Wartefrist 15 Kalendertage.
- Wurde die Vorinformation in Textform per Fax oder elektronisch (E-Mail) übermittelt, so beträgt die Wartefrist nur zehn Kalendertage.

Werden die Bieter auf unterschiedlichem Weg vorinformiert, gilt einheitlich die längere Wartefrist. Werden alle Bieter hingegen sowohl elektronisch als auch schriftlich unterrichtet, so gilt für alle die kürzere Wartefrist.

Um unterschiedliche Fristen etwa durch unterschiedlich lange Postlaufzeiten zu vermeiden, beginnt die Wartefrist ausdrücklich mit der **Absendung** der Vorinformation. Auf den Zugang beim zu informierenden Bieter kommt es also für den Fristbeginn nicht an. Ansonsten berechnet sich die Frist nach den zivilrechtlichen Vorschriften. Liegt das Fristende allerdings auf einem Samstag, Sonntag oder Feiertag, so verlängert sich die Frist anders als bei anderen Fristen nicht automatisch bis zum nächsten Werktag. Die Vorinformationsfrist kann also auch an einem Samstag, einem Sonntag oder einem Feiertag ablaufen.[4]

Praxisbeispiel

Versendet der Auftraggeber die Vorinformation per Fax (Wartefrist: 10 Kalendertage) am Dienstag, dem 1. September 2020, so ist Mittwoch, der 2. September, der erste und Freitag, der 11. September, der letzte Tag der Wartefrist. Sie läuft also am Freitag, dem 11. September 2020, um 24 Uhr ab. Frühestmöglicher Zeitpunkt für die Erteilung des Zuschlags ist damit Samstag, der 12. September 2020 (ab 0 Uhr).

Dieses Datum wäre hier in die Vorinformation an die nicht berücksichtigten Bieter als frühestmöglicher Zeitpunkt der Zuschlagserteilung aufzunehmen.

Keine Vorinformationspflicht (und damit auch keine Wartepflicht) besteht nach § 134 Abs. 3 Satz 1 GWB, wenn der Auftraggeber ein Verhandlungsverfahren ohne Teilnahmewettbewerb aus Gründen **besonderer Dringlichkeit** (z.B. nach Naturkatastrophen) durchgeführt hat. Hier wäre es widersinnig, die (gerechtfertigte) Eilbedürftigkeit der Auftragsvergabe[5] durch eine längere Wartefrist zu torpedieren. Zudem kann der Auftraggeber nach § 134 Abs. 3 Satz 2 GWB bei verteidigungs- und sicherheitsspezifischen Aufträgen beschließen, bestimmte sensible Informationen über die Zuschlagserteilung (z.B. den Auftragswert oder den Auftragnehmer) nicht mitzuteilen, wenn durch Offenlegung der Informationen der Gesetzesvollzug behindert oder dies den Sicherheitsinteressen zuwiderlaufen würde.

Hat der Auftraggeber in allen anderen Fällen die Vorinformation nach § 134 GWB unterlassen oder den Zuschlag vor Ablauf der Wartefrist erteilt, so ist der abgeschlossene Vertrag gemäß § 135 Abs. 1 GWB **von Anfang an unwirksam**. Gleiches gilt für eine sog. „De-facto-Vergabe", also die Direktvergabe eines Auftrags an ein Unternehmen ohne Durchführung eines Vergabeverfahrens, sofern dies nicht ausnahmsweise aufgrund Gesetzes gestattet ist. **Prozessuale Voraussetzung** für die Unwirksamkeit des Vertrags ist allerdings, dass der Verstoß gegen die Vorinformationspflicht durch die zuständige Vergabekammer im Rahmen eines **Nachprüfungsverfahrens** festgestellt wurde. Für die Einleitung dieses Nachprüfungsverfahren gelten besondere **Ausschlussfristen**, die § 135 Abs. 2 GWB nennt. So muss die Unwirksamkeit innerhalb von 30 Kalendertagen nach der Unterrichtung durch den Auftraggeber über den Abschluss des Vertrags geltend gemacht werden. Diese Frist wird durch eine absolute Ausschlussfrist von sechs Monaten ab dem Vertrags-

4 OLG Düsseldorf, Beschl. v. 14.5.2008, VII-Verg 11/08. Vgl. jedoch auch OLG Düsseldorf, Beschl. v. 05.10.2016, VII-Verg 24/16: Die 10-tägige Wartefrist nach §134 Abs.1 GWB wird nicht wirksam in Lauf gesetzt, wenn die Frist so über (Oster-)Feiertage und Wochenenden gelegt wird, dass einem Bieter für die Entscheidung über einen Nachprüfungsantrag praktisch nur vier bis fünf Tage verbleiben.

5 Vgl. hierzu Kap. 6.3.2.

schluss begrenzt. Danach kann ein unterlegener Bieter die Unwirksamkeit selbst dann nicht mehr feststellen lassen, wenn er hiervon keine Kenntnis hatte. Der Auftraggeber kann diese absolute Ausschlussfrist allerdings noch weiter verkürzen, wenn er im Amtsblatt der EU (TED) über den erteilten Auftrag informiert.[6] Die Frist endet dann 30 Kalendertage nach Veröffentlichung dieser Bekanntmachung, ohne dass es auf die Kenntnis des Verstoßes ankommt.

Praxistipp

▶ *Wie ausgeführt, kommt es für den Beginn der Wartefrist nicht auf den Zugang bei den Bietern an. Allerdings muss der Auftraggeber jedenfalls dann beweisen, dass er die nicht berücksichtigten Bieter informiert hat, wenn ein Bieter die Zuschlagserteilung mit der Behauptung angreift, er habe keine Vorinformation erhalten. Besonders bei einer Vorinformation per Fax oder E-Mail reicht die Sendebestätigung in der Regel nicht als Beweis für den Zugang der Information aus. Daher sollte sich der Auftraggeber den Erhalt der Vorinformation durch den Bieter ausdrücklich bestätigen lassen (z.B. durch Rückfax oder Bestätigungsmail). Wird die Information nach § 134 GWB über die e-Vergabe-Plattform zur Verfügung gestellt, registriert das System den Abruf der Information durch den Bieter automatisch und dokumentiert ihn damit.*

Wenngleich § 134 Abs. 1 Satz 1 GWB verpflichtet, den Bietern jeweils **individuell** und **nachvollziehbar** mitzuteilen, warum ihr Angebot nicht berücksichtigt wird,[7] führt eine pauschale und wenig aussagekräftige Information über die Nichtberücksichtigungsgründe jedenfalls nicht zur Unwirksamkeit. Anders ist dies, wenn der Name des für den Zuschlag vorgesehenen Bieters oder die Information über den frühestmöglichen Zeitpunkt der Zuschlagserteilung fehlt: In diesem Fall kann die Unwirksamkeit des gleichwohl geschlossenen Vertrags erfolgreich geltend gemacht werden.[8]

Praxistipp

▶ *Mit Blick auf den hohen Aufwand, den es gerade bei vielen Angeboten bedeutet, wenn jeweils eine individuelle und ausführliche Absagebegründung geschrieben wird, kann es sich u.U. anbieten, zunächst nur ein Mindestmaß an Informationen zu geben. Ist der Empfänger damit nicht einverstanden, kann der Auftraggeber Informationen nachlegen; Konsequenzen für das Verfahren hat diese Vorgehensweise nicht. Bei Bietern, die sich mit der ersten Information zufriedengeben, braucht nichts weiter veranlasst zu werden.*

Führt der Auftraggeber ein Verhandlungsverfahren ohne Teilnahmewettbewerb und damit ohne Bekanntmachung im EU-Amtsblatt durch, besteht jedenfalls dann keine Informationspflicht nach § 134 GWB, wenn das Verfahren nur mit einem einzigen Unternehmen durchgeführt wird (z.B. aufgrund technischer oder rechtlicher Alleinstellungsmerkmale).

---

6 Vgl. hierzu unter 8.1.5.1.
7 VK Baden-Württemberg, Beschl. v. 7.10.2002, 1 VK 48/02.
8 OLG Koblenz, Beschl. v. 25.9.2012, 1 Verg 5/12; OLG Jena, Beschl. v. 9.9.2010, 9 Verg 4/10.

Um einer möglichen nachträglichen Überprüfung des Vorliegens der Voraussetzungen für diese wettbewerbsfreie Vorgehensweise durch andere Unternehmen nach Zuschlagserteilung vorzubeugen, kann der Auftraggeber nach § 135 Abs. 3 GWB die Absicht einer solchen Auftragsvergabe im EU-Amtsblatt mit einer **Ex-ante Transparenzbekanntmachung** ankündigen. Soweit binnen zehn Kalendertagen nach Veröffentlichung der Bekanntmachung keine Überprüfung der Rechtmäßigkeit des Vorgehens eingeleitet worden ist, kann der Zuschlag erteilt werden; eine nachträgliche Feststellung der Unwirksamkeit des damit abgeschlossenen Vertrags ist nur noch in Bezug auf die Überprüfung möglich, ob der Auftraggeber zurecht der Ansicht war, die Vergabe ohne vorherige Veröffentlichung einer EU-Bekanntmachung vornehmen zu dürfen.[9]

b) Weitere Informationspflichten

Darüber hinaus bestehen weitere Informationspflichten gegenüber den Bietern und Bewerbern, die sich mit § 134 GWB teilweise überschneiden, diese teilweise aber auch ergänzen bzw. erweitern:

- Nach **§ 62 Abs. 2 VgV** können Bewerber die Gründe für ihre Nichtberücksichtigung im Teilnahmewettbewerb und nicht berücksichtigte Bieter weitere, über § 134 GWB hinausgehende Informationen (z.B. über die Merkmale und Vorteile des erfolgreichen Angebots) vom Auftraggeber verlangen. Voraussetzung hierfür ist ein entsprechender **Antrag**; der Auftraggeber muss also nicht initiativ tätig werden. Wird ein entsprechender Antrag gestellt, muss der Auftraggeber unverzüglich, spätestens innerhalb von 15 Kalendertagen informieren.
- Nach **§ 19 EU Abs. 1 VOB//A** soll der Auftraggeber Bewerber, deren Bewerbungen im Teilnahmewettbewerb abgelehnt wurden, sowie Bieter, deren Angebote auf der ersten Wertungsstufe ausgeschlossen wurden, unverzüglich unterrichten. Ein Antrag ist hierfür nicht erforderlich. Die betroffenen Bewerber bzw. Bieter können dann allerdings nach **§ 19 EU Abs. 4 VOB//A** weitere Informationen beantragen.
- Im Sektorenbereich teilen Auftraggeber auf Antrag innerhalb von 15 Tagen einem nicht berücksichtigten Bewerber die Gründe für die Ablehnung der Bewerbung, dem nicht berücksichtigten Bieter weitere, über § 134 GWB hinausgehende Informationen mit (§ 56 Abs. 2 SektVO). Vergleichbares gilt für Aufträge im Bereich Verteidigung und Sicherheit nach § 36 Abs. 2 VSVgV bzw. § 19 VS Abs. 1 und 4 VOB/A und bei Konzessionsvergaben nach § 30 Abs. 2 KonzVgV.

Gemeinsam ist diesen erweiterten Informationspflichten, dass sie – jedenfalls in Bezug auf die Unterrichtung nicht berücksichtigter Bewerber – zeitlich in der Regel vor der Zuschlagserteilung erfolgen, die Zuschlagserteilung jedoch nicht von ihnen abhängig ist. Die gesetzliche Wartepflicht und die Rechtsfolge der Unwirksamkeit bei Verstoß sehen ausschließlich die §§ 134 und 135 GWB vor.

9 /OLG Düsseldorf, Beschl. v. 12.7.2017, Verg 13/17.

8.1.1.2 Im Unterschwellenbereich

Auch bei Aufträgen im Unterschwellenbereich gibt es Informationspflichten des Auftraggebers vor Zuschlagserteilung. Diese sind allerdings nicht so umfassend ausgelegt wie im Oberschwellenbereich, was auch damit zusammenhängt, dass der Auftraggeber insbesondere bei kleineren Aufträgen nicht über Gebühr mit administrativen Arbeiten belastet werden soll. In einigen Bundesländern existieren allerdings in den Landesvergabegesetzen weitergehende Informationspflichten.

a) Informations- und Wartepflicht nach Landesrecht

Die Vorinformationspflicht des § 134 GWB (vgl. oben unter 8.1.1.1 a)) gilt nur für EU-weite Vergabeverfahren. Einige Bundesländer wie Mecklenburg-Vorpommern, Niedersachsen, Sachsen, Sachsen-Anhalt und Thüringen sehen in ihren Landesvergabegesetzen allerdings vor, dass Auftraggeber auch im Unterschwellenbereich die Bieter vor Zuschlagserteilung hierüber und über den in Aussicht genommenen Auftragnehmer informieren und dann eine bestimmte Frist abwarten müssen. Anders als im Oberschwellenbereich ist die Wartezeit allerdings in der Regel kürzer[10], und bei Verstoß hiergegen droht auch nicht die Unwirksamkeit des Vertrags. Kleinstaufträge unterhalb gewisser Bagatellgrenzen sind von dieser Vorinformationspflicht ausgenommen.[11]

b) Sonstige Informationspflichten

VOB/A und UVgO (bzw. VOL/A) sehen im Unterschwellenbereich folgende **Informationspflichten** für den Auftraggeber vor:

- Führt der Auftraggeber bei einer Verhandlungsvergabe bzw. Freihändigen Vergabe oder einer Beschränkten Ausschreibung zunächst einen Teilnahmewettbewerb durch, so muss er die hier ausscheidenden Bewerber nur auf deren **Antrag** hin informieren (§ 19 Abs. 2 VOB/A und § 46 UVgO sowie § 19 Abs. 1 VOL/A). Dies muss dann unverzüglich, spätestens aber binnen 15 Kalendertagen geschehen.
- Auch nicht erfolgreiche Bieter müssen nach § 46 Abs. 1 UVgO/ und § 19 Abs. 1 VOL/A nur dann unterrichtet werden, wenn von ihnen ein entsprechender **Antrag** vorliegt. Bei Bauvergaben im Unterschwellenbereich sieht das anders aus: Hier sollen die Bieter, deren Angebote ausgeschlossen worden sind und solche, deren Angebote nicht in die engere Wahl kommen, auch **ohne Antrag** nach § 19 Abs. 1 VOB/A unverzüglich unterrichtet werden. Die Unterrichtung kann sich hier auf die Tatsache beschränken, dass sie nicht weiter am Verfahren teilnehmen. Weitere Gründe sind dann nur auf Antrag mitzuteilen (§ 19 Abs. 2 VOB/A).

---

10 In Niedersachsen und Sachsen beträgt sie zehn, in Mecklenburg-Vorpommern, Sachsen-Anhalt und Thüringen sieben Kalendertage.

11 In Sachsen bei Lieferungen und Leistungen unter 50.000 Euro und bei Bauleistungen unter 75.000 Euro, in Sachsen-Anhalt und Thüringen bei Lieferungen und Leistungen unter 50.000 Euro und bei Bauleistungen unter 150.000 Euro.

8.1.2 Rechtsnatur des Zuschlags

Wie bereits angesprochen, hat der Zuschlag in einem Vergabeverfahren eine zivilrechtliche und eine vergaberechtliche Komponente.

In **zivilrechtlicher** Hinsicht ist der Zuschlag die Annahme des Angebots des Bestbieters. Als empfangsbedürftige Willenserklärung muss sie diesem Bieter auch zugehen. Erst hierdurch wird ein wirksamer Vertrag geschlossen. Da es sich im Vergabeverfahren um Angebote handelt, die dem Auftraggeber als Abwesendem gemacht werden – immerhin sind die Angebote verschlüsselt elektronisch zu übermitteln oder, soweit noch zugelassen, in verschlossenen Umschlägen einzureichen –, können sie nach § 147 Abs. 2 BGB nur bis zu dem Zeitpunkt angenommen werden, in welchem der Bieter den Eingang des Zuschlags und damit der Annahme unter regelmäßigen Umständen erwarten darf. Um hier sicherzugehen, sieht der Auftraggeber in seiner Ausschreibung stets eine **Bindefrist** vor und verlangt von den Bietern, sich innerhalb dieser Frist an ihre Angebote zu binden.

Stellt der Auftraggeber während des Vergabeverfahrens fest, dass er den Zuschlag nicht binnen der ursprünglich gesetzten Bindefrist wird erteilen können, weil sich das Vergabeverfahren z.B. wegen eines Nachprüfungsverfahrens oder sonstiger Komplikationen verzögert, so muss er alle (noch verbliebenen) Bieter um eine **Verlängerung der Bindefrist** bitten. Die Bindefristverlängerung kann auch nachträglich erfolgen und ist – jedenfalls hinsichtlich des für den Zuschlag vorgesehenen Angebots – zwingend erforderlich, um die vorgenannte Rechtsfolge zu erzielen. Wird der Zuschlag hingegen nach Ablauf der Bindefrist erteilt, gilt er nach § 150 Abs. 1 BGB als neues Angebot, das dann der Bestbieter seinerseits annehmen kann.[12] Dies gilt auch für Erweiterungen, Einschränkungen oder Änderungen, die der Auftraggeber im Rahmen der Bindefristverlängerung vorsieht (§ 18 Abs. 2 VOB/A). Mit Blick auf das Nachverhandlungsverbot (§ 15 Abs. 3 VOB/A und § 9 Abs. 2 UVgO bzw. § 15 Satz 2 VOL/A) bzw. den Gleichbehandlungsgrundsatz sind diese Modifikationen aber ebenso kritisch zu sehen wie Bedingungen, die der Bieter an seine Zustimmung zur Bindefristverlängerung stellt.

In **vergaberechtlicher** Hinsicht ist mit der Erteilung des Zuschlags das Vergabeverfahren beendet (vgl. hierzu sogleich unter 8.1.4).

8.1.3 Formanforderungen

Formanforderungen an den Zuschlag ergeben sich aus dem Vergaberecht und – in Bezug auf den Zuschlag als Annahme eines Angebots – aus dem Bürgerlichen Gesetzbuch. Grundsätzlich besteht **kein Schriftformerfordernis**; der Zuschlag kann also letztlich auch mündlich erteilt werden. Dies führt allerdings zu Problemen, wenn die Zuschlagserteilung (oder der Zeitpunkt der Zuschlagserteilung) nachgewiesen werden muss. Insofern empfiehlt sich immer eine schriftliche Zuschlagserteilung oder jedenfalls in Textform.

---

12 Eine Annahme unter der Bedingung weiterer Änderungen (z.B. der Ausführungszeit) führt allerdings zu keinem Vertragsschluss, da die Annahme nur unbedingt erfolgen kann, vgl. VK Bund, Beschl. v. 25.3.2020 (VK 1-12/20).

Bei Liefer- und Dienstleistungsaufträgen im Unterschwellenbereich sieht die VOL/A in § 18 noch vor, dass der Zuschlag in Schriftform, elektronischer Form oder mittels Telekopie erfolgen muss. Diese Vorschrift hat allerdings keinen bieterschützenden Charakter, sondern bestätigen vielmehr nur das Dokumentationserfordernis. VgV, VOB/A sowie die SektVO und auch die UVgO sehen hingegen keine Formerfordernisse vor. Nach § 34 VSVgV ist der Zuschlag bei verteidigungs- und sicherheitsrelevanten Liefer- und Dienstleistungsvergaben in Schriftform, per Telefax oder in elektronischer Form (dann mindestens mit fortgeschrittener elektronischer Signatur) zu erteilen.

Werden für bestimmte Rechtsgeschäfte besondere Formerfordernisse gesetzlich verlangt (etwa die notarielle Beurkundung für grundstücksbezogene Rechtsgeschäfte oder gesellschaftsrechtliche Transaktionen), schlagen diese auch auf den Zuschlag durch, wenn sie in diesem Zusammenhang eine Rolle spielen.

Praxistipp

Wegen der Bedeutung des Zuschlags und des (zivilrechtlichen) Erfordernisses des Zugangs für seine Wirksamkeit empfiehlt es sich auch hier, den Eingang des schriftlich, per Fax oder elektronisch übermittelten Zuschlagsschreibens durch den Auftragnehmer bestätigen zu lassen.

8.1.4 Rechtsfolgen der Zuschlagserteilung

In vergaberechtlicher Hinsicht beendet der Zuschlag das Vergabeverfahren. Die Vertragsanbahnungsphase, die von den Vergabevorschriften geregelt wird, ist abgeschlossen und wird durch die **Vertragsausführungsphase** abgelöst, in der der Auftragnehmer seine Leistung erbringt und hierfür die im Vergabeverfahren verlangte bzw. verhandelte Vergütung erhält.

Nichterfüllung, Schlechterfüllung oder Verzug werden nach den Vertragsbedingungen (einschließlich VOL/B bzw. VOB/B) sowie den einschlägigen Vorschriften des BGB geregelt. Vergaberechtlich relevante Sachverhalte ergeben sich in der Vertragsausführungsphase allenfalls dann, wenn der Leistungsgegenstand oder andere maßgebliche Vertragsparameter wie z.B. die Vergütung oder die Laufzeit **wesentlich verändert** werden (da hierin eine neue, ausschreibungspflichtige Leistung liegen kann), der Auftraggeber **ergänzende Leistungen** beauftragen möchte (hierfür kann u.U. eine Direktvergabe erlaubt sein) oder er nach Ausfall des Auftragnehmers (z.B. durch Insolvenz oder nach Vertragskündigung) einen **neuen Auftragnehmer** benötigt. Für Oberschwellenvergaben regelt § 132 GWB diese Fälle.[13]

13 Im Unterschwellenbereich verweist § 47 UVgO auf § 132 GWB. Abweichend von § 132 Abs. 3 GWB können nach § 47 Abs. 2 UVgO Anschlussaufträge bis zu einem Wert von 20% des ursprünglichen Auftragswerts direkt an den Auftragnehmer vergeben werden. Im Baubereich regelt § 22 VOB/A, dass Vertragsänderungen nach den Bestimmungen der VOB/B kein neues Vergabeverfahren erfordern; ausgenommen davon sind aber Vertragsänderungen nach § 1 Absatz 4 Satz 2 VOB/B. Vgl. zu den vergaberechtlichen Aspekten einer wesentlichen Vertragsänderung Kapitel 4.1.4.

Ein einmal erfolgter Zuschlag kann nicht mehr im Wege eines Nachprüfungsverfahrens aufgehoben werden (§ 168 Abs. 2 GWB). Bieter, die in dieser Phase noch Vergaberechtsverstöße monieren wollen, sind auf die Geltendmachung von Schadensersatzansprüchen vor den Zivilgerichten beschränkt. Einzig in den Fällen einer fehlerhaften oder nicht erfolgten Vorinformation nach § 134 GWB oder einer unzulässigen Direktvergabe kann ein bereits erteilter Zuschlag über die Geltendmachung der Unwirksamkeit des so abgeschlossenen Vertrags gemäß § 135 GWB in einem Nachprüfungsverfahren noch angefochten werden.[14]

Wird der Zuschlag durch eine Verfahrensverzögerung **verspätet** erteilt, stellt sich für den Auftragnehmer mitunter die Frage, ob und wie er Mehrkosten, die ihm durch die Verzögerung entstanden sind (z.B. in Gestalt von erhöhten Material-, Personal- oder Subunternehmerkosten), gegenüber dem Auftraggeber geltend machen kann.

Während des Vergabeverfahrens hatte er hierzu – auch im Rahmen einer möglichen Bindefristverlängerung – mit Blick auf das Nachverhandlungsverbot keine Gelegenheit. Der Bundesgerichtshof, der sich seit 2009 in einer Reihe von Verfahren mit dieser Thematik befassen musste,[15] gewährt den **Mehrkostenvergütungsanspruch** bei Bauvergaben über § 2 Abs. 5 VOB/B, begrenzt ihn aber auf Situationen, in denen es durch den verzögerten Zuschlag auch zu einer **Veränderung der Ausführungsfristen** kommt. Denn allein auf den vom Auftraggeber ursprünglich benannten Ausführungstermin, so der BGH, sind die Angebote der Bieter kalkuliert und nicht auf einen (avisierten) Zuschlagstermin.

8.1.5 (Informations-)Pflichten nach Zuschlagserteilung

Wenngleich – wie gerade gezeigt – das Vergabeverfahren mit der Erteilung des Zuschlags endet, sieht das Vergaberecht auch nach dem Zuschlag noch einige Informationspflichten vor. Sie sollen die **Transparenz** des Vergabeverfahrens **stärken** und dienen daneben auch **statistischen Zwecken**. Zu unterscheiden ist zwischen Informationen, die nur an die Verfahrensteilnehmer gehen, und solchen, die uneingeschränkt veröffentlicht werden. Daneben bestehen auch im Hinblick auf den Umgang mit den vorliegenden Angeboten bestimmte Pflichten.

8.1.5.1 Im Oberschwellenbereich

Bei EU-weiten Vergabeverfahren steht nach Erteilung des Zuschlags die Pflicht zur Bekanntmachung der Informationen über den vergebenen Auftrag im Mittelpunkt. Dazu ist eine **Ex-post-Bekanntmachung** zu erstellen und binnen 30 Kalendertagen nach Zuschlagserteilung im Amtsblatt der EU (TED) zu veröffentlichen.[16] Im Mittelpunkt dieser Bekanntmachung stehen der Name des erfolgreichen Bieters sowie der bezuschlagte Angebotspreis. Geheimhaltungsbedürftige oder sensible Informationen bzw. Geschäftsgeheimnisse können von der Bekanntmachung ausgenommen werden. Die Pflicht zur Ex-Post-

14 Vgl. hierzu unter 8.1.1.1 a).
15 Grundsatzentscheidung vom 11.5.2009, VII ZR 11/08.
16 Bei der Vergabe von Aufträgen im Bereich Verteidigung und Sicherheit beträgt die Frist für die Bekanntmachung vergebener Aufträge noch 48 Kalendertage, § 35 Abs. 1 VSVgV und § 18 VS Abs. 4 VOB/A.

Bekanntmachung des vergebenen Auftrags besteht auch für Vergabeverfahren, deren Einleitung nicht bekannt gemacht wurde (also Verhandlungsverfahren ohne Teilnahmewettbewerb), sowie für nachträgliche Auftragserweiterungen in den Fällen des § 132 Abs. 2 Satz 1 Nr. 2 und 3 GWB (vgl. § 132 Abs. 5 GWB).[17] Bei vergebenen Rahmenvereinbarungen ist nur diese bekannt zu machen. Eine Bekanntmachung der Vergabe von Einzelabrufen oder Einzelaufträgen (auch im Ergebnis eines Miniwettbewerbs) ist hingegen nicht erforderlich, vgl. § 39 Abs. 4 Satz 1 VgV.

Weitere **Melde- und Berichtspflichten** für statistische Zwecke ergeben sich für sämtliche Auftraggeber aus der **Vergabestatistikverordnung** (VergStatVO), die nach einer Novellierung im Frühjahr 2020 seit dem 1. Oktober 2020 anzuwenden ist.[18]

Die Pflicht zur **Aufbewahrung sachdienlicher Unterlagen des Vergabeverfahrens** ergibt sich aus § 8 Abs. 4 VgV, der nach § 20 VOB/A-EU auch für oberschwellige Bauvergaben gilt, und aus § 8 Abs. 3 SektVO. Danach sind der Vergabevermerk und bei höheren Auftragswerten auch Kopien der abgeschlossenen Verträge bis zum Ende der Laufzeit des jeweiligen Auftrags, mindestens jedoch für drei Jahre ab Zuschlag, aufzubewahren. Im Bereich VgV und der VOB/A müssen zudem die Angebote, Teilnahmeanträge, Interessensbekundungen und Interessensbestätigungen der Verfahrensteilnehmer einschließlich deren Anlagen aufbewahrt werden. Weitere Aufbewahrungspflichten können sich aus den einschlägigen Vorschriften oder Behördenanweisungen des Bundes und der Länder ergeben.

Bei Bauvergaben normiert § 19 EU Abs. 5 VOB/A zudem, dass nicht berücksichtigte Angebote und Ausarbeitungen der Bieter nicht für weitere Vergabeverfahren oder zu anderen Zwecken benutzt werden. Soweit dies vom Auftraggeber gewünscht ist, muss er sich mit dem jeweiligen Urheber in Verbindung setzen und die Konditionen für die Nutzung aushandeln.

Schließlich verlangt § 19 EU Abs. 6 VOB/A, dass Entwürfe, Ausarbeitungen, Muster und Proben zu nicht berücksichtigten Angeboten **zurückzugeben** sind. Dies gilt aber nur dann, wenn der jeweilige Bieter als Eigentümer dieser Unterlagen es im Angebot oder innerhalb von 30 Kalendertagen nach Ablehnung seines Angebots verlangt.

Dass die Angebote und die weiteren Unterlagen des Vergabeverfahrens auch nach dessen Beendigung **sorgfältig verwahrt** und **geheim gehalten** werden, bedarf keiner Erwähnung. VgV, SektVO und VSVgV sehen dies jeweils in § 5 Abs. 2 ausdrücklich vor; gleiches gilt für Konzessionsvergaben nach § 4 Abs. 2 KonzVgV.

8.1.5.2 Im Unterschwellenbereich

Insbesondere im Unterschwellenbereich haben sich die dem Verfahren nachgelagerten Informationspflichten in den letzten Jahren deutlich erhöht. Neben der individuellen Unterrichtung der vor Zuschlagserteilung noch nicht informierten Bieter (§ 19 Abs. 1 Satz 2 VOB/A) verlangen sowohl VOB/A (§ 20 Abs. 3) als auch UVgO (§ 30 Abs. 1[19]) die **Veröffent-**

---

17 Zu den vergaberechtlichen Anforderungen und Grenzen einer nachträglichen Änderung eines vergebenen Auftrags s. Kap. 4.1.4.

18 S. hierzu Kap. 9.2.3.

19 Bislang § 19 Abs. 2 VOL/A.

lichung einer Reihe von Informationen zum Vergabeverfahren und zum erfolgreichen Bieter **im Internet** (auf Internetportalen oder ihren eigenen Webseiten). Voraussetzung ist, dass die Aufträge in Beschränkten Ausschreibungen oder Verhandlungsvergabe bzw. Freihändigen Vergaben vergeben wurden und – mit Blick auf die Vermeidung von zu hohem Aufwand – gewisse Mindestauftragswerte überschritten wurden. Die Informationen müssen bei Bauaufträgen mindesten sechs Monate, bei Liefer- und Dienstleistungsaufträgen mindestens drei Monate im Internet vorgehalten werden.

Aufbewahrungs-, Geheimhaltungs- und Rückgabepflichten sind im Unterschwellenbereich weitgehend analog zu den vorstehend dargestellten Vorschriften im Oberschwellenbereich geregelt.

8.2 Aufhebung

Wenngleich der Auftraggeber mit der Durchführung eines auch für ihn aufwändigen Vergabeverfahrens stets die Erteilung des Zuschlags anstrebt, um durch den erfolgreichen Bieter seinen ausgeschriebenen Bedarf decken zu lassen, kann es zu Situationen kommen, in denen er von seiner bekannt gemachten Vergabeabsicht wieder Abstand nehmen muss oder will. Da es sich beim Vergabeverfahren letztendlich um eine institutionalisierte Vertragsanbahnung handelt, kann er – mit wenigen Ausnahmen, die noch aufzuzeigen sind – nicht gezwungen werden, den Auftrag zu erteilen.

Eine im Vergaberecht selbst vorgesehene Möglichkeit, ein begonnenes Vergabeverfahren abzubrechen, ist die **Aufhebung**. Wenn und soweit die hierfür vorgesehenen Zulässigkeitsvoraussetzungen vorliegen und die formalen Anforderungen, die die Vergabevorschriften hierfür verlangen, vom Auftraggeber erfüllt werden, kann das Vergabeverfahren auch auf diese Weise ordnungsgemäß beendet werden. Dem Auftraggeber drohen dann keine Sanktionen.

Die Vorschriften über die Aufhebung sind in VgV bzw. UVgO, VOL/A und VOB/A weitgehend inhaltsgleich. Während sie im Bereich von VgV bzw. UVgO und VOL/A allerdings für alle Vergabeverfahren gelten, sind sie bei Bauvergaben nach der VOB/A nur bei **Ausschreibungen** anzuwenden, also für Öffentliche und Beschränkte Ausschreibungen bzw. offene und nicht offene Verfahren. Dies bedeutet allerdings nicht, dass Freihändige Vergaben, Verhandlungsverfahren, wettbewerbliche Dialoge oder Innovationspartnerschaften im Baubereich nicht ebenfalls aufgehoben werden können.[20] Vielmehr gelten hier die strengen Aufhebungsgründe (vgl. hierzu sogleich unter 8.2.1) nicht unmittelbar, so dass eine Verfahrensbeendigung einfacher möglich ist. Im Sektorenbereich spricht § 57 SektVO von einer „**Einstellung**" im Falle eines Verhandlungsverfahrens. Das vorvertragliche Vertrauensverhältnis entsteht aber auch in einer Freihändigen Vergabe, einem Verhandlungsverfahren, einer Innovationspartnerschaft und wegen des engen Zusammenwirkens von Auftraggeber und Bietern ganz besonders in einem wettbewerblichen Dialog. Da die Bieter auch hier vor willkürlicher Aufhebung, Einstellung oder Verzicht zu schützen sind, verlangt

20 OLG Celle, Beschl. v. 13.1.2011, 13 Verg 15/10.

die Rechtsprechung insofern auch in diesen Verfahren einen ähnlich gewichtigen Grund für eine rechtskonforme Verfahrensbeendigung.

Losweise Vergabeverfahren müssen nicht insgesamt aufgehoben werden. Vielmehr kann sich die Beendigung auf diejenigen Lose beschränken, in denen ein Aufhebungsgrund vorliegt. Im Bereich der VOB/A ist dies zwar nicht ausdrücklich geregelt, rechtfertigt sich aber daraus, dass eine **Teilaufhebung** das mildere Mittel gegenüber einer Beendigung des gesamten Verfahrens ist.

8.2.1 Aufhebungsgründe

Im Bereich von VgV, VOB/A und UVgO bzw. VOL/A ist eine Aufhebung nur dann rechtmäßig, wenn einer der dort ausdrücklich genannten Gründe vorliegt. Die in § 63 VgV und § 48 UVgO[21] bzw. den §§ 17, 17 EU VOB/A genannten Aufhebungsmöglichkeiten sind **abschließend** und müssen **eng ausgelegt** werden.

8.2.1.1 Kein konformes Angebot

Die erste Aufhebungsmöglichkeit betrifft den Fall, dass in dem Vergabeverfahren **kein Angebot** eingegangen ist, **das den Ausschreibungs- bzw. Verfahrensbedingungen entspricht**. Bei einem vorgeschalteten Teilnahmewettbewerb gilt dies auch in Bezug auf die Teilnahmeanträge. Die Gründe für die fehlende Konformität mit den aufgestellten Bedingungen können unterschiedlich sein: So können Angebote/Teilnahmeanträge bereits aus formalen Gründen auszuschließen sein, wenn sie z.B. verspätet eingehen oder unvollständig sind (und der Auftraggeber hier keine Nachforderung durchführt oder diese erfolglos war). Daneben kommen auch Abweichungen inhaltlicher Art in Betracht, etwa dann, wenn gestellte Mindestanforderungen nicht erfüllt werden oder die angebotenen Preise unauskömmlich sind.

Liegen dem Auftraggeber also nach Prüfung keine den aufgestellten Bedingungen entsprechende Teilnahmeanträge bzw. keine zuschlagsfähigen Angebote vor,[22] so bleibt ihm gar keine andere Möglichkeit, als das Verfahren zu beenden. Liegt dagegen auch nur ein einziger regelkonformer Teilnahmeantrag bzw. ein einziges zuschlagfähiges Angebot vor, greift dieser Aufhebungsgrund nicht.

Praxistipp

▶ *Sollte der Auftraggeber nach Sichtung der Teilnahmeanträge bzw. der Angebote feststellen, dass alle Verfahrensteilnehmer an den Bewerbungsbedingungen scheitern würden, könnte er versucht sein, die Bedingungen zu ändern und die bisherigen zu hohen Anforderungen nachträglich abzusenken, um sie für die vorliegenden Teilnahmeanträge bzw. Angebote anzupassen. Hiervor muss ausdrücklich gewarnt werden! Zwar behandelt der Auftraggeber mit einem solchen Vorgehen die Verfah-*

21 Bislang § 17 VOL/A.
22 Überteuerte Angebote sind dagegen grundsätzlich zuschlagsfähig; hier kommt allerdings der Aufhebungsgrund der Unwirtschaftlichkeit in Betracht bzw. der Ausschluss bei unangemessen hohen Preisen.

rensteilnehmer scheinbar gleich, indem er die Anforderungen für alle einheitlich absenkt. Mit Blick auf die Transparenzpflicht und das Diskriminierungsverbot stellt dies aber regelmäßig einen schweren Vergabeverstoß dar. Hier muss vielmehr das Vergabeverfahren aufgehoben oder jedenfalls auf den Beginn des Verfahrens zurückversetzt werden und dem Markt eine neue Chance auf Verfahrensteilnahme unter den geänderten Bedingungen gegeben werden. Denn es könnte ja neben den Unternehmen, die sich an dem Verfahren beteiligt haben, weitere Firmen geben, die wegen der bisherigen hohen Anforderungen nicht teilgenommen haben, dies aber aufgrund der nunmehr abgesenkten Bedingungen könnten und wollen.

8.2.1.2 Wesentliche Änderung der Verfahrensgrundlagen

Weiterhin kann der Auftraggeber das Vergabeverfahren rechtskonform aufheben, wenn sich die **Grundlagen** des Vergabeverfahrens nachträglich **wesentlich geändert** haben. Wann eine solche wesentliche Änderung vorliegt, kann nur nach dem jeweiligen Einzelfall beurteilt werden. In Betracht kommen beispielsweise geänderte **rechtliche** oder **technische Rahmenbedingungen**, die sich auf den Beschaffungsgegenstand auswirken. Besonders zu beachten ist, dass der Grund für die Änderung grundsätzlich **von außen** kommen muss. Erkennt der Auftraggeber während des Verfahrens eigene Fehler oder möchte er die Anforderungen an die ausgeschriebene Leistung ändern, ist eine hierauf gestützte Aufhebung regelmäßig nicht rechtmäßig.

Mit Blick auf den Schutz der Verfahrensteilnehmer und deren (bisherigen) Aufwand muss der Auftraggeber zudem immer prüfen, ob es nicht ein **milderes Mittel** gegenüber der Verfahrensbeendigung gibt. Ist es zum Beispiel rechtskonform möglich, den Verfahrensteilnehmern geänderte Unterlagen zu übermitteln und damit das Verfahren fortzusetzen, kommt eine Aufhebung nicht in Betracht. Als Maßstab für die Wesentlichkeit der erforderlichen Änderungen sieht die Rechtsprechung die **Störung der Geschäftsgrundlage** im Zivilrecht.[23]

8.2.1.3 Kein wirtschaftliches Ergebnis

Auch wenn zuschlagsfähige Angebote vorliegen, muss der Auftraggeber die Leistung nicht „um jeden Preis" vergeben. Vielmehr kann er die Ausschreibung aufheben, wenn das **Ergebnis unwirtschaftlich** ist. Dies gilt auch im Bereich der VOB/A, die diesen Aufhebungsgrund nicht ausdrücklich vorsieht.

Wann das Ergebnis eines Vergabeverfahrens unwirtschaftlich ist, muss wieder im Einzelfall geprüft und bejaht werden. Vergleichsmaßstab ist der vom Auftraggeber im Vorfeld der Ausschreibung ermittelte Auftragswert. Solange dieser sorgfältig und seriös ermittelt wurde, kann sich eine Aufhebung rechtmäßig darauf stützen, wenn im Ergebnis des Wett-

23 OLG München, NZBau 2013, 524 ff.; die Vergabekammer des Bundes hat zuletzt anerkannt, dass die akute pandemische Ausbreitung des Corona-Virus und die damit einhergehenden wirtschaftlichen Folgen die Grundlagen eines Vergabeverfahrens grundlegend ändern können und insofern eine Aufhebung gerechtfertigt ist (Beschl. v. 6.5.2020, VK1-32/20).

bewerbs nur Angebote mit **unangemessen hohen Preisen** vorliegen.[24] Fehlen in einem solchen Fall dann zugleich auch die entsprechend höheren Haushaltsmittel für eine Beauftragung, wird auch dies als Aufhebungsgrund anerkannt.[25]

8.2.1.4 Andere schwerwiegende Gründe

Sowohl VOB/A als auch VgV bzw. UVgO[26] lassen eine Aufhebung auch dann zu, wenn andere **schwerwiegende Gründe** hierfür bestehen. Dieser Auffangtatbestand darf aber nicht dazu einladen, jeden aus Sicht des Auftraggebers triftigen Grund zum Anlass für eine Aufhebung zu nehmen. Mit Blick auf den Ausnahmecharakter der rechtmäßigen Aufhebungsmöglichkeit stellt die Rechtsprechung **strenge Anforderungen** an diesen Beendigungsgrund. Im Vergleich darf er nicht hinter den anderen ausdrücklich normierten Aufhebungsgründen zurückstehen.

Es muss dem Auftraggeber also geradezu **unzumutbar** sein, das Vergabeverfahren fortzusetzen. Dabei darf der Grund auch hier regelmäßig nicht von ihm selbst ausgehen, sondern muss – jedenfalls für eine rechtskonforme Aufhebung – von außen auf das Verfahren einwirken. Am Beispiel der Finanzmittel wird dies deutlich: Hat der Auftraggeber das Vergabeverfahren ohne ordnungsgemäße Planung und Sicherung der erforderlichen Haushaltsmittel begonnen, so rechtfertigen **fehlende Mittel** später keine Aufhebung. Muss er das Verfahren dennoch beenden, macht er sich gegenüber den Bietern unter Umständen schadensersatzpflichtig. Wird hingegen nach regelgerechter Mittelbereitstellung im Verlauf eines Vergabeverfahrens eine Haushaltssperre verhängt, so rechtfertigt dies eine Aufhebung aus wichtigem Grund.[27]

Als schwerwiegender Grund, der zur Aufhebung berechtigt, sieht die Rechtsprechung teilweise auch **Vergabeverstöße** des Auftraggebers an, die so schwer sind, dass er sie im laufenden Verfahren nicht auf andere Weise heilen kann. Bejaht wurde das etwa beim Unterbleiben einer EU-weiten Ausschreibung trotz (erheblicher) Überschreitung des Schwellenwerts.[28] Allerdings sind auch hier strenge Maßstäbe anzulegen. Der Bundesgerichtshof sieht den Aufhebungsgrund nicht schon ohne Weiteres deshalb als gegeben an, weil der Ausschreibende bei der Einleitung oder der Durchführung des Verfahrens fehlerhaft gehandelt hat.[29]

8.2.2 Überprüfbarkeit von Aufhebungsentscheidungen

Die Bieter stehen der Entscheidung des Auftraggebers, ein Vergabeverfahren aufzuheben, nicht schutzlos gegenüber. Sie können die Rechtmäßigkeit des Vorgehens und das Vorlie-

24 Bei einer Teillosvergabe kann die Unwirtschaftlichkeit im Sinne des §63 Abs.1. Nr.3 VgV nur angenommen werden, wenn das Gesamtergebnis unwirtschaftlich ist (OLG Koblenz, Beschl. v. 28.06.2017, Verg 1/17).

25 OLG Celle, Beschl. v. 10.3.2016, 13 Verg 5/15. Instruktiv zu den Voraussetzungen für die Aufhebung einer Ausschreibung wegen mangelnder Finanzierbarkeit s. OLG Düsseldorf, Beschl. v. 29.8.2018, VII-Verg 14/17 und VK Sachsen-Anhalt, Beschl. v. 19.1.2017, 3 VK LSA 54/16.

26 Und bislang schon VOL/A.

27 OLG Düsseldorf, Beschl. v. 26.6.2013, VII-Verg 2/13.

28 OLG Koblenz, VergabeR 2003, 448.

29 BGH, VergabeR 2010, 210; vgl. zum Prüfungsmaßstab, wann ein schwerwiegender Aufhebungsgrund vorliegt, BGH, Beschl. v. 20.3. 2014, X ZB 18/13.

gen eines entsprechenden Aufhebungsgrunds etwa im Rahmen von Schadensersatzansprüchen wegen Pflichtverletzung im vorvertraglichen Schuldverhältnis vor den Zivilgerichten überprüfen lassen. Bei EU-weiten Vergabeverfahren ist zudem seit der Entscheidung des EuGH vom 18.6.2002[30] anerkannt, dass auch die Aufhebung einer Ausschreibung im Primärrechtsschutz mit einem Nachprüfungsantrag angegriffen werden kann. Stellt die Nachprüfungsinstanz dabei fest, dass die Aufhebung ohne sachlichen Grund oder nur zu dem Zweck erfolgt ist, um Bieter zu diskriminieren, kann sie die **Aufhebungsentscheidung** des Auftraggebers ihrerseits **aufheben**.[31] Erforderlich ist hierbei allerdings stets, dass der Wille des Auftraggebers, den Auftrag zu vergeben, fortbesteht.[32] Der Auftraggeber wäre dann verpflichtet, das Vergabeverfahren fortzusetzen.[33]

Den Auftraggeber zu verpflichten, den **Zuschlag zu erteilen**, kann die Nachprüfungsbehörde mit Blick auf die Vertragsautonomie, die auch dem Auftraggeber zusteht, in der Regel nicht.[34] Ausnahmen hiervon gab es in der Rechtsprechungspraxis in der Vergangenheit nur sehr selten. Zugrunde lagen dann immer eklatante Vergabeverstöße und willkürliches Handeln des Auftraggebers.[35]

8.2.3 Formale Anforderungen an die Aufhebung

Mit Blick auf das Transparenzgebot ist der Auftraggeber verpflichtet, die Verfahrensteilnehmer über die Aufhebung oder Einstellung eines Vergabeverfahrens unverzüglich, also ohne schuldhaftes Zögern, zu **unterrichten**. Sie haben ihnen dabei auch die Gründe für die Aufhebung mitzuteilen und sie darüber zu informieren, ob auf die Vergabe verzichtet wird oder ein neues Verfahren eingeleitet wird. Bei öffentlich bekannt gemachten Vergabeverfahren (etwa in TED oder auf einer nationalen Vergabeplattform) sollte zudem auch dort ein Hinweis erteilt werden, dass das Verfahren aufgehoben worden ist. Für die Bekanntmachungen in TED existiert hierfür ein eigenes Formular.

8.2.4 Überleitung in ein vereinfachtes Vergabeverfahren

Hat der Auftraggeber ein Vergabeverfahren (rechtmäßig) aufgehoben, steht es ihm natürlich frei, seine Beschaffungsabsicht weiterzuverfolgen und die Leistung erneut auszuschreiben. In den Fällen, in denen der Aufhebungsgrund durch die Verfahrensteilnehmer verursacht wurde, kann der Auftraggeber das Anschlussverfahren in **vereinfachter Weise** durchführen. Entsprach also kein Angebot den Bewerbungsbedingungen oder führte das Verfahren zu keinem wirtschaftlichen Ergebnis, so berechtigt dies den Auftraggeber, nun-

30 Rechtssache C-92/00, Hospital Ingenieure.
31 OLG München, Beschl. v. 4.4.2013, Verg 4/13.
32 VK Niedersachsen, Beschl. v. 24.10.2008, VgK-35/2008.
33 Der BGH hat in seiner Entscheidung vom 20.3.2014 (X ZB 18/13) noch einmal deutlich gemacht, dass ein Anspruch auf Weiterführung des Vergabeverfahrens nur unter besonderen Voraussetzungen in Betracht kommt, etwa dann, wenn der Auftraggeber die Möglichkeit, ein Vergabeverfahren aufzuheben, in rechtlich zu missbilligender Weise dazu einsetzt, durch die Aufhebung die formalen Voraussetzungen dafür zu schaffen, den Auftrag außerhalb des eingeleiteten Vergabeverfahrens an einen bestimmten Bieter oder unter anderen Voraussetzungen bzw. in einem anderen Bieterkreis vergeben zu können.
34 Vgl. BGH, Beschl. v. 18.2.2003, X ZB 43/02.
35 S. z.B. VK Hamburg, Beschl. v. 14.8.2003, VgK FB 3/03.

mehr eine Verhandlungsvergabe bzw. ein Verhandlungsverfahren durchzuführen. Selbst auf den Teilnahmewettbewerb (und damit die Bekanntmachung des Folgeverfahrens) kann dabei verzichtet werden, wenn die ursprünglichen Bedingungen des Auftrags nicht grundlegend geändert werden[36] und der bisherige Kreis der (geeigneten) Verfahrensteilnehmer wieder einbezogen wird.[37] Die Zulässigkeitsvoraussetzungen hierfür ergeben sich aus § 14 Abs. 3 Nr. 5 und Abs. 4 Nr. 1 VgV, § 8 Abs. 3 Nr. 1 bzw. Abs. 4 Nr.4 UVgO[38], § 3a Abs. 2 Nr. 2 VOB/A und § 3a EU Abs. 2 Nr. 2 bzw. Abs. 3 Nr. 2 VOB/A.

8.3 Sonstiges

Wie bereits ausgeführt, kann der Auftraggeber, der ein Vergabeverfahren eingeleitet hat, grundsätzlich nicht dazu verpflichtet werden, dieses mit einem Zuschlag (und damit mit dem Abschluss eines Vertrags) zu beenden.[39] Will er – auch aus unsachlichen Gründen – während des Verlaufs einer Ausschreibung seine Beschaffungsabsicht nicht weiter verfolgen, so kann er das Verfahren faktisch auch ohne Vorliegen eines Aufhebungsgrundes beenden. Alternativ ist es auch denkbar, dass er die Ausschreibung einfach **nicht fortbetreibt** – und damit letztendlich „**still auslaufen**" lässt.

Im Falle einer rechtswidrigen Aufhebung können die Verfahrensteilnehmer Schadensersatzansprüche gegen den Auftraggeber geltend machen, die zumindest die Kosten für die Beteiligung an dem Verfahren umfassen (negatives Interesse) und sich u.U. auch auf den entgangenen Gewinn erstrecken können (positives Interesse).[40]

Schwieriger gestaltet sich die Situation, wenn der Auftraggeber das Verfahren (dauerhaft) ruhen lässt, da hier kein (überprüfbares) verfahrensbeendendes Ereignis stattfindet. Teilweise wird hierin eine faktische Aufhebung gesehen, die dann im Oberschwellenbereich im Nachprüfungsverfahren angreifbar sein soll. Mit Blick auf das durch die Einleitung des Vergabeverfahrens und dessen Betreiben entstandene vorvertragliche Vertrauensverhältnis lässt sich aber in dem Verhalten des Auftraggebers jedenfalls dann eine Pflichtverletzung sehen, die Grundlage für Schadensersatzansprüche ist, wenn das Verfahren absehbar nicht fortbetrieben werden soll.

---

36 Die deutliche Änderung der Leistungszeit ist eine grundlegende Änderung der Vertragsunterlagen, VK Bund, Beschl. v. 25.3.2020, VK1-12/20.

37 Zur Erweiterung des Kreises der Verfahrensteilnehmer in einem Verhandlungsverfahren ohne Teilnahmewettbewerb vgl. OLG Naumburg, Beschl. v. 13.5.2008, 1 Verg 3/08.

38 Bislang § 3 Abs. 4a) bzw. § 3 Abs. 5a) VOL/A.

39 VK Bund, Beschl. v. 4.3.2014, VK 2–7/14.

40 Vgl. hierzu Kap. 10.4.2.

9. Dokumentation

„Wer schreibt, der bleibt". Diesem Sprichwort kommt im Vergabeverfahren ein besonders hoher Stellenwert zu. Denn als Ausprägung der **Transparenzpflicht** und aus den hierauf aufsetzenden unterschiedlichen Vorschriften ist dem Auftraggeber im Vergabeverfahren eine umfassende **Dokumentationspflicht auferlegt**. Diese sowie die damit in Verbindung stehenden weiteren Pflichten des Auftraggebers (Bekanntmachungspflichten, Informationspflichten, Aufbewahrungspflichten) und Rechte der Bieter (Akteneinsichtsrechte und weitere Auskunftsrechte) sind Gegenstand dieses Kapitels.

9.1 Dokumentationspflichten

Unabhängig vom Auftragswert (d.h. im Unter- wie im Oberschwellenbereich) und vom Auftragsgegenstand ist der Auftraggeber zur Dokumentation des Vergabeverfahrens verpflichtet. Die Vorschriften hierzu finden sich in den §§ 8 VgV, 8 SektVO, 20 VOB/A, 20 VOB/A-EU, 20 VOB/A-VS, 6 UVgO, 20 VOL/A, § 43 VSVgV sowie 6 KonzVgV. Mit Ausnahme von VgV, UVgO, SektVO und KonzVgV stehen diese Regelungen relativ weit am Ende der jeweiligen Regelwerke, was den Irrtum hervorrufen könnte, dass es sich nur um eine unbedeutende Nebenpflicht des Auftraggebers handelt, die nach Abschluss des Verfahrens zu erledigen ist. Das Gegenteil ist der Fall: Die Dokumentationspflicht stellt einen **wesentlichen Bestandteil** des Vergabeverfahrens dar.

Sinn und Zweck der Dokumentation des Vergabeverfahrens ist es, eine **nachträgliche Kontrolle** zu ermöglichen, ob die Auftragsvergabe ordnungsgemäß durchgeführt worden ist. Im Oberschwellenbereich hat die Dokumentation bieterschützende Qualität gemäß § 97 Abs. 6 GWB, weshalb sich eine sorgfältig geführte und vollständige Vergabeakte vor allem im Falle eines Nachprüfungsverfahrens bezahlt macht. Wenngleich für den Unterschwellenbereich kein solches vergaberechtsspezifisches Rechtsschutzsystem existiert, bestehen gleichwohl Überprüfungsmöglichkeiten: Die Auftragsvergabe kann z.B. im Rahmen einer haushaltsrechtlichen Nachprüfung durch Rechnungshöfe bzw. seitens der Fördermittelgeber hinsichtlich der Einhaltung des haushaltsrechtlichen Grundsatzes der Sparsamkeit und Wirtschaftlichkeit nachvollzogen werden. Nicht zuletzt dient die durch die Dokumentationspflicht ermöglichte Transparenz auch der Korruptionsprävention, da Manipulationsmöglichkeiten und Versuchen kollusiven Zusammenwirkens zwischen dem Auftraggeber und Bietern vorgebeugt wird.

Schaut man sich die einzelnen Vorschriften über die Dokumentationspflichten an[1], wird deutlich, dass sie mit nahezu identischem Wortlaut die Pflicht zur Dokumentation der „einzelnen Stufen des Verfahrens, der Maßnahmen sowie der Begründung der einzelnen Entscheidungen" normieren.

Zusätzlich zu dieser grundsätzlichen Pflicht enthalten die meisten Vorschriften Hinweise zum **Umfang** der Dokumentation. Diese betreffen zum einen die Dokumentation selbst. Zu dokumentieren sind nach § 8 Abs. 1 VgV beispielsweise die Kommunikation mit den Unternehmen sowie die internen Beratungen, die Vorbereitung der Auftragsbekanntmachung und der Vergabeunterlagen, die Öffnung der Angebote, Teilnahmeanträge und Interessensbestätigungen, die Verhandlungen und Dialoge mit den teilnehmenden Unternehmen sowie die Gründe für die Auswahlentscheidungen und den Zuschlag.

Daneben hat der Auftraggeber als Teil der Dokumentation einen **Vergabevermerk** zu erstellen. Dieser ist also Teilmenge der Gesamtdokumentation. Für ihn gibt es (nicht abschließende) Kataloge mit Mindestanforderungen. Diese Mindestanforderungen entlehnen sich weit überwiegend dem EU-Vergaberecht, wurden aber teilweise auch ergänzt sowie in den Unterschwellenbereich der Bauauftragsvergabe übertragen (§ 20 Abs. 2 VOB/A). Beispielhaft sei der Katalog aus § 8 Abs. 2 VgV genannt, der gemäß § 20 VOB/A-EU auch für oberschwellige Bauvergaben gilt. Er verlangt folgende **Mindestangaben** für den Vergabevermerk:

- Name und Anschrift des Auftraggebers sowie Gegenstand und Wert des Auftrags bzw. der Rahmenvereinbarung oder des dynamischen Beschaffungssystems,
- Namen der berücksichtigten Bewerber oder Bieter und Auswahlgründe,
- Namen der nicht berücksichtigten Bewerber oder Bieter sowie deren Teilnahmeanträge bzw. Angebote und die Ablehnungsgründe,
- Gründe für die Ablehnung ungewöhnlich niedriger Angebote,
- Name des erfolgreichen Bieters samt Auswahlgründen sowie ggf. Nachunternehmeranteil,
- Rechtfertigungsgründe für abweichende Verfahrensarten,
- Gründe für einen Vergabeverzicht,
- ggf. Gründe dafür, warum von einer elektronischen Einreichung von Teilnahmeanträgen bzw. Angeboten abgesehen wurde,
- ggf. Angaben zu aufgedeckten Interessenkonflikten und getroffenen Abhilfemaßnahmen,
- Abweichung von einer Teil- und Fachlosvergabe sowie
- Gründe für die Nichtangabe der Gewichtung der Zuschlagskriterien.

1 Neben den genannten Hauptvorschriften über die Dokumentationspflicht existieren weitere Spezialregelungen: Aus § 6 Abs. 3 Satz 3 VOL/A etwa geht hervor, dass Auftraggeber die Forderung von anderen Nachweisen als Eigenerklärungen zu begründen und dokumentieren haben. § 23 Abs. 5 UVgO und § 7 Abs. 4 Satz 4 VOL/A verpflichten den Auftraggeber zur Dokumentation der Gründe, die den Zusatz „oder gleichwertiger Art" bei einer produktbezogenen Leistungsbeschreibung entfallen lassen.

Die Mindestanforderungen an die Dokumentation bei Aufträgen im Sektorenbereich und bei Konzessionsvergaben fallen deutlich weniger umfangreich aus. VgV und UVgO bzw. VOL/A fordern zudem eine „**fortlaufende Dokumentation**", während § 20 VOB/A eine „**zeitnahe**" Dokumentation vorsieht. Beide Anforderungen werden in sämtlichen Vergabeverfahren zu berücksichtigen sein. Weitgehend einheitlich ist nunmehr auch das Formerfordernis an die Dokumentation: Sie hat in **Textform** (§ 126b BGB) zu erfolgen. Dies wird – auch wenn nicht ausdrücklich genannt – auch im Anwendungsbereich der VSVgV gelten.

9.1.1 Inhalt und Umfang der Dokumentation

Da substanzielle Unterschiede zwischen den einzelnen Vorschriften nicht bestehen, kann die vergaberechtliche Dokumentationspflicht einheitlich dargestellt werden. Inhaltlich umfasst die Dokumentation übereinstimmend

- die einzelnen Verfahrensstufen,
- die maßgeblichen Feststellungen und
- die Begründung der einzelnen Entscheidungen.

Die Begriffe lassen sich allerdings nicht trennscharf abgrenzen. Der von der Rechtsprechung für die Dokumentation angelegte Betrachtungsmaßstab verlangt eine Dokumentation, die so detailliert ist, dass sie für eine mit der Sachlage des jeweiligen Vergabeverfahrens vertraute Person **nachvollziehbar** ist.[2] Dazu gehört nach § 8 Abs. 1 VgV nunmehr auch die Dokumentation interner Beratungen beim Auftraggeber.

Praxistipp

Im Internet steht kostenlos eine 2008 vom Bundesbauministerium erstellte umfangreiche „Arbeitshilfe zum Erstellen von Vergabevermerken" (Ausgabe 2008) zum Download zur Verfügung. Diese bietet nach wie vor brauchbare Erläuterungen und Musterblätter für die Dokumentation. Es muss aber darauf hingewiesen werden, dass die Dokumentation immer einzelfallbezogen erfolgen muss und Formulierungen niemals schematisch übernommen werden sollten.

Die einzelnen Stufen des Vergabeverfahrens beziehen sich auf den formalen Verfahrensablauf, wie er sich im Wesentlichen aus Vergabevorschriften unter Berücksichtigung der verschiedenen Verfahrensarten ergibt. Ein Vergabeverfahren beginnt regelmäßig mit der Bekanntmachung bzw. der Aufforderung zur Angebotsabgabe und endet mit dem Zuschlag bzw. seiner Aufhebung. Dazwischenliegende Stufen sind ggf. die Durchführung eines Teilnahmewettbewerbs, die Angebotsprüfung, ggf. Aufklärungsmaßnahmen, die Auswahl des wirtschaftlichsten Angebots, die Versendung von Informationsschreiben und die Zuschlagserteilung.

2 OLG Düsseldorf, Beschl. v. 11.7.2007, VII-Verg 10/07.

Maßnahmen im Vergabeverfahren sind solche, die den Sachverhalt festlegen, auf dessen Grundlage die Vergabeentscheidung ergeht. Denknotwendigerweise müssen daher in einem ersten Schritt die tatsächlichen Grundlagen ermittelt und dokumentiert werden, bevor konkrete Maßnahmen oder gar Entscheidungen getroffen werden können. Nach der Rechtsprechung sind aber auch solche Maßnahmen zur näheren Ausgestaltung der Ausschreibungsbedingungen zu dokumentieren, die **vor Einleitung** des Vergabeverfahrens getroffen werden. Dies ergibt sich z.B. aus § 8 Abs. 1 VgV („Dokumentation der Vorbereitung der Auftragsbekanntmachung und der Vergabeunterlagen"). Hierzu gehören etwa:

- die Auswahl der Verfahrensart,[3]
- die Ermittlung des voraussichtlichen Auftragswerts vor Beginn des Verfahrens,[4]
- die Entscheidung über die Aufteilung des Auftrags in Einzellose[5] oder
- die Festlegung der Wertungskriterien und deren Gewichtung.

Praxistipp

▶ *Auch Inhalte (und ggf. die Bewertung) der Kommunikation mit Bietern – zu denken ist hier neben Verhandlungen oder Dialogen insbesondere an Aufklärungsgespräche – müssen sorgfältig schriftlich niedergelegt werden, denn die Erörterungen sowie deren Bewertung durch die Vergabestelle kann von entscheidender Bedeutung z.B. für die Frage sein, ob ein Bieter im Vergabeverfahren verbleibt. § 8 Abs. 1 VgV und § 7 Abs. 2 UVgO sehen die Kommunikation mit den Verfahrensteilnehmern ausdrücklich als Teil der Dokumentation an.*

Die einzelnen **Entscheidungen** im Vergabeverfahren sind solche, bei denen mehrere Gesichtspunkte gegeneinander abzuwägen sind und der Vergabestelle ggf. ein Beurteilungs- bzw. Ermessensspielraum zukommt. Da hier die Gefahr eines Nachprüfungsverfahrens durch die nachteilig betroffenen Bieter besonders hoch ist, sind die Entscheidungen, die die Zuschlagsentscheidung betreffen (Angebotswertung, Bieterausschluss, Zuschlagsentscheidung im engeren Sinn), besonders **begründungsintensiv**. Formelhafte Standardformulierungen, die nicht auf das konkrete Vergabeverfahren zugeschnitten sind, oder gar nur stichwortartige Dokumentationen sind nicht ausreichend und sollten daher unbedingt vermieden werden.[6] Aufgrund der Dokumentation sollen Bieter in nachvollziehbarer Weise in Erfahrung bringen können, warum sie nicht mehr am weiteren Vergabeverfahren teilnehmen und sich auch davon überzeugen können, dass die weiteren noch am Vergabeverfahren teilnehmenden Bieter aufgrund sachgerechter, nachvollziehbarer und ermessensfehlerfreier Entscheidung bestimmt worden sind.[7]

3 OLG Naumburg, Beschl. v. 10.11.2003, 1 Verg 14/03.
4 Hanseatisches OLG Bremen, Beschl. v. 18.5.2006, Verg 3/2005, NZBau 2006, 527.
5 OLG Düsseldorf, Beschl. v. 17.3.2004, VII-Verg 1/04, NZBau 2004, 461, 462 m.w.N.
6 VK Sachsen-Anhalt, Beschl. v. 23.7.2004, 1 VK LVwA 31/04.
7 OLG Brandenburg, Beschl. v. 3.8.1999, 6 Verg 1/99, NZBau 2000, 39, 44. Dies gilt insbesondere dort, wo den Bietern hinsichtlich einer Wertungsentscheidung mit entsprechendem Beurteilungsspielraum (z.B. qualitative Bewertung eines von den Bietern zu erstellendes Konzept) nur wenige Hinweise zum Erwartungshorizont gegeben werden und die Bewertungsstufen (z.B. Schulnoten) nur sehr oberflächlich umschrieben werden, vgl. hierzu BGH, Beschl. v. 4.4.2017, X ZB 3/17.

Praxistipp

Keiner umfassenden, detailreichen Begründung bedürfen solche Entscheidungen, bei denen der Beurteilungs- oder Ermessensspielraum des Auftraggebers deutlich reduziert, vollkommen ausgeschlossen ist oder gar nicht existiert, weil die Voraussetzungen für eine bestimmte Entscheidung entweder vorliegen oder nicht. Betroffen hiervon sind regelmäßig die Prüfung der Einhaltung der formalen und inhaltlichen Bedingungen der Vergabeunterlagen sowie der Eignung der Bewerber. Praktisch kann sich anbieten, die Eignung der Bewerber bzw. der Bieter tabellarisch zu dokumentieren, so dass nachvollziehbar ist, wer welche Bedingungen erfüllt und welche nicht. Wenn einziges Zuschlagskriterium für die Angebotswertung der Preis ist, erübrigen sich umfangreiche Erklärungen bei der Wertung ebenfalls.

Sollte sich der Auftraggeber im Vergabeverfahren durch Dritte beraten und/oder unterstützen lassen, bedarf es zudem einer dokumentierten Erklärung durch den Auftraggeber, dass die Eigenverantwortlichkeit des Auftraggebers für die Entscheidungen gewahrt bleibt. Die Mitwirkung von Dritten darf nämlich nicht die Grenze zur Mitentscheidung überschreiten.[8]

9.1.2 Zeitliche Dimension der Dokumentationspflicht

Wie bereits ausgeführt, muss die Dokumentation in sämtlichen Vergabeverfahrensarten von Anbeginn **zeitnah** und **fortlaufend** erfolgen.[9] Unter einer fortlaufenden Dokumentation ist eine chronologische Niederlegung der wesentlichen Schritte und Entscheidungen gemäß dem Gang des Vergabeverfahrens zu verstehen.

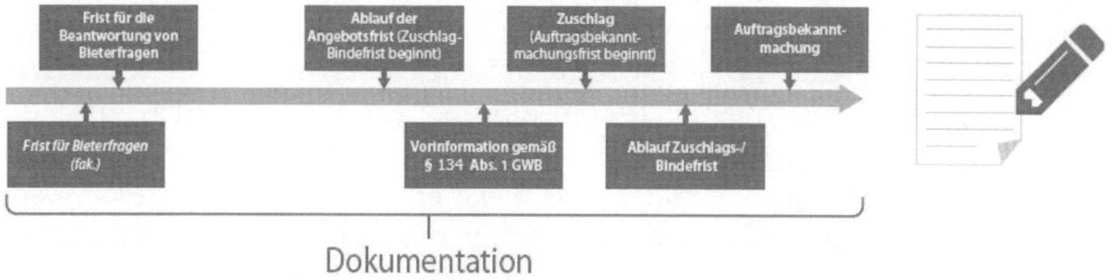

Abb. 38: Chronologische Dokumentation © Foss & Haas GmbH

Wenn das Vergaberecht für bestimmte Verfahrensschritte eine festgelegte Reihenfolge vorschreibt, so muss die Vergabedokumentation dies auch widerspiegeln (z.B. bei der Angebotswertung). Eine zeitnahe Dokumentation verlangt zwar kein unverzügliches Handeln im Sinne des § 121 BGB. Mangels genauer Definition sollte die Dokumentation entsprechend dem Normzweck zu einem Zeitpunkt erfolgen, zu dem davon ausgegangen werden kann, dass sie noch den Verlauf des Entscheidungsprozesses widerspiegelt.[10] Die Doku-

8 VK Nordbayern, Beschl. v. 18.6.2020, RMF-SG21-3194-5-7.
9 VK Lüneburg, Beschl. v. 2.8.2018, VgK-29/2018.
10 VK Niedersachsen, Beschl. v. 11.1.2005, 203-VgK-55/2004.

mentation erst zum Zeitpunkt des Zuschlags oder gar erst danach zu erstellen, liegt jedenfalls nicht mehr im Rahmen dessen, was unter zeitnah zu verstehen ist.[11] Im Oberschwellenbereich bedeutet zeitnahe Dokumentation auch, dass die Vergabeakte stets auf dem aktuellen Stand ist, so dass der Auftraggeber der Vergabekammer im Falle eines Nachprüfungsantrags gemäß § 163 Abs. 2 GWB die Vergabeakte „sofort" zur Verfügung stellen kann. Dies lässt in der Regel keine ausreichende Zeit für eine erstmalige Anfertigung der Dokumentation nach Aufforderung zu.

9.1.3 Bieterschutz im Nachprüfungsverfahren wegen Dokumentationsmängeln

Im Oberschwellenbereich kann ein unterlegener Bieter seinen Nachprüfungsantrag auf die **Verletzung der Dokumentationspflicht** durch den Auftraggeber stützen, da diese Pflichten bieterschützende Wirkung im Sinne des § 97 Abs. 6 GWB haben. Eine Verletzung der Vergabevorschriften kann in einer ungenügenden, unvollständigen oder im schlimmsten Fall sogar gänzlich fehlenden Dokumentation liegen. Die Dokumentation hat insofern eine **negative Beweiskraft**: Enthalten die Vergabeakten keinen Vermerk über einen Vorgang, so ist davon auszugehen, dass dieser Vorgang nicht stattgefunden hat. Dokumentationsmängel müssen sich allerdings gerade auf die Rechtsstellung des Bieters im Vergabeverfahren nachteilig ausgewirkt haben.[12] Unbeachtlich bleiben Dokumentationsmängel somit, wenn der Antragsteller dies nicht darlegen kann.[13]

Die Frage, ob im Nachprüfungsverfahren noch die Möglichkeit der **Heilung von Dokumentationsmängeln** besteht, wurde von der Rechtsprechung lange kontrovers diskutiert. Teilweise wurde vertreten, dass die Nachholung der Dokumentation grundsätzlich nicht möglich ist. Der Auftraggeber kann also seine Erwägungen zu den vergabeverfahrensrechtlichen Entscheidungen weder durch seinen schriftsätzlichen Vortrag im Nachprüfungsverfahren noch durch ergänzendes mündliches Vorbringen in der Verhandlung vor den Vergabekammern nachträglich dokumentieren.[14] Begründet wird dies damit, dass Bedeutung und Funktion des Vergabevermerks entwertet würden, wenn man gestattete, den geschuldeten zeitnahen Vergabevermerk erst im Nachhinein zu erstellen. Denn dies eröffnete die Möglichkeit einer ergebnisorientierten und mit den tatsächlichen Erwägungen und Entscheidungen nicht übereinstimmenden Darstellung der jeweiligen Vorgänge. Dieser Manipulationsmöglichkeit soll begegnet werden.

Die Befürworter einer Heilungsmöglichkeit verfolgen einen pragmatischeren Ansatz: Wegen des Beschleunigungsgrundsatzes und der Konzentrationsmaxime im Nachprüfungsverfahren sowie der drohenden Konsequenz der Rückversetzung des Vergabeverfahrens lassen Teile der Rechtsprechung die Nachholung der Dokumentation in engen Grenzen zu, wenn dadurch die ursprüngliche Intransparenz beseitigt und das Verfahren der Nachprü-

11 VK Südbayern, Beschl. v. 13.9.2002, 37-08/02. Zu der Frage, ob Vergabevermerke im Nachprüfungsverfahren nachgeschoben werden dürfen, s. unter 9.1.3.
12 OLG Düsseldorf, Beschl. v. 17.3.2004, VII-Verg 1/04.
13 BayObLG, Beschl. v. 20.8.2001, Verg 9/01.
14 OLG Düsseldorf, Beschl. v. 17.3.2004, VII-Verg 1/04; OLG Jena, Beschl. v. 26.6.2006, 9 Verg 2/06.

fung durch die jeweiligen Instanzen zugänglich wird.[15] Eine **vermittelnde Position** nimmt der Bundesgerichtshof[16] ein: In Abwägung beider Positionen sieht er einen Verstoß gegen die Dokumentationspflicht und die hieraus abgeleitete Pflicht zur Wiederholung des entsprechenden Verfahrensschrittes nur in solchen Fällen, in denen zu besorgen ist, dass die Berücksichtigung der nachgeschobenen Dokumentation lediglich im Nachprüfungsverfahren nicht ausreichen könnte, um eine wettbewerbskonforme Auftragserteilung zu gewährleisten.

Stellt die Vergabekammer oder das Beschwerdegericht einen Verstoß gegen die Dokumentationspflicht fest, so ist das Vergabeverfahren ab dem Zeitpunkt, ab dem die Dokumentation unzureichend ist, fehlerbehaftet, und es ist in diesem Umfang zu wiederholen.

9.2 Aufbewahrungs- und Rückgabepflichten

Neben der Pflicht zur Dokumentation des Vergabeverfahrens treffen den Auftraggeber im Zusammenhang mit dem Transparenzgebot noch eine Reihe weiterer Nebenpflichten. Dies sind zum einen **Aufbewahrungspflichten**, zum anderen **Herausgabe-** und **Rückgabepflichten** gegenüber den Teilnehmern an einem Vergabeverfahren.

9.2.1 Aufbewahrungspflichten

Die Frage, wie lange der Auftraggeber die Unterlagen eines Vergabeverfahrens aufzubewahren hat, ist in der Praxis von erheblicher Bedeutung. Denn die Vergabeakten umfangreicher Vergabeverfahren füllten früher in Zeiten schriftlicher Verfahren oftmals mehrere Regalmeter. Dies konnte für die Auftraggeber einen nicht zu vernachlässigenden **Kostenfaktor** darstellen. In Zeiten der elektronischen Vergabe ist dies zwar nicht mehr problematisch. Dafür treten allerdings datenschutzrechtliche Aspekte in den Vordergrund. Die EU-Datenschutz-Grundverordnung **(DSGVO)** verlangt in Bezug auf personenbezogene Daten, die sich auch in Vergabeunterlagen immer wieder finden, ein umgehendes Löschen, sobald diese Daten nicht mehr benötigt werden.

Die Aufbewahrung der Akten dient vornehmlich dazu, die Auftragsvergabe im Falle einer haushaltsrechtlichen Rechnungsprüfung umfassend darlegen zu können. Die Rechnungshöfe von Bund und Ländern sind qua Haushaltsrecht[17] befugt, binnen mehrerer Jahre rückwirkend die öffentlichen Auftragsvergaben sowohl im Unter- als auch im Oberschwellenbereich stichprobenartig am Maßstab der Sparsamkeit und Wirtschaftlichkeit zu überprüfen.

§§ 8 Abs. 4 VgV (der über § 20 VOB/A-EU auch für Oberschwellenbauvergaben gilt) und 8 Abs. 3 SektVO sehen für die Dokumentation und bestimmte Verfahrensunterlagen[18] eine Aufbewahrungspflicht bis zum Ende der Laufzeit des zu vergebenden Auftrags, mindes-

15 VK Bund, Beschl. v. 11.11.2002, VK 1-101/03 und Beschl. v. 24.9.2003, VK 2-76/03; aktuell: VK Brandenburg, Beschl. v. 11.5.2020, VK 4/20.
16 Beschl. v. 8.2.2011, X ZB 4/10.
17 S. etwa die §§ 89 ff. BHO, die Vorschriften der LHO sind in vielen Bundesländern identisch.
18 Vgl. hierzu auch Kap. 8.1.5.1.

tens jedoch für **drei Jahre ab Zuschlagserteilung** vor. Dies gilt auch für Kopien aller abgeschlossenen Verträge, die im Falle von Liefer- bzw. Dienstleistungsaufträgen einen Auftragswert von mindestens 1 Mio. Euro und im Falle von Bauaufträgen von mindestens 10 Mio. Euro haben.

Daneben ergeben sich Aufbewahrungspflichten aus verwaltungsinternen Vorschriften bzw. im Falle der Auftragsvergabe durch einen Zuwendungsempfänger aus dem Zuwendungsbescheid und seinen Nebenbestimmungen.[19] Gewöhnlich beträgt die Aufbewahrungsfrist hieraus **fünf Jahre** ab Abschluss des Vergabeverfahrens.

Praxistipp

▶ *Die Auftraggeber sollten mit Blick auf die Möglichkeit, einer durchaus umfassenden haushaltsrechtlichen Nachprüfung unterzogen zu werden, im Zweifel die gesamten Vergabeunterlagen aufbewahren, da die Grenze zwischen den für die Rechnungsprüfung jedenfalls bereitzustellenden Unterlagen und jenen, die ggf. von untergeordneter Relevanz sind, selten trennscharf verläuft.*

9.2.2 Rückgabeansprüche

Angesichts dessen, dass die Bieter im Vergabeverfahren im digitalen Zeitalter den weit überwiegenden Teil der Angebotsunterlagen auf eigenen Datenträgern abspeichern und damit keinerlei Wissen oder Know-how durch die Abgabe der Unterlagen im Vergabeverfahren verloren gehen dürfte, stellt sich in der Praxis die Frage nach der Rückgabe der schriftlich eingereichten Dokumente nach Ablauf der Aufbewahrungsfristen nur noch selten.

Anders hingegen ist die Situation gelagert, in der die Bieter gerade in Bauvergabeverfahren Entwürfe, Ausarbeitungen, Muster oder Proben einzureichen haben. In diesem Fall können die nicht berücksichtigten Bieter auf Antrag bzw. vorherigen Hinweis in ihren Angebotsunterlagen vom Auftraggeber derartige Gegenstände **zurückverlangen**. Die Regelung, die eine Ausnahme von der grundsätzlichen Pflicht des Auftraggebers zur Aufbewahrung der Vergabeunterlagen darstellt, erklärt sich nur damit, dass Muster, Proben, Entwürfe, Ausarbeitungen etc. nicht im engeren Sinne zum Angebot der Bieter zählen, sondern den Angeboten lediglich als Ergänzungen oder Erläuterungen beigefügt werden. Die Rückgabe kann somit unmittelbar nach Abschluss des Vergabeverfahrens erfolgen.

9.2.3 Statistikpflichten des Auftraggebers

Flankierend zur Dokumentation des Vergabeverfahrens hat der Auftraggeber auch noch bestimmte Statistikpflichten zu bedienen. Sie gründen auf der **Vergabestatistikverordnung** (VergStatVO), die 2016 im Rahmen des Vergaberechtsmodernisierungsgesetzes eingeführt worden ist. Im April 2020 wurde die Verordnung noch einmal grundlegend überar-

19 Vgl. etwa Ziffer 6.5 der Allgemeinen Nebenbestimmungen für Zuwendungen zur Projektförderung (ANBest-P).

beitet. Seit dem 1. Oktober 2020 müssen alle dem Vergaberecht unterfallenden Auftraggeber ihre statistischen Pflichten zu der beim statistischen Bundesamt geführten Vergabestatistik erfüllen.[20] Ziel ist die möglichst unbürokratische Erfüllung der bestehenden Berichtspflichten, um aussagekräftige Informationen über die öffentlichen Aufträge in Deutschland zu erhalten.

Erfasst hiervon sind alle öffentlichen Auftraggeber im Sinne des § 98 GWB, also Bund, Länder, Kommunen, aber auch Sektorenauftraggeber und Konzessionsgeber. Nach einmaliger Einrichtung einer internen oder externen Berichtstelle, die sich beim Statistischen Bundesamt (Destatis) registrieren muss, erfolgen die Meldungen an die Vergabestatistik entweder vollautomatisch über eine Datenschnittstelle oder manuell in einem Onlineformular. Erfasst und gemeldet werden müssen bestimmte Daten zu sämtlichen Vergabeverfahren im Oberschwellenbereich. Aber auch für unterschwellige Vergabeverfahren ab einem Auftragswert von 25.000 Euro bestehen Meldepflichten.

9.3 Akteneinsicht

Wie bereits dargestellt, dient die Verfahrensdokumentation auch dem Nachweis der ordnungsgemäßen Durchführung des Vergabeverfahrens. Sie wird dementsprechend denjenigen Einrichtungen zugänglich gemacht, die für die Überprüfung des Vergabeverfahrens bzw. der Vergabemaßnahme gesetzlich zuständig sind. Mit Blick auf die umfassende Darstellung des wettbewerblichen Verfahrens einschließlich der Angebote der Unternehmen, die ihrerseits nicht zuletzt mit den angebotenen Preisen Geschäfts- und Betriebsgeheimnisse enthalten, hat der Auftraggeber die Vergabedokumentation **vertraulich zu behandeln** und vor dem Zugriff Unbefugter wirksam **zu schützen**.

Gleichwohl haben Verfahrensbeteiligte auf Grundlage verschiedener Rechtsquellen einen (unterschiedlich ausgeprägten) Anspruch auf Einsichtnahme in die Vergabeakten. Dieser wird nachfolgend dargestellt.

9.3.1 Akteneinsichtsrecht im Nachprüfungsverfahren

Im Nachprüfungsverfahren[21] haben die Verfahrensbeteiligten nach § 165 GWB grundsätzlich einen Anspruch auf Akteneinsicht. Bevor sogleich die einzelnen Anspruchsvoraussetzungen dieser Norm erläutert werden, ist es zweckdienlich, sich erneut die diametral entgegengesetzten Interessenlagen der am Vergabe- bzw. am Nachprüfungsverfahren beteiligten Akteure vor Augen zu führen:

Der für den Zuschlag nicht berücksichtigte Bieter wird zwar vom Auftraggeber über sein Ausscheiden bzw. die Nichtberücksichtigung und die Gründe hierfür informiert, bleibt aber über die meisten internen Vorgänge und Entscheidungsfindungsprozesse auf Seiten des Auftraggebers im Dunkeln. Ohne das flankierende Recht auf Akteneinsicht wäre das subjektive Recht auf Einhaltung der Bestimmungen des Vergabeverfahrens (§ 97 Abs. 6

20 BAnz AT 25.06.2020 B2.
21 S. hierzu die Darstellung in Kap. 10.2.

GWB) oftmals wertlos. Der ausgeschiedene oder unterlegene Bieter kann aufgrund dieser wenigen Informationen über das Vergabeverfahren nämlich nur dann sinnvoll seine Erfolgsaussichten im Nachprüfungsverfahren begutachten und sein Begehren substantiieren und begründen, wenn er möglichst umfassend Einsicht in die Vergabeakte nehmen kann. In diesem Sinne lässt sich das Akteneinsichtsrecht auf das verfassungsrechtlich geschützte Recht auf **effektiven Rechtsschutz** aus Art. 19 Abs. 4 GG zurückführen.

Die anderen Teilnehmer oder Bieter im Vergabeverfahren hingegen haben ein großes Interesse an einerseits der **Wahrung der Vertraulichkeit** ihrer eingereichten Angebote und andererseits der Verhinderung von Wettbewerbsverzerrungen. Der Auftraggeber (und Antragsgegner im Nachprüfungsverfahren) ist als Geheimnisträger ebenfalls zur Wahrung der Vertraulichkeit hinsichtlich der Bieterinformationen, gleichzeitig aber auch zur transparenten Dokumentation des Vergabevorgangs verpflichtet.

Angesichts dieses Spannungsfelds zwischen dem Grundsatz der Transparenz, dem Wettbewerbsgrundsatz und dem Grundsatz des effektiven Rechtsschutzes hat der Gesetzgeber für die Akteneinsicht im Nachprüfungsverfahren mit § 165 GWB eine **Regel-Ausnahme-Vorschrift** geschaffen: Nach Abs. 1 wird ein grundsätzliches Recht auf Akteneinsicht gewährt, welches in Abs. 2 wieder eingeschränkt werden kann, soweit dies im Interesse des Geheimschutzes oder zur Wahrung von Betriebs- und Geschäftsgeheimnissen geboten ist.

9.3.1.1 Recht auf Akteneinsicht

Nach § 165 Abs. 1 GWB haben die am Nachprüfungsverfahren Beteiligten einen Anspruch darauf, die Akten einsehen zu können. Ähnlich wie im Verwaltungsverfahren sind Beteiligte am Vergabenachprüfungsverfahren gemäß § 162 Satz 1 GWB neben dem Antragsteller und dem Antragsgegner auch die Beigeladenen, also diejenigen Unternehmen, deren Interessen durch die Entscheidung schwerwiegend berührt werden.

Der Begriff der „Akten" in § 165 Abs. 1 GWB entspricht demjenigen aus § 163 Abs. 2 Satz 3 GWB. Dazu gehören jedenfalls sämtliche der Vergabekammer zur Entscheidung vorliegenden Unterlagen, also sowohl die Vergabeakten der Vergabekammer selbst (inklusive aller dokumentierten, auch lediglich intern gebliebenen Vorgänge) als auch beigezogene Akten anderer Behörden oder Gerichte, sowie die von den Beteiligten stammenden Akten und Schriftsätze. Allerdings leidet der Aktenbegriff an einer gewissen Unschärfe und wird daher unterschiedlich weit aufgefasst. Ansatzpunkt für die verschiedenen Auffassungen ist die Frage, ob § 29 Abs. 2 VwVfG entsprechende Anwendung findet und folglich auch Entscheidungsentwürfe, Voten oder andere interne Vermerke der Vergabekammer ebenfalls Aktenbestandteile darstellen können oder nicht.

Aufgrund der im Nachprüfungsverfahren herrschenden Beschleunigungsmaxime (§ 167 GWB) ist **Ort der Einsichtnahme** nur die Vergabekammer selbst. Dies ergibt sich auch ausdrücklich aus § 165 Abs. 1 Satz 1 GWB. Daher besteht kein Anspruch auf Aushändigung oder Übersendung der Vergabeakten. Allerdings kann sich der Antragsteller auf seine Kosten Kopien anfertigen lassen, die die Vergabekammern den nicht ortsansässigen Beteiligten regelmäßig übersenden, so dass eine Einsichtnahme vor Ort verzichtbar wird.

Wenngleich der Wortlaut des § 165 Abs. 1 GWB ein grundsätzlich uneingeschränktes Akteneinsichtsrecht suggeriert, wird in der Rechtsprechung überwiegend vertreten, dass die Vorschrift um das ungeschriebene Tatbestandsmerkmal der **Erforderlichkeit** und der **Entscheidungserheblichkeit** ergänzt werden muss. Demnach besteht das Akteneinsichtsrecht nur in dem Umfang, in dem es zur Durchsetzung der subjektiven Rechte des betroffenen Verfahrensbeteiligten erforderlich ist.[22] Grund hierfür ist, dass nicht (rechtzeitig) Gerügtes nicht entscheidungsrelevant ist und daher kein Akteneinsichtsrecht zu begründen vermag. Das Recht zur Einsichtnahme wird also von vornherein auf den Verfahrensgegenstand des Nachprüfungsverfahrens begrenzt.

Praxisbeispiel

Greift der Antragsteller etwa die vom Auftraggeber gewählte Verfahrensart an, wird ihm eine Einsicht in die konkurrierenden Angebote grundsätzlich von vornherein verwehrt, da es bei der verfahrensgegenständlichen Frage nicht auf einen Vergleich eventuell konkurrierender Angebote ankommt.

Aus der Begrenzung des Einsichtsrechts auf den Verfahrensgegenstand folgt auch, dass der Nachprüfungsantrag überhaupt statthaft sein muss und nicht offensichtlich unzulässig oder unbegründet sein darf. Im Falle eines offensichtlich unzulässigen oder unbegründeten Antrags würde die Akteneinsicht lediglich der Befriedigung des Informationsinteresses des Antragstellers dienen.[23] Wenn der Antrag unzulässig ist, kann dem Antragsteller nur Akteneinsicht in dem Umfang gewährt werden, in dem die Vergabeakten zur Beantwortung der Zulässigkeitsfrage eingesehen werden müssen.[24]

9.3.1.2 Versagung der Akteneinsicht aus wichtigem Grund

Die Gewährung einer unbeschränkten Akteneinsicht würde zu einer Verletzung des vergaberechtlichen Geheimhaltungs- und Vertraulichkeitsgebots zulasten der öffentlichen Auftraggeber und insbesondere zulasten der an einem Vergabeverfahren beteiligten Bieter unabhängig davon führen, ob sie Beteiligte im Nachprüfungsverfahren sind oder nicht. Dem gebietet § 165 Abs. 2 GWB Einhalt, indem die Vergabekammern die Akteneinsicht zu **versagen** haben, soweit dies aus wichtigen Gründen, insbesondere aus Gründen des Geheimnisschutzes oder zur Wahrung von Betriebs- oder Geschäftsgeheimnissen, geboten ist. Die Versagung kann dergestalt erfolgen, dass die betreffenden Unterlagen von der Akteneinsicht **ausgeschlossen** oder die maßgeblichen Textstellen **geschwärzt** werden.

Als **Betriebs- oder Geschäftsgeheimnisse** gelten üblicherweise alle Tatsachen, die im Zusammenhang mit einem wirtschaftlichen Geschäftsbetrieb stehen, nicht offenkundig, sondern nur einem begrenzten Personenkreis zugänglich sind, nach dem Willen des Geschäftsinhabers geheim gehalten werden sollen und an deren Geheimhaltung zudem ein berechtigtes wirtschaftliches Interesse besteht. Das ist dann anzunehmen, wenn die Aufdeckung der Tatsachen geeignet ist, dem Geheimnisträger wirtschaftlichen Schaden zuzu-

22 OLG Jena, Beschl. v. 6.12.2006, 9 Verg 8/06; VK Brandenburg, Beschl. v. 11.5.2020, VK 4/20.
23 VK Schleswig-Holstein, Beschl. v. 28.11.2006, VK SH 15/06.
24 OLG Naumburg, Beschl. v. 15.7.2008, 1 Verg 5/08.

fügen. Dabei betreffen Betriebsgeheimnisse in erster Linie den technischen und Geschäftsgeheimnisse den kaufmännischen Bereich des Unternehmens.[25]

Ein grundsätzlich schutzwürdiges Interesse der Bieter an einer Geheimhaltung besteht somit insbesondere hinsichtlich aller wettbewerblich relevanten Passagen eines Angebots wie z.B. der Kalkulationsgrundlagen, der Informationen über die Ertragslage, Kundenlisten, Bezugsquellen oder Marktstrategien. Auch die Einsichtnahme in Unterlagen im Zusammenhang mit funktionalen Ausschreibungen, bei einem wettbewerblichen Dialog oder der Ausschreibung einer Innovationspartnerschaft unterliegt einer besonderen Prüfpflicht, da in derartigen Fällen das Angebot auf einem vom Bieter eigens erarbeiteten Lösungsvorschlag beruht.

Aus der Verwendung des Wortes „geboten" leitet sich die Pflicht der Vergabekammer zu einer **einzelfallbezogenen Abwägung** ab.[26] Unter welchen Voraussetzungen das Geheimhaltungsinteresse jedoch Vorrang vor dem Offenlegungsinteresse und Rechtsschutzinteresse des Antragstellers haben soll, darüber gibt § 165 GWB keinen Aufschluss. Vielfach wird für die Gestaltung des Abwägungsvorgangs und die Abwägungskriterien daher auf § 72 Abs. 2 Satz 4 GWB zurückgegriffen.[27]

Es bietet sich zum besseren Verständnis an, kurz das Procedere der Vergabekammer in Anlehnung an § 72 Abs. 2 Satz 4 GWB sowie die möglichen Fallgestaltungen zu skizzieren: Geht ein Nachprüfungs- und Akteneinsichtsantrag bei der Vergabekammer ein, prüft diese zunächst gemäß § 163 Abs. 2 GWB, ob der Nachprüfungsantrag statthaft ist oder offensichtlich unzulässig oder unbegründet. Bei positiver Entscheidung fordert die Vergabekammer den Auftraggeber auf, ihr die Akten, die das Vergabeverfahren dokumentieren, zur Verfügung zu stellen. Bei der Übersendung der Akten[28] und der eigenen Stellungnahmen hat der Antragsgegner (also der Auftraggeber) gemäß § 165 Abs. 3 GWB auf die Betriebs- und Geschäftsgeheimnisse **hinzuweisen** und diese entsprechend in den Unterlagen für die Vergabekammer zu **kennzeichnen**.

Daraufhin prüft die Vergabekammer im Rahmen ihrer **Amtsermittlungspflicht** (§ 163 Abs. 1 GWB) zunächst anhand der eingereichten Unterlagen und unabhängig von der Kenntnis des Antragstellers von den Geschäftsgeheimnissen, ob die vom Antragsteller geltend gemachten Vergabeverstöße substantiiert sind, oder sie deckt selbst Vergabeverstöße auf. Kann sie ausschließen, dass Vergabeverstöße überhaupt vorliegen, wird die Vergabekammer die Akteneinsicht versagen. Als einzige Rechtsschutzmöglichkeit gegen die Versagung der Akteneinsicht kommt nach § 165 Abs. 4 GWB nur die **sofortige Beschwerde** zusammen mit der Hauptsacheentscheidung (also der Entscheidung der Vergabekammer hinsichtlich der geltend gemachten Vergabeverstöße) in Betracht. Eine isolierte Anfech-

---

25 BGH NJW 1995, 2301 m.w.N.

26 OLG Düsseldorf, Beschl. v. 28.12.2007, VII-Verg. 40/07.

27 OLG Düsseldorf, Beschl. v. 28.12.2007, VII-Verg. 40/07.

28 Auch in Zeiten der vollelektronisch durchgeführten Vergabeverfahren verlangen die Nachprüfungsinstanzen im Falle eines Nachprüfungsantrags oftmals die ausgedruckten Vergabeakten. Hintergrund hierfür ist, dass die Nachprüfungsverfahren noch nicht auf eine elektronische Durchführung umgestellt worden sind. Die zugrunde liegende EU-Rechtsmittelrichtlinie datiert noch aus dem Jahr 1989, zuletzt geändert 2007. Im Rahmen der EU-Vergaberechtsreform 2014, bei der die weitgehende Pflicht zur e-Vergabe eingeführt wurde, wurde die Rechtsmittelrichtlinie nicht überarbeitet.

tung der ablehnenden Entscheidung bezüglich der Akteneinsicht ist gesetzlich nicht vorgesehen.

Erkennt die Vergabekammer hingegen einen oder mehrere Vergabeverstöße, so prüft sie dann die Relevanz der Kenntnis von den Geschäftsgeheimnissen für den Nachprüfungsantrag. Wenn der in Rede stehende Vergabeverstoß ohne Offenlegung der Geschäftsgeheimnisse aufgeklärt werden kann, hat die Vergabekammer den Akteneinsichtsantrag ebenfalls abzulehnen (ggf. nur teilweise).

Stellt sich heraus, dass der Vergabeverstoß nicht ohne Offenlegung von Geheimnissen aufgeklärt werden kann, wird zunächst allen betroffenen Geheimnisträgern, also Bietern, **Gelegenheit zur Stellungnahme** gewährt. Diesen Anspruch auf rechtliches Gehör haben nicht nur die am Nachprüfungsverfahren als Beigeladene beteiligten Bieter, sondern auch jene Konkurrenten, die am Verfahren nicht beteiligt sind. Es reicht dabei allerdings nicht aus, wenn sich der jeweils Betroffene schlicht auf die Geheimhaltungsbedürftigkeit der offenzulegenden Vergabeunterlagen beruft. Er muss dies vielmehr über die Behauptung hinaus nachvollziehbar darlegen.[29] Nach überwiegender Auffassung reicht es also nicht aus, wenn Bieter ihre gesamten Angebotsunterlagen als geheimhaltungsbedürftig kennzeichnen. Vielmehr wird auch eine nachvollziehbare Begründung der Geheimhaltungsbelange gefordert.

Praxistipp

▶ *Bieter sollten daher im Einzelfall darlegen, dass in Bezug auf Geschäftsgeheimnisse etwa nur ein eng begrenzter Mitarbeiterkreis von diesen Geheimnissen Kenntnis hat und dass betriebsintern gewährleistet ist, dass derartige Daten nicht ohne Weiteres zugänglich sind. Auch sollte der Bieter darlegen, welche konkreten Auswirkungen im Falle einer Offenlegung zu befürchten sind. Macht der Betroffene von seinem Recht auf Stellungnahme gegenüber der Vergabekammer nicht Gebrauch, kann diese die Akteneinsicht ohne Weiteres gewähren.*

Anschließend muss die Vergabekammer **abwägen**, inwieweit Akteneinsicht gewährt oder verweigert werden muss. Danach ist die von der Forderung nach einem effektiven Rechtsschutz, dessen Unterstützung das Recht auf Akteneinsicht dient, gesicherte Einhaltung des vergaberechtlichen Gebots eines transparenten und chancengleichen Wettbewerbs gegen die auf dem Spiel stehenden Geheimhaltungsinteressen des von der Akteneinsicht Betroffenen abzuwägen und festzustellen, was schwerer wiegt. Genauere Hinweise zum Vorgehen gibt das Gesetz nicht vor.

Die Abwägung hat unter Berücksichtigung aller Umstände des Falles stattzufinden. Berücksichtigt werden muss zum Beispiel, welche Ableitungen aus den offengelegten Kalkulationen eines Bieters getroffen werden können, ob sie etwa auch Rückschlüsse hinsichtlich der Preiskalkulation für andere Aufträge zulassen oder nur den konkreten Auftrag betreffen.

29 OLG Jena, VergabeR 2003, 248; OLG Celle, VergabeR 2002, 83.

Auch die Oberlandesgerichte als Beschwerdegerichte können mit der Akteneinsicht befasst werden. Dies ist möglich im Fall der sofortigen Beschwerde nach § 165 Abs. 4 GWB. Das Gericht prüft dann inzident die Geheimhaltungsbedürftigkeit. Wenn es der Ansicht ist, dass Geschäftsgeheimnisse offengelegt werden müssten, kann das Gericht im Falle der Entscheidungsreife der Sache ein Zwischenverfahren nach den §§ 175 Abs. 2, 72 GWB selbst durchführen und in der Sache entscheiden. Wenn die Sache noch nicht entscheidungsreif ist, wird sie an die Vergabekammer gemäß § 178 Satz 2, 2. Halbs. GWB zurückverwiesen.

9.3.2 Akteneinsicht nach Informationsfreiheitsgesetz

Mangels spezifisch vergaberechtlicher Primärrechtsschutzmöglichkeiten im Unterschwellenbereich besteht dort auch für die nicht berücksichtigten Bieter kein dem § 165 GWB vergleichbares Akteneinsichtsrecht.[30] Eine Möglichkeit für den Antragsteller, Einsicht in die Vergabeakte zu erhalten, eröffnen hier die Vorschriften der **Informationsfreiheitsgesetze** des Bundes (IFG-Bund) und der Bundesländer. Nach § 1 IFG-Bund[31] hat jeder einen Anspruch auf Zugang zu amtlichen Informationen. Mangels Beschränkungen des Wortlauts umfassen die „amtlichen Informationen" neben den Akten, die die rein öffentlichrechtlichen Verwaltungstätigkeiten dokumentieren, auch Verträge, die die öffentliche Hand als fiskalische Hilfsgeschäfte abgeschlossen hat und auf die das Privatrecht anwendbar ist.[32]

Im Gegensatz zum Akteneinsichtsanspruch nach § 165 GWB richtet sich der Anspruch aus dem Informationsfreiheitsgesetz nicht an die Nachprüfungsinstanzen, sondern gegen den Auftraggeber selbst. Das Akteneinsichtsrecht ist allerdings gemäß § 6 Satz 2 IFG-Bund beschränkt. Nach dieser Vorschrift darf der Zugang zu Betriebs- oder Geschäftsgeheimnissen nur gewährt werden, soweit der Betroffene eingewilligt hat. Nach § 8 IFG-Bund gibt die Behörde den Dritten, deren Belange durch den Antrag auf Informationszugang berührt sind, schriftlich Gelegenheit zur Stellungnahme binnen eines Monats. Die Betriebs- oder Geschäftsgeheimnisse genießen nach dem Informationsfreiheitsgesetz also **absoluten Schutz**; das Informationsinteresse kann ihnen gegenüber nicht durchdringen, eine Abwägung der divergierenden Interessen findet im Gegensatz zu § 165 Abs. 2 GWB grundsätzlich nicht statt.[33] Einsicht kann folglich nur in die Teile der Akte gewährt werden, die keine Betriebs- oder Geschäftsgeheimnisse enthalten.

Da ein Antrag auf Akteneinsicht nach Informationsfreiheitsgesetz oftmals zeitaufwändig ist und im Unterschwellenbereich kein vergaberechtlicher Primärrechtsschutz einschließlich eines vorläufigen Zuschlagsverbots existiert, werden solche Auskunftsansprüche vornehmlich der Vorbereitung einer Schadensersatzklage dienen. Aber auch während oder nach Abschluss eines Vergabeverfahrens kommen die Informationsfreiheitsgesetze von Bund

30 Einige Zivilgerichte sprechen sich hingegen für ein Akteneinsichtsrecht aus, das sich aus § 242 BGB herleitet, vgl. OLG Köln, Urt. v. 29.1.2020, 11 U 14/19 sowie LG Oldenburg, Beschl. v. 2.10.2019, 5 O 1810/19.

31 Die folgende Darstellung orientiert sich an den Vorschriften des Informationsfreiheitsgesetzes des Bundes. Die Landesgesetze sind inhaltlich weitgehend identisch mit diesem.

32 VG Schleswig, Urt. v. 31.8.2004, 6 A 245/02.

33 In einigen Bundesländern sehen die dortigen Informationsfreiheitsgesetze allerdings die Abwägung zwischen den Betriebs- und Geschäftsinteressen und dem Offenlegungsinteresse vor, so etwa § 11 Abs. 1 IFG S-H.

und Ländern immer wieder als Anspruchsgrundlage für Auskünfte über Informationen über das Vergabeverfahren in Betracht und können auch von Personen und Unternehmen geltend gemacht werden, die nicht am Vergabeverfahren beteiligt sind. Das Verhältnis zwischen Informationsfreiheitsrecht und Vergaberecht ist vielfach noch nicht geklärt. Klar ist, dass die Vorschriften über das Nachprüfungsverfahren bei Oberschwellenvergabeverfahren (und das dortige Akteneinsichtsrecht nach § 165 GWB) als Spezialgesetz den Informationsfreiheitsgesetzen vorgeht. Ansonsten werden die Vorschriften des Vergaberechts (und hier insbesondere die Pflichten des Auftraggebers zur Gewährleistung des Geheimwettbewerbs und der Vertraulichkeit) und die Vorschriften auf Informationsfreiheit gegeneinander abzuwägen sein. Im Unterschwellenbereich wird dies eher zugunsten der Informationsfreiheitsgesetze zu entscheiden sein, da VOB/A und UVgO sowie VOL/A hier keinen Gesetzesrang haben.[34] Bei EU-weiten Vergabeverfahren wird zumindest § 5 Abs. 2 VgV die dort genannten Unterlagen auch nach Beendigung des Vergabeverfahrens vor Einsichtnahme schützen. Letztlich ist allerdings auch zu konstatieren, dass Ansprüche nach den Informationsfreiheitsgesetzen stets dort ihre Grenze finden, wo eine Auskunft die Geschäfts- und Betriebsgeheimnisse der Verfahrensbeteiligten verletzen würde.

Im Unterschied zu den Regelungen nach GWB kann der Antragsteller die Ablehnung seines Akteneinsichtsanspruchs nach IFG zunächst mit einem Widerspruch angreifen und anschließend ggf. Verpflichtungsklage zum Verwaltungsgericht erheben.

9.3.3 Akteneinsichtsrechte bzw. Auskunftsansprüche anderer Behörden

Eine ordnungsgemäße Dokumentation der Vergabeverfahren erweist sich schließlich auch im Falle einer Überprüfung der Beschaffungsvorgänge durch die Rechnungshöfe des Bundes und der Länder bzw. der kommunalen Prüfeinrichtungen als wertvoll. Diese verfügen über umfassende **Auskunftsrechte** gegenüber den Vergabestellen, sie können sich sämtliche für die Prüfung benötigten Unterlagen übersenden lassen.[35] Derartige Auskunftsansprüche bestehen auch gegenüber solchen Auftraggebern, die zur Beachtung des Vergaberechts qua Zuwendungsbescheid verpflichtet wurden.[36]

Im Oberschwellenvergaberecht sehen § 8 Abs. 5 VgV und für den Sektorenbereich § 8 Abs. 4 SektVO ausdrücklich vor, dass der Vergabevermerk oder jedenfalls dessen Hauptinformationen sowie die aufzubewahrenden Kopien der Verträge sowohl der EU-Kommission als auch den Aufsichts- und Prüfbehörden auf deren jeweilige Anforderung hin zu übermitteln sind.

34 So VG Stuttgart, Urt. v. 17.5.2011, 13 K 3505/09
35 S. etwa § 95 BHO.
36 Z.B.: Ziffer 7.3 der Allgemeinen Nebenbestimmungen für Zuwendungen zur Projektförderung (ANBest-P).

10. Rechtsschutz

10.1 Überblick/Rechtsschutzarten

Zum Schutz ihrer Rechte haben Bieter und Bewerber oberhalb der EU-Schwellenwerte die Möglichkeit, durch Anrufung des zuständigen gerichtlichen oder gerichtsähnlichen Spruchkörpers aktiv in das Vergabeverfahren einzugreifen. Ziel ist dabei die Herstellung eines rechtmäßigen Zustands im laufenden Verfahren zur Vergabe öffentlicher Aufträge oder Konzessionen. Diese Rechtsschutzart wird als **Primärrechtsschutz** bezeichnet.

Kann dieses Ziel nicht mehr erreicht werden, etwa weil der Auftraggeber seine Vergabeabsicht aufgegeben hat oder der Zuschlag bereits erteilt ist, sind Bieter und Bewerber dennoch nicht schutzlos. Sie haben die Möglichkeit, für einen durch rechtswidriges Handeln des Auftraggebers erlittenen Schaden Ersatz zu verlangen. Gesprochen wird dabei vom sogenannten **Sekundärrechtsschutz**.

Rechtsschutz im EU-Vergabeverfahren		
Rechtsschutzart	Primärrechtsschutz	Sekundärrechtsschutz
Rechtsschutzziel	Herstellung eines rechtmäßigen Vergabeverfahrens	Schadensersatz
Rechtsgrundlagen	§§ 155 ff. GWB	§ 180 GWB + allgemeines Zivilrecht
Zuständige Gerichte / Spruchkörper	Vergabekammern und Oberlandesgerichte	Zivilgerichte

Abb. 39: Rechtsschutz im EU-Vergabeverfahren im Überblick

Unterhalb der für das europäische Vergaberecht maßgeblichen Schwellenwerte ist der Rechtsschutz weniger ausgeprägt. Hintergrund ist, dass das Vergaberecht unterhalb der Schwellenwerte Haushaltsrecht ist und damit grundsätzlich Binnenrecht der Verwaltung, auf dessen Einhaltung Bieter und Bewerber keinen Anspruch haben. Da aber auch unterhalb der Schwellenwerte im Rahmen eines Vergabeverfahrens zwischen Auftraggeber und Bietern bzw. Bewerbern ein vorvertragliches Schuldverhältnis mit gegenseitigen Rücksichtnahmepflichten besteht, sind Bieter und Bewerber auch hier nicht vollständig schutzlos. Sie sind dabei aber auf die sehr eingeschränkten Möglichkeiten der Kommunalaufsicht, einiger Landesvergabegesetze und der Zivilgerichte verwiesen.

Unterschwellenrechtsschutz			
Rechtsschutzart	**Eingeschränkter** Primärrechtsschutz		Sekundärrechtsschutz
Rechtsschutzziel	Herstellung eines rechtmäßigen Vergabeverfahrens		Schadensersatz
Rechtsgrundlagen	Allgemeines Zivilrecht	Landesvergabegesetze	Allgemeines Zivilrecht
Zuständige Gerichte / Spruchkörper / Behörden	Zivilgerichte	Vergabekammern / Aufsichtsbehörden	Zivilgerichte

Abb. 40: Rechtsschutz unterhalb der EU-Schwellenwerte im Überblick

Obwohl dabei nicht von einem Rechtsschutzverfahren im eigentlichen Sinne gesprochen werden kann, können die EU-Mitgliedstaaten und die ihnen zugeordneten öffentlichen Auftraggeber über das **Vertragsverletzungsverfahren** beim EuGH ebenfalls dazu verpflichtet werden, rechtswidrige Entscheidungen in der Vergabepraxis zu unterlassen und rechtswidrige Zustände ggf. zu beseitigen.

10.2 Nachprüfungsverfahren

Im EU-Vergaberecht besteht mit dem in den §§ 155 ff. GWB geregelten **Nachprüfungsverfahren** ein ausgeprägtes Rechtsschutzverfahren zur Wahrung der Bieter- und Bewerberrechte im Vergabeverfahren.

Nachprüfungsverfahren sollen im Ausgangspunkt verhindert werden, die Beteiligten sich einigen, bevor staatliche Instanzen angerufen werden müssen. Konkret bedeutet das, dass Bieter oder Bewerber ihr Anliegen vorrangig an den Auftraggeber adressieren müssen, um ihm die Gelegenheit zur Prüfung und zur Beseitigung rechtswidriger Zustände im Vergabeverfahren zu geben (sogenannte Rügeobliegenheit). Rügt ein Bieter oder Bewerber einen seiner Meinung nach bestehenden Vergaberechtsverstoß nicht oder nicht rechtzeitig, kann er später damit nicht mehr gehört werden. Ein Nachprüfungsantrag wäre, bezogen auf den nicht oder nicht rechtzeitig gerügten Vergaberechtsverstoß unzulässig, d.h. die Vergabekammer prüft diesen behaupteten Vergaberechtsverstoß inhaltlich schon nicht darauf, ob er tatsächlich begründet ist.

Die durch einen verfahrensbeendenden Beschluss der Vergabekammer beschwerte Partei kann diesen mittels der **sofortigen Beschwerde** durch den Vergabesenat bei dem jeweils zuständigen Oberlandesgericht überprüfen lassen. Beabsichtigt ein Oberlandesgericht, von einer Entscheidung eines anderen Oberlandesgerichts abzuweichen, legt es die Sache dem Bundesgerichtshof zur Entscheidung vor (sogenannte **Divergenzvorlage**). Kommt eine Vergabekammer oder ein Oberlandesgericht zu dem Ergebnis, dass eine Entscheidung die Auslegung des Rechts der EU betrifft (insbesondere der Vergaberichtlinien), wird das Verfahren ausgesetzt und der Spruchkörper legt das Verfahren dem Europäischen Gerichtshof zur **Vorabentscheidung** dieser Frage vor.

10.2.1 Anspruch auf Einhaltung des Vergaberechts

Anders als das Unterschwellenvergaberecht verschafft das europäische Vergaberecht Bietern und Bewerbern in Vergabeverfahren einen Anspruch darauf, dass der Auftraggeber **bieterschützende Bestimmungen** einhält (§ 97 Abs. 6 GWB). Dieser Anspruch ist im Wege des vergaberechtlichen Nachprüfungsverfahrens durchsetzbar.

In der Praxis der Nachprüfungsinstanzen ist keine einheitliche Linie erkennbar, ob und unter welchen Voraussetzungen eine Regelung bieterschützend ist und damit zum Gegenstand eines Nachprüfungsverfahrens gemacht werden kann. Bieterschützende Regelungen sind im Ausgangspunkt das formelle Vergabeverfahrensrecht des vierten Teils des GWB (§§ 97 ff. GWB), der VgV, der SektVO, der VSVgV, der VOB/A und der KonzVgV. Das Vergaberecht ist jedoch eine Querschnittsmaterie mit zahlreichen Überschneidungen zu anderen Rechtsgebieten. Aus diesem Grund ist inzwischen anerkannt, dass auch andere Rechtsgebiete über Anknüpfungsnormen Auswirkungen auf Entscheidungen des Auftraggebers im oder bei der Vorbereitung des Vergabeverfahrens haben können.[1] Eindeutig sind die Fälle, in denen das Vergaberecht ausdrücklich auf Vorschriften außerhalb des Vergaberechts verweist, wie beispielsweise in § 127 Abs. 2 GWB, wonach verbindliche Vorschriften zur Preisgestaltung bei der Ermittlung des wirtschaftlichsten Angebots zu beachten sind. Zu nennen sind hier etwa die Regelungen über die Buchpreisbindung.[2] Dasselbe gilt hinsichtlich der Bestimmungen über die Befähigung und Erlaubnis zur Berufsausübung (vgl. § 44 Abs. 2 VgV), wonach Bieter oder Bewerber ihre Berechtigung zur Erbringung einer bestimmten Dienstleistung im Vergabeverfahren nachweisen müssen, wenn eine solche Berechtigung zur Erbringung der ausgeschriebenen Leistung vorgeschrieben ist. Unumstritten ist auch, dass leistungsbezogene fehlende Erklärungen und Nachweise nur dann mit einem Angebotsausschluss sanktioniert werden dürfen, wenn die zugrunde liegende Forderung am Maßstab gesetzlicher Vorschriften außerhalb des Vergaberechts zulässig war.[3]

Jenseits dieser eindeutigen Fälle besteht über die Prüfung von außervergaberechtlichen Normen in Nachprüfungsverfahren in der Praxis oft Streit, wobei die vergaberechtliche Spruchpraxis sehr stark einzelfallgeprägt ist. Tendenziell scheinen die Nachprüfungsinstanzen jedenfalls zu prüfen, wenn Regelungen außerhalb des Vergaberechts das Leistungsbestimmungsrecht des öffentlichen Auftraggebers[4] einschränken. Hierzu das folgende Praxisbeispiel:

---

1 BGH, Beschl. v. 18.6.2012, X ZB 9/11; OLG Düsseldorf, Beschl. v. 19.10.2011, VII-Verg 51/11.
2 VK Bund, Beschl.v. 29.12.2017, VK 2-146/17.
3 Forderung nach Bruttopreisen für Postzustellungsaufträge ist zulässig, da durch das Umsatzsteuerrecht geboten, OLG Düsseldorf, Beschl. v. 6.2.2013, VII-Verg 32/12.
4 S. hierzu Kap. 7.1.2.2 a).

Praxisbeispiel

Das Abfallrecht regelt die sogenannte Abfallhierachie. Maßnahmen der Vermeidung und der Abfallbewirtschaftung stehen in der in § 6 Abs. 1 KrWG vorgegebenen Rangfolge. Vorrang hat danach die Abfallvermeidung vor der Vorbereitung zur Wiederverwendung, dem Recycling, der sonstigen Verwertung, insbesondere der energetischen Verwertung und Verfüllung und schließlich vor der Beseitigung. Diese Abfallhierarchie ist bei der Gestaltung von Leistungsbeschreibungen für Aufträge über die Erbringung entsprechender Leistungen als bieterschützende Vorschrift zu beachten.[5]

Eine einheitliche Linie ist hier aber nicht feststellbar. Andere Rechtsgebiete werden von den Nachprüfungsinstanzen nicht oder nur in einfach gelagerten Fällen geprüft, zu nennen sind hier beispielsweise das Urheberrecht[6] oder das Kartellrecht.[7]

Grund hierfür ist aber eher nicht das Fehlen einer Anknüpfungsnorm, sondern das Beschleunigungsgebot im Nachprüfungsverfahren, nach dem die Entscheidungen durch die Vergabekammer grundsätzlich innerhalb von fünf Wochen zu treffen sind (§ 167 Abs. 1 S. 1 GWB). Auch hier ist aber keine einheitliche Linie erkennbar.[8]

Praxistipp

Die Frage, ob Bieter oder Bewerber einen vergaberechtlichen Anspruch auf Einhaltung einer außervergaberechtlichen Regelung haben, den sie ggf. auch im Wege eines Nachprüfungsverfahrens durchsetzen können, bedarf einer sorgfältigen Einzelfallprüfung. Auftraggeber sind gut beraten, wenn sie bei der Vorbereitung eines Vergabeverfahrens immer auch die für den jeweiligen Beschaffungsgegenstand relevanten spezialgesetzlichen Vorschriften sorgfältig prüfen und in ihre Überlegungen einbeziehen.

10.2.2 Rügeobliegenheit

10.2.2.1 Sinn und Zweck der Rügeobliegenheit

Als Spiegelbild des vergaberechtlichen Anspruchs der Bieter und Bewerber auf Einhaltung der Bestimmungen über das Vergabeverfahren haben sie dem Auftraggeber vor Einleitung eines Nachprüfungsverfahrens die Gelegenheit zu geben, Vergaberechtverstöße im laufenden Verfahren zu korrigieren.[9]

---

5 OLG Frankfurt, Beschl. v. 21.7.2020, 11 Verg 9/19; OLG München, Beschl. v. 9.3.2018, Verg 10/17; OLG Düsseldorf, Beschl. v. 1.8.2012, VII-Verg 105/11.

6 VK Nordbayern, Beschl. 29.5.2020, RMF-SG21-3194-5-4.

7 OLG München, Beschl. v. 20.1.2020, Verg 19/19.

8 OLG Düsseldorf, Beschl. v. 27.6.2012, VII-Verg 7/12: „Im Ergebnis könnte freilich einiges dafür sprechen, kartellrechtliche Verstöße des Auftraggebers, die ohne zeitaufwändige Untersuchung einwandfrei festzustellen sind, in einem Vergabenachprüfungsverfahren zu berücksichtigen."

9 OLG Brandenburg, Beschl. v. 30.4.2013, Verg W 3/13.

Sie müssen dazu erkannte oder erkennbare Verstöße gemäß § 160 Abs. 3 Satz 1 GWB Nr. 1-3 rügen. Man spricht insoweit von der Rügeobliegenheit. Rügt ein Bieter oder Bewerber einen erkannten oder erkennbaren Vergaberechtsverstoß nicht oder nicht rechtzeitig, droht der materielle Rechtsverlust im Falle eines Nachprüfungsverfahrens und ein Nachprüfungsantrag ist in Bezug auf den nicht oder nicht rechtzeitig gerügten Vergaberechtsverstoß unzulässig. Die Rügeobliegenheit ist eine Ausprägung der Rücksichtnahmepflicht der Bieter und Bewerber aus Treu und Glauben im Rahmen des zwischen ihnen und dem Auftraggeber bestehenden vorvertraglichen Schuldverhältnisses.[10]

10.2.2.2 Form und Inhalt einer Rüge

Eine bestimmte Form für die Rüge ist nicht vorgeschrieben. Bieter und Bewerber sind aber im Streitfall nachweispflichtig für ihre Behauptung, dass sie den im Nachprüfungsverfahren geltend gemachten Vergaberechtsverstoß rechtzeitig gerügt haben. Eine rechtlich zulässige mündliche oder telefonische Rüge, ist daher aus praktischer Sicht nicht empfehlenswert.

Zudem ist die ggf. vorgeschriebene elektronische Form der Kommunikation über eine Vergabeplattform zu beachten. Wenn der Auftraggeber eine Vergabeplattform nutzt, ist in der Regel jegliche Kommunikation im Vergabeverfahren über die Vergabeplattform zu führen, auch wenn ggf. zusätzlich eine E-Mail Adresse des Auftraggebers angegeben ist. Die Nutzung des vorgeschriebenen Kommunikationskanals bietet die meiste Gewähr, dass eine Rüge dem Auftraggeber rechtzeitig übermittelt und entsprechend bearbeitet wird.

Inhaltlich ist an Rügen ein großzügiger Maßstab anzulegen. Die ordnungsgemäße Rüge eines Vergaberechtsverstoßes setzt eine Beanstandung voraus, die den gerügten Verstoß hinreichend konkret benennt und mit einer vollständigen und nachvollziehbaren Sachverhaltsdarstellung verbindet. Ist das Vorbringen des Bieters zu dem vermeintlichen Vergaberechtsverstoß pauschal und substanzlos, ist es unbeachtlich und für eine Amtsermittlung kein Raum.[11]

10.2.2.3 Rügezeitpunkt

Die Rügeobliegenheit entsteht grundsätzlich erst, wenn und soweit eine Entscheidung eines Auftraggebers in einem Vergabeverfahren vorliegt. Handlungen eines Auftraggebers, die Entscheidungen in einem Vergabeverfahren lediglich vorbereiten, sind nicht rügefähig. Vorsorgliche Rügen gehen daher ins Leere.[12]

Nach einer Entscheidung des OLG Düsseldorf sind allerdings Vergaberechtsverstöße in Vergabeunterlagen für die Erstellung der Angebote, die der öffentliche Auftraggeber in einem zweistufigen Vergabeverfahren bereits im Teilnahmewettbewerb veröffentlicht, bereits bis zum Ende der Frist im Teilnahmewettbewerb zu rügen.[13] Diese Auffassung ist aus mehreren Gründen zweifelhaft. Weder der Bewerber, der die Vergabeunterlagen für die Erstel-

10 VK Niedersachsen, Beschl. v. 3.9.2012, VgK-29/2012.
11 OLG Düsseldorf, Beschl. v. 7.11.2018, Verg 39/18.
12 OLG Düsseldorf, Beschl. v. 7.11.2012, VII-Verg 11/12: Versand der Vergabeunterlagen.
13 OLG Düsseldorf, Beschl. v. 28.3.2018, VII-Verg 54/17.

lung der Angebote bereits im Teilnahmewettbewerb zur Kenntnis bekommt, noch sonst jemand weiß im Teilnahmewettbewerb, ob der betreffende Bewerber überhaupt zur Angebotsabgabe aufgefordert wird. Ebenso wenig steht fest, auf welcher Grundlage dieser Bewerber zur Angebotsabgabe aufgefordert würde, vorausgesetzt, dass er sich im Teilnahmewettbewerb qualifiziert. Denn es wäre möglich und zulässig, die Unterlagen bis zur Aufforderung zur Angebotsabgabe noch zu ändern. Es ist demnach nicht nur unklar, ob der Bewerber im Teilnahmewettbewerb überhaupt von den Unterlagen für die Erstellung der Angebote betroffen sein wird, es ist auch unklar, inwieweit er betroffen sein würde. Eine Festlegung, die in den Unterlagen im Teilnahmewettbewerb noch enthalten ist, könnte noch gestrichen oder geändert werden. Andere neue Festlegungen können hinzukommen. Zudem wird der Sinn und Zweck der Rügeobliegenheit, Nachprüfungsverfahren zu verhindern, durch diese Entscheidung geradezu konterkariert. Denn nach Zurückweisung einer gegen die Unterlagen für die Erstellung der Angebote gerichteten Rüge muss der Bewerber gemäß § 160 Abs. 3 S. 1 Nr. 4 GWB innerhalb von 15 Kalendertagen Nachprüfung bei der zuständigen Vergabekammer beantragen.

Praxistipp

▶ *Trotz aller gebotenen Kritik an der Rechtsprechung des OLG Düsseldorf sind Bewerber in einem zweistufigen Vergabeverfahren gut beraten, die ggf. bereits im Teilnahmewettbewerb veröffentlichten Unterlagen für die Erstellung der Angebote genau zu prüfen und mögliche Vergaberechtsverstöße in diesen Unterlagen bereits bis zum Ablauf der Teilnahmeantragsfrist zu rügen. Anderenfalls droht der Rechtsverlust in einem späteren Nachprüfungsverfahren. Öffentliche Auftraggeber können diese Rechtsprechung nutzen und die Unterlagen für die Erstellung der Angebote vollumfänglich bereits im Teilnahmewettbewerb veröffentlichen, um sich insoweit für die spätere Angebotsphase unangreifbar zu machen. Spätere Änderungen sind möglich, lösen aber ggf. einen neuen rügefähigen Sachverhalt aus.*

10.2.2.4 Die Rügetatbestände

a) Unverzügliche Rüge erkannter Vergabeverstöße

Nach § 160 Abs. 3 Satz 1 Nr. 1 GWB ist der Nachprüfungsantrag unzulässig, soweit der Antragsteller den gerügten Verstoß gegen Vergabevorschriften im Vergabeverfahren **erkannt** und gegenüber dem Auftraggeber nicht innerhalb einer Frist von **zehn Kalendertagen** gerügt hat.

Die Rügeobliegenheit wird ausgelöst, wenn der Antragsteller eine **positive Kenntnis** von den einen Vergaberechtsverstoß begründenden tatsächlichen Umständen hat. Darüber hinaus muss er aufgrund laienhafter, vernünftiger Bewertung zugleich die positive Vorstellung von einem Verstoß gegen Vergabevorschriften gewonnen haben. Nicht erforderlich ist die Kenntnis eines völlig zweifelsfreien und in jeder Beziehung sicher nachweisbaren Vergaberechtsfehlers, da für die Rügeobliegenheit nicht erheblich ist, ob ein Vergaberechtsverstoß tatsächlich vorliegt. Es reicht vielmehr das Wissen um einen Sachverhalt, der, gegebenenfalls auch erst nach juristischer Beratung, den Schluss auf einen Vergaberechtsverstoß erlaubt. Dem gleichzustellen ist, wenn der Antragsteller in tatsächlicher oder rechtlicher Unkenntnis in einer Weise verharrt, die mit Blick auf einen möglichen Vergaberechtsverstoß als ein mutwilliges Sich-der-Erkenntnis-Verschließen zu bewerten ist.[14]

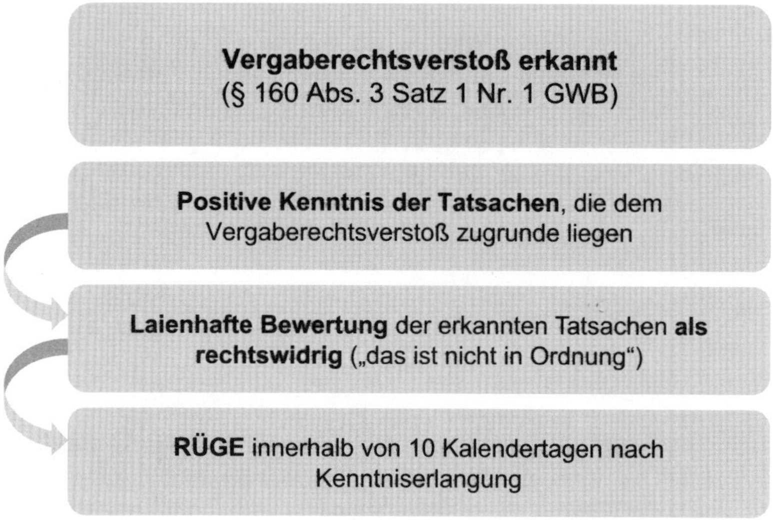

Abb. 41: Rügeobliegenheit gemäß § 160 Abs. 3 Satz 1 Nr. 1 GWB

Praxistipp

Die positive Kenntnis von einem behaupteten Vergaberechtsverstoß muss der öffentliche Auftraggeber, der sich im Streitfall auf die Rügepräklusion beruft, nachweisen. Dieser Nachweis wird ebenso wie der Nachweis des mutwilligen Sich-der-Erkenntnis-Verschließens in der Regel nur sehr schwer und allenfalls anhand von Indizien zu führen sein, wenn der Auftraggeber nicht zufällig Kenntnisse von internen Tatsachen beim Bieter erlangt. Bieter sind daher gut beraten, bei der Formulierung etwaiger Bieterfragen den Wortlaut der Frage genau abzuwägen, um nicht Indizien offenzulegen, die auf eine positive Kenntnis eines Vergaberechtsverstoßes schließen lassen. Ggf. kann eine ausdrückliche Rüge zur Wahrung der eigenen Rechtsposition zweckmäßiger sein.

b) Rüge erkennbarer Vergabeverstöße bis zum Ablauf der Angebots- oder Bewerbungsfrist

Ein Nachprüfungsantrag ist auch dann unzulässig, soweit Verstöße gegen Vergabevorschriften, die aufgrund der Bekanntmachung **erkennbar** sind, nicht spätestens bis Ablauf der in der Bekanntmachung genannten Frist zur Angebotsabgabe oder zur Bewerbung gegenüber dem Auftraggeber gerügt werden (§ 160 Abs. 3 Satz 1 Nr. 2 GWB). Das gilt auch für Verstöße, die erst in den Vergabeunterlagen erkennbar sind. Abhängig davon, wann

14 OLG Düsseldorf, Beschl. v. 19.2.2020, VII-Verg 27/17.

die betreffenden Unterlagen veröffentlicht werden,[15] müssen sie spätestens bis Ablauf der in der Bekanntmachung genannten Frist zur Abgabe von Angeboten oder Teilnahmeanträgen gegenüber dem Auftraggeber gerügt werden (§ 160 Abs. 2 Satz 1 Nr. 3 GWB).

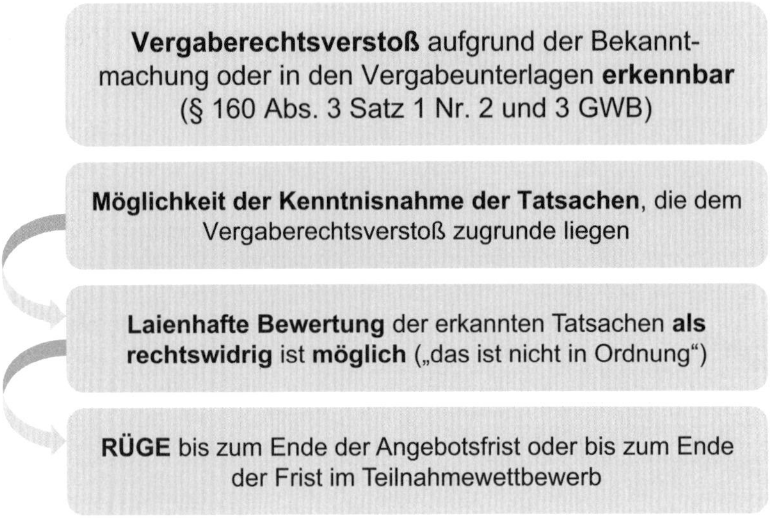

Abb. 42: Rügeobliegenheit gemäß § 160 Abs. 3 Satz 1 Nr. 2 und 3 GWB

Sinn und Zweck dieser Vorschriften ist es, den Bieter zu verpflichten, die Angaben in der Vergabebekanntmachung und in den Vergabeunterlagen sorgfältig zu studieren und den Auftraggeber auf etwaige Rechtsverstöße bereits frühzeitig hinzuweisen. Es soll insbesondere vermieden werden, dass ein Bieter in der Hoffnung auf eine ihm günstige Angebotswertung mit einer Rüge zuwartet und erst nach einer ungünstigen Angebotswertung nach Ablauf der Angebotsfrist die zunächst nicht erhobenen Rügen nutzt, um seine Erfolgschancen in einem Nachprüfungsverfahren zu verbessern.[16] Erkennbar sind Verstöße, die bei **üblicher Sorgfalt** und den üblichen Kenntnissen von einem **durchschnittlich vergabeerfahrenen Unternehmen** sowohl in tatsächlicher als auch in rechtlicher Hinsicht erkannt werden können.[17] Das ist insbesondere der Fall, wenn die in Gestalt der Auftragsbekanntmachung oder der Vergabeunterlagen vermittelte Tatsachengrundlage schon bei laienhafter rechtlicher Bewertung, also ohne Bemühung besonderen Rechtsrats, auf einen Vergaberechtsverstoß hindeutet.[18] Es kann in diesem Zusammenhang insbesondere erwartet werden, dass bei Bietern oder Bewerbern zumindest ein aktueller Text der einschlägigen Vergabeordnung sowie die Kenntnis darüber vorhanden ist, welchen rechtlichen Mindestanforderungen die Vergabeunterlagen genügen müssen.[19]

15 S. oben Kap. 10.2.2.2.
16 KG, Beschl. v. 15.2.2019, Verg 9/17.
17 KG, Beschl. v. 15.2.2019, Verg 9/17.
18 OLG Schleswig-Holstein, Beschl. v. 22.1.2019, 54 Verg 3/18.
19 VK Baden-Württemberg, Beschl. v. 8.5.2019, 1 VK 19/19.

Ein Vergaberechtsverstoß, der sich durch bloßes Lesen der einschlägigen Normen und einen Vergleich mit dem Text der Vergabeunterlagen ohne Weiteres feststellen lässt, ist nach der Rechtsprechung erkennbar i.S.d. Rügetatbestände.[20]

Zu berücksichtigen sind darüber hinaus aber auch die individuellen vergaberechtlichen Kenntnisse, die sich insbesondere daraus ergeben können, dass ein Unternehmen Erfahrungen mit öffentlichen Aufträgen hat und daher gewisse Rechtskenntnisse vorausgesetzt werden können.[21]

Praxistipp

In der Rechtsprechung besteht mit Blick auf den Sinn und Zweck, Rechtsverstöße im Vergabeverfahren möglichst frühzeitig einer Klärung durch die Nachprüfungsinstanzen zuzuführen, eine gewisse Tendenz, die Rügeobliegenheit von Bietern und Bewerbern weit auszulegen und die Anforderungen an die Erkennbarkeit von Vergaberechtsverstößen daher nicht zu sehr zu überspannen. Inzwischen werden bei Bietern und Bewerbern vergaberechtliche Grundkenntnisse vorausgesetzt. Das kann mit Blick auf das Gebot effektiven Rechtsschutzes kritisch betrachtet werden. Bieter und Bewerber sind vor diesem Hintergrund aber gut beraten, nicht zu taktieren und Rügen bis nach dem Ablauf von Verfahrensfristen aufzusparen, sondern vielmehr so früh wie möglich zu rügen und öffentlichen Auftraggebern die Möglichkeit zur Fehlerkorrektur zu geben. Das betrifft insbesondere Regelungen in den Vergabeunterlagen, die sich abstrakt betrachtet noch nicht bzw. erst dann auswirken, wenn sie nach Ablauf der Angebotsfrist auf die Angebote angewendet werden.

c) Frist von 15 Kalendertagen nach erfolgloser Rüge

Mit § 160 Abs. 3 Satz 1 Nr. 4 hat der Gesetzgeber eine weitere Frist eingeführt. Danach hat ein Bieter oder Bewerber, dessen Rüge vom Auftraggeber zurückgewiesen worden ist, 15 Kalendertage Zeit, einen Nachprüfungsantrag hiergegen einzuleiten. Geschieht dies erst nach der Frist, ist dieser Nachprüfungsantrag unzulässig. Hintergrund ist das **Beschleunigungsgebot** im Nachprüfungsverfahren und das daraus folgende Bestreben, frühzeitig Klarheit über die Rechtmäßigkeit des Vergabeverfahrens zu schaffen. Mit dieser echten Rechtsmittelfrist soll verhindert werden, dass Bieter oder Bewerber abschlägig beschiedene Rügen für den Fall einer negativen Zuschlagsentscheidung „aufsparen" und damit taktieren.[22] Auftraggeber müssen auf die Frist des § 160 Abs. 3 S. 1 Nr. 4 GWB bereits in der Bekanntmachung hinweisen. Anderenfalls ist ein Nachprüfungsantrag auch noch nach Fristablauf zulässig.[23]

Für Berechnung dieser Frist gelten wie üblich die Bestimmungen des BGB. Die Frist beginnt also am Tag nach Zugang des Nichtabhilfeschreibens. Da die Vorschrift die Frist in Kalendertagen ausdrückt, zählen Samstage, Sonntage und Feiertage bei der Fristberechnung mit. Der Nachprüfungsantrag ist innerhalb der 15-Tage-Frist zu stellen.

---

20 OLG Celle, Beschl. v. 16.6.2011, 13 Verg 3/11.
21 KG, Beschl. v. 15.2.2019, Verg 9/17.
22 OLG Brandenburg, Beschl. v. 7.10.2010, Verg W 12/10.
23 OLG Celle, Beschl. v. 12.5.2010, 13 Verg 3/10.

Praxisbeispiel

Erhält das rügende Unternehmen am Mittwoch, den 9. Oktober 2019, die ablehnende Entscheidung des Auftraggebers, so beginnt die 15-Tage-Frist am Donnerstag, den 10. Oktober und endet mit Ablauf des 25. Oktober 2019. Damit muss das Unternehmen also bis spätestens 24 Uhr am Donnerstag, den 25. Oktober 2019, einen Nachprüfungsantrag bei der zuständigen Vergabekammer eingereicht haben.

Um den Lauf der Frist in Gang zu setzen, muss die Zurückweisung der Rüge eindeutig sein. Der Auftraggeber hat es also durch eindeutige Erklärungen selbst in der Hand, umstrittene Rechtsfragen einer zügigen Klärung durch die Nachprüfungsinstanzen zuzuführen. Für Bieter und Bewerber erhöht dies unter Umständen in sehr frühen Verfahrensphasen den Aufwand erheblich. Sie müssen das Risiko (auch das Kostenrisiko) eines Nachprüfungsverfahrens eingehen, auch wenn sie noch nicht wissen, ob und inwieweit sich dieser Aufwand letztlich für sie im konkreten Verfahren „lohnt".

Beweispflichtig für den Zugang der Ablehnung der Rüge bei dem Unternehmen ist der Auftraggeber. Hierfür wird in der Praxis die Vorlage der Protokolldatei der Vergabeplattform als Bestandteil der Vergabeakte ausreichen, wenngleich die elektronische Übermittlung in der Regel keinen Vollbeweis des Zugangs einer Erklärung im prozessualen Sinne ermöglicht.

Auftraggeber sind nicht verpflichtet, eine Rüge überhaupt oder zu einem bestimmten Zeitpunkt zu bescheiden. Sie können im Laufe einer Angebotsfrist erhobene Rügen auch gebündelt beantworten, um mehrere übereinander gelagerte Nachprüfungsverfahren zulasten einer zügigen Auftragsvergabe zu vermeiden.[24]

10.2.3 Nachprüfungsantrag

Hilft der Auftraggeber der Rüge eines Bieters oder Bewerbers nicht ab, kann der behauptete Vergabeverstoß im Nachprüfungsverfahren geltend gemacht werden. Das Verfahren wird gemäß § 160 Abs. 1 GWB nur auf Antrag eingeleitet.

10.2.3.1 Örtliche Zuständigkeit der Vergabekammer

Der Antrag ist bei der örtlich zuständigen Vergabekammer einzureichen.

Die örtliche Zuständigkeit ergibt sich aus den §§ 156 Abs. 1, 159 GWB. Während § 156 Abs. 1 GWB den Grundsatz normiert, dass die Vergabekammern des Bundes die Nachprüfung der dem Bund zuzurechnenden Aufträge und die Vergabekammern der Länder die Nachprüfung der den Ländern zuzurechnenden Aufträge vornehmen, konkretisiert § 159 GWB diese Unterteilung weiter. Im Zweifel ist nach § 159 Abs. 3 GWB diejenige Vergabekammer örtlich zuständig, in deren Zuständigkeitsgebiet sich der Sitz des Auftraggebers befindet. Dies spielt insbesondere bei Auftragsvergaben der Länder und der Kommunen oftmals die entscheidende Rolle. § 159 Abs. 3 GWB normiert zudem, dass bei länderüber-

24 Vgl. OLG München, Beschl. v. 22.11.2012, Verg 24/12.

greifenden Beschaffungen die Auftraggeber in der Vergabebekanntmachung eine zuständige Vergabekammer benennen müssen. Nach der Rechtsprechung ist die örtliche Zuständigkeit dann nach dem Schwerpunkt der Beschaffungsmaßnahme zu bestimmen.[25]

Reicht der Antragsteller den Nachprüfungsantrag bei einer örtlich unzuständigen Vergabekammer ein, so ist der Nachprüfungsantrag nicht unzulässig. Er muss an die örtlich zuständige Vergabekammer verwiesen werden.[26]

10.2.3.2 Praktische Erwägungen bei der Antragseinreichung

Das Verfahren vor der Vergabekammer ist gebührenpflichtig (§ 182 GWB). Die Vergabekammern verlangen in der Regel einen **Gebührenvorschuss**. Dessen Höhe richtet sich nach der Mindestgebühr für ein Nachprüfungsverfahren (§ 182 Abs. 2 GWB: 2.500 Euro). Der Umgang mit dem Gebührenvorschuss ist höchst unterschiedlich. Einige Kammern lassen es ausreichen, wenn der Gebührenvorschuss nach entsprechender Aufforderung durch die Vergabekammer nach Einleitung des Nachprüfungsverfahrens überwiesen wird. Andere Kammern bestehen dagegen darauf, dass zunächst durch den Antragsteller die Einzahlung des Vorschusses nachgewiesen wird. Anderenfalls wird der Nachprüfungsantrag nicht bearbeitet und dem Auftraggeber nicht übermittelt. Hat der Antragsteller eine anwaltliche Vertretung, so kann es ausreichen, den Gebührenvorschuss nachträglich einzuzahlen, wenn sich der Anwalt in dem Antragsschriftsatz ausdrücklich für die Kosten stark macht.

Praxistipp

Wenn die Praxis der jeweiligen Vergabekammer hinsichtlich der Vorschusseinzahlung nicht bekannt ist, bietet es sich an, vorab telefonisch mit der Geschäftsstelle Kontakt aufzunehmen, um die jeweilige Praxis zu erfragen. Einige Vergabekammern bieten zudem im Rahmen ihrer Internetpräsentation Merkblätter zur Einreichung eines Nachprüfungsantrags an, die auch auf die jeweiligen Besonderheiten hinweisen. Die Kontaktdaten der Vergabekammern sind im Kapitel 11 zu den jeweiligen Anschriften abgedruckt.

In bestimmten Situationen kann es zu einem Wettlauf zwischen der Einreichung des Nachprüfungsantrags und der Zuschlagserteilung durch den Auftraggeber kommen. Dies ist beispielsweise dann der Fall, wenn keine Pflicht zur Information der nicht berücksichtigten Bieter nach § 134 GWB besteht oder wenn die Stillhaltefrist vor Zuschlagserteilung bereits abgelaufen ist. Gerade in diesen Situationen muss der Antragsteller die Anforderungen an den Nachprüfungsantrag besonders gründlich und so aufbereiten, dass die Vergabekammer ihre summarische Prüfung des Antrags möglichst rasch vornehmen und den Antrag umgehend übermitteln kann. Denn erst mit der Übermittlung des Nachprüfungsantrags an den Auftraggeber durch die Vergabekammer tritt ein – vorläufiges – **Zuschlagsverbot** in Kraft, was den Antragsteller vor einer Zuschlagsentscheidung auf das Angebot eines Wettbewerbers schützt.

25 VK Baden-Württemberg, Beschl. v. 16.5.2013, 1 VK 12/13.
26 VK Baden-Württemberg, Beschl. v. 16.5.2013, 1 VK 12/13.

Dabei hat es sich in der Praxis bewährt, der Vergabekammer den Nachprüfungsantrag vorab telefonisch anzukündigen und die jeweiligen Bürozeiten bei der Geschäftsstelle zu erfragen. Die Adressen sämtlicher Vergabekammern einschließlich ihrer Telefon- und Telefaxnummern sind in Kapitel 11 aufgeführt. Die Vergabekammer kann darüber hinaus für eine möglichst rasche Zustellung des Nachprüfungsantrags unterstützt werden, indem ihr nicht bloß die ladungsfähige Anschrift des Antragsgegners genannt wird, sondern zugleich auch eine Faxnummer und ggf. eine E-Mail-Adresse angegeben wird, unter der die Vergabekammer den Nachprüfungsantrag schnellstmöglich übermitteln kann; vorgeschrieben für die Übermittlung ist lediglich die Textform.

Praxistipp

Für das Verfahren vor der Vergabekammer besteht kein Anwaltszwang. Der Antragsteller kann den Nachprüfungsantrag selbst erstellen, unterschreiben und bei der Vergabekammer einreichen. Gleichwohl wird in den meisten Fällen schon wegen der inhaltlich und prozessual anspruchsvollen Materie inzwischen selbst von Vergabekammern und -senaten empfohlen, einen auf dieses Rechtsgebiet spezialisierten Rechtsanwalt von Anbeginn einzubeziehen.

10.2.3.3 Formelle Anforderungen/Begründungspflicht

Nach § 161 Abs. 1 Satz 1 GWB bedarf der Antrag der Schriftform. Es ist ausreichend, wenn der Nachprüfungsantrag zunächst per Telefax bei der Vergabekammer eingeht und sodann im Original nachgereicht wird.[27] Der Nachprüfungsantrag ist außerdem unverzüglich zu begründen. Daraus folgt, dass die Begründung nicht zwingend zusammen mit dem Antrag eingereicht werden muss.

Praxistipp

Auch wenn ein Nachprüfungsantrag nicht unmittelbar mit dem Antragsschriftsatz begründet werden muss, ist es aus Antragstellersicht sicherer, Antrag und Begründung in einem Schriftsatz einzureichen. Denn die Vergabekammer kann den Nachprüfungsantrag erst dann prüfen (wozu sie nach § 163 Abs. 2 GWB verpflichtet ist), wenn auch die Begründung vorliegt. Ohne Begründung besteht das Risiko, dass die Vergabekammer den Auftraggeber nicht vor Ablauf der Stillhaltefrist des § 134 Abs. 1 GWB über den Nachprüfungsantrag informiert, um auf diesem Wege das gesetzliche Zuschlagsverbot auszulösen.

27 Einige Vergabekammern, darunter die Vergabekammern des Bundes, sind aufgrund der vorgeschriebenen Entscheidungsfrist 5-Wochen-Frist zur Verfahrensbeschleunigung dazu übergegangen, dass mit den Verfahrensbeteiligten nur noch per Fax kommuniziert wird. Schriftsätze brauchen hier nicht im Original eingereicht werden, die Übermittlung allein per Telefax ist ausreichend und wird von den Kammern ausdrücklich gewünscht.

Der Antrag soll ein bestimmtes **Begehren**, also eine konkrete Forderung enthalten. Das bedeutet nicht, dass der Antragsteller einen bestimmten Antrag ausformulieren muss. Es genügt, wenn der Nachprüfungsantrag insgesamt erkennen lässt, was der Antragsteller von dem Auftraggeber fordert. Die Begründung des Nachprüfungsantrags muss die Bezeichnung des Antragsgegners, eine Beschreibung der behaupteten Rechtsverletzung mit Sachverhaltsdarstellung, also im Wesentlichen den bekannten Gang des Vergabeverfahrens, und die Bezeichnung der verfügbaren Beweismittel enthalten sowie darlegen, dass die Rüge gegenüber dem Auftraggeber erfolgt ist; sie soll, soweit bekannt, die sonstigen Beteiligten benennen.

Bei mehreren Auftraggebern sind alle im Nachprüfungsantrag zu benennen, um deren unverzügliche Beteiligung am Nachprüfungsverfahren zu gewährleisten.[28]

10.2.3.4 Insbesondere: Antragsbefugnis

Voraussetzung für einen zulässigen Nachprüfungsantrag ist die Antragsbefugnis des Antragstellers. Antragsbefugt ist nach § 160 Abs. 2 GWB jedes Unternehmen, das ein Interesse an dem ausgeschriebenen Auftrag oder der Konzession hat und eine Verletzung in seinen Rechten durch Nichtbeachtung von bieterschützenden Vergabevorschriften geltend macht. Hierzu muss der Antragsteller gemäß § 160 Abs. 2 GWB darlegen, dass dem Unternehmen durch die behauptete Verletzung der Vergabevorschriften ein **Schaden entstanden ist oder zu entstehen droht**.

An die Darlegung der Antragsbefugnis sind grundsätzlich nur geringe Anforderungen zu stellen. Mit Blick auf den im Nachprüfungsverfahren zu gewährleistenden effektiven Rechtsschutz und wegen des verfassungsrechtlichen Justizgewährleistungsanspruchs nach Art. 19 Abs. 4 GG reicht eine laienhafte Darstellung aus.[29] Die Antragsbefugnis hat insoweit lediglich die Funktion eines groben Filters, um von vornherein eindeutige Fälle auszusondern, in denen ein Antragsteller keine Aussicht auf den Zuschlag hat.[30]

Der antragstellende Bieter muss ein Interesse an dem Auftrag haben und darlegen. Dieses Interesse wird regelmäßig durch die Abgabe eines Angebots bzw. eines Teilnahmeantrags indiziert. Das ist aber keine zwingende Voraussetzung. Wenn der Antragsteller beispielsweise die Vergabeverfahrensart als fehlerhaft beanstandet, muss er nicht ein Angebot erstellen und einreichen, dessen verfahrensrechtliche Grundlagen er im Vergabenachprüfungsverfahren als rechtswidrig bekämpft. In diesem Fall genügt die Rüge des behaupteten Verfahrensfehlers und die Einreichung eines entsprechenden Nachprüfungsantrags.[31]

---

28 OLG Naumburg, Beschl. v. 6.12.2012, 2 Verg 5/12.
29 OLG München, Beschl. v. 29.9.2009, Verg 12/09.
30 OLG Düsseldorf, Beschl. v. 29.2.2012, VII-Verg 75/11.
31 OLG Düsseldorf, Beschl. v. 29.2.2012, VII-Verg 75/11.

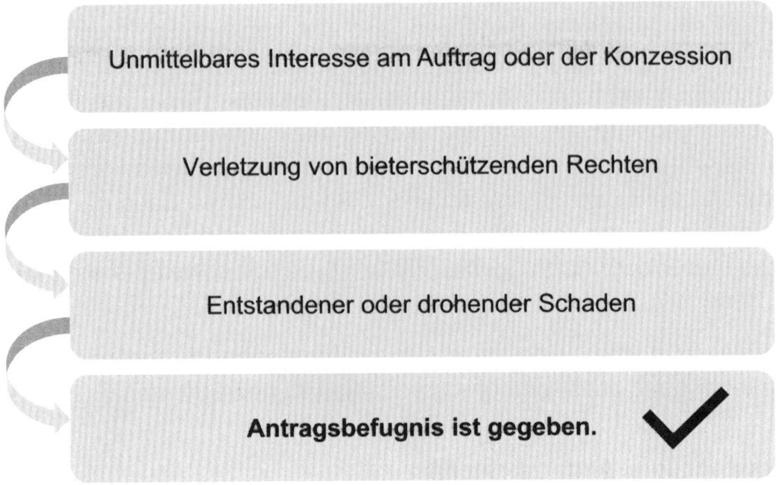

Abb. 43: Antragsbefugnis gemäß § 160 Abs. 2 GWB

Hinsichtlich des vorzutragenden Vergaberechtsverstoßes sind die Erkenntnismöglichkeiten eines Bieters jedenfalls dann begrenzt, wenn der Bieter den beabsichtigten Zuschlag auf das Angebot eines Wettbewerbers rügt und geltend macht, dass dieses Angebot auszuschließen sei. Hier darf der Bieter im Vergabenachprüfungsverfahren behaupten, was er auf der Grundlage seines – oft nur beschränkten – Informationsstands redlicherweise für wahrscheinlich oder möglich halten darf.[32] Der Bieter muss aber – wenn sich der Vergaberechtsverstoß nicht vollständig seiner Einsichtsmöglichkeit entzieht – zumindest konkrete tatsächliche Anhaltspunkte oder Indizien vortragen, die einen hinreichenden Verdacht auf einen bestimmten Vergaberechtsverstoß begründen. Ein Mindestmaß an Substantiierung ist einzuhalten; reine Vermutungen und Spekulationen zu eventuellen Vergaberechtsverstößen reichen nicht aus. Eine solche „Rüge ins Blaue" hinein ist unbeachtlich.[33]

Praxistipp

Die Rechtsprechung ist nicht einheitlich, was die Anforderung an einen substantiierten Sachvortrag angeht, wenn ein nicht berücksichtigter Bieter die Entscheidung des Auftraggebers rügt, den Zuschlag auf ein anderes Angebot erteilen zu wollen, und dabei geltend macht, das Angebot des Wettbewerbers sei wegen Verletzung von Mindestanforderungen an die Leistung auszuschließen. Nicht ausreichend ist es jedenfalls, die Rüge auf eine behauptete Marktkenntnis zu stützen, ohne konkret darzulegen, was sich aus der Marktkenntnis für das Angebot des Bieters ergibt, das den Zuschlag erhalten soll und dessen Ausschluss der Antragsteller im Nachprüfungsverfahren fordert. Der konkrete Angebotsinhalt seines Wettbewerbers kann dem Antragsteller naturgemäß nicht bekannt sein. Daher muss es im Interesse eines effektiven Bieterrechtsschutzes grundsätzlich ausreichen, Tatsachen vorzutragen, die

32 OLG Düsseldorf, Beschl. v. 1.4.2020, VII-Verg 30/19; KG, Beschl. v. 15.2.2019, Verg 9/17.
33 OLG Karlsruhe, Beschl. v. 30.10.2018, 15 Verg 7/18.

einen bestimmen, von den Vorgaben der Vergabeunterlagen abweichenden Angebotsinhalt als wahrscheinlich erscheinen lassen.

Aus dem Sachvortrag des antragstellenden Bieters muss sich zudem schlüssig und nachvollziehbar ergeben, dass durch die gerügten Vergaberechtsverstöße seine **Zuschlagschancen zumindest verschlechtert** worden sein könnten. Entscheidend für das Vorliegen einer Antragsbefugnis und damit für die Gewährung von Primärrechtsschutz ist es mithin, ob die gerügten Vergaberechtsverstöße eine solche Chancenbeeinträchtigung begründen können.[34] Nicht erforderlich ist hingegen, dass der Antragsteller im Sinne einer darzulegenden Kausalität nachweisen kann, dass er bei korrekter Anwendung der Vergabevorschriften den Auftrag erhalten hätte.[35] Ein Schaden droht aber nicht, wenn eine Chancenbeeinträchtigung in diesem Sinne ausgeschlossen werden kann.

Praxisbeispiel[36]

Der Auftraggeber benannte in einem europaweiten Vergabeverfahren den niedrigsten Preis als alleiniges Zuschlagskriterium. Ein Bieter wurde zu einem Aufklärungstermin eingeladen. Im Anschluss wurde ihm mitgeteilt, dass der Zuschlag nicht auf sein, sondern auf ein anderes (das preisgünstigste) Angebot vorgesehen sei. Der Bieter rügt diese Entscheidung erfolglos mit der Begründung, ihm sei im Aufklärungstermin vermittelt worden, dass die Zuschlagserteilung an ihn nur noch Formsache sei. Sein daraufhin erhobener Nachprüfungsantrag ist mangels Antragsbefugnis unzulässig. Dem Antragsteller droht kein Schaden, weil die Erteilung des Zuschlags auf sein Angebot auch bei unterstellter Richtigkeit seines Sachvortrags ausgeschlossen wäre. Er hat nicht das preisgünstigste Angebot abgegeben.

10.2.4 Verfahren vor der Vergabekammer

Das Verfahren vor der Vergabekammer ist ein Rechtsschutzverfahren, das darauf ausgerichtet ist, Ansprüche betroffener Bieter oder Bewerber effektiv durchzusetzen. Gleichzeitig soll dem Interesse öffentlicher Auftraggeber an einem möglichst zügigen Abschluss des Vergabeverfahrens dadurch Rechnung getragen werden, dass das Nachprüfungsverfahren grundsätzlich innerhalb von fünf Wochen nach Antragseingang entschieden werden soll.

34 OLG Karlsruhe, Beschl. v. 21.7.2010, 15 Verg 6/10; OLG München, Beschl. v. 21.5.2010, Verg 02/10.
35 BVerfG, Beschl. v. 29.7.2004, 2 BvR 2248/03; BGH, Beschl. v. 26.9.2006, X ZB 14/06.
36 Nach VK Brandenburg, Beschl. v. 18.4.2012, VK 9/12; vgl. auch EuGH, Urt. v. 9.6.2011, Rs. C-401/09 P, Evropaïki Dynamiki, Rn. 49.

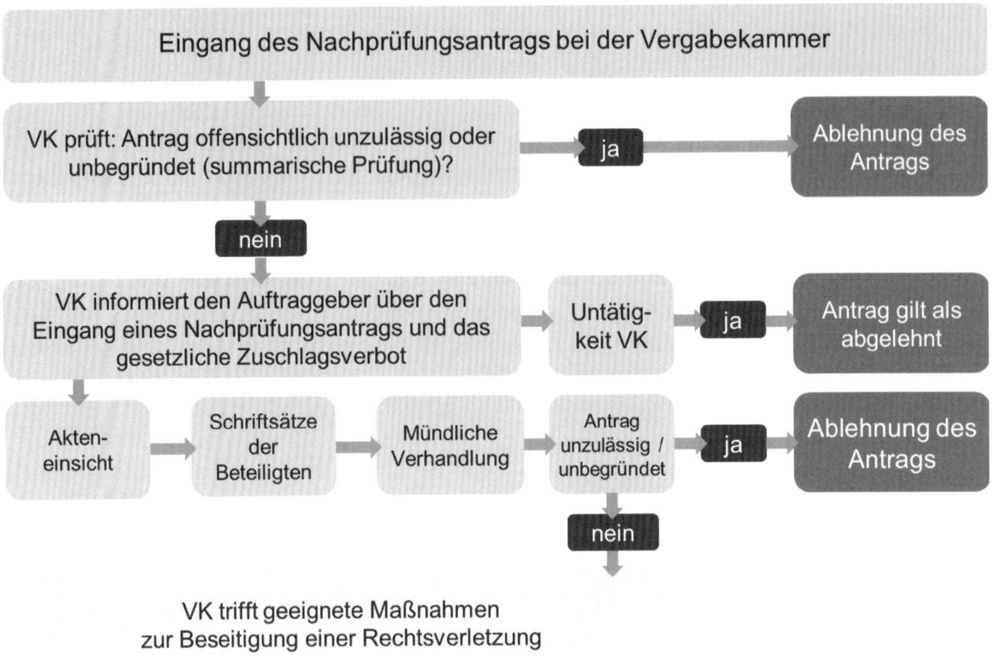

Abb. 44: Das Nachprüfungsverfahren im Überblick (vereinfachte Darstellung)

10.2.4.1 Organisation der Vergabekammern

Die Vergabekammer ist die sachlich zuständige Instanz für die Behandlung von Nachprüfungsanträgen und für die Durchführung des entsprechenden Verfahrens (§§ 155, 156 Abs. 2 GWB).

Die Vergabekammern sind zwar Teil der Verwaltung. Gleichwohl hat der EuGH ihren gleichartig organisierten Vorgängerinstanzen, den Vergabeüberwachungsausschüssen, bereits im Jahr 1997 die Qualität eines Gerichts im Sinne des Unionsrechts zugesprochen.[37]

Die Vergabekammern sind mit einem Vorsitzenden und einem hauptamtlichen Beisitzer besetzt. Sie werden ergänzt durch einen ehrenamtlichen Beisitzer, der von Verfahren zu Verfahren wechselt. Lediglich in Verfahren, in denen die Sache keine wesentlichen Schwierigkeiten aufweist und die Entscheidung nicht von grundlegender Bedeutung ist, kann das Verfahren durch unanfechtbaren Beschluss auf den Vorsitzenden oder den hauptamtlichen Beisitzer zur alleinigen Entscheidung übertragen werden (§ 157 Abs. 3 GWB). Hiervon wird in der Praxis jedoch nur selten Gebrauch gemacht.

37 EuGH, Urt. v. 17.9.1997, Rs. C-54/96, Dorsch Consult, Rn. 38, bestätigt in Bezug auf die Vergabekammern durch Urt. v. 18.9.2014, Rs. C-549/13, Bundesdruckerei, Rn. 23.

10.2.4.2 Antragsprüfung

Ein Nachprüfungsantrag ist von der Vergabekammer nach § 163 Abs. 2 GWB zunächst daraufhin zu überprüfen, ob er offensichtlich unzulässig oder unbegründet ist. Prüfungsgrundlage ist dabei allein der Antragsschriftsatz, es sei denn, der Auftraggeber hat in Erwartung eines Nachprüfungsantrags bereits vorsorglich eine Schutzschrift bei der Vergabekammer hinterlegt.

Praxistipp

Wenn der Auftraggeber mit einem Nachprüfungsantrag rechnen muss, kann zur Vermeidung des gesetzlichen Zuschlagsverbots nach § 169 Abs. 1 GWB die Einreichung einer Schutzschrift sinnvoll sein. Darin wird er den erwarteten Vorwürfen bereits argumentativ entgegentreten. Liegt der Vergabekammer bei Eingang eines Nachprüfungsantrags eine „passende" Schutzschrift vor, so hat sie deren Inhalt bei der Prüfung ebenfalls zu berücksichtigen.

Stellt die Vergabekammer fest, dass der Nachprüfungsantrag offensichtlich unzulässig und/oder unbegründet ist, setzt sie sich in der Regel mit dem Antragsteller in Verbindung und klärt die mögliche Rücknahme des Antrags. Sie wird den Nachprüfungsantrag dem Antragsgegner in einem solchen Fall jedenfalls nicht übermitteln.

Gelangt die Vergabekammer im Rahmen der Vorprüfung hingegen zu dem Ergebnis, dass der Antrag nicht offensichtlich unzulässig und/oder unbegründet ist, wird sie dem Auftraggeber den Nachprüfungsantrag übermitteln. Erst im Zeitpunkt des Zugangs des Nachprüfungsantrags bei dem Auftraggeber greift Zuschlagsverbot des § 169 Abs. 1 GWB. Für die Übermittlung des Nachprüfungsantrags ist die Textform ausreichend. In der Regel übermittelt die Vergabekammer per Telefax.

Praxistipp

Das gesetzliche Zuschlagsverbot untersagt es dem Auftraggeber nur, bis zu einer Entscheidung im Nachprüfungsverfahren den Zuschlag zu erteilen. Es verpflichtet ihn aber grundsätzlich nicht, ein Vergabeverfahren insgesamt zu unterbrechen. Es ist daher beispielsweise in einem Verhandlungsverfahren nach einer Verkleinerung des Bieterkreises möglich, die Verhandlungen mit den im Wettbewerb verbliebenen Unternehmen fortzuführen, wenn der ausgeschiedene Bieter Nachprüfung beantragt.

Gleichzeitig mit der Übermittlung des Antrags fordert die Vergabekammer beim Auftraggeber die Vergabeakten an. Diese sind sofort zur Verfügung zu stellen. Zusätzlich kann es vorkommen, dass die Vergabekammer einen Zugang zur elektronischen Vergabeplattform verlangt, über die das umstrittene Verfahren geführt wurde. Aus organisatorischen Erwägungen gewähren die Vergabekammern für die Übersendung der Akte derzeit eine Frist von ca. zwei bis drei Werktagen. Die Vergabekammer wird den Auftraggeber schließlich dazu auffordern, auf den Nachprüfungsantrag zu erwidern. Hierfür wird je nach Umfang des Verfahrens und des Nachprüfungsantrags sowie der Komplexität des Verfahrens eine Frist von ein bis zwei Wochen gewährt.

10.2.4.3 Beiladung

Verfahrensbeteiligte im Nachprüfungsverfahren vor der Vergabekammer sind gemäß § 162 GWB neben dem Antragsteller und dem Auftraggeber auch die Unternehmen, deren Interessen durch die Entscheidung der Vergabekammer schwerwiegend berührt werden. Der Bestbieter ist i.d.R. notwendig beizuladen. Darüber hinaus kann die Vergabekammer weitere Unternehmen beiladen; sie trifft die entsprechende Entscheidung nach pflichtgemäßem Ermessen. Beigeladene verfügen über alle verfahrensmäßigen Rechte. Sie können in dem Verfahren Anträge zur Sache stellen, haben einen Anspruch auf rechtliches Gehör und können ihrerseits Akteneinsicht verlangen.

10.2.4.4 Akteneinsicht

Aufgrund des als Geheimwettbewerb ausgestalteten Vergabeverfahrens haben Bieter und Bewerber regelmäßig nur sehr rudimentäre Informationen über den Verlauf und die Entscheidungen des Verfahrens. Insofern sind sie grundsätzlich daran interessiert und darauf angewiesen, im Rahmen des Nachprüfungsverfahrens weitere Einblicke in die Aktenlage zu erhalten, um auf dieser Grundlage ihr Begehren weiter begründen zu können. § 165 Abs. 1 GWB gewährt den Verfahrensbeteiligten ein entsprechendes Recht. Dieses Recht korrespondiert zugleich mit der Pflicht des Auftraggebers, das Vergabeverfahren von Beginn an fortlaufend in Textform gemäß § 126b BGB zu dokumentieren, soweit dies für die Begründung von Entscheidungen auf jeder Stufe des Vergabeverfahrens erforderlich ist. Dazu fertigt der Auftraggeber einen Vergabevermerk an, der inhaltlich den Anforderungen des § 8 Abs. 2 VgV entsprechen muss.[38]

Wenngleich das Akteneinsichtsrecht zur Gewährleistung eines effektiven Primärrechtsschutzes grundsätzlich weit ausgestaltet ist, trifft § 165 GWB Regelungen, mit denen eine unzulässige Ausforschung von Informationen über die Angebote der Wettbewerber verhindert werden kann. Dazu gehört zunächst, dass substanziiert darzulegen ist, auf welche Teile der Vergabeakten sich der Einsichtsantrag bezieht. Der Anspruch aus § 165 Abs. 1 GWB reicht nur so weit, wie es zur Begründung der behaupteten Rechtsverletzung erforderlich ist.[39] Insoweit setzt § 165 Abs. 1 GWB die im Vergabeverfahren bestehende Pflicht des Auftraggebers zur Wahrung der Vertraulichkeit der von den Bietern bzw. Bewerbern übermittelten Informationen nach Maßgabe der einschlägigen Verfahrensvorschriften im Nachprüfungsverfahren fort.

Die Vergabekammer muss im Rahmen der Entscheidung über den Antrag auch die widerstreitenden Interessen der Wettbewerber berücksichtigen, deren Angebotsinhalte aus der Vergabeakte ersichtlich sind. Nach § 165 Abs. 2 GWB ist die Akteneinsicht daher zu versagen, soweit dies aus wichtigen Gründen, insbesondere des Geheimnisschutzes oder zur Wahrung von Betriebs- oder Geschäftsgeheimnissen, geboten ist. Hierzu wird die Vergabe-

38 Vgl. auch § 20 VOB/A, § 20 EU VOB/A, § 8 SektVO, § 6 KonzVgV; vgl. zur Dokumentation auch Kapitel 9.
39 VK Südbayern, Beschl. v. 2.5.2013, Z3-3-3194-1-08-03/13.

kammer i.d.R. die Vergabeakten an den entsprechenden Stellen schwärzen oder ganze Teile der Vergabeakte vom Einsichtsrecht ausnehmen. Nach § 165 Abs. 3 GWB hat jeder Beteiligte mit Übersendung seiner Akten oder Stellungnahmen zudem auf die schützenswerten Geheimnisse hinzuweisen und diese entsprechend kenntlich zu machen, z.B. durch einen ausdrücklich angebrachten Sperrvermerk („Achtung! Unterlage nur für die Vergabekammer gemäß § 165 GWB").

Wird der Antrag auf Akteneinsicht abgelehnt, kann gegen diese Entscheidung nicht isoliert Rechtsmittel eingelegt werden (§ 165 Abs. 4 GWB). Die sofortige Beschwerde zum Oberlandesgericht kann in Bezug auf die Entscheidung hinsichtlich der Akteneinsichtnahme nur in Kombination mit der sofortigen Beschwerde in der Hauptsache eingelegt werden. Weitere Aspekte zur Akteneinsicht enthält Kapitel 9.3.

10.2.4.5 Gang des Verfahrens

Das Verfahren ist zunächst ein schriftliches Verfahren, das in der Regel per Telefax geführt wird. Hinsichtlich der Art und Weise der Kommunikation im Nachprüfungsverfahren empfiehlt sich eine Rücksprache mit der Geschäftsstelle bei der Vergabekammer.

Die Vergabekammer hat nach § 167 Abs. 2 Satz 2 GWB die Möglichkeit, den Verfahrensbeteiligten Fristen zu setzen und Vorbringen, das verspätet eingeht, unberücksichtigt zu lassen. Den Schriftsatz des Antragsgegners und ggf. des oder der Beigeladenen übermittelt die Vergabekammer an den Antragsteller und gibt ihm wiederum die Gelegenheit zur weiteren Stellungnahme. Eine weitere Erwiderung durch die anderen Beteiligten hierauf ist ebenfalls möglich. Alle Verfahrensbeteiligten sind hierbei aufgefordert, an der Aufklärung des Sachverhalts mitzuwirken, wie es einem auf Förderung und raschen Abschluss des Verfahrens bedachten Vorgehen entspricht (§ 167 Abs. 2 Satz 1 GWB).

Parallel zu diesem schriftlichen Verfahren wird die Vergabekammer in der Regel bereits einen Termin für eine mündliche Verhandlung bekannt geben. Nach § 166 GWB ist die Durchführung einer mündlichen Verhandlung der Regelfall. Allerdings kann in Fällen, in denen der Sachverhalt bereits im Rahmen der schriftlichen Stellungnahmen hinreichend erforscht ist oder lediglich die rechtliche Wertung umstritten ist, auf eine mündliche Verhandlung verzichtet werden. Stimmen alle Beteiligten zu, kann die Vergabekammer auch auf Grundlage der Akten entscheiden.

Die Verhandlungsführung wird von den Vergabekammern unterschiedlich gehandhabt. Sofern ein persönliches Erscheinen durch die Vergabekammer nicht angeordnet wird, können sich die Beteiligten auch vertreten lassen oder auf eine Wahrnehmung des Termins verzichten. Denn nach § 166 Abs. 2 GWB kann in der Sache auch dann verhandelt und entschieden werden, wenn die Beteiligten nicht erschienen oder nicht ordnungsgemäß vertreten sind.

Findet eine mündliche Verhandlung statt, wird zu deren Beginn seitens der Vergabekammer zunächst in den Sachstand eingeführt und sodann mit den Beteiligten die Sach- und Rechtslage erörtert. Wenngleich alle Beteiligten die Gelegenheit zur Stellungnahme hatten, wird sich die Erörterung maßgeblich auf die Fragen und Themenkreise beschränken, die aus Sicht der Vergabekammer relevant bzw. offen sind. Die Vergabekammer hat die

Möglichkeit, Zeugen zu vernehmen oder Sachverständige zu hören. Von dieser Möglichkeit wird in der Praxis mit Blick auf das Beschleunigungsgebot aber nur sehr selten Gebrauch gemacht. Am Ende der mündlichen Verhandlung stellen die Beteiligten ihre Anträge oder nehmen Bezug auf die in den Schriftsätzen enthaltenen Anträge.

Mit Blick auf den Beschleunigungsgrundsatz soll sich die mündliche Verhandlung auf einen Termin beschränken (§ 166 Abs. 1 Satz 1 GWB). Soweit weiterer Aufklärungs- oder Verhandlungsbedarf besteht, ist die Vergabekammer jedoch nicht gehindert, weitere Termine anzusetzen.

10.2.4.6 Untersuchungsgrundsatz versus Beschleunigungsgrundsatz

Nach § 163 Abs. 1 Satz 1 GWB erforscht die Vergabekammer den Sachverhalt, der dem Nachprüfungsverfahren zugrunde liegt, von Amts wegen. Im Ausgangspunkt stehen ihr zwar lediglich die eingereichten Schriftsätze als „Informationsquelle" zur Verfügung. Ihr Sachverhaltsermittlungsansatz geht aber darüber hinaus. Er umfasst in jedem Fall auch die vom Auftraggeber angeforderte Vergabeakte.

Der Untersuchungsgrundsatz steht in einem Spannungsverhältnis zu dem in § 167 Abs. 1 GWB verankerten Beschleunigungsgrundsatz. Danach hat die Vergabekammer ihre Entscheidung grundsätzlich innerhalb von fünf Wochen ab Eingang des Antrags zu treffen und schriftlich zu begründen. Bei besonderen tatsächlichen oder rechtlichen Schwierigkeiten kann die Frist zwar verlängert werden; allerdings stößt eine ausführliche amtliche Erforschung des gesamten Sachverhalts auch bei verlängerter Entscheidungsfrist an ihre Grenzen, zumal die Fristverlängerung nach § 167 Abs. 1 Satz 3 GWB zwei Wochen nicht überschreiten soll.

Vor diesem Hintergrund wägt die Spruchpraxis der Nachprüfungsinstanzen beide gegenläufigen Interessen regelmäßig in der Form gegeneinander ab, dass neben den von dem Antragsteller ausdrücklich vorgetragenen Beanstandungen eine vertiefte Prüfung des Vergabeverfahrens im Übrigen ausscheidet.[40] Die Amtsermittlung wird also auf die Erforschung des von den Beteiligten vorgetragenen Sachverhalts beschränkt. Neue Tatsachen ohne jeglichen Zusammenhang zu dem Vorbringen der Beteiligten müssen die Nachprüfungsinstanzen nicht ermitteln.

10.2.4.7 Entscheidung der Vergabekammer

Nach § 168 Abs. 1 Satz 1 GWB entscheidet die Vergabekammer, ob der Antragsteller in seinen Rechten verletzt ist und trifft die geeigneten Maßnahmen, um die Rechtsverletzung zu beseitigen und eine Schädigung der betroffenen Interessen zu verhindern.

Die Entscheidungsmöglichkeiten im konkreten Einzelfall sind sehr umfangreich. I.d.R. wird die Vergabekammer den Auftraggeber verpflichten, das Vergabeverfahren ab dem Zeitpunkt zu wiederholen, an dem der Vergabeverstoß eingetreten ist. Dabei wird ihm regelmäßig auferlegt, die Rechtsauffassung der Vergabekammer zu berücksichtigten, da er

40 VK Lüneburg, Beschl. v. 10.10.2006, VgK-23/2006; Beschl. v. 7.7.2005, VgK-27/2005; Beschl. v. 20.8.2002, 203-VgK-12/2002; VK Südbayern, Beschl. v. 9.5.2008, Z3-3-3194-1-13-04/08.

ansonsten nicht gehindert wäre, den Vergabefehler in derselben Situation erneut zu begehen. Ist der festgestellte Vergabefehler so gravierend, dass eine Heilung durch Wiederholung des betreffenden Verfahrensabschnitts nicht möglich ist, kann die Vergabekammer dem Auftraggeber aufgeben, das gesamte Verfahren erneut durchzuführen, sofern die Beschaffungsabsicht beim Auftraggeber fortbesteht.

Die Nachprüfungsinstanzen können besonders schwerwiegende Vergabefehler auch von Amts wegen aufgreifen und entsprechende Anordnungen aufgrund von § 168 Abs. 1 GWB treffen, wenn der Antragsteller insoweit seine Rügeobliegenheit verletzt hat. Schwerwiegend sind solche Vergaberechtsverstöße, ohne deren Korrektur eine vergaberechtskonforme Verfahrensbeendigung nicht möglich ist.[41] Richtig ist, dass nach § 168 Abs. 1 Satz 2 GWB eine Bindung an die Anträge nicht besteht und auch unabhängig davon auf die Rechtmäßigkeit des Vergabeverfahrens eingewirkt werden kann. Gleichwohl geht es im Nachprüfungsverfahren nicht um eine allgemeine Rechtmäßigkeitskontrolle, sondern nach § 168 Abs. 1 Satz 1 GWB darum, Rechtsverletzungen zu beseitigen und eine Schädigung der betroffenen Interessen zu verhindern, also um den Schutz individueller Bieterrechte. Rechte muss man ausüben, d.h. geltend machen. Rechtsverletzungen in einem Vergabeverfahren sind dementsprechend zu rügen; bei fehlender Rüge spricht viel dafür, dass der betreffende Rechtsverstoß unabhängig von seiner Schwere nicht mehr Gegenstand eines Nachprüfungsverfahrens und dementsprechend auch nicht einer Entscheidung der Vergabekammer oder des Vergabesenats sein kann. Anderenfalls würde die Rügeobliegenheit nach § 160 Abs. 3 Satz 1 GWB leerlaufen, was kaum dem Willen des Gesetzgebers entsprechen dürfte.[42]

Praxistipp

Im Zuständigkeitsbereich einiger Oberlandesgerichte besteht aus Auftraggebersicht das Risiko, dass auch in einem fortgeschrittenen Stadium eines Nachprüfungsverfahrens noch vermeintliche Vergabeverstöße „ans Tageslicht“ kommen können, die die jeweils zuständige Nachprüfungsinstanz von Amts wegen aufgreift. Selbst wenn ein Bieter erkennbare oder erkannte Vergabeverstöße nicht gerügt hat, darf sich ein Auftraggeber daher nicht in Sicherheit wähnen, wenn es sich dabei um Verstöße handelt, die nach Auffassung des Spruchkörpers so schwer wiegen, dass es an einer Grundlage für einen rechtmäßigen Zuschlag fehlt.

Wenn sich das Nachprüfungsverfahren durch einen zwischenzeitlich erteilten Zuschlag, durch Aufhebung des Vergabeverfahrens oder durch sonstige Einstellung der Beschaffungsmaßnahme erledigt hat, stellt die Vergabekammer auf Antrag fest, ob eine Rechtsverletzung vorgelegen hat (sogenannter Fortsetzungsfeststellungsantrag), § 168 Abs. 2 GWB. Eine solche Entscheidung kann Grundlage für die spätere Geltendmachung eines Schadensersatzanspruchs sein. Das hierfür zuständige Zivilgericht ist an eine entsprechende Feststellung einer Vergabekammer gemäß § 179 Abs. 1 GWB gebunden und muss im Weiteren nur noch über die Höhe des Schadensersatzes entscheiden.

41 OLG Koblenz, Beschl. v. 10.7. 2018, Verg 1/18; OLG München, Beschl. v. 10.8. 2017, Verg 3/17, Beschl. v. 22.1.2016, Verg 13/15; VK Südbayern, Beschl. v. 4.7. 2017, Z3-3-3194-1-17-04/17.

42 OLG Schleswig, Beschl. v. 22.1.2019, 54 Verg 3/18.

Die Entscheidung der Vergabekammer selbst ergeht nach § 168 Abs. 3 Satz 1 GWB durch Verwaltungsakt. Die Vollstreckung richtet sich nach den Verwaltungsvollstreckungsgesetzen des Bundes und der Länder. Nach §§ 168 Abs. 3, § 86a Satz 2 GWB können im Falle einer Nichtbefolgung Zwangsgelder zwischen 1.000 und 10 Mio. Euro festgesetzt werden.

Weiterhin gilt nach § 168 Abs. 3 Satz 3 GWB auch § 61 GWB entsprechend. Danach muss die Vergabekammer ihre Entscheidung begründen und die Beteiligten darüber belehren, dass gegen den Beschluss binnen zwei Wochen ab Zugang das Rechtsmittel der sofortigen Beschwerde bei dem örtlich zuständigen Oberlandesgericht eingelegt werden kann.

10.2.4.8 Antrag auf Vorabgestattung des Zuschlags

Übermittelt die Vergabekammer dem Auftraggeber einen Nachprüfungsantrag, darf der Zuschlag in diesem Verfahren zunächst nicht erteilt werden. Bedenkt man, dass die Dauer eines Nachprüfungsverfahrens oftmals die gesetzlich vorgesehene Frist von fünf Wochen (§ 167 Abs. 1 GWB) übersteigt, kann dies insbesondere bei zeitkritischen Vergabeverfahren zu erheblichen Problemen für den Auftraggeber führen. Daher sieht § 169 Abs. 2 GWB für den Auftraggeber die Möglichkeit vor, bei der Vergabekammer zu beantragen, noch vor der Entscheidung über den Nachprüfungsantrag den Zuschlag erteilen zu dürfen.

Erforderlich ist hierfür ein eigenständiger Antrag des Auftraggebers oder des für den Zuschlag vorgesehenen Bieters (sofern dieser beigeladen ist) bei der Vergabekammer. Darin müssen die Gründe vorgetragen werden, weshalb das Interesse der Allgemeinheit an einer raschen Auftragsvergabe und an einer entsprechend zeitnahen Verfügbarkeit der zu beschaffenden Leistung schwerer wiegt als das Interesse des Antragstellers an der Aufrechterhaltung des gesetzlichen Zuschlagsverbots bis zu einer bestandskräftigen Entscheidung im Nachprüfungsverfahren.

Die Vergabekammer entscheidet nach Gewährung rechtlichen Gehörs über den Antrag ohne mündliche Verhandlung.

Gemäß § 169 Abs. 2 Satz 2 und 3 GWB sind bei der Entscheidung auch das Interesse der Allgemeinheit an einer wirtschaftlichen Erfüllung der Aufgaben des Auftraggebers und die allgemeinen Aussichten des Antragstellers, den Auftrag zu erhalten, im Rahmen der Abwägung zu berücksichtigen. Weiterhin stellt § 169 Abs. 2 Satz 4 GWB klar, dass die Erfolgsaussichten des Nachprüfungsantrags nicht in jedem Fall Gegenstand der Abwägung sein müssen.

Entscheidet die Vergabekammer, dem Auftraggeber die Zuschlagserteilung vorab zu gestatten, darf dies allerdings erst zwei Wochen nach der Entscheidung umgesetzt werden. Der Antragsteller des Nachprüfungsantrags kann in dieser Zeit beim Beschwerdegericht beantragen, das Zuschlagsverbot des § 169 Abs. 1 GWB für die Zeit des Nachprüfungsverfahrens wiederherzustellen. Das gleiche isolierte Rechtsmittel steht dem Auftraggeber und dem für den Zuschlag vorgesehenen Bieter zu, wenn die Vergabekammer dessen Antrag auf Vorabgestattung des Zuschlags ablehnt.

§ 169 Abs. 3 GWB sieht zudem weitere Möglichkeiten der Vergabekammer vor, auf Antrag in das Vergabeverfahren mit **sonstigen vorläufigen Maßnahmen** einzugreifen, wenn die Rechte des Antragstellers aus § 97 Abs. 6 GWB im Vergabeverfahren auf andere Weise als durch den Zuschlag gefährdet sind.

§ 169 Abs. 4 GWB enthält schließlich eine Sonderregelung für den Fall, dass der Auftraggeber von der Anwendung des Vergaberechts aus Gründen der Geheimhaltung aufgrund § 117 Nr. 1 bis 3 GWB oder § 150 Nr. 1 oder 6 GWB abgesehen und ein Unternehmen die Nachprüfung dieser Entscheidung beantragt hat. In diesen Fällen entfällt das Zuschlagsverbot, wenn sich der Auftraggeber im Nachprüfungsverfahren auf § 117 Nr. 1 bis 3 GWB oder § 150 Nr. 1 oder 6 GWB beruft. Eine Wiederherstellung des Zuschlagsverbots durch das Oberlandesgericht ist auf Antrag möglich.

10.2.5 Unwirksamkeitsfeststellungsantrag

Ist der Auftrag vor Einleitung eines Nachprüfungsverfahrens bereits vergeben worden, kann der Zuschlag in der Regel nicht mehr rückgängig gemacht werden, § 168 Abs. 2 GWB. Zur Gewährung des EU-rechtlich geforderten effektiven Rechtsschutzes kann der so geschlossene Vertrag allerdings bei Vorliegen der folgenden zwei Fehler mit einem Unwirksamkeitsfeststellungantrag nach § 135 GWB angegriffen werden:

- Der Auftraggeber hat gegen § 134 GWB verstoßen, also keine Vorinformation erteilt, eine unvollständige oder mangelhafte Information versandt oder den Zuschlag vor Ablauf der Wartefrist erteilt, oder
- der Auftraggeber hat einen öffentlichen Auftrag ohne vorherige Bekanntmachung im Amtsblatt der Europäischen Union vergeben, ohne dass dies aufgrund des Gesetzes gestattet ist (sogenannte De-facto-Vergabe).

Wenn die Vergabekammer auf einen entsprechenden Antrag einen solchen Verstoß feststellt, hat dies nach § 135 Abs. 1 GWB die Unwirksamkeit des zuvor abgeschlossenen Vertrages zur Folge.

Die Unwirksamkeit kann allerdings nur festgestellt werden, wenn sie im Nachprüfungsverfahren innerhalb von 30 Kalendertagen ab Kenntnis des Verstoßes, jedoch nicht später als sechs Monate nach Vertragsschluss geltend gemacht worden ist. Hat der Auftraggeber die Auftragsvergabe im Amtsblatt der EU bekannt gemacht, endet die Frist zur Geltendmachung der Unwirksamkeit bereits 30 Kalendertage nach Veröffentlichung dieser Bekanntmachung über die Auftragsvergabe im Amtsblatt der EU.

Die Rügeobliegenheiten gelten gemäß § 160 Abs. 3 Satz 2 GWB nicht, wenn der Antragsteller die Rechtswidrigkeit einer De-facto-Vergabe nach § 135 Abs. 1 Nr. 2 GWB feststellen lassen will. Im Falle eines fehlenden oder fehlerhaften Informationsschreibens nach § 134 Abs. 1 GWB besteht die Rügeobliegenheit uneingeschränkt.

10.2.5.1 Verletzung der Vorinformationspflicht nach § 134 GWB

Ein Vertrag ist nach § 135 Abs. 1 Nr. 1 GWB von Anfang an unwirksam, wenn der Auftraggeber gegen die Informations- und Wartepflicht nach § 134 GWB verstoßen hat.

Ein unzureichend begründetes Informationsschreiben allein löst die Unwirksamkeitsfolge des § 135 Abs. 1 Nr. 1 GWB nicht aus. Bieter haben dagegen die Möglichkeit, ihren Anspruch auf eine den Anforderungen des § 134 GWB entsprechende Begründung ggf. auch im Wege des vergaberechtlichen Primärrechtsschutzes einzufordern.[43]

Die Unwirksamkeitsregelung nach § 135 Abs. 1 Nr. 1 GWB ist das Korrektiv zu § 168 Abs. 2 Satz 1 GWB, wonach ein wirksam erteilter Zuschlag nicht aufgehoben werden kann, wenn und weil ein Bieter die Verletzung von Bestimmungen über das Vergabeverfahren i.S.v. § 97 Abs. 6 GWB geltend macht. Die bieterschützende Wirkung ist also grundsätzlich auf die Zeit begrenzt, bevor in dem Vergabeverfahren ein wirksamer Zuschlag erteilt wird. Die Wirksamkeit des Zuschlags erfordert aber auch die Einhaltung der Vorinformations- und Wartepflicht aus § 134 GWB. Wird dagegen verstoßen, kann ein Bieter trotz erteilten Zuschlags noch Nachprüfung bei der Vergabekammer beantragen.[44]

Zweifelhaft ist aber, ob ein Vertrag auch dann für unwirksam zu erklären ist, wenn er unter Missachtung der Stillhaltefrist nach § 134 GWB geschlossen wurde, der Nachprüfungsantrag im Übrigen aber unzulässig oder unbegründet ist.[45] Dagegen spricht die Überlegung, dass die Stillhaltefrist kein Selbstzweck ist, sondern den Bietern gerade die Prüfung ermöglichen soll, ob ein Vorgehen gegen die mitgeteilte Zuschlagsentscheidung aussichtsreich ist. Ist ein Nachprüfungsantrag unzulässig oder unbegründet, besteht kein Anlass, den gegenständlichen Vertrag für unwirksam zu erklären, um einen Verfahrensabschnitt mit demselben Ergebnis wiederholen zu müssen.[46]

10.2.5.2 De-facto-Vergabe

Die unerlaubte Auftragsvergabe an ein Unternehmen ohne Durchführung eines wettbewerblichen Vergabeverfahrens (De-facto-Vergabe) führt nach § 135 Abs. 1 Nr. 2 GWB auf Antrag und entsprechende Feststellung der Vergabekammer ebenfalls zur Unwirksamkeit des Vertrages. Eine De-facto Vergabe liegt vor, wenn potenzielle Bieter bzw. Bewerber keine Kenntnis von der Vergabe des Auftrages auf die gesetzlich vorgeschriebene Weise, nämlich über eine EU-Bekanntmachung, erlangen können, weil die Bekanntmachung unzulässigerweise unterblieben ist und ihnen damit von vornherein die Beteiligungsmöglichkeit am Vergabeverfahren verschlossen blieb.

Ziel der Regelungen über die De-facto-Vergabe ist es, einen Ausgleich zu schaffen zwischen dem Grundsatz der Einzelfallgerechtigkeit einerseits und dem Grundsatz des Rechtsfriedens bzw. der Rechtssicherheit andererseits. Sie sollen zwar ermöglichen, einen rechtswidrig außerhalb des Vergaberechts vergebenen Auftrag noch nachträglich einem ordnungsgemäßen Vergabeverfahren zuzuführen.[47] Diese Möglichkeit besteht um des Rechtsfriedens willen aber nicht unbegrenzt, sondern längstens bis zum Ablauf der in § 135 Abs. 2 GWB genannten Fristen.[48]

---

43 VK Nordbayern, Beschl. v. 18.11.2011, 21.VK-3194-36/11; OLG Koblenz, Beschl. v. 25.3.2002, 1 Verg 1/02.
44 VK Nordbayern, Beschl. v. 20.11.2012, 21.VK-3194-26/12; OLG München, Beschl. v. 9.9.2010, Verg 10/10.
45 Offenlassend OLG Düsseldorf, Beschl. v. 3.3.2010, VII-Verg 11/10; OLG Frankfurt, Beschl. v. 11.6.2013, 11 Verg 3/13.
46 OLG München, Beschl. v. 12.5.2011, Verg 26/10.
47 BGH, Beschl. v. 18.6.2012, X ZB 9/11.
48 Vgl. OLG München, Beschl. v. 19.7.2012, Verg 8/12.

Unter engen Voraussetzungen ist die Auftragsvergabe allerdings auch ohne vorherige Bekanntmachung erlaubt, nämlich in den im GWB, der VgV und der VOB/A sowie der SektVO und der VSVgV vorgesehenen Fällen „aufgrund eines Gesetzes" i.S.v. § 135 Abs. 1 Nr. 2 GWB. Dazu zählt die rechtmäßige Vergabe im Verhandlungsverfahren ohne vorgeschalteten Teilnahmewettbewerb gemäß § 119 Abs. 2 und 5 GWB, § 130 Absatz 1 Satz 2, § 131 Absatz 1 Satz 2, § 141 Abs. 2, § 146 Satz 2 oder § 151 Satz 2 GWB, das in § 14 Abs. 4 VgV oder § 3a EU Abs. 3 VOB/A näher ausgestaltet ist. Daneben gibt es weitere Ausnahmen von der Bekanntmachungspflicht, z.B. in § 38 Abs. 4 VgV, § 3 EU Abs. 3 Nr. 4 VOB/A oder § 20 Abs. 1 KonzVgV.[49] Auch in den in § 108 GWB normierten Fällen ist es zulässig, auf Vergabeverfahren (und damit auf die EU-Bekanntmachung) zu verzichten.[50]

10.2.5.3 Freiwillige Ex-ante-Transparenzbekanntmachung

Führt der Auftraggeber eine aus seiner Sicht zulässige Direktvergabe oder ein Verhandlungsverfahren ohne Teilnahmewettbewerb (jeweils ohne EU-Bekanntmachung) durch, so muss er nach Zuschlag mit einem nachträglichen Antrag auf Feststellung der Unwirksamkeit des erteilten Zuschlags rechnen – und sieht sich damit einer „Zeit der Unsicherheit" von bis zu sechs Monaten nach Vertragsschluss (§ 135 Abs. 2 Satz 1 GWB) ausgesetzt. Um diese „Zitterpartie" zu vermeiden, bietet das EU-Vergaberecht in § 135 Abs. 1 Nr. 2 GWB die Möglichkeit einer freiwilligen Vorabbekanntmachung (sog. Ex-ante-Transparenzbekanntmachung). Danach tritt die Unwirksamkeit nicht ein, wenn der Auftraggeber der Ansicht ist, dass die Vergabe ohne vorherige Veröffentlichung einer Bekanntmachung im EU-Amtsblatt zulässig ist, die beabsichtigte Zuschlagserteilung in einem solchen Verfahren vorab freiwillig im EU-Amtsblatt ankündigt und den Zuschlag nicht vor Ablauf von zehn Kalendertagen nach Veröffentlichung dieser freiwilligen Ex-ante-Transparenzbekanntmachung im EU-Amtsblatt erteilt.

Mit der freiwilligen Ex-ante-Transparenzbekanntmachung[51] soll die in einem regulären EU-weiten Vergabeverfahren obligatorische Vorabinformation der nicht für den Zuschlag vorgesehenen Bieter (§ 134 GWB, vgl. oben) durch eine EU-weite Veröffentlichung dieser Zuschlagsankündigung ersetzt werden. Wird die beabsichtigte Zuschlagserteilung nicht innerhalb von **zehn Kalendertagen** nach Veröffentlichung durch einen Nachprüfungsantrag angegriffen und unter den Voraussetzungen des § 169 Abs. 1 GWB das gesetzliche Zuschlagsverbot ausgelöst,[52] kann der Auftraggeber den Zuschlag erteilen.[53] Eine nachträgliche Kontrolle der Zuschlagserteilung durch die Nachprüfungsinstanzen bleibt gleichwohl möglich.[54]

49 Eine Sonderregelung findet sich in § 131 Abs. 2 Satz 2 GWB, wonach eine Bekanntmachungspflicht auch bei Direktvergaben von öffentlichen Aufträgen über Personenverkehrsleistungen im Eisenbahnverkehr besteht.
50 S. hierzu Kap. 4.2.1.
51 SIMAP hält hierfür ein eigenes Bekanntmachungsformular vor, vgl. Anhang XII zur Durchführungsverordnung (EU) Nr. 2015/1986.
52 S. oben, Kap. 10.2.4.2.
53 Vgl. EuGH, Urt. v. 11.9.2014, C-19/13, Fastweb SpA.
54 OLG Düsseldorf, Beschl. v. 12.07.2017, VII-Verg 13/17.

Praxistipp

Die Möglichkeit der freiwilligen Ex-ante Transparenzbekanntmachung ist kein Freibrief zur Umgehung des Vergaberechts. Die Nachprüfungsinstanzen prüfen auf Antrag nach Vertragsschluss, ob der Auftraggeber berechtigterweise der Ansicht sein durfte, dass die Voraussetzungen für eine Auftragsvergabe ohne eine vorherige Veröffentlichung einer Bekanntmachung im EU-Amtsblatt vorlagen. Öffentliche Auftraggeber, die von der Möglichkeit einer Ex-ante Transparenzbekanntmachung Gebrauch machen wollen, sind gut beraten, wenn sie folgende Punkte beachten, die von der Rechtsprechung[55] hierzu aufgestellt worden sind:

- *Der Entscheidung muss eine sorgfältige Prüfung der Sach- und Rechtslage vorausgehen, auf deren Grundlage der Auftraggeber zu der vertretbaren Auffassung gelangen durfte, dass der Auftrag ohne vorherige europaweite Ausschreibung vergeben werden kann.*
- *Der Sorgfaltsmaßstab der Prüfung richtet sich danach, ob die Frage einer europaweiten Ausschreibung im konkreten Einzelfall einfach zu klären oder mit besonderen Schwierigkeiten behaftet war. Ein weiterer Aspekt hierbei ist, über welche Erfahrungen der öffentliche Auftraggeber in dem relevanten Beschaffungsbereich verfügt.*
- *Die Voraussetzungen für eine Ausnahme von der Pflicht zur Durchführung EU-weiter Vergabeverfahren sind eng auszulegen und nur in den seltensten Fällen erfüllt. Daher kommt einer nachvollziehbaren Darlegung der maßgeblichen Umstände und Gründe für die gewonnene Überzeugung des Auftraggebers in der Vergabedokumentation, der Ausnahmetatbestand sei im konkreten Fall erfüllt, besondere Bedeutung zu.*

10.2.6 Sofortige Beschwerde

Gegen Endentscheidungen der Vergabekammer einschließlich Kostenentscheidungen ist binnen einer (nicht verlängerbaren) Notfrist von zwei Wochen die sofortige Beschwerde zum Vergabesenat des örtlich zuständigen Oberlandesgerichts zulässig (§§ 171 ff. GWB). Die sofortige Beschwerde entfaltet aufschiebende Wirkung gegenüber der Entscheidung der Vergabekammer (§ 173 Abs. 1 GWB), d.h., der Auftraggeber ist weiterhin daran gehindert, den Zuschlag zu erteilen. Für das Beschwerdeverfahren besteht grundsätzlich Anwaltszwang, juristische Personen des öffentlichen Rechts können sich jedoch auch durch Beamte oder Angestellte mit Befähigung zum Richteramt, also durch Juristen mit zwei juristischen Staatsexamina vertreten lassen (§ 175 Abs. 1 GWB).

Das Beschwerdeverfahren ist eine vollständige neue Rechts- und Tatsacheninstanz. Der Vergabesenat beim OLG ist insbesondere verpflichtet, Zulässigkeitsvoraussetzungen zu jedem Zeitpunkt des Nachprüfungsverfahrens von Amts wegen zu prüfen.[56]

55 OLG Düsseldorf, Beschl. v. 12.07.2017, VII-Verg 13/17.
56 KG, Beschl. v. 15.2.2019, Verg 9/17.

Ein Nachprüfungsantrag kann daher auch nachträglich unzulässig werden, wenn eine der Zulässigkeitsvoraussetzungen entfällt. Teilt ein Beschwerdeführer während des Beschwerdeverfahrens mit, dass er kein Interesse mehr am Auftrag habe und verlängert er deswegen die Bindefrist nicht (mehr), so fällt seine Antragsbefugnis weg.[57] Ebenso gibt es zugunsten des Auftraggebers kein Verböserungsverbot. Der Vergabesenat ist nicht gehindert, Vergaberechtsverstöße, deren Verfolgung die Vergabekammer noch für unzulässig oder unbegründet gehalten hatte, aufzugreifen, wenn er hierzu eine andere Auffassung vertritt als die Vergabekammer.

Die sofortige Beschwerde ist zugleich mit ihrer Einlegung zu begründen. Die Beschwerdebegründung muss enthalten:

- Die Erklärung, inwieweit die Entscheidung der Vergabekammer angefochten und eine abweichende Entscheidung beantragt wird.
- Die Angabe der Tatsachen und Beweismittel, auf die sich die Beschwerde stützt.

Gegen **Zwischenentscheidungen** ist vor dem Hintergrund des Beschleunigungsgebots im Nachprüfungsverfahren die sofortige Beschwerde **grundsätzlich nicht statthaft**. Sie müssen mit der Hauptsachentscheidung angegriffen werden.[58] Ausnahmen sind allenfalls dann möglich, wenn es um vorbereitende Verfahrensentscheidungen der Vergabekammer geht, die irreparabel nachteilige Rechtsfolgen für den Betroffenen mit sich bringen können (z.B.: sofortige Beschwerde gegen die Gewährung von Akteneinsicht).[59] Für Zwischeneilentscheidungen der Vergabekammer nach § 169 Abs. 2 GWB sieht das Gesetz spezifische Rechtsbehelfe vor, die eine sofortige Beschwerde nach den §§ 171 ff. GWB ausschließen. Nichtentscheidungen der Vergabekammer sind gemäß § 171 Abs. 2 GWB mit einer sofortigen Beschwerde (Untätigkeitsbeschwerde) anfechtbar, weil der Nachprüfungsantrag nach Ablauf der (nicht verlängerten) Entscheidungsfrist nach § 167 Abs. 1 GWB ohne Entscheidung der Vergabekammer als abgelehnt gilt.[60]

10.2.6.1 Antrag auf Verlängerung der aufschiebenden Wirkung

Wie dargestellt, hat die sofortige Beschwerde nach § 173 Abs. 1 Satz 1 GWB zunächst aufschiebende Wirkung gegenüber der Entscheidung der Vergabekammer. Das bedeutet, dass das gesetzliche Zuschlagsverbot fort gilt. Es entfällt allerdings zwei Wochen nach Ablauf der Beschwerdefrist. Der vor der Vergabekammer unterlegene Bieter muss dann zusätzlich zur Wahrung seiner Rechte die Verlängerung der aufschiebenden Wirkung bis zur Entscheidung über die sofortige Beschwerde beim Vergabesenat beantragen (§ 173 Abs. 1 Satz 3 GWB). Dieser Antrag muss grundsätzlich innerhalb von zwei Wochen nach Ablauf der Beschwerdefrist gestellt werden. Zulässigkeitsvoraussetzung für diesen Eilantrag ist aber, dass der Zuschlag unmittelbar bevorsteht. Das ist nicht der Fall, wenn der Auftraggeber noch gar keine Information nach § 134 Abs. 1 GWB versandt hat.[61] Erhält ein Bieter das Informationsschreiben später als zwei Wochen nach Ablauf der Beschwerdefrist, wird

57 OLG Koblenz, Beschl. v. 16.05.2018, Verg 2/18.
58 OLG Düsseldorf, Beschl. v. 28.12.2007, VII-Verg 40/07.
59 OLG München, Beschl. v. 18.10.2012, Verg 13/12.
60 KG, Beschl. v. 24.10.2013, Verg 11/13.
61 OLG München, Beschl. v. 30.10.2019, Verg 22/19; OLG Düsseldorf, Beschl. v. 26.9.2018, VII-Verg 50/18.

der Eilantrag dann erstmals zulässig. In diesem Fall muss die Wiederherstellung der aufschiebenden Wirkung beantragt werden.[62]

Das Gericht hat sich im Rahmen des Eilverfahrens nach § 173 Abs. 1 Satz 3 GWB frühzeitig mit den Erfolgschancen der Beschwerde zu befassen. Nach § 173 Abs. 2 GWB lehnt es den Antrag auf Verlängerung der aufschiebenden Wirkung ab, wenn unter Berücksichtigung aller möglicherweise geschädigten Interessen die nachteiligen Folgen einer Verzögerung der Vergabe bis zur Entscheidung über die Beschwerde die damit verbundenen Vorteile überwiegen. Bei der Abwägung ist das Interesse der Allgemeinheit an einer wirtschaftlichen Erfüllung der Aufgaben des Auftraggebers zu berücksichtigen. Das Gericht berücksichtigt bei seiner Entscheidung auch die Erfolgsaussichten der Beschwerde, die allgemeinen Aussichten des Antragstellers im Vergabeverfahren, den Auftrag zu erhalten und das Interesse der Allgemeinheit an einem raschen Abschluss des Vergabeverfahrens. Bei verteidigungs- oder sicherheitsrelevanten Aufträgen sind zusätzlich besondere Verteidigungs- und Sicherheitsinteressen zu berücksichtigen.

In jedem Fall muss ein Bieter den Antrag auf Verlängerung der aufschiebenden Wirkung nicht nur stellen, sondern auch begründen. Anderenfalls drohen die Zurückweisung des Antrags und damit die Ermöglichung des Zuschlags durch den Auftraggeber.

10.2.6.2 Vorabentscheidung über den Zuschlag

Spiegelbildlich zu dem Eilantrag des unterlegenen Bieters nach § 173 Abs. 1 Satz 3 GWB kann der Vergabesenat gemäß § 176 Abs. 1 GWB auf Antrag des vor der Vergabekammer unterlegenen Auftraggebers oder des für den Zuschlag vorgesehenen Unternehmens den weiteren Fortgang des Vergabeverfahrens und den Zuschlag gestatten, wenn nach einer Interessenabwägung die nachteiligen Folgen einer Verzögerung der Vergabe bis zur Entscheidung über die Beschwerde die damit verbundenen Vorteile überwiegen.

Entscheidungsgrundlage ist eine Interessenabwägung nach denselben Maßstäben wie im Rahmen einer Entscheidung über einen Antrag auf Wiederherstellung der aufschiebenden Wirkung nach § 173 Abs. 1 Satz 3 GWB. § 176 GWB knüpft unmittelbar an die Regelung des § 173 Abs. 3 GWB an. Eine Entscheidung nach § 176 GWB ist nur möglich und ein Antrag dementsprechend nur statthaft, wenn der Auftraggeber vor der Vergabekammer unterlegen war und so die Erteilung des Zuschlags bis auf Weiteres gemäß § 173 Abs. 3 GWB untersagt ist.[63] Umgekehrt ist ein Antrag nach § 173 Abs. 1 Satz 3 GWB nur statthaft, wenn der antragstellende Bieter vor der Vergabekammer unterlegen war und das Zuschlagsverbot entsprechend zwei Wochen nach Ablauf der Beschwerdefrist entfällt.

10.2.6.3 Entscheidung des Beschwerdegerichts und Ende des Vergabeverfahrens

Ist der Auftraggeber mit einem Antrag nach § 176 GWB vor dem Beschwerdegericht unterlegen, gilt das Vergabeverfahren gemäß § 177 GWB nach Ablauf von zehn Tagen nach Zustellung der Entscheidung als beendet, wenn der Auftraggeber nicht die Maßnahmen

62 OLG München, Beschl. v. 30.10.2019, Verg 22/19.
63 OLG Naumburg, Beschl. v. 30.6.2000, 1 Verg 4/00.

zur Herstellung der Rechtsmäßigkeit des Verfahrens ergreift, die sich aus der Entscheidung ergeben; das Verfahren darf nicht fortgeführt werden.

Hält das Beschwerdegericht die Beschwerde für begründet, so hebt es gemäß § 178 GWB die Entscheidung der Vergabekammer auf. In diesem Fall entscheidet das Gericht in der Sache selbst oder spricht die Verpflichtung der Vergabekammer aus, unter Berücksichtigung der Rechtsauffassung des Gerichts erneut zu entscheiden. Auf Antrag stellt es fest, ob das Unternehmen, das die Nachprüfung beantragt hat, durch den Auftraggeber in seinen Rechten verletzt ist.

Dem Vergabesenat steht grundsätzlich dasselbe Spektrum an möglichen Entscheidungen wie der Vergabekammer zu. Er ist nicht an Anträge gebunden und ergreift die zur Wiederherstellung der Rechtmäßigkeit des Verfahrens erforderlichen Maßnahmen. Die Zurückverweisung des Verfahrens an die Vergabekammer wird sich in der Regel nicht als sinnvoll erweisen, weil dadurch das Verfahren verlängert wird. Die Vergabesenate entscheiden daher meist „durch", wenn die Sache entscheidungsreif ist. Da offene Sachverhaltsfragen auch durch eine Beweisaufnahme vor dem Beschwerdegericht geklärt werden können, ist die Möglichkeit der Zurückverweisung kaum praxisrelevant.

Rechtsmittel sind gegen Entscheidungen des Beschwerdegerichts nicht statthaft. Eine Rechtsbeschwerde zum Bundesgerichtshof kann nur in Fragen der Zuständigkeit nach § 17a GVG zugelassen werden.[64]

10.2.7 Divergenzvorlage zum BGH

Will ein Oberlandesgericht von einer Entscheidung eines anderen Oberlandesgerichts oder des Bundesgerichtshofs abweichen, hat es die Sache dem Bundesgerichtshof nach § 179 Abs. 2 Satz 1 GWB vorzulegen. Nach dem Willen des Gesetzgebers soll die Vorlagepflicht gemäß § 124 Abs. 2 Satz 1 GWB eine bundeseinheitliche Rechtsprechung in Vergabesachen gewährleisten.[65] Eine Vorlagepflicht kann auch im Verfahren nach § 173 Abs. 1 Satz 3 GWB und nach § 176 GWB bestehen.[66]

Die **Vorlagepflicht** besteht allerdings nur, wenn bestimmte Voraussetzungen eingehalten werden. Es muss sich zunächst um eine ergebnisrelevante Abweichung in der Anwendung der Vergabevorschriften von der Rechtsprechung eines anderen Oberlandesgerichts handeln.[67] Das ist dann der Fall, wenn das vorlegende Gericht als tragende Begründung seiner Entscheidung einen Rechtssatz zugrunde legen will, der mit einem tragenden Rechtssatz einer Entscheidung eines anderen Oberlandesgerichts oder des Bundesgerichtshofs nicht übereinstimmt. Eine Divergenzvorlage ist daher nicht nur dann zwingend, wenn das vorlegende Gericht lediglich zu einem anderen Ergebnis gelangen möchte als das Gericht, von dessen Entscheidung abgewichen werden soll, sondern ggf. auch bei identischen Ergebnissen.[68] Für das Bestehen einer Divergenz kommt es nicht darauf an, ob der andere Verga-

64 BGH, Beschl. v. 18.6.2012, X ZB 9/11; OLG Düsseldorf, Beschl. v. 19.10.2011, VII-Verg 51/11.
65 OLG Düsseldorf, Beschl. v. 16.6.2008, VII-Verg 13/08.
66 BGH, Beschl. v. 31.1.2017, X ZB 10/16.
67 OLG Rostock, Beschl. v. 2.7.2008, 17 Verg 2/08; OLG Düsseldorf, Beschl. v. 13.8.2008, VII-Verg 42/07.
68 OLG Rostock, Beschl. v. 2.7.2008, 17 Verg 2/08.

besenat seine abweichende Auffassung begründet hat, sondern nur darauf, dass erkennbar ein abweichender Rechtssatz angewendet wurde.[69]

Schließlich muss die frühere Entscheidung, von der abgewichen werden soll, auf einem im Wesentlichen gleichen oder vergleichbaren Sachverhalt beruhen.[70] Diese Voraussetzung wird in vielen Verfahren als nicht erfüllt angesehen.

Bei zulässiger Vorlage entscheidet der Bundesgerichtshof grundsätzlich abschließend über die sofortige Beschwerde anstelle des Oberlandesgerichts. Der BGH kann sich auf die Entscheidung der Divergenzfrage allerdings auch beschränken und dem Beschwerdegericht die Entscheidung in der Hauptsache übertragen, wenn dies nach dem Sach- und Streitstand des Beschwerdeverfahrens angezeigt scheint, § 179 Abs. 2 Satz 3 GWB.

10.2.8 Kosten

Die Kosten des Nachprüfungsverfahrens vor der Vergabekammer und ihre vom Verfahrensausgang abhängige Verteilung auf die Beteiligten sind in § 182 GWB geregelt. Die Kosten unterteilen sich in die Kosten der Vergabekammer (Gebühren und Auslagen) und die Aufwendungen, die zur zweckentsprechenden Rechtsverfolgung der Beteiligten notwendig waren. Die Vergabekammer trifft darüber (Notwendigkeit der Rechtsverfolgungskosten) und über die Kostenverteilung eine Kostengrundentscheidung, die mit der Entscheidung in der Hauptsache oder später ergehen kann. Eine Kostenfestsetzung der Höhe nach findet nicht statt.

Im Grundsatz trägt die Partei die Kosten, die unterliegt (§ 182 Abs. 3 Satz 1 und Abs. 4 Satz 1 GWB). Die beigeladene Partei obsiegt oder unterliegt (mit der entsprechenden Kostenfolge) gemeinsam mit der Partei, die sie aktiv durch Einreichung von Schriftsätzen, Teilnahme an mündlichen Verhandlungen oder Stellung von Anträgen unterstützt.[71] In der Regel tritt ein Beigeladener auf Auftraggeberseite auf, wenn der für den Zuschlag vorgesehene Bieter beigeladen wird.

Praxistipp

Für einen Kostenerstattungsanspruch eines Beigeladenen ist eine Antragstellung nicht allein entscheidend. Maßgeblich ist, ob der Beigeladene erkennbar auf der Seite des Antragstellers oder des Antragsgegners gestritten hat. Das Stellen von eigenen Anträgen ist dabei nur eines von mehreren möglichen Indizien.

Aus der Anwendung des jeweiligen Verwaltungskostengesetzes des Bundes oder der Länder kann eine Gebührenbefreiung des Antragsgegners folgen.

Die Höhe der Kosten (Gebühren und Auslagen) der Vergabekammer wird von der Vergabekammer mit der Kostengrundentscheidung festgelegt. Dabei sind auf der einen Seite der personelle und sachliche Aufwand, auf der anderen Seite aber auch die wirtschaftliche Be-

69 BGH, Beschl. v. 18.6.2012, X ZB 9/11.
70 OLG Bremen, Beschl. v. 9.10.2012, Verg 1/12.
71 OLG Düsseldorf, Beschl. v. 10.5.2012, VII-Verg 5/12.

deutung des Gegenstands des Nachprüfungsverfahrens zu berücksichtigen. Die Gebührenuntergrenze beträgt nach § 182 Abs. 2 GWB 2.500 Euro, die Obergrenze liegt bei 50.000 Euro. Die Untergrenze kann aus Gründen der Billigkeit bis auf 250 Euro reduziert werden, während die Obergrenze im Einzelfall bis zu einem Betrag von 100.000 Euro angehoben werden kann, wenn der Aufwand der Vergabekammer oder die wirtschaftliche Bedeutung außergewöhnlich hoch sind.

Wenn sich der Nachprüfungsantrag bereits vor einer Entscheidung der Vergabekammer erledigt hat, beispielsweise aufgrund Rücknahme des Antrags durch den Antragsteller, reduziert sich die Gebühr auf die Hälfte. Darüber hinaus kann die Vergabekammer in diesen Fällen sogar insgesamt auf die Erhebung einer Gebühr verzichten, wenn der Nachprüfungsantrag z.B. in einem sehr frühen Stadium wieder zurückgenommen wird und sich der Aufwand der Vergabekammer dadurch auf ein Minimum reduziert.

Praxistipp

Die Festlegung der Gebührenhöhe liegt im pflichtgemäßen Ermessen der Vergabekammer. Bieter und Bewerber sollten bei der Einschätzung des Kostenrisikos eines Nachprüfungsverfahrens insbesondere beachten, dass eine niedrige Verfahrensgebühr bei frühzeitiger Rücknahme eines Nachprüfungsantrags nicht zwingend ist. Einige Vergabekammern neigen dazu, den maximalen Gebührenrahmen bis zu 100.000 EUR bereits zu Verfahrensbeginn nach Eingang eines Nachprüfungsantrags auszuschöpfen, wenn die Mitglieder der Vergabekammer sich in umfangreiche Verfahrensakten einarbeiten müssen und wenn zusätzlich die wirtschaftliche Bedeutung für den Antragsteller besonders hoch ist.

Neben den **Gebühren** der Vergabekammer und etwaigen **Auslagen** trägt die jeweils unterlegene Partei die **Aufwendungen**, die zur zweckentsprechenden Rechtsverfolgung oder Rechtsverteidigung der jeweils anderen Partei notwendig waren. Hiervon sind im Wesentlichen die Kosten für eine anwaltliche Vertretung im Nachprüfungsverfahren umfasst. Notwendig sind Kosten immer nur bis zur Höhe der gesetzlichen Rechtsanwaltsgebühren nach dem Rechtsanwaltsvergütungsgesetz. Ggf. höhere Zeithonorare sind nicht zu erstatten.

Dabei ist immer wieder umstritten und einzelfallabhängig, ob die Kosten für die Beauftragung eines Rechtsanwalts durch den Auftraggeber im Nachprüfungsverfahren vor der Vergabekammer als notwendig angesehen werden müssen. Grundsätzlich erwartet die Rechtsprechung jedenfalls von „größeren" Auftraggeberorganisationen, die Vergaben nicht nur im Einzelfall ausführen, zunehmend, dass sie auch ohne anwaltlichen Beistand in der Lage sind, darzulegen, dass das von ihnen ohnehin zu beachtende und in ihren „originären Aufgabenkreis" fallende materielle Vergaberecht zutreffend angewandt wurde. Gleichwohl wird das Vergaberecht auch weiterhin als eine komplexe Rechtsmaterie angesehen.[72] Ein weiteres Argument bei der Frage, ob Anwaltskosten auf Auftraggeberseite notwendig waren, kann der Aspekt der Waffengleichheit mit dem antragstellenden Bieter sein, der in aller Regel durch hochspezialisierte Rechtsanwälte beraten und vertreten wird. Der Umstand

72 OLG München, Beschl. v. 31.5.2012, Verg 4/12.

der anwaltlichen Vertretung des Antragstellers allein rechtfertigt es – auch unter Berücksichtigung des Grundsatzes der prozessualen Waffengleichheit – nicht, die Notwendigkeit der Hinzuziehung eines Rechtsanwalts zu bejahen.[73]

Im Falle einer **vorzeitigen Beendigung** des Nachprüfungsverfahrens durch Rücknahme gilt im Rahmen der zu treffenden Billigkeitsentscheidung der Vergabekammer nach § 182 Abs. 3 Satz 4 GWB das Veranlasserprinzip: Der den Nachprüfungsantrag zurücknehmende Antragsteller trägt grundsätzlich die Kosten. Wenn die Rücknahme jedoch erkennbar auf nachträgliche Entscheidungen des Auftraggebers (Abhilfe, Aufhebung des Vergabeverfahrens) oder auf unzureichende Mitteilungen der Vergabestelle zurückzuführen ist, kann es auch der Billigkeit entsprechen, dem Auftraggeber die Kosten zumindest anteilig aufzuerlegen.[74] Dies gilt gemäß § 182 Abs. 3 Satz 5 GWB auch hinsichtlich der Erstattung der notwendigen Aufwendungen. Bei **Erledigung durch Zuschlagserteilung** aufgrund einer Vorabgestattung durch die Vergabekammer kann im Rahmen der Billigkeitsentscheidung ebenfalls eine Teilung der Kosten in Betracht kommen, wenn die behauptete Rechtsverletzung tatsächlich vorlag oder nach summarischer Prüfung wahrscheinlich war, die Vorabgestattung aber Ergebnis der Interessenabwägung nach § 169 Abs. 2 GWB ist. In diesen Fällen und bei einer gegenseitigen **Erledigungserklärung** kann auf den Ausgang des Verfahrens abgestellt werden, wenn dieser bei der angezeigten summarischen Prüfung nach dem bisherigen Sach- und Streitstand mit hinreichender Sicherheit prognostiziert werden kann. Stellt sich der Verfahrensausgang demgegenüber als offen dar, sind im Regelfall die Kosten hälftig zu teilen und notwendige Aufwendungen nicht zu erstatten.[75]

Die Kostenentscheidung für das Beschwerdeverfahren einschließlich eines etwaigen Verfahrens vor dem BGH ist unter entsprechender Anwendung von § 78 GWB zu treffen (vgl. § 175 Abs. 2 GWB). Diese Bestimmung findet, was im Wortlaut nicht ganz klar zum Ausdruck kommt, auch auf die Gerichtskosten Anwendung.[76] Auch insoweit gilt daher die Grundregel, dass die Partei die Gerichtskosten und die notwendigen Auslagen trägt, soweit sie unterliegt.

10.3 Vertragsverletzungsverfahren zum EuGH

Auf die Beschwerde eines Betroffenen[77] kann die EU-Kommission gegen den Mitgliedstaat, dem ein Auftraggeber angehört, ein Vertragsverletzungsverfahren einleiten. Stellt der EuGH die Vertragsverletzung wegen Missachtung des Vergaberechts fest, hat der Mitgliedstaat die unionsrechtliche Pflicht, diese Vertragsverletzung zu beseitigen. Selbst wenn die maßgeblichen Rechtsschutzfristen bereits abgelaufen sind und Bieter bzw. Bewerber daher keine Möglichkeiten mehr haben, aktiv in einen laufenden Vergabeprozess einzugreifen, können sich Auftraggeber nicht vollständig in Sicherheit wähnen. Wenn die EU-

73 OLG Düsseldorf, Beschl. v. 16.3.2020, VII-Verg 38/18.
74 OLG München, Beschl. v. 31.5.2012, Verg 4/12.
75 BGH, Beschl. v. 23.1.2013, X ZB 8/11.
76 BGH, Beschl. v. 8.2.2011, X ZB 4/10.
77 Die Beschwerdemöglichkeit ist hier – anders als im Nachprüfungsverfahren – nicht auf die Teilnehmer des Vergabeverfahrens beschränkt und auch nicht von einer Antragsbefugnis abhängig. Vielmehr kann jeder Unionsbürger mit einem frist- und formlosen Hinweis Anlass für ein Vertragsverletzungsverfahren geben.

Kommission einen laufenden Vertrag als Verletzung des europäischen Vergaberechts ansieht, kann sie den jeweiligen Mitgliedstaat auffordern, den rechtswidrigen Zustand zu beenden und hierzu ggf. den EuGH anrufen. Bestätigt dieser die Verletzung des EU-Vertrags, müssen bestehende Verträge dann schlimmstenfalls gekündigt und – soweit möglich – rückabgewickelt werden. Der Grundsatz „pacta sunt servanda" schützt vor dieser Pflicht nicht.[78] Aus diesem Grund sieht § 133 Abs. 1 Nr. 3 GWB ein ausdrückliches Recht des Auftraggebers zur Kündigung des öffentlichen Auftrags vor. Die Rechtsfolgen ergeben sich dann aus den Absätzen 2 und 3 dieser Norm.

Das Vertragsverletzungsverfahren kann dazu führen, dass ein benachteiligter Bieter unionsrechtlichen Rechtsschutz im Wege des Vertragsverletzungsverfahrens ersucht, obwohl er vor dem nationalen Gericht nicht erfolgreich war oder weil er die Beschwerde zur Kommission kostenfrei und nicht fristgebunden erheben kann. Die Kommission trifft allerdings weder eine unionsrechtliche Pflicht, ein Vertragsverletzungsverfahren gegen einen Mitgliedstaat einzuleiten, noch Klage nach Art. 258 AEUV zu erheben. Sie wird im Regelfall prüfen, ob und mit welchem Ausgang der Beschwerdeführer das nationale vergaberechtliche Nachprüfungsverfahren durchgeführt hat.

10.4 Sekundärrechtsschutz

Hat der Auftraggeber gegen eine den Schutz von Bieterunternehmen bezweckende Vorschrift verstoßen und hätte das Unternehmen ohne diesen Verstoß bei der Wertung der Angebote eine echte Chance gehabt, den Zuschlag zu erhalten, die aber durch den Rechtsverstoß beeinträchtigt wurde, so kann das Unternehmen nach § 181 Satz 1 GWB **Schadensersatz** für die Kosten der Vorbereitung des Angebots oder der Teilnahme an dem Vergabeverfahren verlangen (sog. negatives Interesse).

Praxistipp

Ersatzfähig auf der Grundlage von § 181 Satz 1 GWB sind allein die Angebotskosten. Umfasst sind insoweit die zur Erstellung des konkreten Angebots erforderlichen Sach- und Materialkosten sowie Kosten für Vor-Ort-Besichtigungen oder für Verhandlungen mit Nachunternehmern im Hinblick auf das konkrete Vergabeverfahren. Nach allgemeinen schadensrechtlichen Grundsätzen ausgeschlossen sind daher die sogenannten Sowieso-Kosten, die der Bieter als Gemeinkosten unabhängig von dem konkreten Vergabeverfahren ohnehin zu tragen hat. Dazu zählen regelmäßig auch die Kosten für den Einsatz von Mitarbeitern für die Angebotserstellung, sofern diese nicht eigens hierfür eingestellt worden sind.

Ein über die Angebotskosten hinausgehender Schaden kann nach allgemeinen zivilrechtlichen Grundsätzen geltend gemacht werden, § 181 Satz 2 GWB.

78 EuGH, Urt. v. 18.7.2007, Rs C-503/04, Kommission/Deutschland, Rn. 36.

Wenig praxisrelevant sind die Fälle, in denen der Auftraggeber wegen rechtsmissbräuchlicher Ausübung der Rechte in einem Nachprüfungsverfahren Schadensersatz von dem antragstellenden Bieter verlangt. Hierfür bietet § 180 GWB eine Anspruchsgrundlage.

Zuständig für Klagen über Schadensersatzansprüche aus einem Vergabeverfahren sind nicht die Nachprüfungsinstanzen, sondern die Zivilgerichte.

10.4.1 Schadensersatz aus § 181 Satz 1 GWB

Der Schadensersatzanspruch nach § 181 GWB hat folgende Voraussetzungen:

- Pflicht zur Durchführung eines formellen Vergabeverfahrens nach dem vierten Teil des GWB (§§ 97 ff. GWB);
- Verletzung einer bieterschützenden Bestimmung über das Vergabeverfahren i.S.v. § 97 Abs. 6 GWB;
- Eine durch den Rechtsverstoß beeinträchtigte „echte Chance" des Anspruchstellers auf Erhalt des Zuschlags.

§ 181 Satz 1 GWB begründet eine Gefährdungshaftung des Auftraggebers. Das bedeutet, dass ein Verschulden keine Anspruchsvoraussetzung ist.

Maßgebend ist zunächst, dass der Auftraggeber für die Umsetzung seines konkreten Beschaffungsvorhabens zur Durchführung eines formellen Vergabeverfahrens nach dem vierten Teil des GWB (§§ 97 ff. GWB) verpflichtet ist. Ob tatsächlich ein EU-Vergabeverfahren durchgeführt wurde oder nicht, ist dagegen nicht von Bedeutung. Anderenfalls stünde es im Belieben der Vergabestelle, sich den im vierten Teil des GWB dem Auftraggeber auferlegten Pflichten einschließlich der erweiterten Schadensersatzpflicht zu entziehen.[79] Unerheblich für die Anwendbarkeit von § 181 Satz 1 GWB ist es, welchen Stand das Vergabeverfahren erreicht hat. Ein Anspruch aus § 181 Satz 1 GWB kann daher auch dann in Betracht kommen, wenn das Verfahren bereits vorher aufgehoben worden ist.[80]

Der Auftraggeber muss eine **bieterschützende Bestimmung** über das Vergabeverfahren verletzt haben, wodurch eine „echte Chance" des Antragstellers auf Erhalt des Zuschlags beeinträchtigt worden ist. Der unbestimmte Rechtsbegriff der „echten Chance" hat die Praxis in der Vergangenheit vor Probleme gestellt. Der BGH hat jedoch bereits vor längerer Zeit klargestellt, dass der Kreis der Angebote, die eine „echte Chance" auf den Zuschlag haben, diejenigen Angebote umfasst, auf die nach dem gerichtlich nicht mehr nachprüfbaren Beurteilungsspielraum des Auftraggebers der Zuschlag erteilt werden darf.[81] Der in einem zivilgerichtlichen Verfahren klagende Bieter muss daher insbesondere nicht beweisen, dass er den Zuschlag erhalten hätte. Anhand der im konkreten Einzelfall festgelegten Zuschlagskriterien und ihrer Gewichtung ist vielmehr darzulegen, dass nach diesen Maßstäben eine Zuschlagserteilung auf sein Angebot zulässig gewesen wäre.

79 OLG Koblenz, Urt. v. 15.1.2007, 12 U 1016/05.
80 BGH, Urt. v. 27.11.2007, X ZR 18/07 (insoweit Bestätigung der Vorinstanz: OLG Koblenz, Urt. v. 15.1.2007, 12 U 1016/05).
81 BGH, Urt. v. 27.11.2007, X ZR 18/07.

Praxistipp

Der Schadensersatzanspruch aus § 181 GWB ist zwar der Höhe nach auf die Kosten der Vorbereitung des Angebots oder der Teilnahme an einem Vergabeverfahren begrenzt. Auf den Auftraggeber können aufgrund des erweiterten Anspruchstellerkreises jedoch erhebliche Forderungen zukommen. Bei der Anwendung allgemeiner zivilrechtlicher Schadensersatzregelungen kann i.d.R. nur der Bieter einen (ersatzfähigen) kausalen Schaden geltend machen, dessen Angebot den Zuschlag hätte erhalten müssen. Die übrigen nachrangig platzierten Bieter tragen die Angebotskosten aus „allgemeinem Lebensrisiko" selbst. Nach § 181 Satz 1 GWB können dagegen alle Bieter vorgehen, die eine „echte Chance" auf den Zuschlag hatten.

Die reduzierte echte Zuschlagschance muss schließlich ursächlich auf den Vergabeverstoß zurückzuführen sein.[82] Wenn die Zuschlagschance aus anderen Gründen verschlechtert wird oder ganz entfällt, beispielsweise wegen einer rechtmäßigen Verfahrensaufhebung, ist der Vergabeverstoß nicht ursächlich.[83] Das Vergabeverfahren muss daher auch grundsätzlich durchführbar gewesen sein. Es darf insbesondere nicht an einem so schwerwiegenden Fehler gelitten haben, dass eine vergaberechtlich zulässige Zuschlagserteilung gar nicht möglich gewesen wäre (z.B.: Leistungsbeschreibung lässt die Abgabe miteinander vergleichbarer Angebote nicht zu). Da in diesem Fall niemand eine (echte) Zuschlagschance hatte, kann der klagende Bieter auch nicht mit Aussicht auf Erfolg eine Beeinträchtigung seiner Chancen geltend machen.[84]

10.4.2 Schadensersatz aus allgemeinen zivilrechtlichen Grundsätzen

Das Vergabeverfahren begründet ein vorvertragliches Schuldverhältnis zwischen Auftraggeber und Bietern mit gegenseitigen Rücksichtnahmepflichten i.S.v. §§ 311 Abs. 2 Nr. 1, 241 Abs. 2 BGB. Für den Auftraggeber sind diese Rücksichtnahmepflichten durch die Bestimmungen des formellen Vergabeverfahrensrechts konkretisiert.[85] Bei Verstößen kann er sich daher nach § 280 Abs. 1 BGB schadensersatzpflichtig machen. Diese Schadensersatzpflicht ist unbegrenzt und kann daher über die Angebotskosten hinausgehend auch das sogenannte **positive Interesse** umfassen, also grundsätzlich auch den aufgrund des Vergabeverstoßes entgangenen Gewinn, wenn der Auftraggeber den Auftrag anderweitig vergeben hat.

Der Auftraggeber muss seine Pflichten aus dem vorvertraglichen Schuldverhältnis schuldhaft verletzt haben. Eine schuldhafte Pflichtverletzung nach § 276 BGB liegt vor, wenn der Auftraggeber vorsätzlich oder fahrlässig gehandelt hat.

Die Pflichtverletzung muss wiederum ursächlich für den eingetretenen Schaden gewesen sein, wofür der klagende Bieter darlegungs- und beweisbelastet ist. Die Anforderungen an die Ursächlichkeit hinsichtlich des negativen Interesses sind grundsätzlich identisch zu den

82 VK Bund, Beschl. v. 13.10.2004, VK2-151/04.
83 VK Brandenburg, Beschl. v. 9.9.2005, VK 33/05.
84 Vgl. BGH, Urt. v. 1.8.2006, X ZR 146/03.
85 OLG Naumburg, Urt. v. 1.8.2013, 2 U 151/12.

Anforderungen im Rahmen von § 181 Satz 1 GWB. Bei Beanspruchung des entgangenen Gewinns sind sie ungleich höher.

Erforderlich ist der Nachweis, dass der klagende Bieter ohne den geltend gemachten Vergaberechtsverstoß und bei ansonsten ordnungsgemäßer Vergabe den Zuschlag hätte erhalten müssen.[86] Das bedeutet auch, dass der Auftrag tatsächlich vergeben worden sein muss. Anderenfalls ist nicht der Vergabeverstoß ursächlich für den entgangenen Gewinn, sondern der Umstand, dass mangels Auftrags schon gar keine Gewinnerzielung möglich war. Ein Anspruch scheidet auch dann aus, wenn das Angebot des Bieters unabhängig von dem verfahrensgegenständlichen Vergabeverstoß zwingend von der Wertung der Angebote auszuschließen war[87] oder wenn eine Zuschlagserteilung auf sein Angebot aus anderen Gründen ausgeschlossen war, etwa weil das Verfahren rechtmäßig aufgehoben wurde oder wegen eines schwerwiegenden Fehlers hätte aufgehoben werden müssen. Solange das nicht angenommen werden kann, geht der auftraggeberseitige Einwand, dem klagenden Bieter hätte der Zuschlag wegen der vergaberechtswidrigen Ausgestaltung der Vergabeunterlagen nicht erteilt werden können, regelmäßig ins Leere. Anderenfalls wäre der öffentliche Auftraggeber von jeglicher Haftung für die Verwendung vergaberechtswidriger Vergabeunterlagen entbunden.[88]

Wenn der geltend gemachte Vergabeverstoß gerade in einer rechtswidrigen Verfahrensaufhebung besteht, kann der aus Sicht des Klägers entgangene Gewinn nur dann schadensrechtlich relevant sein, wenn nach der Aufhebung ein wirtschaftlich identischer Auftrag anderweitig vergeben worden ist.[89] Anderenfalls ist nur das negative Interesse ersatzfähig.

10.5 Unterschwellenrechtsschutz

Aufgrund der Zweiteilung des Vergaberechts gelten für Aufträge unterhalb der EU-Schwellenwerte lediglich das **Haushaltsrecht** (§§ 55 BHO/LHO, 30 HGrG) sowie die UVgO für die Vergabe von Liefer- und Dienstleistungen und der erste Abschnitt der VOB/A für die Vergabe von Bauleistungen. Dabei handelt es um interne Verwaltungsvorschriften, die Bieter und Bewerbern keine unmittelbaren Ansprüche verschaffen.[90] Aus diesem Grund gibt es kein gesondertes Rechtsschutzverfahren gegen Entscheidungen öffentlicher Auftraggeber in Vergabeverfahren unterhalb der Schwellenwerte. Diese Grundsatzentscheidung des Gesetzgebers gegen einen effektiven Bieterrechtsschutz unterhalb der Schwellenwerte ist verfassungsrechtlich nicht zu beanstanden.[91] Andererseits bedeutet das aber nicht, dass sich die Auftragsvergabe hier vollständig in einem rechtsfreien und vor allem auch rechtsschutzfreien Raum bewegt.

86 BGH, Urt. v. 26.1.2010, X ZR 86/08.
87 OLG Koblenz, Beschl. v. 6.6.2013, 2 U 522/12.
88 BGH, Urt. v. 5.6.2012, X ZR 161/11.
89 BGH, Urt. v. 8.9.1998, X ZR 99/96.
90 OLG Saarbrücken, Beschl. v. 29.4.2003, 5 Verg 4/02.
91 BVerfG, Beschl. v. 13.6.2006, 1 BvR 1160/03.

10.5.1 Zivilgerichtlicher Rechtsschutz

Bieter und Bewerber können aufgrund des durch die Eröffnung eines Vergabeverfahrens auch unterhalb der Schwellenwerte bestehenden vorvertraglichen Schuldverhältnisses mit gegenseitigen Rücksichtnahmepflichten ihre daraus abzuleitenden Ansprüche vor den Zivilgerichten geltend machen.[92]

Gegenstand eines zivilgerichtlichen Rechtsschutzverfahrens sind Ansprüche auf Unterlassung vergaberechtlicher Verstöße. Allein die Klageerhebung ist aus Bietersicht jedoch nicht hilfreich, da bei Klageeinreichung – anders als beim Rechtsschutz im vergaberechtlichen Nachprüfungsverfahren oberhalb der EU-Schwellenwerte – kein Zuschlagsverbot greift. Der Auftraggeber könnte trotz eines anhängigen Klageverfahrens den Zuschlag erteilen und den klagenden Bieter dadurch vor vollendete Tatsachen stellen. Vor Zuschlagserteilung müssten derartige Unterlassungsansprüche daher im Wege des einstweiligen Rechtsschutzes nach den §§ 935, 940 ZPO geltend gemacht werden.[93] Da im Unterschwellenbereich allerdings die Vorinformationspflicht nach § 134 GWB nicht gilt, haben die Bieter in der Regel keine Kenntnis darüber, dass ein Zuschlag bevorsteht. Insofern kann die Geltendmachung des Rechtsschutzes mitunter auch zu spät kommen.[94]

Eine einstweilige Verfügung wird nach den §§ 935, 940 ZPO erlassen, wenn der Antragsteller einen Verfügungsanspruch hat und wenn ein Verfügungsgrund besteht.

10.5.1.1 Verfügungsanspruch

Der die einstweilige Verfügung begehrende Bieter muss zunächst einen Verfügungsanspruch in Gestalt eines Anspruchs auf Unterlassung vergaberechtlicher Verstöße geltend machen. Grundlage für einen solchen Anspruch ist wiederum das auch in Unterschwellenvergabeverfahren bestehende vorvertragliche Schuldverhältnis mit den einhergehenden gegenseitigen vergaberechtlichen Rücksichtnahmepflichten. Ein Bieter kann zur Vermeidung einer Verletzung dieser Rücksichtnahmepflichten i.S.v. § 241 Abs. 2 BGB innerhalb des konkreten Vergabeverfahrens die **Unterlassung** vergaberechtswidriger Ausschreibungsbedingungen verlangen.[95] Voraussetzung ist aber, dass eine Verletzungshandlung im konkreten vorvertraglichen Schuldverhältnis noch andauert.[96]

10.5.1.2 Verfügungsgrund

Darüber hinaus muss der klagende Bieter einen Verfügungsgrund darlegen. Ob ein solcher Verfügungsgrund gegeben ist, hängt davon ab, ob das angerufene Gericht das Aussetzungsinteresse des antragstellenden Bieters höher bewertet als das Fortsetzungsinteresse des Auftraggebers. Wenn ohne die Verfügung die Durchsetzung des Unterlassungsanspruchs gefährdet wäre, wird ein Verfügungsgrund regelmäßig anzunehmen sein.

---

92 BVerwG, Beschl. v. 2.5.2007, 6 B 10/07.
93 OLG Brandenburg, Beschl. v. 17.12.2007, 13 W 79/07.
94 Ausnahmen bestehen in Sachsen, Sachsen-Anhalt, Niedersachsen und Thüringen, wo landesvergaberechtliche Pflichten zur Vorinformation der nicht berücksichtigten Bieter bestehen; vgl. z.B. § 19 Abs. 1 LVG LSA.
95 BGH, Urt. v. 5.6.2012, X ZR 161/11.
96 BGH, Urt. v. 5.6.2012, X ZR 161/11.

Das wird jeweils anhand des konkreten Einzelfalls geprüft und beurteilt, wobei das Aussetzungsinteresse umso schwerer wiegen dürfte, je weiter das Ausschreibungsverfahren fortgeschritten ist. Wenn der Zuschlag unmittelbar bevorsteht, wird das Aussetzungsinteresse in aller Regel als hoch einzuschätzen sein, weil der Bieter bei Zuschlagserteilung vor vollendete Tatsachen gestellt und sein Unterlassungsanspruch entfallen würde.

10.5.1.3 Einstweiliges Verfügungsverfahren

Zuständiges Gericht ist das Gericht der Hauptsache, bei einem Auftragsvolumen oberhalb von 5.000 Euro also regelmäßig das örtlich zuständige Landgericht. In dringenden Fällen kann ausnahmsweise auch das örtlich zuständige Amtsgericht angerufen werden.

Anspruch und Verfügungsgrund sind glaubhaft zu machen. Dabei werden in erster Linie Urkunden in Form der Ausschreibungsunterlagen und ggf. Versicherungen an Eides statt (§§ 920 Abs. 2, 294 ZPO) die naheliegenden Beweismittel sein. Grundsätzlich können die Kläger bzw. Antragsteller im einstweiligen Verfügungsverfahren aber alle präsenten Beweismittel (z.B. auch Zeugen) anbieten.

Aus Auftraggebersicht kann auch hier die Hinterlegung einer Schutzschrift sinnvoll sein, wenn die Einreichung eines Antrags im einstweiligen Rechtsschutz zu erwarten ist.

Das Zivilgericht prüft den Antrag auf Erlass einer einstweiligen Verfügung ggf. unter Einbeziehung vorliegender Schutzschriften und entscheidet ohne mündliche Verhandlung. Ein erfolgreicher Tenor untersagt dem Auftraggeber (vorläufig), den Zuschlag zu erteilen. Bei Zuwiderhandlungen drohen Zwangsgeld oder sogar Zwangshaft.

Praxistipp

▶ *Wichtig ist aus Bietersicht, dass die erlassene einstweilige Verfügung anders als im Nachprüfungsverfahren* ***im Parteibetrieb zugestellt*** *werden muss. Der Bieter muss daher zeitig Kontakt mit einem Gerichtsvollzieher aufnehmen, um die Zustellung zu bewirken. Ohne Zustellung ist der Auftraggeber nicht daran gehindert, den Zuschlag zu erteilen.*

Dem Auftraggeber steht gegen eine gerichtliche Unterlassungsverfügung zunächst der Widerspruch als Rechtsbehelf zur Verfügung. Legt er ihn ein, wird mündlich verhandelt und das Gericht entscheidet durch Urteil mit der Möglichkeit der Berufung für beide Parteien. Erweist sich eine einstweilige Verfügung als ungerechtfertigt, so kann dem Auftraggeber ggf. ein verschuldensunabhängiger Schadensersatz zustehen.

10.5.2 Landesrechtliche Überprüfung von Vergabeentscheidungen

Neben dem Zugang zu den Zivilgerichten besteht für Bieter unterhalb der Schwellenwerte die Möglichkeit, die zuständigen Nachprüfungsstellen (vgl. § 21 VOB/A) oder die Aufsichtsbehörde des Auftraggebers anzurufen. Einige Bundesländer haben zudem über landesvergaberechtliche Regelungen einen Unterschwellenrechtsschutz vor den Vergabekammern oder behördenintern eingeführt, der allerdings hinter dem durch das Nachprüfungsverfahren oberhalb der Schwellenwerte eröffneten Rechtsschutz zurückbleibt.[97] Trotz politischer Absichtserklärungen auf Bundesebene existiert kein bundeseinheitliches Rechtsschutzverfahren.

Es bleibt insoweit dabei, dass Bieter keinen Anspruch auf ein Einschreiten der Aufsichtsbehörde haben. Eine entsprechende Klage beim Verwaltungsgericht (Verpflichtungsklage oder allgemeine Leistungsklage) hätte daher von vornherein keine Aussicht auf Erfolg.

Die Aufsichtsbehörde wird i.d.R. (abhängig von den jeweiligen landesrechtlichen Bestimmungen) dann Maßnahmen in Betracht ziehen, wenn ein **öffentliches Interesse** für ein Einschreiten anzunehmen ist.[98] Gegen ein solches öffentliches Interesse im Zusammenhang mit der Durchführung von Ausschreibungen unterhalb der Schwellenwerte können Rechtsschutzmöglichkeiten der betroffenen Bieter sprechen, auch vor den Zivilgerichten. Wenn der Fehler nicht mehr rückgängig gemacht werden kann, insbesondere weil der Zuschlag schon erteilt ist, wird ein öffentliches Interesse ebenfalls eher nicht anzunehmen sein. Die Aufsichtsbehörde muss in diesem Zusammenhang auch prüfen, ob haushaltsrechtliche Aspekte ihr Einschreiten erforderlich machen können. Bei Verdacht einer strafbaren Handlung im Zusammenhang mit der Ausschreibung ist die Annahme eines öffentlichen Interesses durch die Aufsichtsbehörde wahrscheinlich, ebenso bei (außervergaberechtlichen) Verstößen gegen das Recht der EU.

Folgende Maßnahmen der Aufsichtsbehörde sind – wiederum in Abhängigkeit von der konkreten Ausgestaltung durch die spezifischen landesrechtlichen Bestimmungen[99] – möglich:

Abb. 45: Aufsichtsrechtliche Maßnahme bei Vergaberechtsverstößen

Welche Maßnahme im Einzelfall ergriffen wird, steht im Ermessen der Aufsichtsbehörde.

Der Auftraggeber kann gegen Maßnahmen der Kommunalaufsicht verwaltungsgerichtlichen Rechtsschutz ergreifen. Wenn die Maßnahme ein belastender Verwaltungsakt ist, besteht die Möglichkeit der Anfechtungsklage,[100] ein vorgeschaltetes Widerspruchsverfahren ist nicht erforderlich. Die Leistungsklage in Form der Unterlassungsklage kommt ge-

97 Z.B. § 19 LVG LSA, § 19 ThürVgG.
98 Vgl. z.B. § 109 BbgKVerf.
99 Vgl. z.B. §§ 111 ff. BbgKVerf.
100 Vgl. etwa § 119 BbgKVerf.

gen Maßnahmen ohne die rechtliche Qualität eines Verwaltungsakts in Betracht, die positive Leistungsklage, wenn der Auftraggeber eine Maßnahme der Aufsichtsbehörde begehrt (z.B. Beratung).

10.6 Rechtsschutz bei der Vergabe von Konzessionen

Auch die Vergabe von Dienstleistungskonzessionen i.S.d. § 105 Abs. 1 Nr. 2 GWB unterliegt im Oberschwellenbereich gemäß § 155 GWB der Nachprüfung durch die Vergabekammern und Oberlandesgerichte. Damit wurde durch die Umsetzung der Art. 46, 47 der Konzessionsrichtlinie 2014/23/EU auch dieser Bereich dem Rechtsschutzregime des GWB unterstellt.[101] Bei der Vergabe von oberschwelligen Konzessionen muss der Auftraggeber zudem auch die für die Zuschlagserteilung nicht vorgesehenen Bieter gemäß § 134 GWB vorab informieren.

Die Vergabe von Konzessionen, die den einschlägigen EU-Schwellenwert nicht erreichen,[102] ist dem Primärrechtsschutz vor den Vergabekammern und Oberlandesgerichten nicht zugänglich. Welcher Rechtsweg für die Erlangung von Primärrechtsschutz zur Vermeidung einer Zuschlagsentscheidung hier zu wählen ist, hängt maßgeblich von der Rechtsnatur der zu vergebenden Konzession ab. Dies kann gerade bei Dienstleistungskonzessionen unterschiedlich zu bewerten sein.[103] So ist höchstrichterlich entschieden, dass die Verwaltungsgerichtsbarkeit zuständig ist, wenn die Dienstleistungskonzession aufgrund öffentlich-rechtlicher Vorschriften vergeben wird (z.B.: Konzessionsmodell im Rettungsdienstwesen). Ist das Rechtsverhältnis zwischen Konzessionsgeber und Konzessionär dagegen privatrechtlich ausgestaltet, sind die Zivilgerichte zuständig. Hier kann dann jeweils eine (einstweilige) Unterlassungsverfügung beantragt werden. Stellt sich die Rechtswegwahl als falsch heraus, kann das angerufene Gericht nach § 17a Abs. 2 GVG an das sachlich zuständige Gericht verweisen. Daneben kann die EU-Kommission auch in diesem Bereich ein Vertragsverletzungsverfahren einleiten, sofern die zu vergebende Konzession binnenmarktrelevant ist und die Verletzung von Grundprinzipien des EU-Rechts vorliegt.[104]

Liegt der Wert einer als Dienstleistungskonzession ausgeschriebenen Leistung zwar unterhalb des Konzessionsschwellenwerts von 5.350.000 Euro, jedoch über dem einschlägigen Schwellenwert für die Vergabe von Dienstleistungsaufträgen[105], so kann vor den Nachprüfungsinstanzen jedenfalls die Frage geklärt werden, ob die betreffende Leistung überhaupt rechtlich zulässig im Wege einer Dienstleistungskonzession übertragen werden darf oder ob nicht ein öffentlicher Auftrag zu vergeben ist.[106]

101 Der EuGH hatte bereits in seiner „Telaustria-Entscheidung" (Urt. v. 7.12.2000, Rs. C-324/98, Rn. 60 f.) klargestellt, dass unterlegenen Bietern die Möglichkeit eingeräumt werden muss, eine Entscheidung über die Vergabe einer (Dienstleistungs-)Konzession nachprüfen zu lassen.

102 Der Schwellenwert beträgt in den Jahren 2020 und 2021 für Bau- und Dienstleistungskonzessionen einheitlich 5.350.000 Euro; vgl. hierzu Kap. 5.1.

103 OVG Thüringen, Beschl. v. 26.2.2020, 3 VO 517/17.

104 Vgl. hierzu auch Kap. 5.4.

105 139.000 Euro bzw. 214.000 Euro; im Sektorenbereich und im Bereich Verteidigung und Sicherheit 428.000 Euro und bei sozialen oder anderen besonderen Dienstleistungen nach § 130 GWB 750.000 Euro; vgl. Kap. 5.1.

106 Vgl. z.B. OLG Naumburg, Beschl. v. 17.6.2016, 7 Verg 2/16.

11. Service

In diesem abschließenden Kapitel werden weitere nützliche Informationen rund um das Thema der öffentlichen Auftragsvergabe zusammengestellt. Neben Adressen von für das Vergabeverfahren relevanten Stellen sind dies insbesondere Hinweise auf Checklisten für öffentliche Auftraggeber und Bieter sowie auf weiterführende Auskünfte im Internet. Alle Informationen haben den Stand November 2020.

11.1 Adressen der Nachprüfungsinstanzen

Wie in Kapitel 10.2 dargestellt, können Bieter, die sich in einem EU-weiten Vergabeverfahren durch das Vorgehen des Auftraggebers benachteiligt sehen, gegen vermeintliche Vergabefehler nach deren Rüge mit einem Nachprüfungsantrag vorgehen. Erstinstanzlich zuständig sind die Vergabekammern des Bundes und der Länder. Die Zuständigkeit richtet sich nach § 159 GWB. Für Vergabeverfahren des Bundes sind die Vergabekammern des Bundes beim Bundeskartellamt in Bonn zuständig. Für Vergabeverfahren von Landesbehörden oder Kommunen ist diejenige Vergabekammer zuständig, in deren Bundesland bzw. Bezirk der Auftraggeber seinen Sitz hat. Für die Überprüfung der Entscheidungen der Vergabekammern ist das für das jeweilige Bundesland benannte Oberlandesgericht und hier der jeweilige Vergabesenat im Wege der sofortigen Beschwerde zuständig. Für Aufträge des Bundes ist Beschwerdeinstanz der Vergabesenat des Oberlandesgerichts Düsseldorf.

11.1.1 Adressen der Vergabekammern

Bund:

Vergabekammern des Bundes beim Bundeskartellamt
Villemombler Straße 76
53123 Bonn

Tel: (0228) 9499 0
Fax: (0228) 9499 163

Internet: www.bundeskartellamt.de/DE/Vergaberecht/vergaberecht_node.html
E-Mail: vk@bundeskartellamt.bund.de

Baden-Württemberg:

Vergabekammer Baden-Württemberg beim Regierungspräsidium Karlsruhe
Durlacher Allee 100
76137 Karlsruhe

Tel: (0721) 926-8730
Fax: (0721) 926-3985

Internet: rp.baden-wuerttemberg.de/rpk/Abt1/Ref15/Seiten/default.aspx
E-Mail: Vergabekammer@rpk.bwl.de

Bayern:

Vergabekammer der Regierung von Oberbayern
Vergabekammer Südbayern
Maximilianstraße 39
80538 München

Tel: (089) 2176-2411
Fax: (089) 2176-2847

Internet: https://www.regierung.oberbayern.bayern.de/ueber_uns/zentralezustaendig keiten/vergabekammer-suedbayern/index.html
E-Mail: vergabekammer.suedbayern@reg-ob.bayern.de

Regierung von Mittelfranken
Vergabekammer Nordbayern
Promenade 27
91522 Ansbach

Tel: (0981) 53-1277
Fax: (0981) 53-1837

Internet: https://www.regierung.mittelfranken.bayern.de/aufgaben/40028/40083/ leistung/leistung_49673/index.html
E-Mail: vergabekammer.nordbayern@reg-mfr.bayern.de

Berlin:

Vergabekammer des Landes Berlin
Martin-Luther-Straße 105
10825 Berlin

Tel: (030) 9013-8316
Fax: (030) 9013-7613

Internet: https://www.berlin.de/sen/wirtschaft/wirtschaft/wirtschaftsrecht/ vergabekammer/
E-Mail: vergabekammer@senweb.berlin.de

Brandenburg:

Vergabekammer des Landes Brandenburg beim Ministerium
für Wirtschaft und Europaangelegenheiten
Heinrich-Mann-Allee 107
14473 Potsdam

Tel.: (0331) 866-1610/-1719
Fax: (0331) 866-1652

Internet: mwe.brandenburg.de/de/vergabekammer-nachpr%C3%BCfungsverfahren/bb1.c.478846.de
E-Mail: vergabekammer@mwe.brandenburg.de

Bremen:

Vergabekammer Bremen
Senatorin für Klimaschutz, Umwelt, Mobilität, Stadtentwicklung und Wohnungsbau
Contrescarpe 72
28195 Bremen

Tel: (0421) 361-2487
Fax: (0421) 496-32311

Internet: https://www.bauumwelt.bremen.de/ressort/vergabekammer-3529
E-Mail vergabekammer@bau.bremen.de

Hamburg:

Vergabekammer der Behörde für Stadtentwicklung und Wohnen Hamburg
Neuenfelder Straße 19
21109 Hamburg

Tel: (040) 42840-3230
Fax: (040) 42731-0499

Internet: www.hamburg.de/behoerdenfinder/hamburg/11725154/
E-Mail: vergabekammer@bsw.hamburg.de

(für Auftragsvergaben nach VOB und Baukonzessionen nach KonzVgV)

Vergabekammer bei der Finanzbehörde
Große Bleichen 27
20354 Hamburg

Tel: (040) 42823-1690
Fax: (040) 42823-2020

Internet: www.hamburg.de/behoerdenfinder/hamburg/11725152/
E-Mail: vergabekammer@fb.hamburg.de

(für Nachprüfungsverfahren nach der VgV und KonzVgV ohne Baukonzessionen)

Hessen:

Vergabekammer des Landes Hessen beim Regierungspräsidium Darmstadt
Wilhelminenstraße 1–3
64283 Darmstadt

Tel: (06151) 12-6603
Fax: (06151) 12-5816

Internet: rp-darmstadt.hessen.de/planung/%C3%B6ffentliches-auftragswesen/vergabekammer
E-Mail: vergabekammer@rpda.hessen.de

Mecklenburg-Vorpommern:

Vergabekammern bei dem Ministerium für Wirtschaft, Arbeit und Gesundheit Mecklenburg-Vorpommern
Johannes-Stelling-Straße 14
19053 Schwerin

Tel: (0385) 588-5165
Fax: (0385) 588 485-5817

Internet: www.regierung-mv.de/Landesregierung/wm/Das-Ministerium/Vergabekammern/
E-Mail: vergabekammer@wm.mv-regierung.de

Niedersachsen:

Vergabekammer beim niedersächsischen Ministerium für Wirtschaft, Arbeit und Verkehr und Digitalisierung
Auf der Hude 2
21339 Lüneburg

Tel: (04131) 15-3306/-3307/-3308
Fax: (04131) 15-2943

Internet: www.mw.niedersachsen.de/startseite/themen/aufsicht_und_recht/vergabekammer/vergabekammer-niedersachsen-144803.html
E-Mail: vergabekammer@mw.niedersachsen.de

Nordrhein-Westfalen:

Vergabekammer Rheinland
bei der Bezirksregierung Köln
Zeughausstraße 2–10
50667 Köln

Tel: (0221) 147-3045/-3055
Fax: (0221) 147-2889

Internet: www.bezreg-koeln.nrw.de/brk_internet/vergabekammer/index.html
E-Mail: vkrheinland@bezreg-koeln.nrw.de (nicht für Neuanträge)

(für Vergabeverfahren öffentlicher Auftraggeber im Regierungsbezirk Köln und im Regierungsbezirk Düsseldorf)

Vergabekammer Westfalen
bei der Bezirksregierung Münster
Albrecht-Thaer-Straße 9
48147 Münster

Tel: (0251) 411-1691/3607
Fax: (0251) 411-2165

Internet: www.bezreg-muenster.de/de/wirtschaft_finanzen_kommunalaufsicht/vergabekammer_westfalen/zustaendigkeit_vergabekammer/index.html
E-Mail: vergabekammer@brms.nrw.de

(für Vergabeverfahren öffentlicher Auftraggeber im Regierungsbezirk Arnsberg, Detmold und Münster)

Rheinland-Pfalz:

Vergabekammer Rheinland-Pfalz beim Ministerium
für Wirtschaft, Verkehr, Landwirtschaft und Weinbau
Stiftsstraße 9
55116 Mainz

Tel: (06131) 16-2234
Fax: (06131) 16-2113

Internet: mwvlw.rlp.de/de/ministerium/zugeordnete-institutionen/vergabekammer/
E-Mail: vergabekammer.rlp@mwvlw.rlp.de

Saarland:

Vergabekammer des Saarlandes beim Ministerium
für Wirtschaft, Arbeit, Energie und Verkehr
Franz-Josef-Röder-Straße 17
66119 Saarbrücken

Tel: (0681) 501-4994
Fax: (0681) 501-3506

Internet: www.saarland.de
E-Mail: vergabekammern@wirtschaft.saarland.de

Sachsen:

1. Vergabekammer des Freistaates Sachsen bei der Landesdirektion Sachsen
Braustraße 2
04107 Leipzig

Tel: (0341) 977-3800
Fax: (0341) 977-1049

Internet: www.lds.sachsen.de
E-Mail: vergabekammer@lds.sachsen.de

Sachsen-Anhalt:

Vergabekammern beim Landesverwaltungsamt Sachsen-Anhalt
Ernst-Kamieth-Straße 2
06112 Halle/Saale

Tel: (0345) 514-1529/-1536
Fax: (0345) 514-1115

Internet: lvwa.sachsen-anhalt.de/das-lvwa/wirtschaft-bauwesen-verkehr/wirtschaft/vergabekammern/
E-Mail: vergabekammer@lvwa.sachsen-anhalt.de

Schleswig-Holstein:

Vergabekammer Schleswig-Holstein beim Ministerium
für Wirtschaft, Verkehr, Arbeit, Technologie und Tourismus
Düsternbrooker Weg 94
24105 Kiel

Tel: (0431) 988-4640
Fax: (0431) 988-4702

Internet: www.schleswig-holstein.de/DE/Themen/V/vergabekammer.html
E-Mail: vergabekammer@wimi.landsh.de

Thüringen:

Vergabekammer des Freistaates Thüringen beim Thüringer Landesverwaltungsamt
Weimarplatz 4
99423 Weimar

Tel: (0361) 57332-1254
Fax: (0361) 57332-1059

Internet: www.thueringen.de/th3/tlvwa/vergabekammer/index.aspx
Seite nicht aufrufbar, Sicherheitszertifikat
E-Mail: vergabekammer@tlvwa.thueringen.de

11.1.2 Adressen der Vergabesenate bei den Oberlandesgerichten

Bund:

Oberlandesgericht Düsseldorf
– Vergabesenat –
Cecilienallee 3
40474 Düsseldorf

Tel: (0211) 4971-235
Fax: (0211) 4971-548

Internet: www.olg-duesseldorf.nrw.de

Baden-Württemberg:

Oberlandesgericht Karlsruhe
– Vergabesenat –
Hoffstraße 10
76133 Karlsruhe

Tel: (0721) 926-2994
Fax: (0721) 926-3501

Internet: www.olg-karlsruhe.de

Bayern:

Bayerisches Oberstes Landesgericht
– Vergabesenat –
Schleißheimer Straße 141
80797 München

Tel: (089) 5597-8002
Fax: (089) 5597-8000

Internet: www.justiz.bayern.de

Berlin:

Kammergericht
– Vergabesenat –
Elßholzstraße 30-33
10781 Berlin

Tel: (030) 9015-2454
Fax: (030) 9015-2685

Internet: www.kammergericht.de

Brandenburg:

Brandenburgisches Oberlandesgericht
– Vergabesenat –
Gertrud-Piter-Platz 11
14770 Brandenburg an der Havel

Tel: (03381) 399-132
Fax: (03381) 399-350

Internet: www.olg.brandenburg.de

Bremen:

Hanseatisches Oberlandesgericht in Bremen
– Vergabesenat –
Am Wall 198
28195 Bremen

Tel: (0421) 361-4531
Fax: (0421) 361-4451

Internet: www.oberlandesgericht.bremen.de

Hamburg:

Hanseatisches Oberlandesgericht Hamburg
– Vergabesenat –
Sievekingplatz 2
20355 Hamburg

Tel: (040) 428 43-2086/-2091
Fax: (040) 428 43-4097

Internet: justiz.hamburg.de/oberlandesgericht

Hessen:

Oberlandesgericht Frankfurt am Main
– Vergabesenat –
Zeil 42
60313 Frankfurt/M.

Tel: (069) 1367-2309
Fax: (069) 1367-2976

Internet: www.olg-frankfurt.justiz.hessen.de

Mecklenburg-Vorpommern:

Oberlandesgericht Rostock
– Vergabesenat –
Wallstraße 3
18055 Rostock

Tel: (0381) 331-227
Fax: (0381) 4590-991

Internet: www.mv-justiz.de

Niedersachsen:

Oberlandesgericht Celle
– Vergabesenat –
Schloßplatz 2
29221 Celle

Tel: (05141) 206-759
Fax: (05141) 206-470

Internet: www.oberlandesgericht-celle.niedersachsen.de

Nordrhein-Westfalen:

Oberlandesgericht Düsseldorf
– Vergabesenat –
Cecilienallee 3
40474 Düsseldorf

Tel: (0211) 4971-235
Fax: (0211) 4971-548

Internet: www.olg-duesseldorf.nrw.de

Rheinland-Pfalz:

Oberlandesgericht Koblenz
– Vergabesenat –
Stresemannstraße 1
56068 Koblenz

Tel: (0261) 102-2837
Fax: (0261) 102-2906

Internet: www.olgko.justiz.rlp.de

Saarland:

Saarländisches Oberlandesgericht
– Vergabesenat –
Franz-Josef-Röder-Straße 15
66119 Saarbrücken

Tel: (0681) 501-5237
Fax: (0681) 501-5351

Internet: www.saarland-olg.de

Sachsen:

Oberlandesgericht Dresden
– Vergabesenat –
Schloßplatz 1
01067 Dresden

Tel: (0351) 446-1428
Fax: (0351) 446-1499/-1529

Internet: www.justiz.sachsen.de

Sachsen-Anhalt:

Oberlandesgericht Naumburg
– Vergabesenat –
Domplatz 10
06618 Naumburg

Tel: (03445) 28-2329
Fax: (03445) 28-2000

Internet: www.olg.sachsen-anhalt.de

Schleswig-Holstein:

Schleswig-Holsteinisches Oberlandesgericht
– Vergabesenat –
Gottorfstraße 2
24837 Schleswig

Tel: (04621) 86-1389
Fax: (04621) 86-1372

Internet: www.schleswig-holstein.de/DE/Justiz/OLG/olg_node.html

Thüringen:

Thüringer Oberlandesgericht
– Vergabesenat –
Rathenaustraße 13
07745 Jena

Tel: (03641) 307-300/-306
Fax: (03641) 307-200/-400

Internet: www.thueringen.de/th4/olg/

11.1.3 Adressen weiterer Gerichte

Bundesgerichtshof
X. Zivilsenat
Herrenstraße 45 a
76133 Karlsruhe

Tel: (0721) 159-0

Internet: www.bundesgerichtshof.de.

Der X. Zivilsenat des BGH ist zuständig für Divergenzvorlagen in Vergabesachen nach § 179 Abs. 2 GWB.[1]

Gerichtshof der Europäischen Union (EuGH)
L – 2925 Luxemburg

Tel: (+352) 4303-1
Fax: (+352) 4303-2600

Internet: www.curia.europa.eu.

Der Europäische Gerichtshof ist zuständig für Vorabentscheidungsersuchen durch nationale Gerichte sowie für Vertragsverletzungsverfahren, die durch die Europäische Kommission eingeleitet werden.[2]

11.2 Adressen der Auftragsberatungsstellen

Die Auftragsberatungsstellen gehören zu den Selbstverwaltungseinrichtungen der deutschen Wirtschaft. Sie sind überwiegend gemeinschaftliche Dienstleistungseinrichtungen der Industrie- und Handelskammern und der Handwerkskammern des jeweiligen Bundeslandes. Ihre Aufgabe ist es zum einen, Unternehmen den Zugang zu nationalen und internationalen öffentlichen Märkten zu erleichtern. Gleichzeitig verstehen sie sich als Ansprechpartner für die Beschaffungsstellen des Bundes, der Länder und der Kommunen für

1 Vgl. Kap. 10.2.7.
2 Vgl. Kap. 10.3.

alle Fragen zum öffentlichen Auftragswesen. In einer Vielzahl von Regelungen und Richtlinien des Bundes und der Länder ist die Rolle der Auftragsberatungsstellen festgelegt, so z.B. bei der Zubenennung von geeigneten Unternehmen im Falle von Beschränkten Ausschreibungen oder Freihändigen Vergaben durch die öffentliche Hand.

Als Mittler zwischen öffentlichen Auftraggebern und der Wirtschaft bieten die Auftragsberatungsstellen neben zahlreichen Serviceleistungen im Bereich der Beratung und Information auch die Präqualifizierung von Unternehmen aus dem Liefer- und Dienstleistungsbereich mittels auftragsunabhängiger Prüfung und Zertifizierung von Unternehmen, die dann im bundesweiten Register und Verzeichnis der Präqualifizierungsstellen (www.pq-vol.de) geführt werden.

Baden-Württemberg

IHK-Auftragsberatungsstelle Baden-Württemberg
c/o IHK Region Stuttgart
Jägerstr. 30
70174 Stuttgart

Tel: (0711) 20 05-1328/-1540/-1542/-1543/-1241
Fax: (0711) 20 05-601328

E-Mail: auftragsberatung@stuttgart.ihk.de
Internet: www.stuttgart.ihk.de/auftragsberatungsstelle

Ansprechpartner: Holger Triebsch

Bayern

Auftragsberatungszentrum Bayern e.V.
Orleansstr. 10-12
81669 München

Tel: (089) 5116-3171 bis -3176
Fax: (089) 5116-3663

E-Mail: info@abz-bayern.de
Internet: www.abz-bayern.de

Geschäftsführer: Joachim Burk

Brandenburg

Auftragsberatungsstelle Brandenburg e.V.
Mittelstraße 5
12529 Schönefeld

Tel: (030) 3744607-11 bis -14
Fax: (030) 3744607-21

E-Mail: info@abst-brandenburg.de
Internet: www.abst-brandenburg.de

Geschäftsführerin: Rechtsanwältin Petra Bachmann

Bremen

Handelskammer Bremen
Auftragsberatungsstelle im Lande Bremen
Haus Schütting
Am Markt 13
28195 Bremen

Tel: (0421) 36 37-363
Fax: (0421) 36 37-12363

E-Mail: auftragsberatungsstelle@handelskammer-bremen.de
Internet: www.handelskammer-bremen.de

Ansprechpartner: Andreas Köhler

Hamburg

Handwerkskammer Hamburg
Auftragsberatungsstelle
Holstenwall 12
20355 Hamburg

Tel: (040) 35905-326
Fax: (040) 35905-44 326

E-Mail: andreas.roennau@hwk-hamburg.de
Internet: www.hwk-hamburg.de/beratung-service/ausschreibungen-zertifizierungen.html

Ansprechpartner: Andreas Rönnau

Hessen

Auftragsberatungsstelle Hessen e.V.
Beratungsstelle für das öffentliche Auftragswesen
Karl-Glässing-Straße 8
65189 Wiesbaden

Tel: (0611) 974 588-0
Fax: (0611) 974 588-20

E-Mail: info@absthessen.de
Internet: www.absthessen.de

Geschäftsführerin: Rechtsanwältin Brigitta Trutzel

Mecklenburg-Vorpommern

Auftragsberatungsstelle Mecklenburg-Vorpommern e.V.
Eckdrift 97
19061 Schwerin

Tel: (0385) 61 73 81 10
Fax: (0385) 61 73 81 20

E-Mail: abst@abst-mv.de
Internet: www.abst-mv.de

Geschäftsführer: Lars Wiedemann LL.B.

Niedersachsen

Industrie- und Handelskammer Oldenburg
Moslestr. 6
26122 Oldenburg

Tel: (0441) 22 20 360
Fax: (0441) 22 20 5360

E-Mail: bernd.seifert@oldenburg.ihk.de
Internet: www.ihk-n.de

Ansprechpartner: Bernd Seifert, Geschäftsführer Recht

Industrie- und Handelskammer Hannover
Schiffgraben 49
30175 Hannover

Tel: (0511) 3107-272
Fax: (0511) 3107-430

E-Mail: hillmer@hannover.ihk.de
Internet: www.hannover.ihk.de/ihk-themen/Standort-branchen/oeffentliche-auftraege.html

Ansprechpartnerin: Sabine Hillmer

Nordrhein-Westfalen

IHK NRW – Die Industrie- und Handelskammern in Nordrhein-Westfalen e.V.
Nordwall 39
47798 Krefeld

Telefon: (02151) 635-320
Telefax: (02151) 635-44320

E-Mail: holtum@mittlerer-niederrhein.ihk.de
Internet: www.mittlerer-niederrhein.ihk.de (Suchbegriff: 871)

Ansprechpartner: Sebastian Greif

Rheinland-Pfalz

IHK/HWK-Auftragsberatungscentre Rheinland-Pfalz (abc)
EIC Trier – IHK/HWK-Europa- und Innovationscentre GmbH
Herzogenbuscher Str. 14
54292 Trier

Tel: (0651) 9 75 67-16
Fax: (0651) 9 75 67-33

E-Mail: info@abc-rlp.de
Internet: www.abc-rlp.de

Ansprechpartnerin: Dagmar Lübeck

Saarland

Auftragsberatungsstelle des Saarlandes
Franz-Josef-Röder-Straße 9
66119 Saarbrücken

Tel: (0681) 9520-414
Fax: (0681) 9520-489

E-Mail: gerd.litzenburger@saarland.ihk.de
Internet: www.saarland.ihk.de

Geschäftsführer: Dipl.-Geogr. Gerd Litzenburger

Sachsen

Auftragsberatungsstelle Sachsen e.V.
Mügelner Straße 40, Haus G
01237 Dresden

Tel: (0351) 28 02-402
Fax: (0351) 28 02-404

E-Mail: post@abstsachsen.de
Internet: www.abstsachsen.de

Geschäftsführer: Dipl.-Ing. Peter Gerlach, Betriebswirt (WA)

Sachsen-Anhalt

Auftragsberatungsstelle Sachsen-Anhalt
Alter Markt 8
39104 Magdeburg

Tel: (0391) 62 30 446 oder (0391) 6209 -502
Fax: (0391) 62 30 447

E-Mail: info@sachsen-anhalt.abst.de
Internet: https://sachsen-anhalt.abst.de/

Ansprechpartner: Rechtsanwalt Martin Richter

Schleswig-Holstein

Auftragsberatungsstelle Schleswig-Holstein e.V.
Bergstraße 2
24103 Kiel

Tel: (0431) 98 651-30
Fax: (0431) 98 651-40

E-Mail: info@abst-sh.de
Internet: www.abst-sh.de

Geschäftsführer: Dipl.-Ing. Sabine Tauber

Thüringen

IHK Erfurt, Regionales Service-Center Weimar
Henry-van-de-Velde-Straße 1/3
99423 Weimar

Tel: (03643) 88 54-14
Fax: (03643) 88 54-10

E-Mail: markus.heyn@erfurt.ihk.de
Internet: www.erfurt.ihk.de

Ansprechpartner: Dipl.-Wirtschaftsjurist Markus Heyn

11.3 Checklisten, Leitfäden, Musterunterlagen

Die Verwendung von Checklisten, Leitfäden und Musterunterlagen erfreut sich bei der Vergabe öffentlicher Aufträge großer Beliebtheit. Dahinter stehen im Wesentlichen der Wunsch und das Streben nach einem standardisierten und rechtssicheren Vergabeprozess, da angesichts der Vielzahl von zu beachtenden Einzelheiten oftmals weitreichende Konsequenzen beim Vergessen einzelner Punkte drohen.

Checklisten, Leitfäden und Musterunterlagen können vielfach gute Hinweise und Orientierung für die Durchführung eines Vergabeverfahrens geben, und eine gewisse Standardisierung der Vergabeprozesse durch die Verwendung einheitlicher Unterlagen ist in jedem Falle sinnvoll. Sie kann insbesondere auch für Bieter den Aufwand bei der Teilnahme an Vergabeverfahren reduzieren und sich entsprechend förderlich auf den Wettbewerb um öffentliche Aufträge auswirken.

Gleichwohl muss aber auch vor einem Übermaß an Standardisierung gewarnt werden. Denn hier besteht die Gefahr, dass vereinheitlichten Unterlagen und Checklisten „blind" vertraut wird und der Blick auf die Besonderheiten des konkreten Beschaffungsvorhabens verloren geht. Gerade bei der Vergabe öffentlicher Aufträge sind – das zeigen die Ausführungen in diesem Buch deutlich auf – immer wieder einzelfallspezifische Besonderheiten zu beachten, die in standardisierten Checklisten und Musterunterlagen – wenn überhaupt – allenfalls angerissen werden können. Nur eine intensive und durchdachte Befassung mit diesen einzelfallspezifischen Besonderheiten gewährleistet ein rechtssicheres Vorgehen und damit im Ergebnis ein erfolgreiches Vergabeverfahren. Checklisten und standardisierte Musterunterlagen können hierfür bestenfalls eine um die Besonderheiten des Einzelfalls zu ergänzende Grundlage bilden.

Im Internet finden sich zahlreiche Checklisten, Leitfäden und Musterunterlagen rund um den Bereich der öffentlichen Auftragsvergabe, von denen im Folgenden einige Beispiele genannt werden:

- Das **Vergabe- und Vertragshandbuch für die Baumaßnahmen des Bundes** (VHB 2008): Das VHB setzt die Vergabe- und Vertragsordnung für Bauleistungen (VOB) Teil A und B um. Es soll für die Vergabe von Bauaufträgen des Bundes die Voraussetzung für eine weitestgehend einheitliche, rechtssichere Durchführung von Vergabeverfahren schaffen und wird als Arbeitsmittel für die vertragliche Abwicklung von Bauaufträgen genutzt. Das VHB in der aktuellen Fassung 2017 – Stand 2019, das die Änderungen der VOB/A berücksichtigt, ist abrufbar unter https://www.fib-bund.de/Inhalt/Vergabe/VHB/VHB_Lesefassung_2019_Austauschseiten.pdf .
- **Handbücher für die Vergabe und Ausführung von Leistungen im Straßen- und Brückenbau** (HVA B/L/F-StB)[3]: Die HVA B/L/F-StB werden vom zuständigen Bundesministerium als Arbeitsmittel für die Abwicklung von Bauvorhaben des Bundes im Straßen- und Brückenbau herausgegeben. Auf der Informationsseite des BMVI gelangt man zu der jeweils aktuellen Fassung der Handbücher (HVA B-StB: August 2019, HVA L-StB: Juli 2017 und HVA F-StB: April 2019): https://www.bmvi.de/SharedDocs/DE/Artikel/StB/informationen-zu-den-vergabehandbuechern-zum-strassen-und-bruecken bau.html
- **Vergabehandbücher der Länder**: Einige Bundesländer haben die Vergabehandbücher des Bundes mit mehr oder weniger umfangreichen Änderungen auch für ihre eigenen Landesverwaltungen eingeführt (z.B. der Freistaat Bayern: https://www.stmb.bayern.de/buw/). Andere Bundesländer geben die Anwendung des VHB und des HVA B-StB unmittelbar auch für ihre Landesverwaltungen vor (z.B. das Land Brandenburg: https://vergabe.brandenburg.de/). Kommunalen Auftraggebern ist die Verwendung der Vergabehandbücher des jeweiligen Landes oder des Bundes in der Regel freigestellt.
- **Vergabeleitfäden**: Vergabeleitfäden verfolgen ähnliche Zwecke wie die Vergabehandbücher des Bundes und der Länder. Sie sollen Vergabestellen eine einheitliche Grundlage für ihre Beschaffungspraxis an die Hand geben und dadurch zu mehr Rechtssicherheit beitragen. Sie werden zum Beispiel herausgegeben
  - vom **Bund** (z.B. die Unterlage für Ausschreibung und Bewertung von IT-Leistungen, UfAB 2018 vom Beschaffungsamt des Bundesministeriums des Innern (BMI): https://www.cio.bund.de/Web/DE/IT-Beschaffung/UfAB/ufab_node.html) oder

3 Handbücher für die Vergabe und die Ausführung von Bauleistungen (B), von Lieferungen und Leistungen (L) sowie von freiberuflichen Leistungen (F) im Straßen- und Brückenbau.

- von den **Landesverwaltungen** (z.B. Vergabeleitfaden VOF, Bau- und Liegenschaftsmanagement des Landes Sachsen-Anhalt: https://www.ing-net.de/o.red.r/news------6.html) oder
- von **berufsständischen Kammern** (Leitfaden für die Vergabe freiberuflicher Architekten- und Ingenieurleistungen, Ingenieurkammer Sachsen: http://www.ing-sn.de/themen-projekte/vergabe/).

Bisweilen haben Leitfäden auch besondere Schwerpunktthemen (z.B. Leitfaden zur nachhaltigen Beschaffung von Reinigungsleistungen des Landes Hessen: http://www.nachhaltige-beschaffung.info/DE/DokumentAnzeigen/dokument-anzeigen_node.html?idDocument=1229

- **Checklisten**:
  - Checkliste für die Vorbereitung und Durchführung eines EU-weiten Vergabeverfahrens sowie einer EU-weiten Vergabe einer Dienstleistungskonzession am Beispiel der Vergabe von Schulverpflegungsleistungen, herausgegeben vom Ministerium für Inneres und Kommunales des Landes Nordrhein-Westfalen (abrufbar unter: /www.vz-nrw.de/vergabe-schulverpflegung).
  - Merkblatt „Richtig Ausschreiben – Checkliste für öffentliche Auftraggeber inkl. Ablaufplan zur Auftragsvergabe", herausgegeben vom Auftragsberatungszentrum (ABZ) des Freistaates Bayern (abrufbar unter: https://www.abz-bayern.de/abz/inhalte/Anhaenge/Checkliste.pdf).
  - Checkliste der Vergabekammern des Bundes zu den Formalien und dem Inhalt eines Nachprüfungsantrags (abrufbar unter: https://www.bundeskartellamt.de/).
  - Die **Kompetenzstelle für nachhaltige Beschaffung beim Beschaffungsamt des BMI** bietet auf ihren Seiten einen guten Überblick über weitere Leitfäden, Praxisbeispiele und Musterunterlagen aus Bund und Ländern: http://www.nachhaltige-beschaffung.info/DE/Home/home_node.html.

Schließlich soll darauf hingewiesen werden, dass inzwischen auch **für Unternehmen** einige **Hilfestellungen** für die Teilnahme an Ausschreibungen bzw. Vergabeverfahren angeboten werden. Hintergrund ist, dass die Teilnahme an Ausschreibungen und Vergabeverfahren trotz des wirtschaftlichen Potenzials, das das öffentliche Beschaffungswesen Unternehmen bietet, aufgrund der Pflicht zur Beachtung des Vergaberechts und der damit verbundenen formalen Anforderungen von Unternehmen zum Teil weiterhin als sehr unattraktiv empfunden wird.

Beispielsweise die IHK Auftragsberatungsstelle Baden-Württemberg hat vor diesem Hintergrund den Leitfaden „Die Öffentliche Hand als Kunde – Aufträge bei Bund, Ländern und Kommunen gewinnen" herausgegeben, um Unternehmen das Vergaberecht als Grundvoraussetzung für die erfolgreiche Teilnahme an Ausschreibungen und Vergabeverfahren näherzubringen („Wer auf dem öffentlichen Markt erfolgreich sein will, muss diese Regeln kennen.").

Der Leitfaden ist zum Download verfügbar unter: https://www.sinsheim.de/pb/site/Sinsheim/get/params_E843772622/1194709/Oeffentliche_Hand_als_Kunde-data.pdf.

Ein wichtiger Hinweis zum Schluss: Mit der Vergaberechtsmodernisierung hat sich das Vergaberecht für EU-weite Ausschreibungen an vielen Stellen maßgeblich geändert. Einige der vorgenannten Leitfäden oder Informationsschriften sind leider noch nicht hierauf angepasst worden. Soweit Sie diese also nutzen wollen, achten Sie bitte stets darauf, ob die dortigen Ausführungen noch der aktuellen Rechtslage entsprechen.

11.4 Sonstige Informationsquellen

Die nachfolgenden Internetadressen bieten einen Einstieg in zahlreiche weiterführende Hinweise und Informationen rund um das Thema der Vergabe öffentlicher Aufträge. Ihre Inhalte sind weitestgehend kostenlos erreichbar.

11.4.1 Bekanntmachungen

Informationen über laufende Ausschreibungen können abgerufen werden unter

- https://ted.europa.eu/TED/main/HomePage.do(EU-weite Ausschreibungen in der Datenbank Tenders Electronic Daily),
- https://www.service.bund.de/Content/DE/Ausschreibungen/(nationale Ausschreibungen des Bundes),
- www.vergabe.bayern.de (Ausschreibungen des Freistaats Bayern),
- www.vergabe.berlin.de (Ausschreibungen des Landes Berlin),
- www.vergabe.brandenburg.de (Ausschreibungen des Landes Brandenburg),
- www.vergabe.bremen.de (Ausschreibungen der Hansestadt Bremen),
- http://www.hamburg.de/wirtschaft/ausschreibungen-wirtschaft/ (Ausschreibungen der Hansestadt Hamburg),
- https://vergabe.hessen.de/(Ausschreibungen des Landes Hessen),
- www.vergabe-mecklenburg-vorpommern.de (Ausschreibungen des Landes Mecklenburg-Vorpommern),
- https://vergabe.niedersachsen.de/(Ausschreibungen des Landes Niedersachsen),
- //https://www.vergabe.rlp.de (Ausschreibungen des Landes Rheinland-Pfalz),
- www.saarland.de/ (Ausschreibungen des Saarlandes),
- www.sachsen-vergabe.de (Ausschreibungen des Freistaats Sachsen),
- https://evergabe.sachsen-anhalt.de/(Ausschreibungen des Landes Sachsen-Anhalt),
- https://www.e-vergabe-sh.de/ (Ausschreibungen der GMSH AöR als zentrale Beschaffungsstelle der Landesbehörden in Schleswig-Holstein),
- https://verwaltung.thueringen.de/evergabe(Ausschreibungen des Freistaats Thüringen).

11.4.2 Zentrale Institutionen im Beschaffungswesen

- Die **Europäische Kommission** informiert über Aspekte des öffentlichen Auftragswesens auf: https://ec.europa.eu/info/index_de
- Das Bundesministerium für Wirtschaft und Technologie (**BMWi**) ist für die Grundsätze des öffentlichen Auftragswesens verantwortlich. Weiterführende Informationen: https://www.bmwi.de/Navigation/DE/Themen/themen.html?cl2Categories_LeadKey word=oeffentliche-auftraege-und-vergabe.
- Das Bundesministerium für Umwelt, Naturschutz, Bau und Reaktorsicherheit (**BMUB**) bietet Informationen zur Vergabe nach der VOB unter tinyurl.com/kpz8btj.
- Das **Beschaffungsamt des BMI** bündelt den Einkauf von 26 Behörden und öffentlichen Einrichtungen. Informationen unter www.bescha.bund.de.
- Das Bundesamt für Ausrüstung, Informationstechnik und Nutzung der Bundeswehr (**BAAINBw**) bietet unter www.baainbw.de Informationen zur Beschaffung für den Bereich der Bundeswehr.

11.4.3 Vergaberechtliche Entscheidungen

- Urteile des **Europäischen Gerichtshofs** zum Bereich des Vergaberechts finden sich in der Datenbank des EuGH unter tinyurl.com/mh88urz.
- Die Beschlüsse der **Vergabekammern des Bundes** finden sich – archiviert seit dem Jahr 1999 – auf der Website www.bundeskartellamt.de (dort unter „Vergaberecht“ / „Entscheidungen“).
- Daneben haben zahlreiche Vergabekammern und Oberlandesgerichte auf ihren Internetpräsentationen (die Adressen finden sich in diesem Kapitel unter 11.1.1 und 11.1.2) eigene Entscheidungen eingestellt.
- Aktuelle Entscheidungen zum Vergaberecht finden sich auch unter /www.ibr-online.de/index.php?zg=1 (ältere Entscheidungen sind kostenpflichtig).
- Entscheidungen der Vergabekammern und Oberlandesgerichte sowie sehr viele weitere Informationen rund um das Vergaberecht bietet auch die kostenpflichtige Datenbank VERIS (https://www.reguvis.de/vergabe/online-neu/datenbanken/vergabedatenbank-veris.html).

11.4.4 Sonstige Informationen

Das **forum vergabe e.V.** bietet einen Informations-, Erfahrungs- und Meinungsaustausch zu Themen des nationalen und internationalen Vergabewesens mit einer Vielzahl von Informationen, Dokumenten und Entscheidungen unter www.forum-vergabe.de.

Das **Deutsche Vergabenetzwerk** (DVNW) vereint Experten und Entscheider im Vergaberecht und Public Sector (/www.dvnw.de/). Zu seinen Mitgliedern zählen Einkäufer aus

Bund, Ländern und Kommunen sowie Vergaberechtsexperten aus Wirtschaft, Rechtspflege, Wissenschaft und Politik. Es existieren Regionalgruppen in Berlin/Brandenburg, Hamburg, Köln/Bonn/Koblenz, Frankfurt, München und Stuttgart, die neben der Vernetzung über das Internet den unmittelbaren persönlichen Austausch vor Ort ermöglichen.

Stichwortverzeichnis